조선시대 한양과 지식인

# 조선시대 한양과 지식인

이상배 지음

景仁文化社

# 책을 내면서

대한민국 수도 서울은 2천 년의 역사를 자랑하는 세계적인 도시다. 굳이 2004년 헌법재판소에서 관습법적으로 볼 때 서울은 대한민국 수도로 인정된다는 판결 문구를 인용하지 않더라도 국민들은 서울이 우리의 유구한 수도로서의 역사성을 가지고 있다는 사실을 부인하지는 않을 것이다. 서울은 백제 500여 년간 수도였고, 고려시대는 3경 중 하나인 남경이었으며, 조선시대 개경에서 수도를 한양으로 옮겨온 이후 지금까지 대한민국의 수도로서 비약적인 발전을 거듭해 왔다. 이러한 과정에서 여러 차례의 전쟁과 시련을 겪으며 성장해 온 도시로 역사성과 정체성을 모두 갖춘 명실상부한 세계에서 주목받는 도시로 계속 변화하고 있다.

필자가 서울 역사를 연구하고 관심을 갖게 된 것은 1993년 서울특별시사편찬위원회 연구원으로 입사한 것이 계기가 되었다. 연희동에서 첫 근무를 시작한 지 벌써 25년이라는 세월이 눈 깜짝할 사이에 흘러갔다. 이곳에 근무하면서 어쩌다 보니 청춘이 다 흘러갔다. 처음에는 『서울육백년사』 발간이 주된 사업으로 1년에 4~5권 정도의 책을 발간해 왔으나 2015년 서울역사편찬원으로 조직이 개편된 이후에는 년 23~25권의 다양한 책을 발간하고 있다. 그동안 기억에 남는 일로는 2004년 수도를 이전하려고 하자 헌법재판소에서 관습헌법이라는 용어를 사용하면서 '수도 = 서울'이라는 학술적 근거 자료로 『서울육백년사』를 인용한 것을 보고 '내가 그동안 해온 것이 헛된 일만을 아니었구나'라는 자부심을 느끼기도 했다. 이후『한성백제사』5권을 기획 발간하여 서울 고대사의 학술적 성격을 정립한 일과『서울2천년사』40권 통사를 발간하여 서울 2천년의 역사상을 재정립한 일이 가장 기억에 남는다. 그뿐만 아니라 서울시민들을 위해 쉬운 역사 대중서를 발간하자는 취지에서 연구원들이 직접 집필, 발간한 사업이 있다. 그 일환으로『서울의 하천』과『서울의 누정』이라는 책을 단행본으로 집필한 바 있다.

이번에 발간하는 책은 그동안 필자가 서울역사편찬원에 재직하면서 수백 권의 책을 기획, 발간하는 와중에 틈틈이 학계에 발표했던 논고들을 모은 것이다. 처음에는 주저하는 마음도 있어 여러 해를 미뤘으나 앞으로 기회가 많지 않을 듯하여 공간적으로 서울 역사라는 큰 틀과 관련된 글을 따로 모았다. 그리고 주제가 뚜렷한 인물 분야를 따로 분리하여 편집하였다.

제1부는 한양 역사의 이해와 굴곡이라는 제목을 붙였다. 오늘날 청계천 복원과도 관련이 있는 한양도성 내 공공 건설의 추이를 비롯해서 종로구 사직단 주변의 역사성과 경희궁 자리에 들어선 박물관의 문제, 그리고 외국 사신들의 서울 내왕과 역할 및 조선의 접대 모습, 사대부를 중심으로 한 왕실과 양반들의 풍류문화, 서울의 중심을 관통해 흐르는 한강의 역할과 경제적 의미 등을 다루었다. 이들 주제는 조선시대 서울 역사의 이모저모를 이해하는데 도움을 줄 것이다. 그리고 병자호란의 전쟁을 거치면서 국가의 위기 상황에 당시 사람들은 어떻게 대처했고 그 의미는 우리에게 어떤 교훈을 주고 있는가 하는 문제, 마지막으로 일제 식민지로 넘어가는 과정에서 우리나라 최초의 무명용사 제단이었던 장충단의 실체와 훼손 과정을 다룬 글을 실었다. 이 두 개의 글은 국가 위기 상황에 서울이 어떻게 파괴되고 어려움을 겪었는가를 알 수 있는

글이다.

제2부는 16~17세기 한양 지식인의 처세라는 제목을 달았다. 이 시대는 전쟁과 反正, 온갖 자연재해, 전쟁의 후유증을 감내하면서 물질적·정신적으로 치유가 필요한 시기였다. 정치적으로는 훈구와 사림의 대립이 정리되고 새로이 朋黨이 형성되어 가면서 새로운 정치 운영이 시도되는 시기이기도 하다. 이러한 때 서울에 살았던 일부 지식인들, 정치 구심점에서 활동하지는 않았지만 학자로서, 문학인으로서 그들이 가지고 있었던 고민과 갈등, 이에 따른 처세는 어떻게 이루어졌는가를 살펴본 논고들이다. 이들 원고는 고려 말 운곡 원천석의 『운곡시사』를 중점적으로 연구하는 학회인 운곡학회에서 발표한 논문들이다. 운곡 원천석은 고려 말 조선 초 격변기에 성리학적 관념에 따라 자기 소신에 근거하여 세상에 나서지 않고 은둔한 학자이다. 그의 문집에 소개된 인물들이다 보니 대부분 학자의 지조와 절개를 높이 평가하는 자세를 견지하고 있는 당대 지식인들의 한 단면을 확인할 수 있다.

서울은 대한민국의 수도인데도 불구하고 서울 역사를 전문적으로 연구하는 학자는 매우 드물다. 서울만 연구해서는 먹고 살기 위한 자리를 갖기도 힘든 현실을 반영한 결과이기도 하다. 누구를 탓할 수도, 제도와 사회 현상을 비판하는 것도 별 의미가 없다. 역사학계의 학자들도 자기 전공 이외에 특별한 계기가 되었을 때 서울 관련 글을 쓰는 정도이다. 이렇다 보니 각 시대별로 연구되지 않은 분야가 매우 많다. 통일신라시대나 고려시대는 자료의 한계도 있고, 고대사 분야는 발굴 과정을 거치며 서울의 역사상이 잡혀가고 있는 정도이다. 근현대 분야도 서울의 공간적 변화가 급격하게 이루어지면서 그 변화상을 구체적으로 고증하고 해석하는 노력이 필요하다. 이러한 문제점들을 장기적으로 해결하고, 각

시대별 서울의 역사상을 추적하여 성격과 의미를 연구하는 작업 환경을 만들어 서울 역사의 정체성을 확립하는 것이 필자가 근무하는 서울역사편찬원의 의무이기도 하다.

그런 점에서 그동안 서울역사편찬원에 근무하면서 틈틈이 글을 쓸 수 있었던 것, 그리고 함께 생활하면서 서로를 격려했던 전·현직 동료 연구원들에게 감사하다. 뿐만 아니라 출판을 맡아준 경인문화사 한정희 사장님과 편집부 여러분에게도 감사드린다. 마지막으로 하늘에 계신 부모님과 물심양면으로 도움을 준 형제들, 아내 김언경과 아들 건희, 딸 수아에게도 믿고 의지해 준데 대해 감사한 마음을 실어 보낸다.

2018년 7월

올림픽공원에서   이 상 배

# 차 례

# 제1부
## 한양 역사의 이해와 굴곡

# 제1장 한양도성 내 공공건설인 준설사업

## 1. 한양도성 내의 치수정책

전근대 동아시아에서 治山治水는 나라를 다스리는 군주의 중요한 덕목 가운데 하나였다. 곧 국토를 어떻게 다스리는가에 따라서 덕이 있는 군주와 부덕한 군주로 대변되었다. 특히 치수는 백성들의 농사와 직결되는 정책으로 더욱 강조되어 왔다. 비가 너무 많이 와도 문제고, 너무 내리지 않아도 농사에 큰 타격을 주기 때문에 조선시대 군왕들이 늘 마음을 졸이는 대상이었다.

조선시대 치수와 관련된 정책으로는 사전 대비책으로서 과학기술을 바탕으로 한 준천과 제방공사 및 제언과 보의 수축, 관개시설의 정비 등이 이루어졌고, 자연재해가 진행되는 과정에서는 기우제나 기청제 등 신의 힘을 빌려 재해를 타파하려고 했다. 나아가 성리학적 사유체계의 한 단면으로 신의 노여움을 풀어줄 수 있는 정책이라고 믿은 군주의 반성과 죄인의 소결, 금주령 단행 등의 조치가 취해졌다. 그리고 자연재해가 이미 발생한 이후에는 백성을 구제하기 위한 구휼미 배포와 조세감면 등이 이루어졌다.[1]

조선시대 국가 치수정책의 표본지는 한성부였다. 한성부는 조선시대

---

1) 이상배, 「조선 후기 자연재해의 발생과 그 대책」 『한국중근세정치사회사』 경인문화사, 2003, 240~243쪽.

도읍지로서 정치·경제·사회·문화의 중심지였으며, 서울에서의 치수정
책이 곧 전국적인 표본이 되었다. 특히 한성부는 중앙을 관통하여 서쪽
에서 동쪽으로 흐르는 개천, 즉 청계천이 있었기 때문에 이에 대한 관리
가 매우 중요하였다. 뿐만 아니라 청계천이 합류하여 동에서 서로 흐르
는 한강 역시 조선의 대동맥과 같은 역할을 하였기 때문에 조선시대 치
수정책의 주요 대상이었다.

　청계천에 대한 학술적 연구는 현대에 들어 청계천 복원과 맞물려 몇
편의 논문이 나온 바 있다. 청계천에 대한 구체적인 학술연구는『서울육
백년사』가 가장 먼저 다루었다.[2] 이후 청계천에 설치되었던 교량에 대
한 연구가 이어졌고,[3] 2000년에는『서울의 하천』에서 현재 서울 시내를
관통하여 흐르는 하천을 서술하는 가운데 청계천의 지류를 구체적으로
명명하여 밝힌 글이 있다.[4] 나아가 청계천이 복원되는 과정에서 서울시
에서 발간한 자료집과[5] 서울학연구소에서 발간한 학술대회자료집,[6] 그
리고 영조 때 청계천 준설에 대해 구체적으로 서술한 논문이 있는 정도
이다.[7] 이후 청계천 복원이 완료된 이후 이 업무에 종사했던 실무자가
그간의 경험을 바탕으로 청계천의 교량에 대해서 발간한 책자가 있다.[8]

---

2) 서울특별시사편찬위원회,『서울六百年史』1권, 1977, 서울특별시사편찬위원회,『서
　울六百年史』2권, 1978,
3) 주윤,「한양 도읍을 관류하는 청계천과 교량에 대한 고찰」,『향토서울』44호, 서
　울특별시사편찬위원회, 1987.
4) 이상배,『서울의 하천』서울특별시사편찬위원회, 2000.
5) 서울시,『청계천의 역사와 문화』, 2002.
6) 전우용 외,『청계천: 시간, 장소, 사람』서울학연구소, 2001.
7) 유승희,「조선 영조대 청계천 준천작업의 시행」,『인문과학』10, 서울시립대 인문
　과학연구소, 2003.
　유승희,「조선 후기 청계천의 실태와 준천작업의 시행」『도시역사문화』3, 서울역
　사박물관, 2005.

그러나 조선시대 전반에 걸친 치수정책을 큰 틀에서 정리한 글은 없는 상태이다.

전근대사회 치수정책이 본격적으로 등장하기 시작한 것은 조선 초기 이다. 비가 많이 올 경우 대부분은 피해를 입기 쉬운 낮은 곳에 사는 사람들이 지대가 높은 곳으로 대피하는 것이 최우선이었다. 위정자들은 지대가 낮은 곳에 살아 홍수의 피해를 입는 사람들이 무식하기 때문이라고 백성들의 탓으로 돌렸고, 이에 대한 적극적인 대책을 강구하기 보다는 백성들을 다른 곳으로 옮겨 살게 하는 것이 고작이었다. 세종 초기에도 "낮고 물 가까운 땅에 사는 사람으로 하여금 항상 경비를 더하게 하고, 농한기를 기다려 모두 옮겨 살게 하여 물에 빠질 우려가 없도록 하라."[9]고 할 정도로 치수에 대한 적극적 대책을 세우기 보다는 소극적인 자세로 일관하였다.

뿐만 아니라 강우량을 측정하는 방법도 과학적이지 못했다. 실제 비가 오면 땅을 파 보고 물이 스며든 깊이를 계산하여 대략적으로 비의 양을 파악했다. 이러한 사실은 세종 초에 "이날 밤에 비가 내렸는데, 땅에 물이 한 치쯤 들었다."[10]는 기록이나, 전국에 "비가 오거든 물이 땅에 스며들어간 깊이를 상세히 기록하여 급히 보고하라."[11]고 명령한 기록들을 통해 알 수 있다. 이와 같은 방법으로는 강우에 대한 적극적인 대책 마련이 쉽지 않았을 것이다. 각 지역마다 토양이 다르기 때문에 흙속으로 스며드는 물의 양을 일률적으로 계량하여 대책을 세운다는 것은 객관성도 결여되었을 뿐만 아니라 효율적인 대책안이 제시되기가 어려운

8) 박현욱, 『서울의 옛물길 옛다리』, 시월, 2006.
9) 『세종실록』 권44 세종 11년 4월 경자조.
10) 『세종실록』 권20 세종 5년 5월 임오조.
11) 『세종실록』 권28 세종 7년 4월 임자조.

여건이었다. 이를 해결하기 위한 방안으로 대두된 것이 측우기 설치이다.
1441년(세종 23) 호조에서는 다음과 같이 의견을 제시하였다.

> 호조에서 아뢰기를, "각도 감사가 강우량을 보고하도록 이미 법으로 정
> 해져 있는데, 토질의 건조하고 습함이 같지 아니하고, 흙속으로 스며 든
> 깊이도 역시 알기 어렵습니다. 청하건대 書雲觀에 臺를 짓고 쇠로 그릇을
> 부어 만들되, 길이는 2척이 되게 하고 직경은 8촌이 되게 하여, 대 뒤에
> 올려 놓고 비를 받아, 서운관의 관원으로 하여금 물의 깊이를 측량하여 보
> 고하게 하소서. 또 馬前橋 서쪽 水中에다 薄石을 놓고, 돌 위를 파고서
> 趺石 둘을 세워 가운데에 方木柱를 세우고, 쇠갈구리[鐵鉤]로 부석을 고
> 정시켜 尺·寸·分數를 기둥 위에 새기고, 호조의 郞廳이 강우량의 분수를
> 살펴서 보고하게 하소서. 또 한강변 암석 위에 標를 세우고 척·촌·분수를
> 새겨, 渡丞이 이것으로 물의 깊이를 측량하여 호조에 보고하여 아뢰도록
> 하십시오. 또 外方 각 고을에도 서울의 鑄器例에 의하여, 磁器 혹은 瓦器
> 를 사용하여 관청 뜰 가운데에 놓고, 수령이 역시 물의 깊이를 재어서 감
> 사에게 보고하게 하고, 감사가 傳聞하게 하소서."[12]

위의 기록을 통해서 보듯이 호조에서는 강우량 측정을 보다 실증적으
로 하기 위해 서운관에 측우기를 설치하여 비의 양을 측정할 것과 지방
각 관청에도 그릇을 설치하여 비의 양을 측정하여 중앙에 보고하도록
치수정책의 전환을 주장하였다. 나아가 서울의 경우 도성을 관통하여
흐르는 개천에 넓은 돌을 깔고 그곳에 구멍을 파서 나무 기둥을 박고,
그 기둥에 척·촌 단위로 기준점을 그려 넣어 비가 오면 기둥을 보고 물
의 양을 측정하도록 하였다. 이와 같은 방법으로 한강에도 표석을 설치
하여 강물의 높고 낮음을 측정할 것을 주장하였다.

---

12) 『세종실록』 권93 세종 23년 8월 임오조.

이와 같은 호조의 주장은 그대로 받아들여졌다. 그리고 이듬해 보다 구체적으로 정책이 만들어졌다. 호조에서는 비의 양을 측정하는 기구를 길이 1척 5촌에 직경 7촌 규모의 쇠로 만들고 그 이름을 측우기라 할 것과 서운관의 관리가 周尺을 사용하여 물의 깊고 얕은 것을 척·촌·분수로 상세히 측량하고, 비가 내린 것과 비오고 갠 일시와 함께 기록하여 두고 이를 보고하도록 하였다. 그리고 지방의 경우에는 각 도에 측우기 하나씩을 지급하고, 이와 같은 형태로 磁器나 瓦器를 이용하여 측우기를 만들어 서울에서와 같은 방법으로 비의 양을 측정하여 기록하고 보고하도록 하였다.[13]

이와 같이 비가 내리는 양을 실증적으로 파악하여 날짜별로 기록해 둠으로써 언제 어느 정도의 비가 내린다는 통계를 낼 수 있었고, 개천과 한강에 수표를 세워 수위를 계측함으로써 백성들이 미리 대피할 수 있는 방안을 마련하였다.[14] 기기에 의해 과학적, 수량적 방법으로 강우량을 측정하게 된 것은 전근대 치수정책의 일대 전환을 의미하는 것이며, 근본적으로 백성들의 농업활동에도 많은 도움을 준 계기가 되었다.

한편 도성을 관통하여 흐르는 청계천은 도읍 당시에는 자연하천이었다. 일반적으로 도랑으로 불릴 정도의 물줄기가 도읍이 건설되면서 하상을 파내고 물길을 넓히면서 인공이 가미된 개천으로 변하였다. 이러한 작업은 조선 건국과 동시에 이루어지기는 힘들었다. 건국기에는 도읍을 개경에서 한양으로 옮기는 문제와 함께 왕이 거주할 공간을 꾸미고, 개경에서 이사오는 사람들이 머물 공간을 확보하는 것이 우선 급선

---

13) 『세종실록』 권96 세종 24년 5월 정묘조.
14) 수표는 처음에 나무로 세웠으나 홍수가 날 경우 쓸려 내려가기 쉬워 후에 돌로 교체되었다.

무였다. 따라서 궁궐과 도성 건설 및 종루 일대의 민가 건설이 최우선이었다. 이러한 긴급한 일들이 어느 정도 마무리 되고 나서 태종대에 이르러 물줄기에 대한 대대적인 천거사업을 진행하였던 것이다.

도성 안 개천(청계천)으로 흘러드는 물줄기는 대략 24개 정도이다. 사료에 따라 다르게 기록되어 있지만 영조 때 개천을 준설하고 쓴『준천사실』에는 모두 23개의 물길이 나타나며,『한경지략』에는 15개의 물줄기가 개천과 합류하는 것으로 기록되어 있다. 그리고『동국여지비고』에는 도성 내의 물줄기를 19개로 기록하고 있다. 이들 기록을 상호 비교하면 대략 24개의 물줄기가 도성 안에서 개천과 합류하여 흐르고 있다.[15]

이들 물줄기 가운데 인왕산과 백악 사이에서 발원하여 흐르는 백운동천이 개천의 주 물줄기였다. 개천으로 흘러드는 물줄기가 모두 서울을 감싸 있는 4산, 즉 북쪽의 백악과 서쪽의 인왕산, 남쪽의 목멱산(남산), 동쪽의 타락산(낙산)에서 시작된다. 개천에는 도성에서 살고 있는 사람들이 버리는 각종 오물들이 쌓여 갔을 뿐만 아니라 홍수 때면 산에서 토사가 흘러내려 좁은 개천을 막아버리기 일쑤였고, 자연스레 물이 범람하면서 민가가 피해를 입곤 하였다.[16]

조정에서는 이에 대한 대책으로서 개천 준설이 우선이었지만 많은 인력을 동원해야 하는 부담감 때문에 매년 시행하기에는 어려움이 있었다. 이에 개천의 하상을 높이는 원인을 막는 것이 보다 시급을 요하는 일이라고 생각하였다. 따라서 서울을 감싸고 있는 내4산에 표를 세우고 그 근처의 사람에게 구역을 나누어 주어 벌목의 금지와 동시에 돌을 떠가는 것을 금지하도록 하였으며, 나무를 배양하는 사람으로 監役官과

---

15) 박현욱,『서울의 옛물길 옛다리』, 2006, 34쪽.
16)『숙종실록』권49 숙종 36년 9월 병신조.

산을 관리하는 산지기 등을 두었다. 감역관과 산지기는 병조에서 임명하였으며, 감역관은 군인과 같은 대우를 했고, 산지기는 민간인을 특별히 채용하여 교대로 산과 나무를 돌보도록 하였다.[17] 그리고 전체적인 산의 관리는 공조와 한성부에서 책임을 지도록 하였고, 만일 벌목하는 자가 있으면 장90대에 처하도록 하였다.

4산에 소나무가 울창하면 홍수가 나도 토사가 흘러내리지 않을 뿐만 아니라 후에 소나무를 건설공사에 사용할 수도 있었기 때문에 나라에서는 심혈을 기울여 관리하였던 것이다. 그러나 지속적으로 나무를 베어다가 땔나무로 쓰는 사람들이 많았으며, 송충이로 인한 피해도 늘어나면서 효율적인 관리가 지속되기에는 어려움이 있었다. 이에 수시로 산의 벌목과 경작하는 일 등을 금지하는 전교가 내려졌던 것이다.

영조가 대대적으로 개천을 준설한 후에 「준천사절목」을 내렸는데 그 첫 조목이 4산에 대한 관리문제였다. 그는 "크고 작은 개천에 토사가 쌓이고 막히는 이유는 오로지 산이 씻겨 내려가며, 둑이 무너져 내리는 것을 관리하지 않고 모래가 흘러 내리는 것을 방지하지 않아 다리가 모래에 파묻혀도 그것을 준설하지 않았기 때문이다."고 언급하면서 "특별히 濬川司를 설치하고 서울의 4산 벌목을 금지하고 잘 보호하는 것이 근본과 결과를 동시에 다스리는 정책이다."[18]라고 천명하였다.

이와 같이 조선시대 도성의 치수정책은 세종대 측우기가 만들어지면서 과학적인 방법에 의한 수량 측정을 통해 그 기초가 만들어졌으며, 개천과 한강에 수표를 새겨 놓아 수위를 측정함으로써 재난에 대비하는

---

17) 『경국대전』 공전 栽植條.
18) 『國譯 濬川事實, 舟橋指南』, 서울특별시사편찬위원회, 2001, 44쪽. 이하 『준천사실』로 표기함.

정책을 펴 나갔다. 나아가 개천의 토사 적치를 막기 위해 도성을 둘러싸고 있는 4산에서의 벌목과 개간 금지 등을 법으로 제정하여 보호하는 정책을 펴기도 하였다. 이러한 정책은 조선시대 전반에 걸쳐 꾸준히 시행된 제도들이며, 그래도 홍수가 자주 일어나자 전국적인 인력을 동원하여 개천 준설과 제방 축조 등을 통해 물길을 원활하게 소통하도록 하였다.

## 2. 태종의 도성 내 하수시설 정비와 물관리 정책

조선을 건국한 세력들은 수도를 개경에서 한양으로 옮기고, 새로운 도읍지 건설에 분주하였다. 가장 시급한 도성과 궁궐 건설로 다른 시설에 대한 공사는 미처 엄두를 내지 못하는 상황이었다. 그러던 와중에 정종이 수도를 개경으로 다시 옮김에 따라 한양의 수도 건설은 일시간 정지되었다.

제2차 왕자의 난 이후 태종이 된 이방원은 1405년 수도를 다시 한양으로 재천도하였다.[19] 그는 1405년 경복궁 외에 이궁으로 창덕궁을 건설하고,[20] 충청도와 강원도의 인력을 동원하여 태상전의 부역과[21] 덕수궁 및 창덕궁의 부역을 담당하도록 하는[22] 등 전근대 도시체계를 갖추기 위해 여러 차례 民力을 동원하여 공공건설을 단행한 바 있다. 개국 초기의 잦은 공공건설로 인해 민심도 안정되지 않았고, 불평을 표출하는 사

---

19) 『태종실록』 권10 태종 5년 10월 계유조.
20) 『태종실록』 권10 태종 5년 10월 신사조.
21) 『태종실록』 권10 태종 5년 12월 기축조.
22) 『태종실록』 권11 태종 6년 1월 정미조.

람들도 많아 지속적인 공공건설 추진이 매우 어려운 상황이었다.

한편 조선 초기 도성의 물길은 중앙을 서에서 동으로 관통하는 개천을 중심으로 남북으로 뻗어있는 여러 개의 지천들이 자연하천으로서 존재하고 있었다. 이 하천들은 우기에는 물이 흐르지만 건기에는 메말라 있었으며, 수도가 건설되기 이전에는 많은 집들이 지어지지 않았기 때문에 하수 배출량도 매우 적었다. 그러나 도읍이 되고 난 이후에는 궁궐을 비롯하여 수많은 인구가 집결해 사는 도시로 거듭나게 됨에 따라 그에 걸맞는 하천 치수정책이 절실하게 필요하였다. 따라서 한 나라의 수도 규모에 맞는 하수시설의 정비와 물관리 정책을 위해 하상을 파내고 둑을 정비하며 다리를 가설하는 일 등은 더 이상 미룰 여건이 아니었다.

이에 태종은 1406년(태종 6) 궁궐 축조에 부역하기 위해 올라 온 인부 3천명 가운데 600명을 따로 한성부에 편성하여 개천을 파내도록 하였다.[23] 뒤이어 약 2개월 뒤 조정 관리들에게 품계에 따라 인부를 내도록 하여 다시 한 차례 개천을 파고 도로를 정비하였다.[24] 이때의 개천 준설이 어느 정도 시간을 가지고 어디에서 어디까지 파냈는지에 대한 구체적인 기록은 알 수 없다. 다만 조선시대 들어와 도성에서 이루어진 최초의 준설기록일 뿐이다. 그런데 이렇게 준설한 그 이듬해 5월 큰 비가 내려 도성의 개천이 넘치고 민가가 피해를 입은 것을 보면[25] 홍수에 대비하기 위한 근본적인 준설에는 미치지 못했음을 알 수 있다. 이어 1410년 5·7·8월에도 세차례에 걸쳐 홍수가 나 도성이 물에 잠기고 개천의 흙다리가 모두 떠내려 가는 등 민가가 피해를 입는 사태가 일어나기도 하였

---

23) 『태종실록』 권11 태종 6년 1월 정미조.
24) 『태종실록』 권11 태종 6년 3월 무오조.
25) 『태종실록』 권13 태종 7년 5월 경진조.

다.[26] 이를 통해서 볼 때 태종 6년의 개천 준설은 홍수 예방을 위한 차원에서 조직적으로 이루어진 치수사업이라고 하기보다는 도성 내 하수 처리를 위한 임시방편으로 개천 정비를 단행했던 것으로 보인다.

이후 홍수로 인한 피해가 늘어나자 보다 근본적인 해결을 위해 그 이듬해부터 본격적인 치수대책으로서 개천준설을 논의하게 되었다. 그러나 당시 태종은 오랫동안 지속된 공공건설로 인해 수많은 백성들이 고충을 겪었기 때문에 또다시 개천 공사를 위해 지방민을 동원하는 문제에 대해 많은 고민을 하고 있었다. 그럼에도 불구하고 대신들은 도성에서의 지속적인 홍수피해를 잠재우기 위해서 개천 준설이 시급하다는 결론을 내리고 계획을 구체적으로 수립하였다.

처음 개천을 파낼 것을 요청한 곳은 의정부였다. 1411년 9월 빠른 시일 내에 개천을 파낼 것을 건의하였고, 이에 대해 태종은 추수철이 겹쳐 있으니 시기를 늦추어 이듬해 2월부터 시행하라고 하였다.[27] 개천 준설 계획에 대한 보다 구체적인 의논은 윤 12월 1일에 이루어졌다. 이 자리에서 경상도 지역의 백성들은 忠州倉을 짓는 노역에 참가하므로 이들을 제외한 충청도·강원도·전라도에서 役軍 5만명을 동원하여 역사를 시작하되 2월은 농사철이 시작되는 계절이므로 시일을 앞당겨 정월 보름부터 시행하기로 결정하였다.[28] 이때의 논의 과정에서 안동도호부사 崔龍蘇와 충청도관찰사 韓雍은 운하를 파는 일에 군사를 동원하자면 그 수를 채우기가 어려우니 가을을 기다려 시행하는 것이 좋겠다는 의견을 개진하였다. 이에 태종이 영의정 河崙과 좌의정 成石璘, 우의정 趙英茂

---

26) 『태종실록』 권19 태종 10년 5월 기축조, 7월 임오조, 8월 임인조.
27) 『태종실록』 권22 태종 11년 9월 을축조.
28) 『태종실록』 권22 태종 11년 윤 12월 정사조.

등에게 "해마다 장맛비에 시내가 불어나 물이 넘쳐 민가가 침몰되니 밤낮으로 근심이 되어 개천 길을 열고자 한 지가 오래되었다. 이번 일이 백성에게 폐해가 없겠는가? 아직 후년을 기다리거나 혹은 자손 대에 이르게 하는 것이 옳지 않겠는가?" 하고 의견을 물었지만, 이들은 개천 준설이 의리에 맞는 일이므로 더 이상 미룰 수 없으며 농한기인 지금 파야만 한다고 주장하여 개천 준설이 시작되었다.

이에 開川都監을 설치하고 星山君 李稷·공조판서 朴子靑·지의정부사 李膺을 제조로 임명하고,29) 정월 15일부터 개착사업을 진행하도록 하였다. 뒤이어 개천 준설 작업이 방대할 것에 대비하여 제조를 10명 더 늘여서 임명하고, 업무를 현장에서 담당하여 처리하는 인원으로 使와 판관 33명을 임명하였다.30)

당시 개천 준설작업에 동원된 인원은 모두 52,800명이었고,31) 1월 15일 착공하여 한 달간 작업 끝에 2월 15일 완공을 보았다. 기공식 때 종묘사직과 산천의 신에게 개천을 준설한다는 제를 올릴 정도로 조정에서는 중대한 국가적 건설사업으로 인식하고 있었다. 태종은 이 사업에 종사하는 군인들의 안전을 위해 役軍事宜를 내려 인정과 파루 사이에는 역군들에게 일을 시키지 말고 쉬도록 하고, 병이 난 자는 구제 치료하여 생명을 잃지 않도록 하라고 지시하였다.32) 나아가 군자감의 곡식 40,400석을 내려 보름간의 식량을 지급하고, 부모의 상을 입은 자 300명은 귀향조치 하기도 하였다.33) 이러한 조치는 역에 동원된 사람들의 반발을

29) 『태종실록』 권22 태종 11년 윤 12월 경오조.
30) 『태종실록』 권23 태종 12년 1월 을미조.
31) 『태종실록』 권23 태종 12년 1월 경자조.
32) 『태종실록』 권23 태종 12년 1월 을미조.
33) 『태종실록』 권23 태종 12년 1월 경자조.

무마하기 위한 민심수습책의 일환이었다. 이때 완공된 공사 규모를 살펴보면 다음과 같다.

> 하천을 파는 역사가 끝났다. 藏義洞 어귀로부터 宗廟洞 어귀까지 文昭殿과 창덕궁의 문 앞을 모두 돌로 쌓고, 종묘동 어귀로부터 水口門까지는 나무로 防築을 만들고, 대광통교와 소광통교 및 혜정교, 그리고 貞善坊 동구와 神化坊 동구 등에 있는 다리는 모두 돌로 만들었다.[34]

위의 기록에서 볼 때 개천 본류에 대한 대대적인 준설공사였음을 알 수 있다. 개천의 둑은 돌로써 축대를 쌓은 곳과 제방에 나무를 심어 물의 범람을 막고자 하였고, 개천 본류의 다리들 일부를 흙에서 돌로 교체하여 홍수에도 견딜 수 있도록 하였다. 이로서 도성 내부를 관통하는 개천에 대한 하수정비시설과 홍수대비 시설이 동시에 이루어졌음을 알 수 있다. 이 공사는 5만이 넘는 군사가 1달간 동원되어 이룩한 사업으로서 당시 하천 공공건설로서는 최대의 준설사업이었다. 자연하천으로 존재해 오던 개천을 수도의 하수시설에 걸맞는 규모로 깊게 파고 넓이를 확대하여 둑을 쌓고 튼튼한 돌다리를 가설함으로써 수많은 인구가 살아갈 수 있는 기초시설을 확립하게 되었다. 이 사업이 성공적으로 마감되면서 도성의 치수사업이 일단락되었지만 개천으로 들어오는 지류에 대한 준설작업에는 손이 미치지 못하였다는 한계점이 있다.[35] 그럼에도 불구하고 도성의 기반 시설을 마련하는 기초 공사가 되었으며, 나아가 지방 도시에서 하수 정비를 할 때 하나의 모범이 되었다는 점에서 높이 평가

---

34) 『태종실록』 권23 태종 12년 2월 경오조.
35) 이때의 공사에 참여한 군인들 가운데 64명이 병들어 죽었으며, 이들에게는 그 집의 요역을 면제해 주고 식량을 지급하여 위로해 주었다.

되어야 할 大役事였다.

태종의 개천 준설은 조선 초기 도읍지의 기반시설을 마련했다는 점에서 큰 의미가 있으나 홍수를 근본적으로 막기에는 역부족이었다. 아직까지 개천 지류들이 자연 그대로의 상태였으며, 성곽 아래 설치한 수구도 도성에 내리는 雨水를 일시에 소화하기에는 어려움이 있었다. 따라서 한번 집중호우를 만나면 지류와 細川이 넘쳐 수해를 당하곤 하였다. 이는 개천을 준설한 그 이듬해인 1413년 5월 큰 비로 개천이 범람하여 많은 민가가 침수되었고,36) 1418년 5월에도 도성 내부에 물이 넘쳐 교량이 유실되고 사람의 통행이 이루어질 수 없는 상황에37) 놓이게 된 것이 이를 입증해 준다. 태종은 이러한 홍수가 개천 준설을 완벽하게 하지 않았기 때문이라는 것을 알고 있었지만 또 다시 백성을 동원해야 한다는 부담감을 떨칠 수 없어 더 이상 공사를 지속하지 못하였던 것이다.38)

이상에서 보듯이 태종 때 이루어진 도성 내 개천 준설공사는 조선이 도읍을 한양으로 정하면서 도읍에 걸맞는 하수시설을 정비할 필요가 절실하였다는 전제에서 출발한 것이다. 특히 한양 도시건설의 기초를 마련한 태종 때의 준설이 한 나라의 도읍으로서 기초정비를 위한 준설이었다.

## 3. 세종의 준천사업 완성

태종 때 미비된 준설공사는 세종 때 다시 시행되었다. 1421년(세종 3)

---

36) 『태종실록』 권25 태종 13년 5월 신축조.
37) 『태종실록』 권35 태종 18년 5월 임신·병자조.
38) 『태종실록』 권26 태종 13년 8월 정미조.

6월 서울에 큰 비가 내렸는데, 당시의 상황이 다음과 같이 기록되어 있다.

　　　큰 비가 와서 서울에 냇물이 넘쳐 下流가 막혀서 人家 75호가 떠내려
　　가고, 통곡하는 소리가 여기저기서 들렸다. 어떤 자는 지붕에 올라가고,
　　나무를 잡아 죽음을 면한 사람도 있으나, 물에 빠져 죽은 사람이 자못 많
　　았다.39)

　개천 하류가 막혀 미처 물이 빠져나가지 못하고 범람하자 도성이 물
에 잠기고, 많은 사람들이 인명피해와 함께 물을 피해 도망하는 모습이
그대로 묘사되어 있다. 이에 세종은 급히 "水門의 流沙를 막기 위하여
가로 막은 木柵을 속히 걷어치워 물길을 통하게 하고, 순찰하는 관원과
병조에서는 밤새도록 순시하여, 사람을 죽는 데 이르게 하지 말라."40)는
명을 내렸다. 이때 발생한 도성의 홍수는 다시 한번 개천 준설의 필요성
을 주장하는 계기가 되었다.

　그해 7월 한성부의 책임자였던 鄭津은 태종 때 개천 준설이 이루어졌
지만 지류의 작은 시내를 다 파서 넓히지 못하는 등 완벽하게 이루어지
지 못했으니 이를 다시 시작하여 재해로부터 백성을 구하는 것이 옳다
고 주장하면서 다음과 같은 4가지 치수대책을 제시하였다.

　　　"첫째, 두 곳의 水門은 좌우의 甕城이 좁아서, 도성 안 여러 곳의 물이
　　합쳐 흘러서 막히게 됩니다. 그러므로 동부 彰善坊이 재해를 입은 것이
　　더욱 심하였습니다. 원컨대 유사로 하여금 적당한 곳을 가려서 별도로 수
　　문 하나를 더 만들어 물길을 통하게 하면, 물이 넘치는 것이 감해질 것입
　　니다.

---

39) 『세종실록』 권12 세종 3년 6월 계묘조.
40) 『세종실록』 권12 세종 3년 6월 정미조.

둘째, 鐘樓 아래로는 지세가 모두 낮아 도성의 물이 한 곳으로 몰려드는 것이 높은 집 마루에서 항아리 물을 내려 붓는 것 같아서 많은 집들이 물에 뜨고 침몰되는 일이 반드시 이르게 될 형세입니다. 원컨대 유사에 명하여 예전 도랑 자리에 그대로 물길을 뚫어 파서 깊고 또 넓게 하여 수재에 대비할 것입니다. 또 좌우 行郞의 뒤에도 큰 도랑 하나를 만들면 크게 편리할 것입니다.

셋째, 鎭長坊에는 산골짜기에서 여러 곳의 물이 세차게 흘러 내려, 격류로 쏟아져 내리는 까닭으로, 경복궁 東面의 內城이 몇 자 가량이나 무너졌으니, 만약 수년 동안 이대로 지나면, 거의 성내를 다 삼켜서 그 형세를 막을 수 없을 것입니다. 원컨대, 유사에 명하여 내를 넓히고 돌을 포개어 쌓아 올려 물길을 방비할 것입니다. 경복궁 西城 밖에도 또한 마땅히 내를 넓혀 흐름을 터놓아야 될 것이며, 그 외의 도랑들도 뚫고 파야 할 곳을 일일이 다 들 수 없사오니, 원컨대 유사로 하여금 임시로 적당히 시행하게 할 것입니다.

넷째, 貞善坊 다리 1개와 蓮花坊 다리 2개, 彰善坊 다리 3개, 德成坊 다리 1개 등 위의 도합 7개의 다리는 車駕가 상시 지나시는 곳이니 견고하게 하지 않을 수 없습니다. 전에는 모두 나무 다리를 만들었으므로 큰 비를 한 번 지내고 나면 모두 떠내려가게 되니, 재목의 허비와 백성을 괴롭히는 역사가 해마다 없을 적이 없었습니다. 더욱이 여름 장마 때를 당하면 반드시 썩어 무너지게 되니 그것이 견고하지 않음이 명백합니다. 청컨대, 유사에게 명하여 돌다리를 만들게 하여 이런 근심을 면하게 하소서."[41]

위의 내용을 요약하면 개천 본류의 물이 잘 빠지도록 수문을 추가로 내어 동부지역의 범람을 막자는 것과 개천을 더 깊고 넓게 파고 행랑 뒤로 물길을 하나 만들자는 것, 진장방 일대, 즉 종로구 삼청동에서 내려오는 물줄기인 중학천을 넓히고 돌로 축대를 쌓아 경복궁의 피해를 줄이자는 것, 마지막으로 나무로 만들어진 다리를 단계적으로 돌다리로

41) 『세종실록』 권12 세종 3년 7월 계해조.

만들어 떠내려가지 않도록 하자는 의견을 제시하였다. 이러한 제안은 개천의 지천을 준설하고, 나아가 개천으로 모여든 물이 잘 빠져 나갈 수 있도록 수문을 확대하며, 석교를 만들자는 의견으로 집약될 수 있다. 이에 대하여 세종은 동의를 표하면서도 당장 시행할 것이 아니고 농한기를 기다려 점진적으로 공사를 시행할 것을 공조에 명하고 있다.

　이후 세종은 1422년(세종 4) 2월에 도성 수축공사를 시행하면서 동시에 수문 2개를 추가로 설치하였다.42) 이에 개천 본류의 물이 잘 빠지면서 과거 보다는 홍수로부터 안전성이 더 높아지게 되었다. 이에 따라 호조로 하여금 동대문의 수구문 바깥쪽 땅을 집 없는 사람들에게 떼어주고 집을 짓고 살게 하기도 하였다.43) 그리고 1426년(세종 8) 6월에는 공조 산하에 修城禁火都監을 설치하고, 이곳에서 개천 청소와 준설 및 다리 보수 등의 업무를 전담하여 처리하도록 하였다.44) 이후 1434년(세종 16) 2월에는 경기의 船軍을 불러 모아 개천의 지류인 중학천을 준설하여 建春門 밖 일대의 물길을 정비하였으며,45) 같은 해 7월에는 수성금화도감의 건의로 개천 준설을 위한 군사를 종전 1,500명에서 다시 1,500명을 증설할 것을 요청하여 강원도와 황해도에서 선군으로 경기에 부방한 자를 포함시켜 모두 3,000명이 개천 준설에 참여하였다.46) 그런데 이때 시행된 준설 대상이나 범위 등의 기록이 없어 자세한 사항을 알 수는 없지만 개천 본류보다는 지류들을 중심으로 하천의 폭을 넓히거나 깊이를 파내는 일, 또는 다리를 석축으로 바꾸는 일, 도랑을 개설하는 일 등이

---

42) 『세종실록』 권15 세종 4년 2월 경술조.
43) 『세종실록』 권24 세종 6년 4월 계해조.
44) 『세종실록』 권32 세종 8년 6월 신사조.
45) 『세종실록』 권63 세종 16년 2월 기유조.
46) 『세종실록』 권65 세종 16년 7월 임오조.

시행되었을 것으로 보인다. 이후 세종대의 개천 준설 기록은 보이지 않는다. 따라서 세종 16년 경에 대부분의 개천 준설을 마쳤던 것으로 생각된다. 결국 세종 때는 세종 4년부터 16년까지 농한기를 이용하여 조금씩 개천 준설을 시행했던 것으로 파악된다.

　태종과 세종 때 단행한 개천 준설공사 이후 약 200년간 개천에 대한 대대적인 준설공사는 이루어지지 않았다. 이에 세조 때는 백성들이 개천 양쪽 둑을 파고 밭을 개간하는가 하면 둑에 심은 나무를 베어 버려 비가 오면 둑이 무너지는 사태가 발생하기도 하였다.[47] 또한 개천 상류의 흙이 계속 쌓이면서 개천 바닥이 높아져 약간의 비만 와도 범람하기 일쑤였으며, 조정에서는 임시방편으로 개천 인근에 사는 백성들에게 개천 바닥을 파내도록 하였다.[48] 조정에서는 개천 둑에 버드나무를 심어 보강하거나,[49] 부분적으로 석축을 쌓아 둑이 무너진 곳을 보수하기도 하였다. 이후 본격적인 개천 준설공사는 영조 때 이루어진다.

　결국 세종 때의 준설은 아버지를 이어 개천의 작은 지류들과 다리에 이르기까지 준천사업을 완성하는 단계였다고 할 수 있다. 이후 200여년이 지난 영조 때 이르러서야 전반적인 준천사업이 다시 진행되었다는 점을 통해서도 태종·세종 때의 준천이 얼마나 중요한 의미가 있는 공공건설이었는지 알 수 있다.

---

47)『세조실록』권3 세조 2년 1월 갑술조.
48)『숙종실록』권49 숙종 36년 9월 병신조.
49)『성종실록』권7 성종 1년 9월 기축조.

## 4. 영조의 새로운 개천 준설과 치수

태종과 세종대 준설공사가 시행된 이후 가장 대대적인 개천 준설공사가 시행된 것은 영조 때이다. 오랜 기간 준설이 이루어지지 않아 개천 바닥이 다리와 닿을 정도가 되자 준설의 필요성이 본격적으로 논의되었다. 개천을 준설하기 위해서는 백성들을 동원하는 문제를 해결하는 것이 가장 시급한 것이었다. 당시 호조판서 洪鳳漢은 준천을 위해서는 백만명의 역부를 동원해야 가능한데 현재로서는 돈을 주고 役軍을 모집할 여력이 없으므로 서울의 백성들을 동원해야만 하는 어려움이 있다고 전제하면서도 준천의 불가피성을 주장하였다. 또한 洪啓禧는 너무 많은 인원을 한꺼번에 동원하면 일의 효율성이 떨어지며 모래를 퍼내 옮기는데 오히려 어려움이 따를 것이니 하루에 1,500명씩 100일간 투입하여 준설작업을 진행하면 가능하다는 의견을 제시하였다.[50] 이에 영조도 쉽게 결정을 못 내리고 직접 여러 차례 서울 사람들을 불러 모아 놓고 개천을 파는 것이 좋은지에 대한 의견을 묻곤 하였다.[51] 백성들의 의견이 엇갈려 결정이 나지 않자 영조는 과거시험의 시제로 개천 준설의 이로움과 해로움을 묻는 문제를 내기도 하였다.[52] 영조 스스로 개천 준설공사를 마치고 나서 "지금 나는 몇 년 동안 한 가지 일을 가지고 계획하다가 내 재임시절에 겨우 완성하였으니 참으로 어렵다."[53]고 할 정도로 계획에서 실행에 옮기기까지 많은 고민을 했음을 알 수 있다.

그러다가 1760년(영조 36) 한성판윤 洪啓禧와 호조판서 洪鳳漢 등의

---

50) 『濬川事實』17~18쪽.
51) 『영조실록』 권75 영조 28년 1월 기축조. 『영조실록』 권81 영조 30년 3월 임신조.
52) 『영조실록』 권81 영조 30년 3월 을해조.
53) 『濬川事實』8쪽.

적극적인 주장에 따라 한성부 5部의 坊民 연 15만 명과 임금을 주고 채용한 인부 5만 명을 동원하고 錢 35,000냥, 米 2,300석의 재정을 투자하여 2월 18일부터 4월 15일까지의 57일간에 걸친 준설공사 사업을 완료하였다.[54]

개천 준설에는 해마다 막대한 홍수 피해를 입어오던 도성 내외에 살고 있는 백성들이 자발적으로 참여하였고, 도성 내 富豪家는 별도로 많은 役夫를 바쳤다. 나아가 경기에 사는 주민들까지 기꺼이 참가하여 民官이 혼연일치가 된 국가의 큰 공역이었다.[55] 뿐만 아니라 제주도에서도 부역을 자원한 사람들이 있었고, 貢人들도 적극 가담하여 이들에게 상을 내리기도 하였다.[56]

영조는 수많은 인원이 동원되는 이 공사에 대해 지대한 관심을 쏟고 있었다. 그리하여 공사 착공에 즈음하여 永禧殿에서 친히 제를 올리고 쌀 20석과 미역 600근을 하사하여 준설에 종사하는 役軍들에게 지급하도록 하였다.[57] 이어 공사가 시작된 직후인 2월 20일에는 직접 興仁門에 나가 공사 진행 과정을 시찰하고, 준설 공사를 감독하는 都廳과 郞廳 및 牌將들에게 弓矢를 하사하며 격려하였다. 또한 쌀 600석을 濬川所에 내려 주어 부역하는 도성 백성들과 준설 공사로 인해 집이 훼손된 사람들을 진휼하도록 지시하였다.[58] 3월 10일에는 廣通橋에서 水口門까지 공사 진척 과정을 살펴보고 준천 당상관들에게 음식을 내려주기도 하였다.[59] 4월 9일에도 동대문 옆의 五間水門에 나가 공사를 지켜보는[60] 등

---

54) 『濬川事實』 17~18쪽.
55) 『濬川事實』 44쪽.
56) 『영조실록』 권95 영조 36년 2월 을미조.
57) 『영조실록』 권95 영조 36년 2월 갑오조.
58) 『영조실록』 권95 영조 36년 2월 을미조.

공사가 진행되는 동안 여러 차례에 걸쳐 현장을 시찰하는 등 적극적인
행보를 보이고 있다.

당초 이 공사가 100만 명이 넘는 인원이 동원되어야 한다는 주장이
있었고, 1,500명씩 적어도 100일간 공사를 진행해야 한다고 계획한 것에
는 개천에서 나오는 土砂를 어떻게 처리하는가에 달려 있었다. 즉 개천
으로부터 멀리 떨어진 곳으로 토사를 운반하여 쌓기 위해서는 보다 많
은 인력이 동원되어야 하지만, 개천 인근에 토사를 쌓을 경우에는 그만
큼 적은 인원으로도 공사를 마칠 수 있었던 것이다. 마침내 영조는 임시
방편으로 토사를 개천에서 가까운 도로변에 쌓게 함으로써 수십명 혹은
수백명이 해야 할 일을 한 사람이 할 수 있도록 하여 공사기간을 단축하
고, 참여 인력도 줄일 수 있었던 것이다.61) 그러나 이에 대해 봉조하 兪
拓基는 토사를 개천 가에 방치해 두면 비가 내릴 때 흘러들어가 다시 개
천이 막히게 되므로 많은 인력을 동원해서라도 다른 곳으로 운반해야
한다고 주장하기도 하였다. 이에 영조는 별다른 대책을 세우지 않고 그
대로 두었으며, 이를 造山이라 하였다.62)

이와 같이 영조의 적극적인 의지와 백성들의 자발적인 참여에 의해
개천 준설이 성공리에 완료되고 나서 이 공사에 참여한 사람들에게 加
資하고, 춘당대에서 잔치를 베풀어 노고를 위로하였다.63)

영조는 준천작업이 한창 진행 중인 3월 준천을 단행한다는 것이 매우
어려운 일이므로 후대에 표본을 삼게 하기 위해 준천하는 과정을 모두

---

59) 『영조실록』 권95 영조 36년 2월 을묘조.
60) 『영조실록』 권95 영조 36년 4월 계미조.
61) 『濬川事實』 41쪽.
62) 서울특별시사편찬위원회, 『서울六百年史』 2권, 1978, 221~223쪽.
63) 『영조실록』 권95 영조 36년 4월 계미조.

기록으로 남겨 책을 만들도록 하였다. 그리고 준천업무를 전담할 관청으로 준천사를 따로 설치하도록 하여 제도화하였다. 이 책이 『준천사실』이다. 이 책에는 준천에 임하는 영조의 마음을 「어제서문」으로 넣고, 준천에 관한 세부 공사내역을 「준천사실」이라 하였으며, 이어 「준천사절목」을 두어 향후 준천사에 관한 업무와 조직 등을 세부적으로 정리하여 두었다.

『준천사실』 내용 중 「준천사절목」에 의하면 삼정승을 도제조로 하고 그 밑에 제조 6명을 두었다. 제조로는 한성부의 책임자인 한성판윤과 군사를 총괄하는 병조판서, 그리고 실무적으로 군사를 통솔하는 서울의 삼군문대장을 당연직으로 임명하였다. 나머지 1명은 비변사 당상관 중에서 의정부의 추천을 받아 임명하도록 하였다. 그리고 이들에게는 한성부와 병조 및 삼군문에서 서리와 사령을 각각 1명씩 배치하여 당상관을 보조하는 인력으로 배치하였다.

이어 3군문을 중심으로 개천의 담당 구역을 정하여 책임 실명제를 채택하였다. 개천 본류의 경우 松杞橋에서 長通橋까지는 훈련도감, 장통교에서 太平橋까지는 금위영, 태평교에서 永渡橋 아래까지는 어영청에서 각가 담당하고, 관할구역의 지류들도 함께 관리하도록 하였다. 이들은 자신의 담당구역을 정기적으로 순찰하면서 산을 관리하고 교량의 파괴, 석축의 붕괴, 모래가 쌓이는 것, 나무 말뚝을 박고 나무를 쌓아 만든 둑의 훼손 여부 등을 살펴서 보고하고, 문제가 있을 때마다 즉시 수리하고 개축하도록 하였다. 나아가 개천으로 모래가 흘러 들어오는 것을 막기 위하여 도성을 둘러싸고 있는 四山에 나무를 심고, 산을 경작하거나 개천을 침범하여 집을 짓는 자를 처벌하도록 하였다.

또한 준천사의 재정은 훈련도감에서 100냥, 병조·금위영·어영청에서 각각 300냥씩 매년 적립하여 경비로 사용하되, 당상관들이 상의하여 사용한 후 문서로 보고하고 제조들이 이를 관리하도록 하였다. 준천에 관한 총체적인 일은 한성판윤이 주관하고, 순찰 등 부분적인 업무는 병조에서 주관하도록 하였다. 동대문 밖 채소밭이나 도성 내 공지를 준천사에서 임대받아 지급한 땅에 집을 지을 경우 모두 세금을 받아 준설 비용으로 사용하도록 하였고, 개천 둑에 말뚝을 박고 통나무를 얽어서 토사가 무너지는 것을 방지하였는데 이곳에 수시로 나무와 잡목을 옮겨 심어 제방이 유지되도록 관리하되 돌로 수축하는 방법도 병행하도록 하였다. 개천 둑에 심은 버드나무와 말뚝은 가까운 민가에서 관리하도록 하되 민가가 없는 곳은 3군문에서 담당하도록 하였고, 개천 지류의 나무로 만든 다리는 재정이 마련되는 대로 수시로 돌로 바꾸도록 하였다. 궁궐 안에 있는 禁川은 내시부에서 총괄하되 임금이 계시지 않는 궁궐은 수직내관이 살펴 보고하도록 하였다.64)

이와 같이 세세한 곳에 이르기까지 업무를 분담하여 정하고 이를 지속적으로 유지함으로써 항구적인 개천관리의 틀을 마련하였다는 점에서 영조대 개천 준설의 의미를 높게 평가할 수 있다.

이어 영조는 개천에서 늘 불안하게 남아있는 둑에 대한 공사에 착수하였다. 앞서 태종과 세종 때 돌로 쌓은 것이 퇴락되어 영조가 준설공사를 하는 과정에서 흙으로 제방을 다진 후 말뚝을 박고 서로 얽어 매고, 버드나무를 심어 둑이 무너지는 것을 방지하도록 하였다. 그러나 이러한 제방 축조는 항구적인 방법이 아니었고, 매년 보수하는 비용이 들어가 큰 고민거리의 하나가 되었다.

이후 준천사에서는 매년 木柵으로 護岸하여 둑의 붕괴를 예방하였는

---

64) 『濬川事實』「濬川司節目」 45~54쪽 참조.

데 그 때문에 해마다 비용이 과다하게 지출되자 1765년(영조 41) 사직 심수가 돌로 둑을 쌓자는 의견을 제시하였다.[65] 그러나 비용이 많이 들고 인력이 투입되어야 하는 일이므로 난색을 표하다가 1773년(영조 49) 5월 좌의정 金尙喆이 관서에 보관중인 쌀 1만석을 삼군문에 나누어 주어 석축공사를 완료하고 이후에 1만석을 채워주자는 의견을 제시하였다.[66] 그리하여 이 돈으로 먼저 석재를 구비하고, 3군문에 개천 구역을 분담하여 둑을 돌로 쌓는 공사에 착수하였다. 이 공사는 그해 6월 10일에 착수하여 8월 6일까지 약 2달간 진행되었다. 공사 시작일에 영조가 수표교까지 나와 공사를 독려하고,[67] 완공일인 8월 6일에도 왕세손과 함께 광통교에 나와 석축을 살펴본 후 공사 담당자들을 치하하고 격려하였다.[68]

이때 영조의 나이가 79세의 고령임에도 불구하고 직접 공사현장에 나와 석축공사를 확인하는 열정을 보여주었다는 점에서 영조가 개천 준설에 어느 정도 심혈을 기울였는지를 알 수 있다. 영조 때의 준설과 석축공사는 단일 사업으로서 가장 큰 건설공사였고, 도성 백성들의 안위를 위한다는 대의명분하에 민관이 합동으로 일치단결하여 이루어낸 쾌거였다. 나아가 향후 개천 준설의 기틀을 만들어 놓았을 뿐 아니라 준천사를 설치하여 이를 제도적으로 뒷받침할 수 있는 근거를 마련하였다는 점에서 그 의미를 찾을 수 있다. 일이 완성된 후 영조가 세손에게 '뜻이 있는 자는 일이 마침내 이루어진다. 무릇 무엇인가를 하고자 하면 먼저 뜻을 세워야 하니 이를 힘쓰라'[69]고 한 대목에서도 영조의 의지가 읽혀진다.

---

65) 『영조실록』 권106 영조 41년 8월 기미조.
66) 『영조실록』 권120 영조 49년 5월 정해조.
67) 『영조실록』 권120 영조 49년 6월 무술조.
68) 『영조실록』 권120 영조 49년 8월 임진조.

## 5. 정조대 이후의 개천 준설

영조 때의 준천 이후 한동안 큰 준설공사는 없었으며, 토사가 막히는 것을 파내는 정도의 일시적인 공사는 계속되었다. 1777년(정조 1)에는 수표교 아래 부분에 각인한 '庚辰地平'의 글자가 떠내려 온 토사에 파묻혀 보이지 않을 정도가 되어 준천사 당상 구선복과 都廳 尹守仁에게 책임을 물어 추고하였다.[70] 그리고 1780년(정조 4)에는 도랑이 막혀 물이 넘치자 준설을 철저하게 이행하도록 촉구하고 있다.[71] 이와 같이 계속 토사가 흘러 개천 하상이 높아지자 1789년(정조 13) 역군를 동원하여 준설작업을 시행하였다.[72] 이때 정조는 역군들에게 특별히 음식을 내려 노고를 치하하였으나, 규모가 큰 준설공사는 아니었던 것으로 보인다. 이후 흙이 계속 쌓이는 문제를 해결하기 위한 방도로서 쟁기를 이용한 모래 제거와 퍼 올린 흙이 흘러내리지 않도록 그 흙을 空閑地로 이동하여 언덕을 쌓고 나무를 심어 흘러내리는 것을 방지하자는 의견이 계속 대두되었다.[73] 1795년(정조 19)에도 "산허리 이상 되는 곳까지 점차 개간하는 바람에 토사가 아래로 흘러 개천을 준설하는 공사가 매년 그치지 않고 있다."는 기록을 보면 정조 때는 비록 큰 규모의 공사는 아니었지만 거의 매년 부분적인 준설작업이 이루어졌음을 알 수 있다.

이어 순조 18년 '준천사에서 준천의 역사가 끝났다는 보고가 있었다'는 짤막한 기록이 있고,[74] 순조 32년에는 준천의 일은 都民의 利害와 관

---

69) 『영조실록』 권127 부록 영조대왕행장.
70) 『정조실록』 권3 정조 원년 7월 을해조.
71) 『승정원일기』 건륭 45년 6월 26일조.
72) 『정조실록』 권27 정조 13 4월 기해조.
73) 『정조실록』 권53 정조 24년 2월 을사조.

계되는 일이니 준천에 관한 事目을 만들어 올리라는 순조의 명에 따라
구체적인 내용을 적어 올렸다. 그 내용은 다음과 같다.

「대개 영조 때 크게 준천한 이후 間年 혹은 2~3년에 한번씩 개천의 疏
滌에 힘을 쓰지 아니한 것은 아니나 이제 와서 그 피해가 매우 심하니 이
는 오로지 연례로 소척한다고 한 것이 크게 공사를 벌이어 장구한 계책을
세우지 못했기 때문이다. 지금의 방도로는 불가불 庚辰年의 예대로 地平
을 기준으로 해야 할 것이고 진실로 영구히 편하려 한다면 일시의 수고를
아끼지 않음만 못하다. 만약 雇募의 비용과 삼태기 삽 등의 공구류, 어디
서부터 始役을 하고 어느 곳에 흙을 받아 산을 만들어야 하는가 등은 의
당 庚辰事目으로 가부를 참고하여 형편에 따라 하여야 할 것이다. 무엇보
다도 주민들의 동조를 통하여 하는 일이 비록 전례에 있다 하더라도 결국
어려울 듯 하다. 그러므로 각 軍門의 將校·各司의 員役·市人·貢人·掖隷
등은 한결같이 庚辰年의 예에 따라 3일에 한하여 赴役케 하고 諸司의 官
生과 각도의 邸人들도 역시 똑같이 준행하며 각 營軍의 士兵들은 그 대
부분이 貧賤하므로 각사의 徒隷나 工匠輩들과 더불어 2일간만 부역토록
한다. 이 工役은 都下의 큰 役으로 상시의 座更에 비하여 일 자체가 더욱
중하니 朝廷 사대부의 집에서 무릇 백성들보다 먼저 해야 하므로 宗親에
서부터 文·蔭·武의 卿宰 1품 이하는 모두 座更의 예에 따라 각각 家丁을
내 보내어 부역을 시키되 마땅이 구분하는 근거가 있어야 하므로 2品 이
상은 5일, 3품 이하는 3일에 한하여 式例로 정하여 한성부의 도움을 받아
위반함이 없도록 한다. 坊民은 大川과 中川 兩傍에 거주하는 자에 한하
여 家前治道의 예에 따라 역시 3일에 한하여 부역시키도록 하되 그 밖의
가난한 士民들은 거론하지 말아 나라의 拔例軫恤의 뜻을 보이도록 한다.
들어가는 物力은 듣건대 준천사에 남아 있는 것이 불과 약 7,900냥에 지
나지 않는다고 하니 惠局(先惠廳)에서 明年 移送條로 2,400냥만 充用하
도록 하면 일만 냥 정도가 된다. 여기에다 다시 東闕의 役을 중지하였으

---

74) 『일성록』 순조 18년 5월 19일조.

니 그 일로 비치된 돈 중에서 2백냥만 우선 당겨서 쓰게하고 그 돈은 다
시 영건하게 되었을 때 변통하여 갚기로 한다. 경진년에 준천할 때에 白
嶽과 木覓山 및 하천의 신에게 治祭의 禮를 올린 일이 있으니 지금 또한
이에 의거하여 거행한다」75)

이상의 기록을 통하여 첫째, 영조 36년의 濬川이 있은 이후 격년 혹은
2~3년에 한번씩 소규모의 浚渫이 있었다는 점, 둘째 대부분의 공역에 관
계되는 사안은 영조 36년 공사의 예에 따라 진행되었다는 점, 셋째 한성
부내의 모든 백성들이 참여하는 공사였다는 점, 넷째는 東闕의 공사를
위한 돈을 지출하면서까지 준천의 필요성이 시급했다는 점 등의 사실을
알 수 있다. 이 준천공사가 착공된 것은 1833년(순조 33) 2월 22일이며76)
약 2개월 후인 4월 19일에 완공되었다.77) 공사에 소요된 연인원은 정확
하게 알 수 없으며, 총 비용은 당초 3만냥 예상했으나78) 공사 개시 후
1달만에 37,380냥이 소요되었고, 나머지 부족분은 東闕 공사비용 가운데
서 2만냥과 宣惠廳錢 1만냥을 추가로 지급하여 공사를 계속하였으므로
약 6,7000냥의 비용이 소요되었다.79) 또한 준천에 종사한 군인들은 각각
소속 軍營에서 식사를 제공했으며 민간인은 각자가 가지고 오도록 하여

---

75) 『비변사등록』 220책 순조 32년 8월 13일조.
　　『일성록』 순조 32년 8월 13일조.
76) 『일성록』 순조 33년 2월 22일조.
　　『승정원일기』 도광 13년 2월 22일조.
77) 『비변사등록』 121책 순조 33년 4월 16일조.
　　『승정원일기』 도광 13년 4월 16일조.
78) 『비변사등록』 220책 순조 32년 8월 13일조에는 동궐 공사비용 가운데 2백냥을 빌
　　려 쓰는 것으로 기록되어 있으나, 『순조실록』 권32 순조 32년 8월 정해조에는 2만
　　냥으로 기록되어 있다. 공사의 규모로 보아 실록의 기록이 맞을 것으로 생각된다.
79) 『비변사등록』 121책 순조 33년 3월 22일조.

공사비의 부담을 덜고자 하였다.[80]

이어 헌종대에는 큰 역사가 없었던 것 같으며 다만 1842년(헌종 8) 5월에 '도성 안에 준천을 명했다'[81]라는 짤막한 기록이 있고, 1858년(철종 9) 5월에는 준천공사가 부실하게 진행되어 그 책임자인 御營大將 沈樂臣을 파직하였다.[82] 이후 철종대 약 8년간은 준천공사를 시행하지 않고 고종 2년 3월에 이르러 다시 한 번 대대적인 준천공사가 진행되었다.

고종 2년 3월 1일 비변사에서는 지난 8년간 한 번도 개천을 준설하지 않아 모래와 흙이 막혀 있으니 준천사와 각 군영의 대장에게 준설을 하도록 해야 한다는 의견을 제시하였다.[83] 이 건의를 받아들여 3월 11일 의정부에서 영조 36년 준천공사의 예를 따라 濬川事目을 작성하여 왕의 재가를 받고 있다. 즉 각 군문 장교와 각사 원역·시인·공인·액예, 제사 官生·각도의 邸吏들은 3일씩 부역하고 각 영의 군병, 각사의 도예들과 工匠들은 2일씩 부역시키며, 사대부가에서는 솔선하는 뜻으로 文·蔭·武官의 1품에서 2품까지는 5일간, 3품 이하는 3일간씩 家丁을 내어 出役시키고 川邊에 사는 백성들은 3일간씩, 그 밖에 常班들은 동원하지 않는다는 등등 모두 영조 36년과 순조 33년의 전례를 그대로 채택하고 있다. 이때의 공사비용은 모두 8,900냥으로 책정되어 경비상으로 볼 때의 공사 규모는 순조 33년의 예에 훨씬 못 미친다.[84] 이는 당시의 재정이 경복궁 중건에 집중되어 있었기 때문에 준천공사에 이 정도의 비용을 할애한

---

80) 『순조실록』 권33 순조 33년 4월 병진조.
81) 『승정원일기』 도광 22년 5월 27일조.
82) 『비변사등록』 121책 철종 9년 5월 9일조.
　　『승정원개수일기』 함풍 8년 5월 9일조.
83) 『고종실록』 권2 고종 2년 3월 병신조.
84) 『일성록』 고종 2년 3월 8일조.

것도 그 공사의 중요도에 따른 것으로 생각된다. 이 공사는 5월 1일 준천사의 도제조 이하의 관리들에게 賞을 주었다[85]는 것으로 보아 4월 말까지 지속된 것으로 보인다. 이후 고종 때의 준천은 고종 6년과 7년 및 10년과 16년에 각기 한 차례씩 공사가 시행되었으며, 고종 17년과 고종 28년에도 각각 2달여에 걸쳐 공사가 실시된 이후 고종 30년의 준천 공사가 19세기의 마지막 기록이다.[86]

이와 같이 정조 때는 앞서 영조가 대규모 준천공사를 시행했기 때문에 부분적인 준천공사만이 이루어 졌고, 순조대는 한 차례 대대적인 준설공사를 진행하여 개천을 관리하였고, 고종 때도 두세차례 약 2달간의 일정으로 개천을 준설하고 있다.


## 6. 국가 공공건설인 청계천 준천사업

조선시대 도성 치수정책은 세종대 측우기가 만들어지면서 과학적인 방법에 의한 수량 측정을 통해 그 기초가 만들어졌으며, 개천과 한강에 수표를 새겨 놓아 수위를 측정함으로써 재난에 대비하는 정책을 펴 나갔다. 나아가 개천의 토사 적치를 막기 위해, 도성을 둘러싸고 있는 4산에서의 벌목과 개간 금지 등을 법으로 제정하여 보호하는 정책을 펴기도 하였다. 이러한 정책은 조선시대 전반에 걸쳐 꾸준히 시행된 제도들이며, 그래도 홍수가 자주 일어나자 전국적인 인력을 동원하여 개천 준

---

85) 『고종실록』 권2 고종 2년 5월 을미조.
86) 『고종실록』 권6 고종 6년 4월 무진조. 권7 고종 7년 3월 정묘조. 권10 고종 10년 4월 기사조. 권17 고종 17년 2월 계축조. 권28 고종 28년 3월 계묘조. 권30 고종 30년 5월 기해조.

설과 제방 축조 등을 통해 물길을 원활하게 소통하도록 하였다.

이러한 정책 이외에 보다 관심을 기울인 것은 바로 준설사업이었다. 도성을 관통하는 개천 준설공사가 대대적으로 이루어진 것은 태종과 영조 그리고 순조와 고종 대가 주목된다. 이 가운데 특히 주목을 끄는 것은 개천 준설의 기초를 닦아 놓은 태종과 조선 후기 개천 관리의 표본을 마련한 영조이다.

태종 때의 준설 공사는 5만이 넘는 군사가 1달간 동원되어 이룩한 사업으로서 당시 하천 공공건설로서는 최대의 준설사업이었다. 자연하천으로 존재해 오던 개천을 수도의 하수시설에 걸맞는 규모로 깊게 파고 넓이를 확대하여 둑을 쌓고 튼튼한 돌다리를 가설함으로써 수많은 인구가 살아갈 수 있는 기초시설을 확립하게 되었다. 이 사업이 성공적으로 마감되면서 도성의 치수사업이 일단락되었지만 개천으로 들어오는 지류에 대한 준설작업에는 손이 미치지 못하였다는 한계점이 있다. 그럼에도 불구하고 한양 도시건설의 기초를 마련한 태종 때의 준설이 한 나라의 도읍으로서 기초정비를 위한 준설이었다는 점과 지방도시에서 하수 정비를 할 때 하나의 모범이 되었다는 점에서 높이 평가되어야 할 大役事였다. 그리고 세종 때의 준설은 아버지를 이어 개천의 작은 지류들과 다리에 이르기까지 준천사업을 완성하는 단계였다고 할 수 있다. 이후 영조 때 이르러서야 전반적인 준천사업이 진행되었다는 점을 통해서도 태종·세종 때의 준천이 얼마나 중요한 의미가 있는 역사였는지 알 수 있다.

영조 때의 준설과 석축공사는 단일 사업으로서 가장 큰 건설공사였고, 도성 백성들의 안위를 위한다는 대의명분하에 민관이 합동으로 일치단결하여 이루어낸 쾌거였다. 한성부 5部의 坊民 연 15만 명과 임금을

주고 채용한 인부 5만 명을 동원하고 錢 35,000냥, 米 2,300석의 재정을
투자하여 2월 18일부터 4월 15일까지의 57일간에 걸친 준설공사였다. 이
공사는 향후 개천 준설의 기준을 만들어 놓았을 뿐 아니라 준천사를 설
치하여 이를 제도적으로 뒷받침할 수 있는 근거를 마련하였다는 점에서
그 의미를 찾을 수 있다.

　이후 정조 때는 거의 매년 소규모의 부분적인 준설작업이 이루어졌
고, 순조 때는 한 차례 대대적인 준설공사를 진행하여 개천을 관리하였
다. 또한 고종 때도 두세차례 약 2달간의 일정으로 개천을 준설하고 있
다. 그러나 이때 준설의 모태가 된 것은 모두 영조 때의 준설공사였다.
따라서 조선시대 전 기간에 걸쳐 도성 치수정책의 기초를 닦은 사람은
태종과 세종이며, 이를 규범화하여 완성한 인물은 영조로 볼 수 있다.

　전근대 공공건설은 국가 경영에서 나라의 기반을 다진다는 점에서 매
우 중요한 정책이었다. 이 가운데 치수정책은 군왕의 덕치 여부를 판단
할 수 있는 기준이자 국가 산업의 모태가 되고 있는 농업생산력과도 직
결되는 문제였다. 특히 통치자인 군왕이 살고 있고, 정치·경제·문화적
중심지인 수도 서울에서 추진된 공공건설에는 전국적으로 많은 인력이
동원되었을 뿐만 아니라 지방 공공건설의 모태가 되었기 때문에 그 중
요성이 더욱 컸다. 따라서 한성부에서 시행된 개천준설은 정부의 지대
한 관심속에서 항구적으로 추진된 공공건설이었다. 도시 건설의 일환으
로 추진된 도성 치수정책은 태종과 세종대에 1차적으로 완성을 보았으
며, 이때의 공공건설이 200여 년간 유지관리 되어 왔다. 그리고 200여년
이 흐른 이후 보다 체계적으로 치수정책을 발전시키고 항구적인 방법론
을 제시한 사람은 영조였다. 이후 정조와 순조 그리고 고종대를 거치면서
영조대의 치수정책을 표본으로 삼아 도성의 치수를 관리하였던 것이다.

결과적으로 도성의 치수정책과 준설사업을 통해서 본 전근대 공공건설은 그 목적이 도성 백성들의 삶을 보호하고 수도로서의 입지를 안온하게 함으로써 국가 수호의 기틀을 유지하고자 하는데서 출발되었으며, 그 내구 연한이 적어도 200여 년간 지속되었다는 점에서 먼 미래를 내다보고 시행된 국가의 공공건설이었음에 주목할 필요가 있다.

# 제2장 종로구 사직동의 역사·문화적 변천

## 1. 사직동의 행정변화와 지리적 위치

종로구 사직동은 서울에서도 가장 도심인 종로구에 속해 있으며, 경복궁을 중심으로 그 서쪽에 위치하고 있다. 조선이 도읍을 한양으로 정할 때 경복궁을 正宮, 창덕궁을 離宮으로 도시 축을 잡고 그 아래쪽으로 종로를 가설하였다. 그리고 左廟右社의 전통적인 도시구조에 따라 정궁인 경복궁의 서쪽에 사직단을 배치하였고, 동쪽으로 종묘를 배치하였다. 그리하여 오늘날 경복궁에서 사직로를 따라 서쪽의 사직터널 방향으로 가면 길 북쪽으로 사직단이 남아있다. 사직단 위로는 도성의 우백호인 인왕산 줄기가 우람하게 버티고 있어 지리적 안정감을 안겨주고 있다. 따라서 조선시대 사직동 지역은 국가의 중요한 제사를 지내는 곳으로 신성시 되었을 뿐만 아니라 정치·경제의 중심인 궁궐 및 종로 일대와 가깝게 연결되어 있어 일찍부터 주목받았던 지역이다.

사직동이라는 이름은 이 지역에 조선시대 사직단을 세우면서 비롯되었다. 조선 초기에는 한성부의 仁達坊에 소속되어 있었다. 그 후 조선 후기 영조 27년(1751)에 반포된 守城冊字 『都城三軍門分界總錄』에 의하면 한성부 서부 인달방 社稷洞契에 속해 있었다. 1894년 갑오개혁으로 한성부의 행정구역이 많이 개편되었을 때 西署 인달방 사직동계 사직동·朴井洞·武德門·昌平洞의 일원이 되었다.

　대한제국이 1910년 일본 제국주의의 식민지로 전락됨에 따라 행정에
도 변화가 일어났다. 제일 먼저 1910년 漢城府의 명칭이 京城府로 바뀌
었다.[1] 뿐만 아니라 경성부가 경기도 관할 구역으로 개편되면서 조선시
대보다 오히려 격하되었다. 이후 1911년 경성부 행정구역의 재편으로 사
직동 지역은 서부 인달방 관할이 되었다.[2]

　1914년에는 경성부 관내 186개의 洞·町·丁目의 명칭과 구역이 새로
재조정되었다.[3] 이 때 사직동 지역은 西部 창평동·무덕문과 사직동·박
정동 일부를 통합하면서 그 이름을 사직동이라고 불렀다. 그리고 같은
해 9월 29일 출장소제도가 실시되면서 서부출장소 관할이 되었다가 이
듬해 6월 1일 경성부의 직할구역으로 변경되었다. 1936년에도 경성부의
동명과 관할구역의 대폭적인 개정이 이루어 졌다.[4] 이 때 사직동도 일
제식 동명인 社稷町으로 바뀌어 졌다. 또한 1943년에는 출장소제도가 폐
지되면서 대신 區制度가 실시되었다.[5] 이로 인해 종로구 사직정으로 재
편되었다.

　1945년 일제강점기로부터 해방을 맞이한 한국은 여러 방면에서 새로
운 국면을 맞이하게 되었다. 행정에 있어서도 일제식의 옛 이름을 우리
말로 고친다는 원칙을 세워 1946년 10월 1일을 기해 모든 행정구역명을
바꾸었다. 이 때 종로구 社稷町에서 종로구 사직동으로 바뀌어 졌다.

　사직동은 북쪽으로 樓上洞과 弼雲洞이, 서쪽으로는 毋岳洞과 杏村洞
이, 남쪽으로는 紅把洞과 松月洞 新門路2街와, 동쪽으로는 內需洞과 內

---

1) 1910년 10월 1일 조선총독부령 제7호.
2) 1911년 4월 1일 경기도령 제3호.
3) 1914년 4월 1일 경기도 고시 제7호.
4) 1936년 4월 1일 조선총독부령 제8호.
5) 1943년 6월 10일 경성부령 제163호.

資洞으로 둘러싸여 있다. 인왕산의 정상에서 동쪽과 남쪽을 관할구역으로 하여 그 산록에 자리 잡고 있는 사직동은 공원지구와 주택단지가 어우러져있는 특성을 간직하고 있다.6)

사직단을 포함하여 그 일대가 현재 사직공원으로 지정되어 있다. 이 공원에는 1969년에 건립된 율곡 이이의 동상과 1970년에 건립된 율곡의 어머니 신사임당의 동상이 우뚝 서 있다. 또한 1977년 한국소설가협회에서 근대문화 개척기에 활약한 소설가 金東仁의 문학비를 건립하였다.

공원 안의 언덕 쪽에는 시립종로도서관이 있다. 이 도서관은 李範昇에 의해 사립도서관으로 설립되었던 것을 1949년 서울시에 기증하여 시립도서관이 되었다. 현재의 건물은 1968년에 새로 신축한 것이다. 또한 종로도서관 동쪽으로는 서울에서 유일하게 어린이도서관이 자리하고 있다. 1979년 서울시에서 초등학교 이하의 학생들을 대상으로 건립한 것으로 열람실과 이야기실 등이 잘 갖추어져 있다.


## 2. 사직동의 문화와 역사적 인물

사직동 부근에 있는 문화유적 가운데 가장 눈길을 끄는 것은 사직동 동명의 유래가 된 사직단이다. 그리고 남쪽에 위치한 신문로 2가의 경희궁 역시 조선시대 5대 궁궐 가운데 하나로서 서울의 중요한 문화유적이다. 사직단과 경희궁은 그 중요성이 높아 따로이 항목을 만들어 설명하고자 한다. 그리고 나머지 사직단과 경희궁을 중심으로 인근에 자리잡

---

6) 사직동의 행정구역 변천에 관하여는 서울특별시사편찬위원회,『동명연혁고』종로구편(제2판), 1992, 151쪽을 참조하였다.

고 있는 크고 작은 문화유적을 하나씩 살펴보고, 아울러 이 지역에 살았
던 역사적 인물에 관해서도 고찰해 보고자 한다.

사직공원을 지나 왼쪽으로 올라가면 자그마한 건물이 나오는데 이것
은 단군성전이다. 이곳에는 불교 조각가 신상균이 제작한 높이 9척의 단
순 塑像과 정부표준영정, 역대 왕과 충열사의 위패가 모셔져 있다. 단군
소상은 1977년 11월에 국민의 공모를 거쳐 만들어졌으며, 이것을 토대로
단군의 영정이 홍석찬에 의해 그려졌다. 단군영정은 1978년 정부표준영
정으로 선정되었다. 이 성전은 홍익사상의 실천과 민족정신의 통일고취
에 목적을 두고 각종 행사를 벌이고 있는 顯政會에서 관리하고 있으며,
매년 3월 15일 어천절과 10월 3일의 개천절에 제사를 지내고 있다.[7]

단군성전을 돌아 뒤로 약간 올라가면 사직동 1-1번지에 黃鶴亭이 자
리잡고 있다. 1974년 1월 15일 서울특별시 유형문화재 제25호로 지정된
이 건물은 서울에 있었던 5개의 射亭 가운데 하나이다. 이른바 도성 안
서쪽에 다섯 곳의 사정이 있었는데 이를 西村五射亭이라고 불렀다. 玉洞
의 登龍亭, 삼청동의 雲龍亭, 사직동의 大松亭, 누상동의 風嘯亭, 弼雲洞
의 登科亭이 그것이다. 이 가운데 필운동의 등과정 자리에 황학정이 옮
겨지게 되었다.

사정은 射場이라고도 하며 관설사정과 민간사정으로 나뉜다. 국가가
도성 안에 사정을 만들어 활쏘기를 익히도록 한 것은 고려 선종 8년
(1091)이 최초이다. 이후 조선시대에도 도성 안에 여러 곳의 사장을 만들
어 활쏘기를 장려하였다. 창경궁 후원의 춘당대에서도 자주 試射를 열
었고, 훈련원이나 모화관 등 여러 명이 모일 수 있는 장소에서 활쏘기
훈련을 자주 행하였다. 이러한 사장은 지방에도 만들어져 무예를 진작

7) 서울특별시사편찬위원회, 위의 책, 161~162쪽.

시켰다. 그리고 민간사정이 만들어진 것은 임진왜란 이후 선조 때 백성들의 尙武心을 진흥시키기 위해 경복궁의 동쪽 담장 안에 五雲亭을 세우고 개방하여 백성들이 자유롭게 활쏘기를 하도록 한 것이 그 시초이다. 서촌의 오사정도 모두 민간사정들로서 서울의 대표적인 사정이다.[8]

황학정은 고종 광무 2년(1898) 어명에 의해 경희궁 내 왕비가 거처하던 會祥殿 북쪽 담장에 있었던 건물이다. 당시 궁술 연습을 위해 궁궐 가까이에 지었던 것이다. 그런데 1922년 일제가 경희궁을 헐어내어 궁내 건물을 일반인에게 불하하고 경성중학교를 지을 때 현재의 위치인 등과정 터로 옮긴 것이다. 정면 4칸 측면 2칸의 팔작지붕 건물로서 연건평 19.5평이다. 4칸 가운데 동쪽의 1칸은 다른 나머지 3칸 보다 높은 초석을 세우고 한 단 높게 누마루를 꾸며 놓았다. 장대석의 기단 위에 角柱를 세우고 기둥에는 柱聯을 걸었다. 외부의 기둥과 기둥 사이에는 띠살분합문을 달아 개방하였고, 내부는 연등천정으로 마감하였다. 정자로서는 비교적 큰 규모이나 간결하고 소박하게 지어진 겹처마 건물이다.[9]

1958년 4월 18일에는 이곳에서 제1회 전국남녀활쏘기대회가 개최되기도 하였다.[10] 이후에도 지속적으로 활쏘기 대회가 열리고 있어 대부분의 사정이 자취를 감추어 버린 상태에서 오늘날까지 궁술행사의 맥을 꾸준히 이어가고 있다.

사직단에서 서쪽인 사직터널 방향으로 약간 올라가면 사직주유소가 있다. 그 뒤쪽인 사직동 262번지 일대에는 조선시대 都正宮이 있었다. 도정궁은 조선의 14대 왕인 선조가 태어나 자란 집이며, 선조의 아버지

---

8) 대한궁도협회, 『궁도』, 1986.
9) 서울특별시사편찬위원회, 『서울육백년사』 문화사적편, 1987, 717~718쪽.
10) 한국일보 1958년 4월 18일자.

德興大院君의 사당을 모셨던 곳이기도 하다. 선조는 명종의 동생인 덕흥군의 3째 아들이다. 후사가 없었던 명종이 어느날 덕흥군의 세 아들을 불러 놓고 임금이 쓰는 익선관을 가리키며 "머리의 크고 작음을 알기 위한 것이니 차례로 한번씩 써 보라"고 시켰다. 위의 두 형은 모두 써 보고 그 자리에 두었으나 셋째인 河城君은 두 손으로 공손하게 받들어 제 자리에 갖다 놓으면서 "이것이 어찌 보통 사람이 함부로 쓸 수 있는 것입니까"라며 거절하였다. 익선관을 이용하여 사람의 됨됨이를 알아 보고자 했던 명종은 하성군에게 왕위를 물려 주기로 결심하였다. 이후 명종이 하성군을 지목하여 왕위계승을 허락했고, 그가 왕위에 오르자 자신의 잠저를 덕흥군의 祠廟로 삼아 奉祀하도록 하였다.

이후 조선 후기 헌종이 죽은 후 후사가 없자 순조의 비 순원왕후는 사직동에 살고 있던 李夏全에게 왕위를 잇게 하고자 하였으나 안동김씨 세력들에 의해 뜻을 이루지 못하고 강화도에 살고 있던 사도세자의 후손인 李元範을 왕으로 임명하였다. 그리고 이하전은 역모의 누명을 씌워 죽음에 이르도록 하였다. 그 후 고종이 왕위에 올라 이하전의 유복자인 李海昌을 종친부 도정 벼슬에 제수하여 덕흥대원군을 봉사하도록 하였고, 이로부터 이곳을 도정궁으로 부르게 되었다.[11]

경희궁 터 뒤쪽에는 조선 초기 왕자의 난에 이방원을 따라 공을 세워 공신에 오른 이숙번(1373~1440)의 집터가 있었다. 이숙번의 본관은 安城으로 李垌의 아들이다. 그는 태조 2년(1393) 문과에 급제하여 左拾遺가 되었다가 知安山郡事로 부임하였다. 태조 7년(1398)에는 이방원의 명을

---

11) 서울특별시사편찬위원회, 『서울육백년사』 문화사적편, 1987, 187~195쪽.
조선일보 1991년 8월 10일자 「600년 서울-사직동 도정궁터」
서울특별시사편찬위원회, 『동명연혁고』 종로구편(제2판), 1992, 157~158쪽.

받아 자신의 사병들을 동원하여 鄭道傳·南誾·沈孝生 등을 제거하는 제1차 왕자의 난에 선봉이 되었다. 이 공으로 右副承旨에 오르면서 定社功臣 2등에 책록되었다. 그 후 安城君에 봉해졌다가 곧 좌부승지로 자리를 옮겼다. 정종 2년(1400)에는 朴苞가 李芳幹을 충동하여 군사를 일으키자 자신의 사병을 동원하여 이들을 제거하는 공을 세웠다. 이에 이방원의 신임을 두텁게 받아 태종 1년(1401) 佐命功臣 1등에 책록되어 左軍摠制·上萬戶를 역임하였다. 이 후 知承樞府事를 거쳐 都鎭撫가 되어 안변 부사 趙思義의 반란을 진압하기도 하였다. 그 뒤 知議政府事와 參贊議政府事를 차례로 역임하고, 1405년에는 知貢擧를 맡기도 하였다. 이 해 다시 참찬의정부사에 임명된 이래 여러 차례 이 직책을 수행하였을 뿐 아니라 中軍摠制·판의용순금사사·중군도총제·義興府事 등을 차례로 겸직하였다.

그 사이 1409년에는 잠시 東北面節制使를 지냈고, 1412년 종1품의 숭정대부로 승진하였다. 이듬해 병조판서로 기용되었으나 곧 체직되어 참찬의정부사·의정부찬성사·同判議政府事·의정부 좌참찬 등을 지냈다. 1414년에는 의정부의 좌참찬으로서 지춘추관사가 되어 『高麗史』의 改修에도 참여하였고, 다음해 관제개편에 따라 의정부의 찬성을 거쳐 安城府院君에 봉해졌다.

그는 태종의 전폭적인 신임과 공신에 오른 것을 배경으로 불충하고 무례한 행동을 자행하다가 대간의 탄핵을 받고 延安府로 축출되었다. 뿐만 아니라 공신 녹권과 직첩까지 회수당하고 1417년에는 함양으로 유배되었다. 그 후 세종 때 龍飛御天歌를 찬술하면서 개국 초의 사실들을 소상하게 알고 있는 인물이라 하여 일시 풀려나 편찬에 참여하였으나 책이 완성된 뒤 경기도 安山에서 살다가 죽었다.

이숙번은 개인적으로 출타할 때도 甲士를 대동하는가 하면 西箭門 앞에 큰 저택을 짓고 사람들의 통행을 막아 원망을 사기도 하였다. 이 때문을 폐쇄하여 이 지역을 塞門洞이라 불렀다고 한다.

사직단 건너편 사직동 45번지에는 고종 때 법무대신을 지낸 金嘉鎭(1846~1922)이 살았다. 김가진은 본관이 안동이며 호는 東農이다. 예조판서 金應均의 아들로 1877년 문과에 급제하여 奎章閣 參書官이 되었다. 1880년 사헌부 監察을 거쳐 이듬해 장례원 주부가 되었다. 인천항 通商事務衙門主事·부수찬·駐箚日本公使館參贊官과 장령·司僕寺正·동부승지 등을 역임하였다. 1887년부터 駐日本辦事大臣으로 4년간 동경에 있었으며, 1891년부터 안동대도호부부사를 지냈다. 1894년에는 군국기무처회의원이 되어 내정개혁에 참여했고, 병조참의·외무독판서리·전우국총판·공조판서 등을 역임하였다. 1895년 농상공부대신, 1896년 중추원 1등 의관을 지냈다. 갑오경장이 실패한 뒤에는 1896년 7월에 조직된 독립협회의 위원으로 선임되었다. 1897년 新舊法을 절충하기 위해 설치한 交典所의 知事員과 황해도관찰사를 역임하였다. 1900년 중추원의장, 1902년 궁내부특진관, 1906년 충청도관찰사를 지냈으며, 대한자강회가 조직되자 이에 참여하였다. 1907년 규장각제학을 역임하였고, 1909년에는 대한자강회를 계승한 대한협회 회장이 되어 친일단체 일진회를 성토하였다.

1910년 일제가 우리 나라를 강점한 뒤 男爵의 작위를 내렸으나 이를 반납하고, 비밀결사인 大同團의 총재 및 고문으로 추대되어 상해로 건너가 독립운동을 하였다. 1920년 3월에는 대동단 총재의 명의로 포고문·통고문을 배포했으며, 醵金勸告文을 발표하였다. 그 뒤 단원들이 붙잡혀 대동단이 해체된 뒤에는 대한민국임시정부 고문으로 활약하였다. 한학과 서예로도 유명하였다

종로구 사직동에서 서대문구로 넘어가는 길에 사직터널이 있다. 그 사직터널에서 사직동 방향인 309번지 일대에 許堅(?~1680)이 살았다. 허 견은 조선 후기 남인의 영수로 활약한 재상 許積의 서자이다. 음서로 교 서관의 정자를 지냈다. 그는 아버지의 권세를 믿고 황해도에서 수천 그 루의 재목을 도벌하여 집을 짓는다든가, 유부녀를 강탈하며 교만하고 음란한 행위를 하여 南九萬의 탄핵을 받기도 하였다. 또한 1680년에는 인조의 손자이며 麟坪大君의 아들인 福善君·福昌君·福平君 등과 함께 내왕한 일이 있었는데 이를 구실로 복선군을 추대하려는 역모에 관련되 었다는 서인 金錫胄의 고변에 의해 군기시 앞에서 능지처참형을 당하였 다. 1689년(숙종 15) 기사환국 후 남인이 세력을 잡자 이 사건이 誣獄임 을 주장하여 허적 등 처벌을 당한 자들이 伸寃되었으나, 허견과 복선군 은 비록 목전에서 반역하지는 않았지만, 불순한 마음을 품고 있었다는 이유로 신원되지 않았다.


## 3. 사직단의 유래와 역사적 변천

우리 나라는 역사적으로 농업에 기반을 둔 농경사회로부터 시작되어 토지와 곡식에 대한 기대와 신뢰는 인간 생활의 중추적인 위치에 놓여 있었다. 그리하여 통치자는 국가와 민생의 안정을 기원하기 위해 곡식 신과 토지신에게 제사를 드리기 시작하였다.

우리나라에서 나라의 제사로 사직이 모셔진 것은 삼국시대로 거슬러 올라간다. 『삼국사기』에 보면 "온조왕 20년 봄 정월에 壇을 설치하여 하 늘과 땅에 제사하였다."[12]는 기록과, "고국양왕 9년 有司에게 명하여 國 社를 세우고 종묘를 수리하게 하였다."[13]는 기록이 있다. 또한 "선덕왕이 社稷壇을 세웠다."14)는 기록도 있어 이를 입증해 주고 있다.

이후 고려시대에는 성종 10년(991) 처음으로 왕성의 佛恩寺 西洞에 사직을 세웠다. 이 때의 社는 동쪽에, 稷은 서쪽에 세워, 각각의 넓이가 5丈, 높이는 3척 6촌으로 섬돌을 내고 5가지 색상의 흙으로 만들었다. 또 현종 5년(1014)에는 中樞使 姜邯贊이 사직단을 수축하였다. 이후 문종 6년에 황성 안의 서쪽에 사직단을 신축하는15) 등 사직단에서 제사와 기우제 및 기곡제 등이 자주 이루어지고 있었다. 그러나 보다 본격적으로 활발하게 운영된 것은 조선시대부터다.

고려의 수도 개경에서 한양으로 도읍을 옮긴 태조 이성계는 천도 직후 도평의사사와 서운관의 관원들과 함께 종묘와 사직단의 위치를 정하였다. 그리고 이듬해인 태조 4년(1395) 1월 29일에 공사를 시작하였다.16) 사직단이 언제 완공되었는지는 정확한 기록이 없으나 같은 해 2월 27일에 "임금이 西峯 밑에 거둥하여 사직단 쌓은 것을 보았다."17) 기록이 있는 것으로 보아 대략 이 때 완공된 것이 아닌가 보여진다. 왜냐하면 그이후에 따로이 사직단이 완공되었다는 기록이 없기 때문이다. 사직단의 축조가 특별하게 큰 건물을 신축하는 공사가 아니고 단을 축조하는 것이었기 때문에 많은 시일을 요하지 않는다는 점에서 약 한 달가량이면 충분하다는 점을 고려할 때 이 기록을 완성일로 보는 것도 무방하리라 생각된다.

---

12) 『삼국사기』 권32 잡지 제1 제사조.
13) 『삼국사기』 권18 고구려본기 제6.
14) 『삼국사기』 권32 잡지 제1 제사조.
15) 『고려사』 세가 권7 문종 1년.
16) 『태조실록』 권7 태조 4년 1월 갑자조.
17) 『태조실록』 권7 태조 4년 2월 신묘조.

처음 사직단을 만들 때는 그 설비가 비교적 疎略하였던 것으로 보인다. 즉 태종 14년(1414) 4월에 예조의 계청에 의하여 토담 밖으로 다시 넓게 외장을 쌓아서 남쪽과 서쪽 및 북쪽의 3면을 산 언덕을 한계로 하고 동쪽으로는 140보(1보는 6척) 가량을 나가 쌓아 사직 경내를 넓히고 그 안에 儀仗·禁衛兵 등이 배열할 수 있게 하였다.

그리고 그 해 12월 종묘와 사직 등 제례에 사용하는 樂章은 옛 제도를 폐지하고 새로 지어 사용하게 하고, 享官과 여러 執事들은 중추원에서 명령을 받들어 인물을 선정한 후 제향을 엄숙하게 주재하도록 하였다. 그리고 仲春·仲秋·臘日의 큰 제사와 함께 정월에는 祈穀祭를 지내도록 하였다. 또한 나라에 가뭄이 들었을 때는 기우제를, 지진이 있을 때는 해괴제를,[18] 장마가 계속될 때는 기청제 등을 지내기도 하였다. 큰 제사는 齋戒를 3일로 하며 임금이 친히 향과 축문을 전하도록 규정하고 있다.[19] 또한 祭需로는 소와 양 그리고 돼지를 희생으로 사용하도록 하였다. 처음에는 종묘에만 세가지를 사용하고 사직단에는 소와 돼지고기만을 사용하도록 하다가 태종 13년 이후부터 사직단에도 양을 사용하도록 하여 종묘와 대등하게 제사를 지내도록 하였다.[20]

서울에 있는 사직단은 사적 제21호로 지정되어 있다. 사직단은 조선시대 토지와 곡식의 신을 모시고 국가에서 제사를 지냈던 제단이다. 종묘와 사직의 위치는 경복궁의 왼쪽에 종묘, 오른쪽에 사직단을 배치하는 左廟右社의 원칙에 따라 종묘는 지금의 훈정동에 사직단은 지금의 위치인 사직동에 세웠다. 사직단에는 두 개의 단이 만들어져 있는데 왼

---

18)『명종실록』권10 명종 5년 6월 정사조.
19)『세종실록』권107 세종 27년 2월 무진조.
20)『태종실록』권25 태종 13년 1월 신축조.

쪽(동쪽)에 있는 단이 국토의 신을 모시는 社壇이고, 오른쪽(서쪽)에 있는 단이 오곡의 신을 모시는 稷壇으로 이를 합쳐 사직단이라고 한다. 이곳에서 조선시대 국왕은 매년 정월·2월·8월 세차례 제사를 지냈으며, 부득이한 경우에는 향과 축문만을 내리고 신하가 대신하는 경우도 있었다.

조선 초기 세종실록 오례의에 사직단의 규모를 기록해 놓은 것을 보면 다음과 같다.

> 社稷壇은 남쪽에 위치하여 북쪽을 향하니, 넓이다 2장 5척이요, 높이가 3척이며, 사방으로 섬돌이 나와 있는데, 각각 3층이다. 方色은 흙으로 꾸몄으며, 黃土로써 덮었다. 石主의 길이는 2척 5촌이요, 넓이는 1장인데, 그 위쪽을 뾰족하게 하고, 그 아래쪽의 반을 흙으로 북돋우었으며, 壇 위의 남쪽 섬돌 위에 당하게 한다. 양유는 매유마다 25보이니, 이것을 丈으로써 계산하여 6척을 1步로 삼는다면 15장이나 된다.(尺은 營造尺을 사용한다.)[21]

이러한 사직단의 규모는 조선 후기 중종 25년(1530)에 편찬된『신증동국여지승람』에 보이는 사직단의 규모와 내용이 같은 것을 보면 큰 변화 없이 지속되었던 것으로 보인다. 또한 사직단 안에 재실을 설치하였으며, 처음에는 사직단을 지키는 壇直을 두어 청소 등의 관리업무를 담당하도록 하였다.[22] 그 후 세종 8년(1426) 6월부터는 社稷署라는 관서를 담장 밖 북쪽에 설치하고 종 6품의 丞 1명과 錄事 2명을 두어 관리를 맡도록 하였다.[23] 후에 승과 녹사는 令과 奉事로 고쳐졌다.[24]『경국대전』에

---

21)『세종실록』권128 오례 길례 서례 단유조.
22)『태종실록』권32 태종 16년 9월 경자조.
23)『세종실록』권32 세종 8년 6월 신미조.
24)『신증동국여지승람』권2 京都 下 文職公署 社稷署.

의하면 사직단을 관리하는 사직서는 종 5품 아문으로 도제조와 제조 각 1명과 종 5품관의 령 1명, 종 9품관의 참봉 2명으로 모두 5명이 이조에 소속되었다.[25] 그후 현종 2년에 守僕 2명을 증원하여 사직서의 관원은 도제조 1명, 제조 1명, 령 1명, 참봉 2명, 서원 1명, 고직 1명 수복 8명, 사령 5명, 군사 7명으로 대폭 늘어났다. 나아가 현종 14년(1673)에는 노비 15명이 배치됨으로써 사직단 주변의 잡다한 일들을 할 수 있었다. 예부터 사직서에는 구리로 만든 시루가 있었다. 매년 1월 풍년을 기원하는 제사를 지내기 위해 제삿밥을 지을 때 시루가 소리를 내어 크게 울면 그 해에는 반드시 풍년이 든다고 전해왔다.

이러한 사직단은 임진왜란 때 폐허가 되었다가 광해군 원년(1608)에 복구되었다. 이후 고종이 광무 1년(1897)에 환구단에서 대한제국의 황제로 등극하면서 사단과 직단은 각각 太社壇과 太稷壇으로 격이 높여졌다. 그러나 이것도 잠시 500여년을 이어온 사직단의 제사는 나라의 운명이 일제 식민지로 전락함에 따라 사직단의 운명도 나락으로 떨어졌다. 일제는 1922년 사직단을 중심으로 약 66,619평을 사직공원으로 전락시켜 일반 사람들이 자유롭게 드나들게 함으로써 종래의 신성시하던 제단의 가치를 하락시켰다. 그 후 1940년 3월 조선총독부고시 제208호 '경성시가지계획공원 제35호'에 따라 정식으로 도시공원이 되었다.

한편 사직단은 수도 서울의 한 곳에만 있었던 것은 아니다. 태종 때의 기록을 보면 다음과 같다.

『洪武禮制』를 상고하건대, '부·주·군·현에 모두 社稷壇을 세워서 봄·가을에 제사를 행하고, 庶民에 이르기까지 또한 里社에 제사를 지낸다.'

---

25)『경국대전』권1 이전 경관직조.

고 하였습니다. 원하건대, 이 제도에 의하여 개성 留後司 이하 각도 각 고을에 모두 사직단을 세워 제사를 행하게 하소서." 하니, 윤허하였다.26)

결국 태종 6년부터 전국의 각 고을마다 사직단을 세우고 그 고을의 수장으로 하여금 관리하도록 하였음을 알 수 있다. 그리고 제사를 지내는 것도 고을의 수장이 책임을 지고 관장하도록 하였다. 그러나 각 고을에 설치해 놓은 사직단의 규모는 일정하지 않았다. 즉 고을에 따라 길이와 넓이 및 높이가 다를 뿐만 아니라 담을 쌓은 곳도 있고, 쌓지 않은 곳도 있어 관리의 규칙이 일정하지 않았다.27) 또한 지방에 설치되었던 사직단은 그 관리가 허술하고 제사를 지내는데 있어서도 고을에 따라 많은 폐단이 있었던 것으로 보인다. 이와 같은 사실이 『정조실록』에 다음과 같이 기록되어 있다.

…… 주·부·군·현에서 社稷壇을 모실 책임이 없지 않다. 일찍이 先王朝에서 지방 고을들의 사직단을 깨끗하게 하지 못한다고 하여 여러 번 신칙하는 하교를 내렸었다. 근래 들으니, 여러 도에서 사직단을 보수하지 않은 것이 많아서 제단을 둘러싼 담은 떨어져 나가고 紅箭門은 허물어졌으나, 守宰들이 여러 城隍堂의 제단같이 여기므로, 너무나 중요한 제사를 지내는 땅을 나무하고 소 먹이는 장소로 만들었다고 하니, 事體를 소홀히 여기는 것이 이보다 더 심한 것은 없다. 심지어 제사 예절을 의식대로 따르지 않고 祭品을 능히 정결하게 하지 못하는 것과 같은 따위는 이것으로써 미루어 알 수 있다.
대저 수령의 직책은 백성들과 사직을 중하게 여기는 것인데, 이렇게 정성을 다하지 않으니, 그 밖의 나머지 일은 넉넉히 알 수 있다. 해당 조로 하여금 거듭 각 고을에 關文으로 신칙하게 하여, 사직단을 보수하여야 마

---

26) 『태종실록』 권11 태종 6년 6월 계해조.
27) 『세종실록』 권50 세종 12년 12월 갑술조.

땅할 데는 즉시 수리하게 하고, 각각 지키는 군사를 두고 경계 표식을 세워 잡인들을 특별히 금지하도록 하라. 매달 월말에는 사직단에 제사가 있는지, 없는지를 營門에 통보하고, 영문에서 예조에 轉報하여 勤慢 상황을 상고하게 하라. 이 밖에 제사지내는 예절이나 제품 같은 것은 判堂이 기록하여 한통의 비밀 관문을 제출하도록 하라. 이것에 의해서 준행하게 하여, 제사를 지내지 않는 것과 같은 한탄이 없도록 하겠다." 하고, 이어서 이것을 社稷署의 儀軌에 기록하라고 명하였다.

이와 같이 지방에 있었던 사직단의 관리가 현실적으로 어려웠음을 짐작할 수 있다. 심지어 도둑이 사직단의 위판을 훼손하기도 하고[28] 걸식하는 아이들이 사직단에 들어가 신위를 불사르기도 하는 사태가 벌어지기도 하였다.[29]

서울에 있었던 사직단도 임진왜란 전인 선조 18년(1585) 가을 왕이 친히 사직제사를 지낼 때 직신의 신위가 분실되는 사건이 발생하였다. 그 내용은 다음과 같다.

상이 친히 사직단에 제사를 올렸다. 그런데 제물을 진설할 무렵에 國稷의 位版이 없어졌으므로 급하게 虛位를 설치하고 제례를 마치고 나서 대대적으로 수색하여 사직단의 담장 옆 나무 밑에서 찾았다. 이에 의심이 가는 자를 국문하니 守僕 朱紅이 署官을 모함하려고 한 짓임이 밝혀져 대역죄로 논하여 처형하고 처자는 연좌시켰다. 참봉 崔鐵堅과 羅級은 잡아들여 형문하고 決杖하여 파직시켰다.

위의 기록을 보건대 왕의 친제에 신위가 없어져 제관을 비롯한 사직서의 관원들이 신위를 찾는데 전력을 기울였으나 신위를 찾지 못하였

---

28) 『헌종실록』 권5 헌종 4년 1월 신묘조.
29) 『선조실록』 권20 선조 19년 11월 임인조. 『헌종실록』 권5 헌종 4년 윤4월 기해조.

다. 그러나 제사 날짜도 변경할 수가 없어 새로 신위를 만들지 않고 그
자리를 비워둔 채 제사를 지냈던 것이다. 이것은 국가의 가장 큰 제사
가운데 하나이고, 더구나 왕이 직접 지내는 제사였기에 그 파장은 매우
컸다. 그리하여 제사를 지낸 후 다시 정밀 수사를 한 결과 사직서의 한
관원을 모함하기 위해 노복이 저지른 일이었음이 드러났다. 당시에는
하급 관리나 노복들 혹은 일반 백성들이 왕릉이나 사직단 등 국가의 중
요 시설을 관리하는 사람들에게 원한이 있을 경우 이를 훼손하여 관리
자의 책임을 묻도록 함으로써 원한을 갚고자하는 사건이 종종 있었던
것이다. 이 사건도 그와 유사한 것으로서 사직서의 관원에게 피해를 입
히고자 신위를 몰래 감추었던 것이다. 이로 인해 주모자는 처형되고 그
가족도 함께 형벌을 받았다.

또한 1592년 임진왜란 때는 종묘와 사직의 신위를 개성으로 옮겼다가
황해도 해주에 임시로 모셨고, 정유재란 때는 다시 황해도 수안으로 옮
겼으며, 1636년 병자호란 때는 사직의 신위를 모시고 강화도로 옮길 만
큼 사직을 중요하게 여겼다. 그리하여 사직은 종묘와 함께 국가를 의미
하므로 이를 줄여서 宗社라고 하였다. 따라서 나라의 형편을 흔히 '사직
이 평안하다' 라든가 '사직이 위태롭다'라고 하였고, 국가의 중요한 대
신을 사직지신이라고 부른 것이다.

한편 사직단이 사적 제121호로 지정되어 있는데 사직공원 전체가 적
용되는 것이 아니고 그 해당 공간은 단이 있는 18.4평만이다. 그리고 사
직단으로 들어서는 사직단 정문은 1939년 10월 18일 보물 제177호로 지
정되었다.

사직단 정문은 사직단의 바깥쪽에 쌓았던 담장과 연결된 神門으로 처
음 단을 축조할 때에는 북쪽에 그 위치가 있었을 것으로 추정되나 몇번

자리를 옮겨 현재의 위치에 세워져 있다. 종묘와 더불어 왕조의 기틀로 떠받들어진 만큼 사직단의 정문은 그 규모가 크고 법식이 독특하다. 정면 3칸, 측면 2칸으로 단층의 맞배지붕이다. 삼문의 평삼칸으로 중앙칸은 좌우칸보다 넓다. 맞배지붕이므로 합각머리 아래의 시설은 그보다 간소하고 규모도 작다. 외벌대 基壇 위에 다듬은 초석과 圓柱를 세운 정문의 삼칸에는 板扉를 달아 통로가 되고 양측면에는 벽을 쳐서 연접하였다. 門扉 상부에는 홍살을 달고 공포는 초익공에 외목도리를 냈다.

架構는 중앙의 기둥에 맞보를 대고 樑間의 四分變作 안쪽에 들어 화반대공과 뜬창방 위에 宗樑을 걸어 五樑架를 구성했다. 이 때문에 홍화문과 덕수궁의 중화문 등과 가구가 비슷하다. 종도리의 두공은 板臺工으로 하고 도리받침장혀의 하부에는 뜬창방을 냈다. 연등천장으로 柱心包系의 양식인데 문짝은 間柱를 세운 중앙주열에 문얼굴을 만들었다. 좌우에 기와를 얹은 맞담도 이 線列에 일치되어 있었다.[30]

임진왜란의 병화로 인해 壇만 남고 나머지 부설물은 거의 殘破되었다는 기록으로 보아 사직단의 정문도 조선 초에 세웠던 것은 소실되고 그 이후에 재건된 것으로 추정된다. 그 후 숙종 46년에 폭풍으로 인해 신문이 무너지고 주춧돌이 모두 뽑혀졌던 것을 다시 보수하였다. 해방 이후에는 1962년 도시계획으로 사직단의 神門이 뒤로 14m 가량 들어가 그 면적이 더욱 축소되었다. 이것을 1988년에 고증 발굴하여 원형대로 복원하였다.

---

30) 사직단 신문에 관해서는 서울특별시사편찬위원회, 『서울육백년사』 문화사적편, 1987, 194~195쪽.

## 4. 경희궁의 창건과 파괴, 그리고 복원

경희궁은 조선 초기 도읍을 옮긴 후 도시계획에 의거하여 지어진 궁궐이 아니다. 조선 초기에는 경복궁과 창덕궁 및 창경궁만이 존재했고, 경희궁은 임진왜란이 끝난 후 광해군에 의해 지어진 궁궐이다.

조선 전기에는 경복궁이 正宮이고, 창덕궁과 창경궁이 離宮이었으나 임진왜란으로 경복궁이 소실된 후 이를 재건하지 않아 조선 후기에는 창덕궁이 정궁이 되었고 경희궁이 이궁이 되었다. 그리하여 경복궁을 北闕, 창덕궁과 창경궁을 경복궁의 동쪽에 있다하여 동궐, 경희궁이 경복궁의 서쪽에 있어 서궐이라고 불렀다. 오늘날에는 창덕궁과 창경궁을 그려놓은 東闕圖가 있어 각 전각들의 위치를 정확하게 고증할 수 있다. 그러나 北闕圖는 없어 현재의 경복궁은 고종 때 재건된 것을 기초로 하여 복원하고 있다. 또한 경희궁도 서궐도가 자세하게 남아있지 않고 다만 고려대학교박물관이 西闕圖案을 소장하고 있기 때문에 그 대강만을 알 수 있는 정도이다.

먼저 경희궁의 창건 과정을 살펴보고 이어서 일제에 의해 파괴된 후 복원되기까지의 역사적 흐름을 고찰하고자 한다.

### 1) 경희궁의 창건과 변천

임진왜란이 끝난 후 한양으로 돌아 온 선조와 광해군은 궁궐이 없어져 당장 기거할 곳이 없었다. 전쟁의 상흔으로 인해 폐허가 된 도시를 재건하는 것이 가장 시급하게 해야 할 일이었다. 그 중심에 섰던 인물이 광해군이다. 그는 즉위하면서 곧바로 중건공사를 재개하여 즉위년(1608) 5월에 종묘를 먼저 완성하고, 이어 8월에는 창덕궁의 주요 전각이 완성

되었다. 나아가 그 이듬해 가을에는 창경궁의 공사도 완공단계에 들어
갔다.

광해군은 궁궐을 중건하면서 경복궁에 대한 중건에는 뜻이 없었다.
그리고 술사들의 의견에 따라 새로운 궁궐을 짓고자 했다. 그것이 바로
慶德宮이다. 이 궁은 영조 36년(1760) 경덕의 궁궐 이름이 元宗의 시호에
있는 '敬德'과 같은 음이라 하여 慶熙로 고쳐져 오늘에 이르고 있다.31)

경희궁은 광해군 9년에 착공되었다.32) 다음의 기록을 통해 창건 과정
을 이해할 수 있다.

> 塞門洞에 신궁을 건립할 것을 의논하였다. 性智가 인왕산 아래에 新闕
> 을 既卜하였는데 術人 金駰龍이 또 離宮을 새문동에 건립할 것을 청하였
> 다. 즉 定遠君의 舊第인데 그 곳에 王氣가 있음을 듣고 드디어 빼앗아 入
> 宮하였다.33)

즉 王氣가 있는 새문동(현재의 신문로 2가)에 밀집되어 있던 민가들을
철거하고 新宮을 건립하는 것이 좋다는 술사들의 의견을 들어 궁궐 공

---

31) 경덕궁이 공식적으로 경희궁으로 이름이 바뀐 것은 영조 36년의 일이나 광해군
   때도 경희궁이라는 용어가 나타나고 있다. 즉 광해군일기에 '충익위의 번을 면제
   하는 대가로 거두는 포를 경희궁의 역사에 쓰라'는 기록이나 '경희궁으로 이어할
   길일을 11월로 먼저 택하라'는 기록에 이미 경희궁이라는 용어가 등장하고 있다.
   따라서 공식적으로는 경덕궁이라고 호칭 되었지만 경희궁이라는 용어도 같이 사
   용되었다.(광해군일기 권137 광해군 11년 2월 병인조, 광해군일기 권137 광해군
   11년 2월 을해조)
32) 『증보문헌비고』에는 경희궁의 창건이 광해군 8년에 이루어졌다고 기록되어 있으
   나 이곳에서는 『광해군일기』의 기록을 근거로 창건 연대를 광해군 9년으로 보고
   자 한다.
33) 『광해군일기』 권116 광해군 9년 6월 갑신조.

사가 착수되었던 것이다. 당시 이 자리에는 광해군의 이복 동생인 定遠
君의 집이 있었는데 그곳에 왕기가 서려 있다는 말에 자극받은 영향도
있을 것이다.

광해군 9년 6월에 새문동에 신궁을 창건하기로 의논이 있은 뒤, 궁궐
의 명칭을 慶寧宮 또는 西別宮으로 하고자 하였다가 8월에 경덕궁으로
지었다. 경희궁의 공역은 광해군 9년 8월에 궁궐의 터를 닦기로 하고 민
가 철거에 들어갔다. 이어 경기도와 전라도·강원도 등지에서 궁궐 신축
에 필요한 자재들을 모았으며 본격적인 공사 착공은 광해군 10년 봄부
터 시작되었다. 그리고 이 궁궐의 용도를 단지 避寓處로 생각했기 때문
에 창건 당시에는 궁궐의 정문도 단층문으로 하고,[34] 각 건물들도 간략
하게 하여 공사를 빠른 시일 내에 끝내도록 하였다.[35]

그리하여 광해군 11년 가을에는 正殿·東宮·寢殿·諸別堂 등 15,000칸
의 건물이 조성되었다. 그 밖의 건물인 魚水堂 등 일부의 별당과 월랑·
행랑·행각·東二別殿·西別殿 등은 광해군 12년에 세워졌고, 계단석과 축
조·磚石·鋪裝 등의 마무리 공사는 그 해 10월에 끝났다.

광해군은 경희궁의 공사와 함께 仁慶宮도 짓고 있었다. 『광해군일기』
의 기록에 의하면 인경궁의 위치는 "신궁의 남쪽 담장이 사직단의 담장
과 연결되어 있다."[36]고 되어 있다. 즉 오늘날 사직단 북쪽의 사직동 일부
와 필운동·누하동·누상동 일대가 인경궁이 있었던 자리임을 알 수 있다.

인경궁은 그 자취가 남아있지 않지만 광해군 9년부터 공사에 착수하
여 약 6년의 공역을 거쳐 광해군 15년에 대략 완성된 궁궐이다. 인경궁

---

34) 『광해군일기』 권120 광해군 10년 4월 무술조.
35) 『광해군일기』 권126 광해군 10년 4월 갑오조.
36) 『광해군일기』 권115 광해군 9년 5월 신묘조.

의 신축 공사가 경희궁과 동시에 이루어졌기 때문에 인력 동원은 물론 물자의 동원에도 큰 어려움을 겪었다. 이에 공사 도중에 인경궁 공사를 일시 중지하고 경희궁의 공사를 먼저 진행하여 완성시켰다. 경희궁 공사가 광해군 12년에 끝나고 다시 인경궁 공사에 주력하여 완공될 시점에 仁祖反正이 일어나 공사가 중단되었던 것이다.

이와 같이 광해군은 그가 재임하고 있는 기간 동안에 많은 工役을 추진하였기 때문에 민심과도 멀어졌다. 결국 광해군은 자신이 추진하여 완성된 경희궁에 들어가 살아보지도 못하고 광해군 15년 3월 인조반정으로 왕위에서 물러났다.

인조는 즉위 후에 경희궁에 기거하였다. 인조반정이 일어나면서 창덕궁이 소실되었고, 그 이듬해에는 창경궁마저 이괄의 난으로 인해 일부가 소실되었기 때문에 이궁인 경희궁에 기거할 수밖에 없었다. 결국 광해군에 의해 지어진 궁궐에서 광해군을 몰아낸 인조가 들어가 살게 된 것이다.

경희궁이 완공된 이후 숙종 19년(1693)에 한차례 중수가 이루어졌고, 순조 29년(1829) 10월에는 큰 화재로 많은 전각이 소실되었다. 그리하여 순조 31년 4월에 전각의 중건을 마쳤고 이 때의 중건 기록인『서궐영건도감의궤』가 한국학중앙연구원에 보관되어 있다. 이 기록에 의하면 순조 30년 3월에 공사를 시작하였으나 여름철 잠시 공역을 멈추었다가 9월부터 다시 공사가 이루어져 순조 31년 2월에 會祥殿과 隆福殿이 상량되었고, 3월에 興政堂과 集慶堂이 완공되었으며, 4월 27일에 모든 공역이 끝났다.[37] 이후 철종 11년(1860)에 부분적으로 수리한바 있고, 고종

---

37) 서울특별시사편찬위원회,『국역 서궐영건도감의궤』, 2003. 이 의궤에는 융복전·회상전·집경당·사현각·홍정당의 건물 그림이 그려져 있어 오늘날 건물을 복원하

26년에는 崇政門에 화재가 나 수리하였고, 마지막으로 광무 6년(1902)에 전각의 수리가 있었다. 경희궁에도 4개의 문이 있었는데 동문을 興化門, 서문을 崇義門, 남문을 開陽門, 북문을 武德門이라고 하였다.[38]

경희궁에서 이루어진 큰 사건들을 보면 숙종이 경희궁의 회상전에서 태어났고, 경종·정조·헌종이 경희궁 숭정문에서 즉위하였다. 또한 숙종은 융복전에서, 영조는 집경당에서, 순조는 회상전에서 각각 죽음을 맞이하였던 곳이기도 하다.[39] 결국 경희궁의 역사를 더듬어 볼 때 조선 후기 대부분의 왕이 이 곳에서 즉위하거나 승하하였음을 알 수 있으며, 그만큼 경희궁이 차지하는 비중이 컸었음을 짐작할 수 있다.

한편 경희궁의 건물 배치는 정확한 그림이 없어 자세히 알 수 없으나 『궁궐지』와 「서궐도안」에 근거하여 유추해 보면 경복궁이나 창덕궁과는 또 다른 독특한 형태를 취하고 있다. 즉 궁의 外殿과 內殿이 좌우로 나란히 놓여져 있고, 정문인 흥화문은 오른쪽 끝에 위치하고 있다. 따라서 정문으로 들어갈 때는 먼저 내전의 앞을 지나 오른쪽으로 직각으로 꺾어서 외전에 이르도록 되어 있다. 이는 경복궁이 정문에서 북으로 일직선상의 위치에 정전과 그 출입문이 배열되고 내전이 외전의 뒤쪽에 자리잡고 있는 것과 크게 다른 것이다. 또한 창덕궁이 정문에서 진입하여 오른쪽으로 꺾여 외전에 이르고, 외전의 오른쪽 후방에 내전이 위치하고 있는 것과도 다르다. 경희궁 내의 여러 건물들 가운데 오늘날까지 남아 있는 것은 숭정전과 흥화문 뿐이다.

崇政殿은 경희궁의 正殿으로 남쪽에 崇政門, 동남쪽에 建明門, 동쪽에

---

는데 중요한 자료가 되고 있다.

38) 서울특별시사편찬위원회, 『궁궐지』 제2판, 2000, 109쪽.
39) 서울특별시사편찬위원회, 『궁궐지』 제2판, 2000, 109~140쪽.

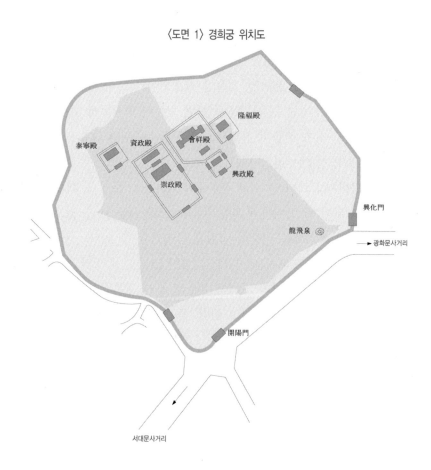

〈도면 1〉 경희궁 위치도

麗春門, 서쪽에 宜秋門이 있었다. 그리고 건물의 북쪽에는 後殿인 資政
殿의 정문 資政門이 있었다. 숭정전은 정면 5칸, 측면 4칸에 단층 팔작지
붕의 건물이다. 이 건물은 광해군 10년경에 창건된 건물이며 화재의 피
해를 면하여 창건 당초의 모습을 간직하고 있었으나, 1926년 曹谿寺로
건물이 매각 이전되어 현재는 동국대학교 구내(정각원)에 있다. 서울시
는 이 건물을 원래의 위치로 이전하려 하였으나 구조가 많이 변형되었
으므로 서울시 유형문화재 제20호로 지정하여 그대로 보존하고, 경희궁

자리에는 새로운 건물로 복원하였다.

홍화문은 경희궁의 동쪽에 위치한 정문으로 광해군 10년에 세워진 건물이 그대로 남아있다. 이 문은 1915년 8월 도로공사를 하면서 남쪽으로 이전되었다가 1932년에는 장충단공원에 있던 博文寺의 정문으로 옮겨졌다. 광복 후 박문사가 헐리면서 신라호텔의 문으로 이용되고 있던 것을 서울시가 유형문화재로 지정하여 보호하고 있다가 1988년 경희궁 숭정전의 정남향 위치로 이전하였다. 정면 3칸, 측면 2칸의 우진각지붕이다.

### 2) 경희궁의 파괴와 복원

경희궁의 전각들은 창건 이후 큰 훼손이 없었고 일부 건물이 창덕궁 등에 이건되는 정도였다. 순조 때 화재로 인해 소실된 이후에도 바로 전각들이 재건되어 궁궐로서의 모습을 유지하고 있었다. 그러다가 1900년대에 들어와 이곳에 일본인들이 학교를 설립하기로 하면서 대대적인 건물의 파괴가 단행되어 몇몇 건물이 다른 곳으로 옮겨져 건물이 잔존하기는 하였으나 궁궐의 옛 모습은 완전히 소멸되고 궁궐터에는 약간의 초석과 기단만 남게 되었다.

일제의 침략이 본격화된 을사늑약 이후 경희궁은 일제에 의해 파괴되기 시작하였다. 1907년 경희궁은 서쪽의 대부분을 일제의 통감부중학교로 사용하게 되었다. 『경성부사』 제1권의 기록에 의하면 궁궐 서쪽의 부지가 동쪽과 같이 저지대였기 때문에 흙을 매립하여 지대를 높였다고 한다. 그래도 1910년까지만 해도 경희궁에는 숭정당·회상전·흥정당·홍화문·무덕문지와 회랑·황학정 등의 건물이 남아있었다고 『경성부사』에 기록되어 있다. 일제는 1911년 6월 26일에 경희궁의 토지와 건물 전체를 국유지로 편입하여 총독부로 인계하였다.[40]

이후 통감부중학교가 1915년 경성중학교로 바뀌고, 1922년부터 학교 교사를 짓는다는 명분으로 경희궁을 헐어내고 건물들을 일반인에게 매각하였다. 뿐만 아니라 專賣局 관사를 신축한다는 미명하에 경희궁 동쪽 약 2만평이 잘려 나갔다. 건물의 매각이 본격화되면서 1923년 황학정 건물이 일반인에게 매각되어 登科亭 터로 이전되었다. 1925년에는 경성중학교가 경성부에서 경기도로 이관되면서 학교 이름도 경성공립중학교로 바뀌었다. 이에 따라 부지 내의 건물은 경기도에서 관할하게 되었다. 이후 1926년에는 숭정전이 남산에 있던 조계사로 매각 이전되었고, 1928년에는 회상전과 흥정전이 조계사와 광운사로 매각되었다. 이어 1932년에 흥화문마저 매각되어 박문사로 옮겨지면서 경희궁의 각 전각들은 개인에게 팔려가는 신세가 되었다.

해방 이후에는 경성중학교가 폐교되었다가 1946년 2월 1일 그 자리에 서울중학교가 들어섰다. 1951년 서울중학교에서 서울고등학교가 분리되어 있다가 1980년 6월 9일 서울고등학교가 서초구 서초동으로 이전하였다.

경희궁지는 1974년 서울시교육위원회에서 주식회사 현대에 매각하여 서울고등학교가 이전한 직후부터 사옥으로 사용하였다. 그후 서울시에서는 시유지인 성동구 구의동 택지와 서로 교환하여 1985년에 공원용지로 지정하였고, 이곳에 시립미술관 건립공사를 시행하여 1988년 8월에 개관하였다. 이어 1985년부터 1987년까지는 숭정전 터를 중심으로 경희궁지 발굴조사를 진행하였다.

서울시는 1988년 신라호텔의 정문으로 있던 경희궁의 정문을 옮겨 복원하는 것을 필두로 하여 발굴결과를 토대로 1988년부터는 경희궁지 복원 10개년 사업계획을 수립하였다. 그리하여 문화재 전문가의 설계심의

---

40) 『순종실록』 부록 1911년 6월 26일.

등을 거쳐 1990년에 숭정전 건물이 복원되었고, 이듬해는 숭정문을 옮겨
놓았으며, 1993년에는 숭정문과 숭정전을 잇는 동남쪽 행각을, 이듬해에
는 서남쪽 행각을 각각 복원하였다. 경희궁 내의 資政殿과 泰寧殿은 명
지대 한국건축문화연구소에 의해 발굴되었으며, 그 결과에 따라 1998년
자정전과 자정문을 복원하고 2000년에는 태녕전을 복원하였다. 또한 흥
화문에 들어서면 나타나는 금천교는 2001년도에 복원하였는데, 구체적
인 기록이 없어 창덕궁의 금천교를 많이 참고하였다. 2002년 5월에는 옛
날 서울중·고등학교 운동장 자리에 서울역사박물관을 건립하여 개관하
였다.


## 5. 사직동의 역사지리적 의미

사직동은 역사지리적으로 볼 때 조선시대 도성 내에서도 정치·경제
의 가장 중심인 경복궁과 6조 거리를 지근에 두고 있었다. 또한 조선 초
기 도시 계획 과정에서 경복궁 서쪽지역이고, 인왕산 아래의 지리적 이
점 때문에 사직단을 두기에 적당한 장소로 인정받았다. 이에 조선이 도
읍하면서 제일 먼저 종묘사직을 건설할 때 현재의 위치에 사직단을 두
게 된 것이다.

사직단이 건설된 직후 이 지역이 사직동으로 불리게 되었으며, 서울
에서 가장 신성한 장소로 인식되었다. 정기적으로 행해지는 사직대제와
일반 제례 때는 국왕을 비롯하여 많은 신하들이 운집하였다. 또한 수도
서울의 우백호인 인왕산을 등지고 있어 그 기운을 받아 많은 인물들이
이곳에서 배출되었다. 조선시대 임진왜란을 겪은 선조가 이곳에서 태어
났고, 王氣가 서려있다는 풍수가들의 예언이 있었던 곳도 바로 이 지역

이다. 한 때는 광해군에 의해 궁궐이 건립되기도 했지만 거의 완공된 이후 제 용도로 활용되지 못하고 쓸쓸히 사라져 버렸던 곳이기도 하다.

사직동 앞에는 바로 조선 후기의 궁궐로 지어진 경희궁이 자리잡고 있다. 근대사를 이어 오면서 많은 곡절을 겪으면서 해체된 경희궁이 오늘날에는 다시 그 모습을 찾아가고 있다.

결국 사직동은 조선시대 나라를 상징하는 사직단이 있었기에 그 역사적 의미가 지대하며, 지리적으로는 서울의 도성을 감싸고 있는 內四山 가운데 하나인 우백호를 등지고 동쪽과 남쪽에 경복궁과 경희궁의 궁궐을 끼고 있어 일찍부터 왕기가 있는 명당자리로 인식되어 왔던 곳이다. 오늘날에도 인왕산에 올라 사직동 일대를 바라보면 그 지리적 의미가 느껴진다.

# 제3장 조선 전기 명나라 사신의 서울 유람과 조선의 대응

## 1. 외국 사신의 서울 왕래와 숙소 건립

세계화된 오늘날 대외관계가 중요하듯이 조선시대도 동아시아의 외교질서를 유지해 가는 데 있어서 각 국의 대외관계는 매우 중요시되었다. 조선은 朝貢과 册封을 매개로 한 事大字小의 對明外交 틀을 유지하였고,[1] 북방의 이민족이나 남방의 일본·유구 등 주변의 여러 나라와는 일정한 교린관계의 틀을 지키고 있었다. 이른바 事大交隣體制가 그것이다.

이와 같은 외교적 틀을 기반으로 각 국의 많은 사신들이 조선에 내왕하였다. 이들은 육로와 해로를 통해 한반도에 들어온 후 일정한 의식에 따라 접대를 받으면서 서울로 향하였다. 서울에 도착한 후에는 외교적 의례에 맞추어 국왕을 알현한 후 소정의 목적을 달성하여 본국으로 귀환하였다. 이러한 과정에서 각 국의 사신들에게는 조선 조정의 접대 정도가 각기 달랐다. 특히 明 使臣과 나머지 교린관계의 틀을 유지하고 있는 국가 사신들과의 외교의례 차이는 현격하게 달랐다. 조선으로서는 明使의 접대 예우가 국가의 이익과 직결되어 있고, 나아가 동아시아 힘의 논리와도 밀접한 관계가 있어 대명외교에 특별한 의미를 두지 않을

---

1) 事大字小는 『左傳』 昭公 30年傳, 春秋左傳正義에 나오는 말로서 西周時代 여러 제후국들간에 상호불가침을 약속하고 우의와 결속을 강구하기 위한 禮治思想에서 비롯된 말이다(孫承喆, 『朝鮮時代 韓日關係史研究』, 지성의 샘, 1994, 30~31쪽 참조).

수 없었다. 이른바 중국을 중심으로 한 동아시아의 외교질서 속에서 중국과 주변의 다른 국가들을 동일 선상에서 외교 접대를 할 수 없었던 당대의 현실에서 기인하는 것이다.

외국의 사신들은 서울에 도착하여 정해진 외교의례 이외에 숙소에 머물면서 외교 현안에 대한 협상을 벌여 나갔다. 그 과정에서 명 사신들은 다른 외국의 사신들과는 달리 서울지역의 곳곳을 遊觀하면서 여유있는 행보를 벌였다. 그것도 조선 정부의 극진한 대접을 받으면서 행해지곤 하였다.

그렇다면 조선 전기 명 사신들이 서울 지역에서 주로 유관한 곳은 어디인가, 나아가 서울에서 유관하는 동안 조선에서는 어떻게 접대하며 대응하였을까, 그들이 유관하는 동안 주요한 관심사는 무엇이었는가, 또한 모든 외국 사신들에 대한 접대가 동일하게 이루어 졌는가 등에 관하여 의문이 생긴다.

조선시대 대외관계에서 외국 사신의 종류·왕래·목적·절차·의식 등에 관한 연구는 비교적 많다. 그러나 이들 사신들이 서울에 도착하여 정해진 외교의례 절차에 따른 행동 이외의 것에는 연구된 논문이 단 한편도 없는 실정이다. 막연하게나마 『조선왕조실록』에 기록된 단순한 내용들을 보고 한강 유역을 돌아보았다든지, 東郊 혹은 西郊에서 사냥을 하였다든가, 서울 홍천사와 같은 절을 탐방하였다는 정도로 이해하고 있을 뿐이다.

따라서 본 논문에서는 조선 전기 서울에 온 모든 明使를 대상으로 서울지역 유관에 대한 실상을 종합적으로 정리하고 이의 분석을 통해서 위의 의문점을 해결하고자 한다. 이와 같은 연구는 조선시대 대외관계에서 외교의례가 겉으로 드러난 형식적 절차성 이외에 어떠한 실상이 있었는지를 보다 명확히 알 수 있는 계기를 제공할 것이다. 나아가 서울 지역에서의 유람이 단순한 관광이었는지, 아니면 외교적 술책의 일환이었는지, 아니면 한 나라의 풍습을 살피고 대내외 정세를 파악하고자 하는 목적이었는지 등 내면적인 의미를 파악할 수 있을 것이다. 또한 사신이 한강을 유관할 때 무엇을 타고 어떻게 진행되었는가 등의 미시적인 분야에 관해서도 일정한 규명이 이루어질 것이다.

조선 전기 서울에 온 외국 사신은 중국의 明使를 비롯하여 일본의 倭使와 受職倭人 및 商倭, 여진인, 琉球使節 그리고 南蠻人 등 동아시아 각 국의 사절들이 내왕하였다. 이들이 조선의 수도 漢城에 오면 그들만을 위한 숙소가 제공되었다. 명나라 사신을 위한 太平館, 일본의 왜사와 상왜의 주요 숙소인 東平館, 그리고 북방의 여진인을 위한 숙소인 北平館이 대표적인 외국 사신의 숙소였다. 유구국과 동남아의 사신들은 왕래가 자주 이루어지지 않아 특별히 숙소가 따로 마련되어 있지는 않았다. 그러나 이들도 한 국가의 외교사절로서 倭나 여진인과 대등하게 交隣體制下의 외교 사절로서 인정받았다. 태평관과 동평관 그리고 북평관의 설립과정과 변천에 대하여 살펴보면 다음과 같다.

## 1) 명나라 사신의 숙소 태평관

태조 이성계는 조선을 건국한 이후 외교사절이 국내에 와서 머물 수 있는 숙소를 따로 마련하였다. 당시에는 한성으로 도읍을 옮기기 이전이므로 개성의 궁궐 안에 설치되어 있던 征東行省을 수리하여 大平館이라 부르도록 하였다.[2] 이 때의 대평관이 조선의 태평관과는 같은 관청

---

2) 『태조실록』 권3 태조 2년 1월 을해조. 『신증동국여지승람』 권4 개성부 상 궁실.

으로 생각되지만 건물은 물론 다른 것이다. 그러나 명칭은 그대로 이어
진다고 보아야 할 것이다. 즉 대평관으로 표기된 기록은 태종 때를 지나
세종 1년(1419) 8월 5일까지 계속 이어지다가[3] 다음날인 8월 6일에는 太
平館으로 기록되고 있다.[4] 그 사이에 대평관을 태평관으로 명칭을 바꾼
다는 공식적인 기록은 없다. 따라서 대명 외교사절이 묵었던 숙소가 당
초에는 대평관이었다가 세종 1년 8월 6일부터 태평관으로 명칭을 바꾸
어 불렀다는 것은 납득하기 어렵다. 이것은 大와 太가 의미가 상통하는
것이므로 같은 의미에서 혼용하여 사용되었다고 보는 것이 합당하다고
생각한다. 이러한 사실은 세종 1년 10월과 11월의 기사에서 다시 대평관
으로 사용되고 있는 것을 보아도 확실하게 알 수 있다.[5]

　1394년 수도를 개경에서 한성으로 옮긴 태조 이성계는 그 이듬 해 각
도에서 인부 1,000여 명을 징발하여 태평관 신축을 명령하고, 곧 공사에
착수하였다.[6] 수도를 개경에서 한성으로 옮긴만큼 외국 사절에 대한 접
대를 계속 개경에서 할 수는 없었기 때문에 시급하게 신축이 요구되는
건물이었다. 이후 정확하게 언제 완공되었는지는 기록이 없어 알 수 없
지만 태조 5년 7월 14일에 태조가 태평관에 나아가 명나라에서 온 사신
을 만났다[7]는 기록이 있음을 볼 때 1395년 하반기에서 1396년 상반기 안
에 건물이 완공되었음을 알 수 있다.

　신축 초기 건물의 규모는 정확하지 않으나 태종 8년(1408) 11월에 태
평관의 西廊 20칸이 불타 소실되었다[8]는 기록을 볼 때 그다지 작은 규

---

3) 『세종실록』 권5 세종 1년 8월 정축조.
4) 『세종실록』 권5 세종 1년 8월 무인조.
5) 『세종실록』 권5 세종 1년 10월 병술조, 11월 을묘·병진조.
6) 『태조실록』 권8 태조 4년 윤9월 경진조.
7) 『태조실록』 권10 태조 5년 7월 기사조.

모는 아니었음을 알 수 있다. 이후 태종 때 명나라 사신 黃儼의 "정자
터를 높이 쌓고 가운데에 누각을 짓고, 동쪽과 서쪽에 軒을 지으면 아름
다울 것입니다."라는 말에 따라 태평관의 미적 아름다움을 갖추기 위해
3칸 규모의 北樓를 새로 지었다.9) 나아가 태평관의 관사를 일부 개축하
였다. 또한 태종 11년(1411)에는 3,500여 명을 동원하여 남산과 태평관의
북쪽 지역에 20일에 걸쳐 소나무를 植栽하는 대대적인 작업을 벌이기도
하였다.10)

태평관의 시설에 관하여는 『한경지략』에 "태평관의 가운데는 殿이
있고, 앞쪽에는 門이 있으며, 뒤에는 樓가 있다. 동쪽과 서쪽에는 廊廡가
자리잡고 있어 天使를 접대하는 곳이다. … 御書閣은 태평관 서쪽에 있
는데 再造藩邦 4글자가 있다."라고 기록되어 있다.11) 태평관이 비교적
전후좌우 짜임새를 갖추고 자리 잡고 있었던 건물임을 확인할 수 있다.
이러한 건물을 짓기까지의 과정을 살펴보면 다음과 같다.

신축 초기의 태평관은 실제적으로 명나라에서 사신과 무역인들이 왔
을 때 모두 한 곳에 머물기에는 비좁았던 것으로 보인다. 즉 세종이 재
위에 올랐을 때 상왕으로 물러나 있던 태종은 朴訔·李原 등을 불러서
태평관이 좁고 또 깨끗하지 못하여 명나라 사신을 접대하는 관사로서는
불편하므로 경복궁과 창덕궁 사이의 중앙 지점에 다시 짓는 것이 어떠
한가를 묻고 있다. 이에 박은은 민가를 많이 헐어야 할 뿐만 아니라 경
복궁의 궐문과 너무 가까워 불편할 것이라는 이유를 들면서 옛 터에 넓

---

8) 『태종실록』 권16 태종 8년 11월 기유조.
9) 『태종실록』 권17 태종 9년 4월 을유조. 이 때 지은 북루는 태조의 妃였던 신덕왕
   후 강씨의 능인 정릉의 정자각을 옮겨지었다.
10) 『태종실록』 권21 태종 11년 1월 무진조.
11) 『漢京識略』 宮室條.

히는 것이 합당하다는 의견을 제시하고 있다.[12] 이 의견에 세종도 동의를 표하였지만 다음 날 柳廷顯이 상왕 태종과의 대화 자리에서 보다 시급한 당면 문제는 변방의 성을 쌓는 것이고, 태평관은 과거 여러차례 사신을 접대하였으니 부분적인 보수공사를 해서 일단 뒤로 미루고 후에 백성들이 여유가 있을 때 신축에 관하여 생각하는 것이 합당하다는 의견을 제시하였다.[13] 이들의 의견 가운데 유정현의 의견을 받아들여 전날의 신축 논의는 다시 원점으로 돌아갔다. 이 논의과정에서 분명한 것은 규모면에서 명나라 사신과 그들을 따르는 일행이 모두 한 곳에 머물기에는 다소 비좁았던 건물이었음을 짐작할 수 있다. 결국 건물의 신축은 뒤로 미루고 태평관에 왕이 친행하였을 경우에 머물 수 있는 공간인 御室을 신축하였다. 이 공사는 군인 200명을 동원하여 繕工提調 朴子靑의 주관하에 세종 1년 10월 15일 착공되었으며,[14] 조정에서는 공사에 참여하는 군인들에게 楮貨 400장을 하사하는 등 관심을 표명하였다.[15] 이 공사 과정에서 박자청은 일부 태평관의 건물 가운데 㳚를 고치라는 명령을 받았으나 오히려 마음대로 공사의 양을 늘려 한겨울에 백성들이 계속 부역에 시달리는 결과를 초래하였다. 그러나 상왕은 宋南直만을 견책하고 나머지 공사는 그대로 추진하도록 조치하였다.[16]

이러한 개축 과정을 거쳤지만 중국 사신들에게 宴禮를 베풀고 樂懸을 설치하기에는 공간이 여전히 부족하여 세종 11년(1429)에 이르면 다시 신축에 관한 논의가 일어난다. 이 때 세종이 태평관 개축에 관한 의견을

---

12) 『세종실록』 권5 세종 1년 8월 정축조.
13) 『세종실록』 권5 세종 1년 8월 무인조.
14) 『세종실록』 권5 세종 1년 10월 병술조.
15) 『세종실록』 권6 세종 1년 11월 을묘조.
16) 『세종실록』 권6 세종 1년 11월 병진조.

대신들에게 묻자 우의정 맹사성은 흥천사로 옮기자는 이견을 제시하였
다. 그러나 세종은 흥천사가 태조의 원찰이기 때문에 옮길 수 없다고 반
대를 분명히 하였고, 나아가 태종의 과거 의견을 받아들여 창덕궁과 경
복궁 사이의 흥복사 터로 옮기는 것이 어떠한가를 제시하였다. 그러나
여러 대신들은 흥복사가 市井 속에 있다는 이유를 들어 난색을 표명하
였다. 결국 정부와 육조에서 이를 의논하게 한 바 대부분이 옛터에 그대
로 고쳐 짓는 것이 합리적이라는 의견이 도출되었다.[17] 이러한 결과는
태평관을 다른 곳으로 옮길 때의 번잡함과 비용은 물론이고, 도성 한가
운데인 市井에 위치하는 것도 외교관계의 성격상 여러 가지 어려움이
따르기 때문에 취해진 조치였다.

　태평관의 건립은 경복궁의 사정전·경회루 공사와 동시에 시행하였기
때문에 공사에 참여하는 방패·섭육십 등의 군인들이 휴식할 수 없을 뿐
만 아니라, 부역에 동원되는 백성들도 어려움을 호소하자 조정에서는
僧徒들을 투입하여 겨울 이전에 공사를 끝내도록 조치하고 있다.[18] 뿐
만 아니라 공사가 지속되면서 백성들의 사망자도 발생하는 등 많은 어
려움을 겪게 되었다.[19] 그리하여 각 도에서 승군 1,000명을 징발하여 하
루에 세 차례 料를 주고 태평관 공사를 진행하였다.[20] 이 때 동원되어
공사에 참여한 승도에게는 특별히 度牒을 내려 후의를 베풀어 주었다.[21]
뿐만 아니라 세종이 태평관에 친행하여 개축하는 상황을 살펴보고 잔치
를 베풀어 공사에 참여하고 있는 관리들을 위로하기도 하였다.[22]

---

17) 『세종실록』 권43 세종 11년 1월 계축조.
18) 『세종실록』 권43 세종 11년 1월 정묘조.
19) 『세종실록』 권61 세종 15년 8월 정유조.
20) 『세종실록』 권59 세종 15년 2월 기해조.
21) 『세종실록』 권81 세종 20년 4월 계유조.

한편 구체적으로 태평관의 위치는 어디였는가? 태평관의 위치에 대하여『東國輿地備考』에는 "태평관은 숭례문 안 양생방에 있다"라고 기록되어 있으며,23)『漢京識略』에는 "태평관은 숭례문 안에 있다"라고 기록되어 있다.24) 또한『세종실록』地理志에는 "숭례문 안 皇華坊에 있다"고 기록되어 있다.25) 이 지역은 현재 남대문초등학교 북쪽 일대이다.26)

한편 주지하듯이 태평관의 설립 목적은 명나라 사신을 접대하는 곳이면서 동시에 그들의 숙소로 이용하기 위해서다. 그러나 이 외에도 사신들이 가지고 온 중국의 물품을 조선 상인들과 거래하는 장소이기도 했다. 성종 11년(1480) 5월 30일에는 호조좌랑 尹殷老가 태평관의 문 밖에 왕의 허락을 받지 않고 익명으로 글을 붙이는 사건이 발생하였다.27) 이에 대하여 태평관에 머물고 있던 사신 鄭同은 館伴인 盧思愼과 徐居正에게 다음과 같이 강하게 항의하고 있다.

지금 戶曹에서 방을 붙여 禁令을 베풀어서 細麻布도 매매할 수가 없습니다. 중국에서 本國을 대접하는 것이 조금도 안팎이 없어 弓角처럼 중하게 금하는 물건도 오히려 收買를 허락하였는데, 더구나 다른 물건이겠습니까? 나는 본토 백성이지만 頭目은 모두 내 집 사람이 아니니, 대단히 부끄럽습니다.28)

---

22)『세종실록』권60 세종 15년 6월 계미조.
23)『東國輿地備考』卷2 宮室條.
24)『漢京識略』宮室條.
25)『세종실록』권148 지리지 京都 漢城府條.
26) 남대문로 동방생명 빌딩 뒤쪽의 한국주택은행 서소문지점 자리에 태평관 터의 표석이 설치되어 있다.
27)『성종실록』권117 성종 11년 5월 기유조.
28)『성종실록』권118 성종 11년 6월 경술조.

라고 하여 조선 정부에서 공공연하게 무역을 하지 못하도록 금지하였기 때문에 중국 사람들인 頭目들에게 매우 부끄럽다고 하소연하였다. 이에 관반 노사신은 태평관에 붙은 방이 官署와 印이 없이 작은 종이에 쓴 것이기 때문에 장사꾼들이 서로 질시하여 호조낭관을 모함하고자 한 것이라고 하면서 정부가 관여한 일이 아님을 적극 해명하고 있다. 이로써 익명서의 내용이 태평관에서의 무역 실태에 반발하는 내용임을 알 수 있다. 노사신의 적극적인 해명에도 불구하고 명나라 사신 정동은 보다 강하게 "내가 전에 왔을 때에는 商賈들이 蘇木·胡椒·皮物로 무역하였었는데 지금은 모두 없으니, 이것은 반드시 재상이 일체 금한 것입니다. 전하께서 어찌 이 細碎한 일을 알겠습니까?"[29]라고 하여 재상이 시켜서 한 것이라고 억지 주장을 폈다. 결국 조선 정부는 명나라 사신의 강한 반발을 무마하기 위해 다음과 같이 무역을 장려한다는 내용의 榜을 태평관에 내걸었다.

戶曹에서 貨賣에 대한 일.
成化 16년(1480) 6월 일에 右副承旨 李世佐가 공경히 敎旨를 받아 왔는데, 그 해당 節目에 '이번에 중국 사신을 따라온 사람들이 싸 가지고 온 물건은 이미 백성들로 하여금 太平館 안을 통행하며 양쪽이 공평하게 交易하게 하였으나, 다만 중간에 헛되이 禁約을 늘어놓아 여러 사람을 현혹시켜 매매에 지장을 초래하는 일이 없지 않을까 염려되니, 너희 政院은 해당 曹로 하여금 일체의 물건을 하나하나 列擧하여 방을 붙여 曉諭하라.' 하였다. 공경히 여기에 敬依한 외에 지금 합당한 물건을 뒤에 열거하여 告示하는 것이다. 開坐한다. 黑細麻布·白細麻布·各樣 細綿布·狐皮·土豹皮·貂鼠皮·鼠皮·蘇木·胡椒·白蠟·黃蠟·人蔘·各樣 銅器 家火·各樣 大小刀子이다.[30]

---

29) 위와 같음.

위의 기록을 통해서 볼 때 조선의 상인들이 태평관 안으로 들어가 중국에서 頭目들이 가지고 온 물건을 대상으로 공평하게 상거래 할 수 있도록 조치하였음을 알 수 있다. 나아가 태평관 밖에 거래 物目을 붙여 상거래가 용이하게 이루어 질 수 있도록 하라고 명령하였다. 당시의 물목을 보면 각종 옷감과 향료·인삼·그릇 등 각양각색의 다양한 물건들이 거래되고 있었음을 알 수 있다.

이와 같이 태평관은 명나라 사신의 숙소이자 연회장소로 이용된 것 이외에 대중무역의 장소로도 사용되었음을 확인할 수 있다.

## 2) 일본 사신의 숙소 동평관

『동국여지비고』에 "동평관은 일본과 여러 나라의 사신들을 접대하는 곳이다"[31]고 되어 있어 반드시 일본 사신만을 위한 접대장소는 아니었다. 다만 중국이나 북방 야인에게는 별도의 관사가 있었으므로 왜인과 유구 등 동남아 여러 나라의 사신들을 접대하기 위한 장소였음을 알 수 있다. 실제로 세종 13년과 성종 24년 유구 국왕의 사신이 왔을 때 이들을 동평관에 거처하게 하였다.[32] 다만 유구에서 오는 사신보다는 일본에서 오는 사신이 많았기 때문에 일본 사신을 위한 관사로 인식되어 온 것으로 생각된다.

어찌 되었든 조선을 건국한 태조는 명과는 달리 왜인 접대를 위한 관사 건립을 적극적으로 추진하지 않았다. 『태조실록』에는 항복한 왜인을 접대하는 내용의 기사가 다음과 같이 기록되어 있다.

---

30) 위와 같음.
31) 『東國興地備考』 卷2 宮室條.
32) 『세종실록』 권54 세종 13년 11월 정묘조, 『성종실록』 권279 성종 24년 6월 갑술조.

　　항복한 왜의 괴수 疚六이 3인을 데리고 와서 장검 하나와 環刀 하나를
바치고 朝班에 나와서 肅拜하였다. 임금이 인견하고 서로 이야기한 후 구
육에게 의복 1襲과 高頂笠 하나를 주었다. … 中略 … 구육이 눈물을 흘
리고 물러갔다. 三司左僕射 禹仁烈과 藝文春秋館學士 河崙에게 명하여
거처하고 있는 館에서 연회를 베풀어 주게하였다.[33]

　　위의 기사는 왜인 疚六이 태조를 만나 항복한 후 조선에 살기를 희망
하자 태조가 의복을 내려 주며 위로하고 그가 머물고 있던 館에서 잔치
를 베풀어 주도록 하였다는 내용이다. 여기에서 '머물고 있던 館'이 왜
인을 접대하기 위한 공식적인 관사는 아니었던 것으로 보인다. 즉 관사
의 이름이 명확하게 나타나지 않을 뿐만 아니라, 태종 7년 4월에는 "日
本의 使客과 북쪽 변방의 野人이 비록 끊이지 않고 오더라도, 太平館이
있고 僧舍가 있으니 거처할 만하다. 반드시 따로 館舍를 세울 것이 있는
가?"[34] 라는 기록을 볼 때 태종 7년 당시까지만 하더라도 왜인을 위한
관사가 공식적으로 존재하지 않았으며, 단지 사신이 올 경우 僧舍에서
머물게 하였음을 확인할 수 있다.[35] 따라서 태조 때 구육이 머물렀던 館
도 사찰일 가능성이 매우 높다고 할 것이다. 결국 중국 사신을 위한 숙

---

33) 『태조실록』 권10 태조 5년 12월 을사조.
34) 『태종실록』 권13 태종 7년 4월 임진조.
35) 이현종은 태종 7년의 이 기록을 토대로 僧舍가 곧 왜인 접대관이었으며, 나아가
　　이것을 곧 왜관으로 파악하여 동평관의 건립 시기를 태종 7년으로 끌어 올려 해
　　석하고 있다(이현종, 「외빈접대」『서울六百年史』제1권, 서울특별시사편찬위원
　　회, 1977, 449~451쪽). 그러나 동평관의 건립은 태종 9년에 공식적인 기록이 나타
　　나고 있어 이때부터 왜관으로서의 동평관이 시작되었다고 보는 것이 타당하다고
　　생각한다. 태종 7년의 僧舍는 특정한 것이 아닌 일반적인 사찰의 의미를 담고 있
　　기 때문에 공식적으로 왜인의 접대를 위해 정해진 관사였다고 단정하기에는 무리
　　가 있다고 생각한다.

소인 태평관의 건립이 한성으로의 천도 이후에 조속히 추진된 것과는 달리 倭人을 위한 숙소의 건립은 상대적으로 비교할 때 매우 늦어졌음을 알 수 있다. 이것은 고려 말 조선 초에 걸친 왜구의 빈번한 침입과도 무관하지 않다.

동평관의 건립과 관련된 최초의 기록은 태종 9년(1409) 2월 "민무구와 민무질의 서울에 있는 집을 헐어서 그 재목과 기와로 東平館과 西平館을 짓고 그 값을 주도록 명하였다."[36]는 것이다. 따라서 1409년에 이르러 동평관과 서평관이 건립되었음을 알 수 있다. 결국 태평관이 건립되고 14년이 지난 후에야 왜인을 위한 공식적인 건물이 들어서게 되었다.

동평관과 서평관의 변천과 문제점에 대해서는 다음의 사료를 통해 살필 수 있다.

예조에서 아뢰기를 " … 생략 … 東·西平館 및 墨寺에 나누어 들은 客人이 무시로 서로 찾고 서로 왕래하여 근처에 사는 사람과 모리배들이 인연을 따라 서로 통하여 몰래 숨어서 貿易을 하므로 그 폐단을 막기 어렵습니다. 동·서관을 합하여 한 館으로 하고, 빈 집을 더 짓되 사면의 난간과 담을 높이 쌓고서, 해가 돋은 뒤에 문을 열고, 해가 질 때에 문을 닫아 출입을 엄히 하며, 왜인의 물건을 무역하는 閑雜人 등은 公廳에서 무역하는 때 이외에는 館內나 館外를 막론하고 客人 등과 더불어 몰래 숨어서 대화하는 자는 언제든지 즉시 구속하여, 違令律에 의하여 과죄함으로써 潛通하는 폐단을 막게 하소서". 하니 상정소로 하여금 이를 의논하게 하였다. … 중략… 허조는 의논하기를, "마땅히 예조에서 아뢴 바에 따라 동·서관을 합쳐서 한 館으로 만들고, 빈 집을 더 짓되, 사면의 난간과 담을 높이 쌓아서 엄히 출입을 금지하고, 단지 그 體制만은 신이 지난 해에 중국에 갔을 때에 본 바, 金陵館舍의 제도를 생각하옵건대, 會同館의 북

36)『태종실록』권17 태종 9년 2월 기해조.

쪽에 나아가면 客館을 4區에 나누어 지었으되, 구마다 각각 前後廳이 있고, 廳의 좌우에는 침실이 있으며, 또 각각 대문이 있고, 後廳으로부터 대문 좌우에 이르는 곳에는 각각 行廊이 있어, 이름을 吳蠻驛이라 하였는데, 제1소·제2소·제3소·제4소가 함께 한 垣內에 있었습니다. 이제 이 제도에 의하여 舊館은 그대로 두고 관의 남쪽에다가 두 곳을 더 지어, 舊館과 아울러 네 곳이 되게 만들되, 관의 크고 작음은 땅의 형편에 따라서 참작하여 배치하여 짓게 하옵소서."하니, 허조의 의논에 따랐다.[37]

즉 당시 동평관과 서평관은 하나의 장소에 있었던 건물로서 위치상 동쪽의 건물을 동평관, 서쪽의 건물을 서평관이라 불렀는데 이 두 곳을 사신들이 수시로 왕래하면서 인근 사람들과 밀무역을 거행하여 문제를 일으키고 있었다. 이에 조정에서는 동평관과 서평관을 하나로 합치고, 남쪽에 두 개의 관소를 더 지어 전체적으로 네 개의 건물을 갖추자는 의견이 대두되었다. 그리하여 4년 후인 1438년에는 동평관을 동평관 1소, 서평관을 동평관 2소로 개칭하여[38] 이름을 모두 동평관으로 통일하였다. 이 곳 동평관에는 4개의 건물에 적어도 50여 명이 머물 수 있는 규모였으나,[39] 위의 사료에서도 보이듯이 그래도 비좁아 일부 사람들은 동평관 남쪽에 자리잡고 있던 墨寺에 머무르고 있었다.[40]

동평관의 위치에 관해서는 여러 기록이 있다. 『통문관지』·『신증동국여지승람』·『궁궐지』·『문헌비고』·『동국여지비고』에는 모두 남부 樂善

---

37) 『세종실록』 권64 세종 16년 6월 기사조.
38) 『세종실록』 권80 세종 20년 3월 임진조.
39) 孫承喆, 『近世朝鮮의 韓日關係研究』, 國學資料院, 1999, 18쪽.
40) 묵사는 오늘날의 묵정동 일대에 있었던 고려시대의 사찰이다. 동평관이 충무로 4가 일대였으므로 남쪽인 남산방면으로 얼마 떨어지지 않은 지점에 묵사가 있어 倭의 일부 사신들이 이곳에 여장을 풀고 머무르며 서로 래왕하는 불편을 겪었던 것으로 보인다.

坊에 동평관이 있었다고 기록되어 있으며, 유독『한경지략』에만 남부
薰陶坊에 있었다고 적혀있다. 따라서 오늘날 중구 인현동 2가 192번지
일대가 옛 동평관 자리였음을 알 수 있다.[41]

  동평관은 왜인의 숙소 뿐만 아니라 점차 왜인행정 일반에 이르는 업
무도 담당하였으며,[42] 태평관과 마찬가지로 공물을 무역하기도 하였는
데 그 폐단이 자주 발생하였다. 공물 이외에 밀무역을 하다가 적발되기
도 하였고,[43] 특히 마음대로 관문을 나갈 수가 없었던 왜인들은 조선의
관리를 폭행하고 관문을 나가 문제를 일으키기도 하였으며,[44] 심지어
40여 명의 왜인이 도성에서 칼을 차고 驛馬와 행인의 말을 빼앗으며 시
위를 벌이기도 하였다.[45] 뿐만 아니라 일본의 사신이 동평관에 머무르
고 있는 가운데도 남해안에서 왜구의 침입이 계속되면서 동평관에 있는
사신들을 구금하고 제거하고자 하는 의논이 일어나기까지 하였다.[46]

─────────────

41) 동평관의 위치에 대하여 서울특별시사편찬위원회는 중구 인현동 2가에 192번지
   라고 하였고(서울특별시사편찬위원회,『洞名沿革考』중구편, 1992, 442쪽), 김영
   상은 보다 구체적으로 지금의 중구 인현동 2가 192번지 일대로 충무로 4가 파출
   소 북쪽에서 덕수중학교 앞에 이르는 중간 지점이라고 하였다(김영상,『서울육백
   년』제2권, 한국일보사, 1995, 129쪽). 그러나 이현종은 중구 인사동과(이현종,
   「외빈접대」,『서울육백년사』제1권, 서울특별시사편찬위원회, 1977, 450쪽) 중구
   仁峰洞 192번지(이현종,「조선초기 서울에 온 倭野人에 대하여」,『향토서울』10
   호, 1960, 37쪽)라고 주장하였는데 이것은 오타로 인해 나타난 현상이라고 생각한
   다. 즉 인사동은 종로구였고, 인봉동은 아예 이름이 없었으므로 중구 인현동이 잘
   못 표기되었음을 알 수 있다. 현재 중구 인현동 2가 192번지에 동평관 터의 표석
   이 설치되어 있다.
42) 손승철, 앞의 책, 19쪽.
43)『태종실록』권34 태종 17년 12월 기축조,『명종실록』권5 명종 2년 2월 정해조.
44)『세종실록』권100 세종 25년 6월 갑오조, 권108 세종 27년 4월 경술조.
45)『중종실록』권7 중종 4년 2월 기사조.
46)『중종실록』권11 중종 5년 4월 갑오조.

이와 같은 문제점을 야기시키며 동평관에 묵었던 왜인들은 태평관의 명나라 사신과는 달리 자유롭게 서울을 유관한다든지, 혹은 개인적으로 만날 사람을 여유롭게 만난다든지 하는 자유로움은 없었던 것으로 보인다. 동평관을 지키는 조선의 관리로부터 엄격한 통제를 받았으며, 서울에서의 유관에 관한 기록도 남아있지 않다. 뿐만 아니라 일본의 사신이와서 조선의 관리들과 시문을 주고 받으며 환담을 나누었다는 기록도 찾아보기 어렵다. 이러한 사실을 종합해 볼 때 중국의 사신과 일본의 사신이 조선에서 받은 접대는 후술 할 『통문관지』의 접대규정 이외에도 실질적으로 질적인 많은 차이를 보이고 있었음을 알 수 있다. 이러한 동평관은 광해군 2년 "임진왜란으로 피해를 입은 조선이 다시 동평관을 지어 접대할 수는 없다"는 기록으로 보아 그 이전에 이미 없어진 것으로 보인다.[47)]

## 3) 북방 사신의 숙소 북평관

북방의 야인들은 국경에서부터 鄕通事의 인솔을 받으며 서울로 들어왔다. 조선이 건국된 이후에 곧바로 북방의 야인을 위한 숙소가 따로 마련되지는 않았다. 동평관에서 살펴 보았듯이 왜인과 더불어 야인들이 서울에 이르렀을 때는 僧舍를 이용하여 머물게 했고 따로이 관사를 설치할 필요가 없다는 기록에서 확인할 수 있다. 이후 야인들이 조선에 계속 오면서 그들이 묵었던 곳이 野人館이다. 이에 관해서는 세종 8년(1426)의 다음과 같은 기록에서 확인할 수 있다.

---

47) 『광해군일기』 권35 광해군 2년 11월 기미조.『동국여지비고』 권2 宮室條에는 동평이 임진왜란 때 불에 타 없어졌다고 기록되어 있다.

　　예조에서 계하기를, "野人이 잇따라 올라오고 있는데 다만 鄕通事로
하여금 말을 통역하는 것은 온당하지 못하니, 청하건대 함길도에 살고 있
는 사람 중에서 女眞語와 본국어에 능한 자 3인을 선택하여 司譯院에 입
속시켜 野人館通事로 삼도록 하소서."하니, 그대로 따랐다.48)

　　위의 기록을 보면 서울로 오는 야인이 늘어나 이들과 통역할 사람이
부족하자 특별히 女眞語에 능통한 사람을 뽑아 사역원에 소속시키고, 野
人館의 통사로 삼아 통역을 담당하도록 하자는 의견이다. 이 기록에서
처음으로 야인관이라는 명칭을 발견할 수 있다. 따라서 조선 초기에 야
인들의 사신을 위한 접대 장소는 야인관이었으며, 이 야인관은 적어도
세종 8년 이전에 설치되었던 관사임을 알 수 있다.

　　이 야인관 명칭은 세종 20년(1438)에 북평관으로 바뀌었다. 즉 세종 20
년 2월 19일 "野人館의 영접도감을 北平館監護官으로 부르자"49)는 기록
이 이를 말해준다. 이어서 10일 후에는 "북평관에 時任과 散職으로서 3
품 이하 6품 이상의 감호관 3인과 녹사 2인을 두었다"50)고 되어 있고,
같은 해 3월 20일에는 "동부학당을 북평관으로 만들고, 乳牛所를 동부학
당으로 만들었다"51)는 기록이 있다. 결국 세종 8년 이전에 있었던 야인
관은 세종 20년에 이르러 북평관으로 그 명칭이 바뀌었으며, 나아가 기
존의 야인관에서 동부학당 자리로 위치도 변경되었음을 알 수 있다.52)

---

48) 『세종실록』 권33 세종 8년 9월 임자조.
49) 『세종실록』 권80 세종 20년 2월 계유조.
50) 『세종실록』 권80 세종 20년 2월 계미조.
51) 『세종실록』 권80 세종 20년 3월 갑진조.
52) 이현종은 동평관의 예에서와 같이 태종 7년의 僧舍가 왜인을 위한 왜관 즉 동평
　　관이었으므로 북평관도 이 때 설치되었을 것이라고 하였다(이현종, 「외빈접대」
　　『서울六百年史』 제1권, 서울특별시사편찬위원회, 1977, 457쪽). 그러나 동평관과
　　북평관이 동시에 건립되었다는 기록이 없을 뿐만 아니라 동평관이 태종 7년에 이

초기 야인의 접대 장소였던 야인관의 위치에 대해서는 확인할 길이 없으나, 북평관에 대하여는 위의 기록에서 동부학당 자리라고 하였고, 『신증동국여지승람』에는 "동부 興盛坊이 조선에 온 야인을 접대하던 곳이다"고 하였다.53) 『궁궐지』와 『한경지략』·『동국여지비고』 등에도 모두 동부 홍성방으로 기록되어 있다. 동부 홍성방은 오늘날 동대문 일대에 해당하며, 동부학당 자리는 현 이화여대부속병원 일대이므로 이곳이 북평관이 있던 자리로 추측된다.54)

북평관에는 주로 야인이 머물렀지만 바다에 표류한 중국인이 구조되어 서울로 왔을 때에는 우호적인 외교차원에서 이곳에 머물도록 하였다.55) 세종 30년(1448)에는 일본에서 정해진 사신 이외에 너무 많은 사람들이 와서 일부를 북평관에 머물도록 조치하기도 하였다. 즉 평소에 배 1척과 100여 명의 사람들이 사신을 따라 오던 것이 관례였으나, 이 때는 그들 마음대로 배 3척과 400여 명의 사람들이 서울로 와 이들 중 정식 사신은 동평관에 머물도록 하였지만 나머지 하카다〈博多〉에서 온 장사치들은 북평관에 머물도록 조치하기도 하였다.56) 또한 야인들도 여러 부류였기 때문에 이들이 북평관에 모여 서로 다투는 예도 있었다. 세조 때는 경회루에서 야인들이 활쏘기를 하도록 하고 세조가 그들에게 물품

----

루어졌다는 것도 모순이 있으며, 북평관의 공식적인 용어는 세종 20년에 나타나고 있는 바 태종 7년에 북평관이 설치되었다는 설에는 동의하기가 어렵다. 북평관은 세종 8년의 야인관 기록에 따라 현재로서는 세종 8년 이전에 설립되었다고 보아야 할 것이다.

53) 『新增東國輿地勝覽』 卷3 漢城府 宮室條.
54) 현재 종로구 종로 6가 이화여자대학교 부속병원 서쪽에 북평관 터의 표석이 설치되어 있다.
55) 『세조실록』 권46 세조 14년 6월 병진조, 권47 세조 14년 7월 무오조.
56) 『세종실록』 권121 세종 30년 7월 기축조.

을 하사하였는데, 북평관에 있으면서 활쏘기에 참여하지 못한 다른 야인들의 불만이 고조되어 서로 해치려는 지경에 이르자 병조참판 洪達孫과 예조정랑 禹繼蕃을 북평관에 파견하여 타이르고 위협하여 무마하기도 하였다.57) 또한 북평관도 동평관과 같이 밀무역이 성행하는 등 폐단이 발생하자 북평관에서 저자를 여는 날을 정하여 상인이 서로 매매를 할 수 있도록 하고, 나머지 날에는 출입을 금지시키자는 의견이 제기되기도 하였다.58) 연산군 말년에는 북평관이 철거되어 경주나 안동으로 옮겨질 위기에 처하기도 하였지만59) 중종반정으로 인해 이루어지지 못하였다. 이와 같이 북평관은 야인이 주로 머물던 장소였지만 국가의 상황에 따라 다양한 사람들이 머물기도 하였고, 다른 나라의 관사에서와 같이 밀무역으로 인한 문제점도 노출시키고 있었다.

북평관의 규모에 관해서는 자세한 기록이 없어 알 수 없으나 "담장이 낮고 담 밖에 살고 있는 사람들이 없다"60)는 기록을 통해 동평관 보다는 낮게 담을 쌓았고, 비교적 한적한 곳에 위치하였음을 알 수 있다.

이상으로 조선 전기 서울에 있었던 외국인 접대관소에 관하여 살펴보았다. 외국인을 접대하는 관소에서 무역도 이루어 졌다는 공통점을 가지고 있으나, 태평관은 오로지 중국의 사신만을 머물도록 한 데 반하여 동평관과 북평관은 사정에 따라 서로 다른 나라의 사람들이 머물기도 하였다. 나아가 태평관에 비하여 동평관과 북평관이 뒤늦게 설립되었으며, 이들 동평관과 북평관의 사신들은 자유로운 왕래가 용이하지 않았음을 알 수 있었다. 이에 밤에 몰래 관소를 빠져 나와 밀무역을 하거나,

---

57) 『세조실록』 권2 세조 1년 12월 을묘조.
58) 『중종실록』 권52 중종 20년 1월 무진조.
59) 『연산군일기』 권61 연산군 12년 3월 정미조, 권62 연산군 12년 5월 무술조.
60) 『중종실록』 권13 중종 6년 5월 갑인조.

관소를 빠져 나오는 과정에서 조선의 관리들과 타툼이 벌어져 상해자가 발생하기도 하였고, 심지어 사신들이 감옥에 구금되는 예도 있었다.[61] 이것은 중국 사신과 일본 및 야인 사신과의 차별성을 의미하는 것이다. 결국 조선이 강대국인 명나라와 다른 주변국과의 차이를 두지 않을 수 없었던 전근대 事大交隣 외교 현실의 한 단면을 보여주고 있는 것이다.


## 2. 외국 사신의 접대

명나라 사신이 서울에 들어오면 정해진 절차와 의식에 따라 연회가 베풀어 진다. 『經國大典』에 의하면 조정에 사신이 왔을 경우 下馬宴과 翌日宴을 비롯하여 종친부·의정부·육조가 차례로 연회를 개최한다고 규정하고 있다.[62] 이를 보다 구체적으로 기록해 놓은 것이 조선시대 외교 통상에 관한 기록인 『通文館志』이다. 서울에서의 사신 접대 내용을 옮기면 다음과 같다.

중국 사신이 서울에 들어온 다음날 下馬宴을 베풀고, 또 다음날 翌日宴을 베풀고, 또 다음날 인정전의 招請宴을 베풀고, 또 다음날 會禮宴을 베풀고, 또 다음날 別宴을 베푼다. 사신이 회정할 때에 上馬宴을 베풀고, 사신이 회정하는 날 餞宴을 베푼다.[63]

위의 기록을 볼 때 사신이 일단 도착하면 그 다음날부터 5차례에 걸

---

61) 『중종실록』 권11 중종 5년 4월 병신·무술조.
62) 『經國大典』 禮典 待使客條.
63) 『通文館志』 卷4 事大 入京宴享儀.

처 공식적인 연회를 베풀고, 사신이 돌아갈 무렵에는 2차례의 공식적인
연회를 열어 모두 7차례에 걸친 연회가 이루어졌다. 대부분의 연회는 사
신의 숙소인 태평관에서 열리며, 인정전의 초청연은 궁궐로 사신을 초
대하여 개최한다. 그러나 사신이 응하지 않을 경우에는 왕이 태평관으
로 나가 연회를 개최한다. 대부분의 연회는 왕세자나 혹은 재상이 왕을
대신하여 개최하고, 초청연과 餞宴에만 국왕이 참여한다. 다만 국왕이
몸이 편찮을 경우에는 왕세자가 대신하기도 한다.[64] 궁궐에서 연회를
할 경우에는 인정전에서만 한 것이 아니라 상황에 따라 근정전·경회루·
창덕궁·내전·광연루 등지에서도 이루어졌다.[65]

　명나라 사신은 조선에 도착하였다가 바로 돌아가는 경우도 있었으
며,[66] 장기간 머무는 경우도 많았다. 일찍 돌아가는 경우에는 연회를 베
풀지 않고 갈 때도 있었고, 장기간 머물 때는 정해진 연회 이외에 수시
로 소규모의 음식을 대접하거나 서울 근교로 유관을 떠나곤 하였다.

　한편 일본에서 오는 사신의 경우에는 명의 사신과는 다르게 접대하고
있다.

　　서울에 도착하는 날 禮賓寺에서 맞아 위로하며(돌아갈 때 전별연을 베
　　푸는데 特送使일 때에는 전별연이 없다), 肅拜하는 날에는 대궐 안에서
　　賜宴하며(拜辭하는 날도 이와 같이 한다), 또 예조에서 賜宴한다(장차 왜
　　사가 돌아가려고 하면 또한 전별연을 내려 준다)[67]

---

64) 위와 같음.
65) 李鉉淙,「明使接待考」,『鄕土서울』12호, 1961, 145쪽.
66) 연산군 12년 3월 12일에 登極詔勅을 가지고 조선에 왔던 翰林侍講 徐穆과 吏
　　科給事 中吉時는 조직을 전달하고 바로 당일에 돌아갔으며, 선조 15년 11월 16
　　일에 조서를 가지고 온 黃洪憲과 王敬民도 당일에 조서를 전달하고 돌아갔다.
67)『通文館志』卷5 交隣(上) 接待日本人舊定事例.

즉 일본에서 사신이 와 서울에 도착하면 제일 먼저 예빈시의 주관하에 잔치를 열어 접대하고, 국왕을 알현할 때와 배사할 때 대궐에서 연회를 베풀고, 다시 예조에서 주관하여 연회를 베풀고, 사신이 돌아갈 때 전별연을 베푸는 것으로 모두 5차례의 연회를 베풀었음을 알 수 있다. 이것은 중국의 사신보다 2회가 적은 것이며, 주관자도 중국 사신의 경우에는 왕자나 정승들이 접대하였으나 일본의 사신은 예조판서 등이 주관하고 있음을 비교할 수 있다.

북방 야인의 경우에도 교린정책에 의거하여 일본의 사신과 비슷한 접대를 받았다. 조정에서 앉는 자리도 왜인은 동쪽에, 야인은 서쪽에 배치하였고, 각종 연회나 접대도 비슷하게 처리하였다. 그러나 실제적으로는 야인들이 왜인에 비하여 낮은 대우를 받았던 것으로 보인다. 예를 들면 야인들을 믿기 어려워 세종 때는 야인이 서울에 도착하면 所在官에서 여진인들이 갖고 있는 병기를 모두 빼앗아 두었다가 돌아갈 때 주는 등68) 다소 외국 사신의 접대 규정과는 다른 모습도 보이고 있다. 다음으로 明使를 중심으로 그들이 서울에 머물면서 유관했던 지역과 그에 대한 조선의 대응 등에 관하여 구체적으로 분석해 보고자 한다.

## 3. 명나라 사신의 파견과 서울 유람

조선 전기 명나라의 사신들이 서울에 도착하면 전술하였듯이 태평관에 머물면서 외교 업무를 수행하였다. 이들은 칙서의 전달, 외교 의례의 전개 등 공식적인 외교 업무 이외에 시간이 날 때면 의례히 서울을 중심

---

68) 『세종실록』 권87 세종 21년 11월 기미조.

으로 遊觀을 다녔다. 이들의 유관은 개인적인 차원에서 이루어진 것이 대부분이며, 서울 주변의 경치 감상이 우선이었고, 서울에서의 개인적 업무를 수행하기도 하였다.

먼저 조선 전기 임진왜란 이전까지 명나라 사신이 서울에 와서 遊觀한 실태를 시기별로 각각의 사신과 유관한 장소, 접대한 관리, 유관의 목적 등을 『조선왕조실록』의 기록을 토대로 도표로 제시하면 다음의 <표 1>과 같다.

〈표 1〉 서울에서의 明使 遊觀 현황

| 연 도 | 월 | 일 | 明 使 | 조선의 접대관리 | 장 소 | 비 고 |
|---|---|---|---|---|---|---|
| 태조 5년 (1396) | 7 | 24 | 尙寶司丞 牛牛 등 | ? | 한강 | |
| | 8 | 4 | 〃 | ? | 영서역 | 매사냥을 구경함 |
| 세종 1년 (1419) | 8 | 28 | 太監黃儼, 劉泉 | ? | 善養亭 | 왕이 초청하여 잔치 |
| | 9 | 1 | 黃儼, 王賢 | 李明德·원숙 | 흥천사 | 예불 |
| | 9 | 8 | 欽差官, 王賢 | 閔汝翼·허조·李隨 | 加乙頭峯 | 遊觀 |
| | 9 | 10 | 王賢 | 예조 | 목멱산 | 황엄의 명으로 제사 |
| | 9 | 12 | 〃 | 예조판서 허조 | 한강정 | 황엄의 명령 |
| 세종 5년 (1423) | 4 | 18 | 內官劉景, 禮部郎中 楊善 | ? | 흥천사 | 예불 |
| 세종 7년 (1425) | 2 | 28 | 內官尹鳳, 朴實 | 지신사 郭存中, 좌의정 李原 등 | 加乙頭 | 한강에서 뱃놀이 |
| | 5 | 18 | 金滿 | 곽존중, 예조판서 신상 등 | 모화루 | 활을 쏘고 잔치함 |
| | 윤7 | 26 | 齊賢, 劉浩, 焦循, 盧進 | 趙從生, 판서 趙末生, 참판 李隨 등 | 加乙頭 | 유관 |
| 세종 8년 (1426) | 3 | 25 | 尹鳳, 白彦 | ? | 木覓山 | 활쏘기와 씨름구경 |
| | 3 | 27 | 〃 | 金赭 元閔生 | 楊花渡 | 배놀이 |
| | 4 | 2 | 〃 | ? | 목멱산 | 씨름구경 |
| | 4 | 14 | 尹鳳 | 郭存中, 총제 元閔生 | 노량 | 강 위에서 연회를 베품 |
| | 4 | 17 | 윤봉, 백언 | 허조, 정진, 조종생 등 | 한강 | 수원에서 돌아오는 백언을 맞아 잔치함 |

| 연 도 | 월 | 일 | 明 使 | 조선의 접대관리 | 장 소 | 비 고 |
|---|---|---|---|---|---|---|
| 세종 8년<br>(1426) | 4 | 28 | 〃 | ? | 모화루 | 유관 |
| | 4 | 30 | 〃 | ? | 양화도 | 유관 |
| | 5 | 1 | 〃 | ? | 모화루 | 돌 던지는 놀이구경 |
| | 5 | 4 | 〃 | 곽존중, 원민생 | 모화루 | 〃 |
| | 6 | 19 | 백언 | 권진, 정진 등 | 한강 | 수원에서 돌아오는 백언<br>을 맞아 잔치 |
| 세종 9년<br>(1427) | 4 | 29 | 昌盛, 尹鳳, 白彦 | ? | 목멱산 | 유관 |
| | 5 | 3 | 〃 | ? | 종루 | 돌싸움을 구경 |
| | 5 | 4 | 〃 | 金孟誠, 원민생 | 종루 | 돌싸움과 유희구경 |
| | 5 | 6 | 백언 | 권진 안순<br>김맹성 등 | 漢江渡 | 백언이 부친 성묘를<br>위한 수원행의 환송 |
| | 5 | 13 | 〃 | 권진 이천<br>김맹성 등 | 漢江渡 | 수원에서 돌아 온 백언<br>위로 잔치 |
| | 5 | 17 | 창성, 백언 | 접반사 盧閈 | 금강산 | 유관을 위해 출발 |
| | 5 | 27 | 〃 | 권진 김맹성 등 | 홍인문 밖 | 금강산에서 돌아 온<br>사신을 위한 잔치 |
| | 6 | 6 | 〃 | ? | 藏義寺 | 유관 |
| 세종 10년<br>(1428) | 7 | 26 | 尹鳳, 昌盛, 李相 | ? | 興天寺 | 유관 |
| | 8 | 4 | 창성, 이상 | 권진, 신상,<br>성달생 등 | 露渡 | 유관, 잔치에는 참가하<br>지 않음 |
| | 9 | 20 | 윤봉, 창성, 이상 | 좌부대언 정연 | 露梁 | 유관 후 잔치 |
| | 9 | 25 | 이상 | ? | 露渡~<br>楊花 | 배를 띄우고 유람 |
| 세종 11년<br>(1429) | 5 | 9 | 이상 | ? | 加乙頭 | 낚시 구경하며 유람 |
| | 5 | 22 | 창성, 윤봉, 이상 | 도총제 원민생 | 〃 | 유관 |
| | 6 | 18 | 창성, 윤봉 | 관반 조종생 | 양화~<br>阻江 | 黃魚를 잡고자 함 |
| | 7 | 8 | 이상 | 대언 李孟畛 | 한강 | 서산에서 돌아오는 이상<br>을 맞아 잔치 |
| | 11 | 27 | 金滿, 眞立 | 총제 李叔畝 | 낙천정 | 堆昆를 구경 |
| | 12 | 9 | 〃 | 지신사 許誠 등 | 藏義寺 | 유관 |
| 세종 12년<br>(1430) | 8 | 2 | 창성 | ? | 箭串~<br>露渡 | 한강을 따라 유관 |
| | | | 윤봉 | ? | 沙平 | 매를 놓아 사냥함 |
| | 8 | 10 | 윤봉 | 내관을 보냄 | 사평원 | 매를 놓아 사냥함 |
| | | | 창성 | 〃 | 藏義寺 | 유관 |
| | 10 | 16 | 윤봉, 창성 | 총제 李蕆 | 盤松亭 | 낚시를 보며 유관함 |

| 연 도 | 월 | 일 | 明 使 | 조선의 접대관리 | 장 소 | 비 고 |
|---|---|---|---|---|---|---|
| 세종 13년 (1431) | 9 | 11 | 창성 | ? | 노들강 | 두목을 보내 종이등을 띄워 河燈행사를 함 |
| | 9 | 12 | 창성 | ? | 도성 내 | 숭례문에서 종로 청계천에 이르는 지역에서 路燈행사를 함 |
| | 10 | 1 | 창성 | ? | 목멱산 | 두목을 보내 기도함 |
| 세종 14년 (1432) | 7 | 24 | 監丞, 張定安 | 동지중추원사 李蔵 | 한강 | 매사냥을 즐김 |
| | 11 | 27 | 윤봉, 창성, 장정안 | 관반 盧開 등 | 중부의 林亭 | 잔치 |
| 세종 24년 (1442) | 2 | 18 | 吳良, 王欽 | 관반 鄭淵 등 | 노량~ 加乙頭 | 뱃놀이와 활쏘기 |
| | 2 | 21 | 〃 | 雲城君 朴從愚 | 加乙頭 | 뱃놀이와 유관 |
| 세종 32년 (1450) | 윤1 | 14 | 예겸 | 예관 許詡 등 | 한강정 | 유관 후 뱃놀이 |
| | 윤1 | 15 | 〃 | 병판 閔伸 등 | 加乙頭峰 ~喜雨亭 | 〃 |
| 문종 즉위년 (1451) | 8 | 19 | 尹鳳 | ? | 楊花渡 | 유람 |
| | 9 | 7 | 윤봉, 鄭善 | 宦者 嚴自治 | 모화관 | 활쏘기 관람 |
| | 9 | 24 | 〃 | 동부승지 禹孝剛 | 한강 | 유관 |
| | 10 | 2 | 정선 | 호판 尹炯 등 | 箭串 | 광주의 모친 성묘 환송 |
| | 10 | 5 | 〃 | 형판 趙惠 등 | 한강 | 광주의 어머니 성묘 후 돌아오는 것을 맞이하다 |
| 문종 2년 (1452) | 4 | 14 | 東寧衛千戶 金寶 | 도승지 姜孟卿 | 한강 | 홍천사불공 후 유관 |
| 단종 즉위년 (1453) | 8 | 25 | 陳鈍, 李寬 | 鄭麟趾 등 | 楊花渡~ 喜雨亭 | 뱃놀이 |
| 세조 2년 (1456) | 5 | 5 | 대감 尹鳳, 金興 | 韓明澮 | 모화관 | 활쏘는 것을 구경 |
| | 5 | 11 | 〃 | 좌승지 具致寬 | 용산강~ 희우정 | 뱃놀이 후 잔치 |
| | 5 | 21 | 윤봉 | 도승지 朴元亨 | 華陽亭 | 유관 후 잔치 |
| | 6 | 8 | 〃 | 예판 金何 등 | 제천정 | 유관 후 잔치 |
| 세조 3년 (1457) | 6 | 5 | 陳鑑, 高閏 | 호판 朴元亨 등 | 성균관 | 알성례 후 의제출제 |
| 세조 5년 (1459) | 4 | 10 | 陳嘉猷, 王軏 | 관반 박원형 등 | 제천정~ 가을두봉 | 뱃놀이하면서 잔치 |
| 세조 6년 (1460) | 3 | 5 | 張寧, 武忠 | 좌의정 신숙주 등 | 漢江樓 | 시로 화답, 활쏘기, 뱃놀이 후 잔치 |

| 연 도 | 월 | 일 | 明 使 | 조선의 접대관리 | 장 소 | 비 고 |
|---|---|---|---|---|---|---|
| 세조 10년 (1464) | 5 | 28 | 金湜, 張珹 | 영의정 신숙주 등 | 한강 중류 ~제천정 | 낚시하면서 뱃놀이, 활쏘기 |
| 세조 14년 (1468) | 4 | 15 | 姜玉, 金輔 | 관반 박원형 | 원각사·홍천사 | 예불 |
| | 4 | 26 | 〃 | 박원형 등 | 금강산 | 유관 및 예불 |
| | 5 | 11 | 〃 | 국왕 및 신숙주 등 | 洪福山 | 임금이 금강산에서 오는 사신을 마중하고 함께 사냥 |
| | 5 | 15 | 〃 | 도승지 권감 | 원각사 | 예불, 강옥은 옛 은인의 집을 방문 |
| | 5 | 19 | 강옥 | 고령군 신숙주 등 | 제천정 | 공주의 고향을 방문할 때 제천정에서 환송연 |
| | 5 | 20 | 김보 | 新宗君 李孝伯 등 | 제천정 | 배를 타고 沿江을 오르 내리다가 제천정에서 射侯 |
| | 5 | 25 | 김보 | 寶山君 吳子慶 등 | 長湍 | 고향 방문. 어부와 무인 들에게 예상 질문에 대 한 답을 주어 함께 보냄 |
| | 6 | 20 | 강옥, 김보 | 관반 尹子雲 | 廣州 | 조선에서 죽은 明使 鄭 善의 묘 치제 |
| 예종 1년 (1469) | 윤2 | 22 | 崔安, 沈繪 | 도승지 권감 | 홍천사 | 예불 |
| | 〃 | 25 | 〃 | 〃 | 廣州 | 鄭善의 묘 치제 |
| | 3 | 4 | 최안, 심회, 鄭同 | 신숙주 등 | 금강산 | 유관 및 예불 |
| | 3 | 15 | 최안 등 | 우부승지 정효상 | 원각사·홍천사 | 幡을 달고 예불 |
| | 3 | 25 | 최안 | 형판 강희맹 등 | 제천정~白沙亭 | 射侯와 뱃놀이 후 음성 으로 출발 |
| | 4 | 4 | 정동, 심회 | 좌승지 李克增 | 도성 내와 원각사 | 太監 金寶, 李珍의 집 방문 |
| 예종 1년 (1469) | 4 | 5 | 정동, 심회 | 도승지 권감 등 | 모화관 | 유관, 射侯, 射毬, 騎射 |
| | 4 | 18 | 최안, 정동, 심회 | 도승지 권감 등 | 제천정~노량 | 온양에서 돌아온 최안과 만나 유관 |
| | 4 | 23 | 정동 | 〃 | 도성 내 | 鄭智의 집 방문 |
| | 4 | 25 | 최안 | 우부승지 韓繼純 | 도성 내 | 족친인 韓繼美의 집 방문 |

| 연 도 | 월 | 일 | 明 使 | 조선의 접대관리 | 장 소 | 비 고 |
|---|---|---|---|---|---|---|
| 예종 1년<br>(1469) | 4 | 28 | 최안, 정동 | 승지 | 도성 내 | 한치인·윤길생·정거·<br>정항·정선의 집 방문 |
| | 4 | 29 | 최안 | 도승지 권감 | 도성 내 | 立後한 아들 崔繼宗의<br>妻家 방문 |
| | 4 | 30 | 최안, 정동 | 승지 | 도성 내 | 金福眞과 鄭智의 집 |
| | 5 | 1 | 정동 | 우부승지 鄭孝常 | 도성 내 | 정거의 집 방문 |
| 성종 1년<br>(1470) | 5 | 5 | 金興, 姜浩 | 신숙주 등 | 제천정~<br>露渡 | 射侯와 뱃놀이 잔치 |
| | 5 | 25 | 김흥 | 부원군 한명회 | 제천정 | 청주로 가는 사신 전송 |
| | 5 | 25 | 두목 湯勇·鄭全 | 낭청 慶由淳 | 금강산 | 幡을 달기 위함 |
| | 6 | 6 | 김흥 | 도승지 李克增 | 제천정 | 청주에서 오는 사신을<br>위로 |
| | 6 | 12 | 김흥, 강호 | 좌부승지 정효상 | 도성 내 | 金孝文과 金淡의 집을<br>방문 |
| | 6 | 13 | 〃 | 이극증 | 도성 내 | 金純福·鄭善·鄭擧의<br>집 방문 후 홍천사에서<br>예불 |
| | 6 | 15 | 〃 | 〃 | 훈련원 | 무사들의 활쏘기 관람 |
| | 6 | 19 | 〃 | 〃 | 원각사 | 예불 후 족친인 차효주·<br>김징·윤길생·강계숙 등<br>의 집 방문 |
| | 6 | 22 | 〃 | 〃 | 도성 내 | 중국 조정에 들어간 처녀<br>의 족친인 寄裕의 집 방문 |
| | 6 | 28 | 〃 | 부원군 신숙주 | 蠶頭嶺~<br>淡淡亭 | 鮮魚를 잡아 진상하고<br>잔치를 베풂 |
| | 7 | 3 | 〃 | 〃 | 훈련원 | 활쏘기 관람 후 金淡의<br>집 방문 |
| 성종 7년<br>(1476) | 2 | 22 | 호부랑중 祈順,<br>行人司左司副 張瑾 | 도승지 유지 등 | 성균관 | 알성례 후 시문 교환 |
| | 2 | 26 | 〃 | 관반 盧思愼 등 | 제천정~<br>楊花渡 | 시문을 교환하며 뱃놀이 |
| 성종 11년<br>(1480) | 5 | 28 | 鄭同, 姜玉 | 부원군 한명회 | 훈련원 | 유관 |
| | 6 | 6 | 정동 | 좌부승지 邊脩 | 도성 내 | 鄭擧의 집 방문 |
| | 6 | 15 | 강옥 | 도승지 金升卿 | 제 천 정 ~<br>蠶頭嶺 | 공주에서 돌아온 부사를<br>맞아 亭子船에서 잔치 |
| | 6 | 21 | 강옥 | 〃 | 도성 내 | 姜繼叔의 집 방문 |
| | 7 | 1 | 정동, 강옥 | 한명회 등 | 남산 | 유관 |

| 연 도 | 월 | 일 | 明 使 | 조선의 접대관리 | 장 소 | 비 고 |
|---|---|---|---|---|---|---|
| 성종 11년<br>(1480) | 7 | 8 | 정동, 강옥 | 도승지 金季昌 | 남산 | 사전 통고 없이 유관 |
| | 7 | 11 | 강옥 | 〃 | 도성 내 | 郭存中의 딸 집 방문 |
| | 7 | 15 | 정동, 강옥 | 〃 | 도성 내 | 韓明澮의 집 방문 |
| | 7 | 25 | 〃 | 〃 | 〃 | 〃 |
| | 8 | 2 | 〃 | 〃 | 〃 | 鄭擧의 집 방문 |
| 성종 12년<br>(1481) | 6 | 4 | 정동, 김흥 | 도승지 金升卿 | 모화관 | 양국의 두목과 무인이<br>習射와 射侯 및 騎射함 |
| | 6 | 12 | 〃 | | 도성 남쪽 | 유관 |
| 성종 14년<br>(1483) | 8 | 18 | 〃 | 도승지 李世佐 | 도성 내 | 金壽長의 집 방문함 |
| 성종 19년<br>(1488) | 3 | 15 | 侍講董越, 給事中<br>王敞 | 도승지 宋瑛 등 | 성균관 | 알성례 |
| | 3 | 15 | 〃 | 달성군 徐居正 등 | 제천정~<br>양화도~<br>망원정 | 제천정과 망원정에서<br>잔치, 뱃놀이하며 유관 |
| 성종 23년<br>(1492) | 5 | 29 | 兵部郎中 艾璞,<br>高胤 | 도승지 鄭敬祖 등 | 성균관 | 알성례 |
| 연산 1년<br>(1495) | 6 | 11 | 王獻臣 | 도승지 김응기 | 성균관 | 알성례 |
| 연산 9년<br>(1503) | 4 | 22 | 太監 金寶, 李珍 | 支待使 姜龜孫 | 금강산 | 예불 및 懸幡 |
| | 5 | 3 | 〃 | ? | 원각사·<br>흥천사 | 분향 |
| | 7 | 3 | 〃 | 우의정 柳洵 등 | 光陵 | 분향 후 도제원에서 위<br>로함 |
| 중종 3년<br>(1508) | 5 | 5 | 李珍, 陳浩 | 국왕 | 모화관 | 觀武才를 시험 |
| | 5 | 16 | 〃 | ? | 한강 | 유람 |
| | 6 | 11 | 陳浩 | 승지 成允祖 | 남산 | 유관 |
| 중종 16년<br>(1521) | 6 | 17 | 金義 | ? | 한강 | 유람 |
| | 6 | 18 | 〃 | ? | 〃 | 〃 |
| 중종 32년<br>(1537) | 3 | 12 | 襲用卿 吳希孟 | 좌의정 김안로 | 제천정,<br>〃 | 〃, 비가 오는데도 강행 |
| | 3 | 17 | | 김안로·黃憲 등 | 잠두봉~<br>망원정 | 亭子船을 타고 유관 후<br>잔치, 대취함 |
| 중종 34년<br>(1539) | 4 | 14 | 華察 薛廷寵 | 도승지 黃琦 | 한강 | 유관, 투호놀이, 뱃놀이 |
| 인종 1년<br>(1545) | 5 | 4 | 太監 郭방, 行人 張<br>承憲 | 도승지 이명규 | 성균관 | 알성례 |

| 연 도 | 월 | 일 | 明 使 | 조선의 접대관리 | 장 소 | 비 고 |
|---|---|---|---|---|---|---|
| 명종 1년 (1546) | 1 | 26 | 太監劉遠, 行人 王鶴 | ? | 한강 | 유관 |
| 명종 13년 (1558) | 3 | 8 | 太監 王本, 趙芬 | 대신들 | 한강 | 유람 |
| 선조 1년 (1568) | 2 | 6 | 태감 張朝, 行人歐 希稷 | 〃 | 성균관 | 알성례 |
|  | 7 | 4 | 成憲, 王璽 | 〃 | 〃 | 〃 |
| 선조 5년 (1572) | 11 | 3 | 翰林院檢討韓世 雄, 給事中陳三謨 | 관반 盧守愼 등 | 〃 | 〃 |
|  | 11 | 5 | 〃 | 영의정 외 9명 | 한강 | 유람 |

위의 <표 1>을 보면 명나라 사신이 서울에 와서 유관한 것이 모두 138
회에 달한다. 조선이 건국된 이후 선조 이전까지 서울에 온 명나라 사신
은 모두 133회이다. 이 사신들 가운데 서울에 머물면서 여러 지역을 유
관한 사람도 있지만, 외교 사절로서 자신의 임무만을 완수하고 바로 돌
아간 사신들도 있다. 따라서 한 명의 사신이 여러 곳을 유관한 것도 있
기 때문에 서울에 온 사신의 총 횟수와 유관 횟수를 평면적으로 대비하
는 것은 별 의미가 없다고 생각한다. 다만 위의 <표 1>에서 보듯이 명나
라를 대표하여 조선에 온 사신 가운데 가장 많이 서울에서 유관한 사신
은 세종대의 尹鳳과 昌盛, 예종과 성종대의 鄭同·姜玉·崔安 등을 꼽을
수 있다.

이들은 모두 일정한 공통점을 가지고 있다. 즉 본래의 출신이 조선사
람이라는 것이다. 이들은 조선에서 태어나 살다가 火者로 선발되어 명
나라 황실로 나아간 사람들이다. 이들이 다시금 명나라 황실의 명령을
받고 사신의 자격으로 고국으로 들어와 외교관으로서 행세하고 있는 것
이다.[69] 이들이 조선에 사신으로 왔을 때 대부분 공식적인 외교상의 조

---

69) 李肯翊, 『燃藜室記述』別集 제5권 事大典故 詔使條. 중국으로 건너가 내관이

선 방문 목적 이외에 자신의 고향을 승격시키는 문제, 족친들의 벼슬을 올리는 문제, 족친들의 경제적 보상 문제 등 개인적인 문제들을 요구하였고, 나아가 중국으로 돌아갔을 때 명나라 관리들에게 선물로 줄 물건을 따로 공공연하게 요구하기도 하였다. 이들에 대한 실상은 일찍이 태조 때 사신으로 온 陳漢龍이 행패를 부리자 "황제가 사신을 보내되 모두 우리 나라 출신의 엄인을 쓰게 되니, 사신이 우리 나라에 이르러 명령을 전달하기를 마치고 나면 즉시 그 本鄕으로 돌아가게 되고, 狂悖하기가 이와 같으므로 州郡에서 이를 괴롭게 여기었다."70)고 평가하여 기록하고 있음을 통해서도 그 폐해 정도를 가늠할 수 있다.

예종과 성종 때에 자주 사신으로 왔던 정동의 경우를 보면 세종 10년 (1428) 명나라 사신 윤봉이 조선에 왔을 때 火者로 선발되어 갔던 인물로서 본래 信川에 살고 있던 사람이다.71) 예종 때 사신으로 와 자신이 살던 고향을 현에서 군으로 승격시키고,72) 서울에는 왕이 하사한 집과 노비가 있었을 뿐만 아니라73) 아비의 벼슬과 친인척의 벼슬을 올렸으며,74) 경기도 광주의 定金院 땅 30석 지기의 논을 하사받는 등75) 개인적인 문제들을 많이 요구했던 대표적인 인물이다. 그리하여 그 이후에 오

---

된 조선의 화자들이 사신이 되어 조선으로 오게 된 것은 당초 자신들이 황제에게 자원함으로써 이루어진 것이다.
70)『태조실록』권5 태조 3년 5월 무오조.
71)『세종실록』권42 세종 10년 10월 신사조.
72)『예종실록』권5 예종 1년 4월 기미조. 정동은 앞서 윤봉이 자신의 고향인 瑞興을 현에서 군으로 승격시킨 일을 근거로 하여 자신의 고을 승격을 요구하였다(『예종실록』권4 예종 1년 3월 경자조).
73)『예종실록』권5 예종 1년 4월 을해조.『성종실록』권116 성종 11년 4월 계축조.
74)『성종실록』권6 성종 1년 6월 병자조. 권80 성종 8년 5월 임진조.
75)『성종실록』권159 성종 14년 9월 기해조.

는 화자출신의 사신들은 정동의 예를 본보기로 삼아 개인적인 문제들을
더욱 많이 요구하게 되었다.

이와 같이 조선에 온 명의 사신들이 대부분 조선에서 건너 간 火者들
이었기 때문에 조선의 사정을 너무도 잘 알고 있었고, 그에 따라 정해진
의식 이외에 자신의 고향을 방문한다든지, 혹은 선친의 묘를 성묘한다
든지 하는 요구 사항이 많았다. 이럴 때면 조선에서는 반드시 관리를 파
견하여 음식 접대는 물론 사신의 목적지까지 관리가 동행하면서 모든
편의를 제공하고 있다.

그런데 조선에서는 명나라 사신 가운데 환관 출신인 太監이 올 때와
일반 명나라 문신이 올 때의 대우가 달랐던 것으로 보인다. 중종 32년
(1537) 명나라의 襲用卿 吳希孟이 사신으로 왔을 때 중종이 승정원에 전
교하기를 "이번에는 문신이 天使이므로 태감을 대우하던 예로써 대우해
서는 않되니 모든 예모를 특별히 공경하고 근신해서 조금도 잘못됨이
없도록 하라."76)고 특별히 명하면서, 기녀와 악공을 배치하는 문제도 과
거에는 사신이 오기 전에 먼저 뜰 가운데 배치하였으나 이번에는 병풍
뒤에 숨어 있다가 모든 예가 끝난 이후 경회루 연못 북쪽에 늘어서도록
조치하는 등 세밀한 부분에까지 예에 어긋나지 않도록 조심하고 있음을
볼 수 있다.

한편 위의 <표 1>을 근거로 하여 지역별로 명나라 사신들이 주로 유
관한 지역이 어디인가를 정리하면 다음의 <표 2>와 같다.

<표 2> 명사의 서울유관 현황

| 계 | 한강 | 사찰 | 도성내 | 성균관 | 모화루 | 남산 | 기타 |
|---|---|---|---|---|---|---|---|
| 138 | 59 | 21 | 18 | 9 | 9 | 8 | 14 |

76) 『중종실록』 권84 중종 32년 3월 계사조.

위의 <표 2>에서 주목되는 사항은 첫째로 총 138회를 유관한 중에 한강 유역이 59회로 가장 많아 전체의 43%를 차지하고 있다. 이것은 명나라 사신이 서울 근교에서 가장 경치가 좋고 놀기 좋은 곳으로 한강을 꼽았다는 것을 알 수 있게 한다. 한강에서도 보다 세부적으로 구분하여 정리하면 다음의 <표 3>과 같다.

〈표 3〉 한강유역에서의 유관실태

| 지역 | 한강 | 가을두 | 한강정 | 양화도 | 노량 | 한강도 | 낙천정 | 전관교 | 제천정 | 화양정 | 한강 뱃놀이 | 계 |
|---|---|---|---|---|---|---|---|---|---|---|---|---|
| 횟수 | 15 | 6 | 2 | 3 | 4 | 3 | 1 | 2 | 7 | 1 | 15 | 59 |

<표 3>에서 단순히 한강이라고 한 것은 『조선왕조실록』에 '한강으로 유관을 나갔다'는 기록에 의한 것으로 한강의 구체적인 지명이 나타나지 않는 경우이다. 그리고 한강 뱃놀이는 제천정에서 망원정까지 배를 타고 내려 가면서 한강 줄기의 연안 풍경을 즐기며 유관한 경우를 포괄하였다. 이것은 반드시 京江 상류에서 하류까지 배를 타고 내려 간 것이 아니라 노량에서 가을두까지, 혹은 용산강에서 희우정까지 등 경강 상류 혹은 중류에서 배를 띄우고 유람한 모든 것을 포함한 것으로 횟수가 가장 많았다. 결국 한강에서 배를 띄우고 유관하는 것을 제일 선호했음을 입증하는 것이다. 나아가 한강 유역의 정자 중에서는 제천정에서 행사를 가장 많이 개최하였다. 한강 줄기를 유람한 것까지 포함했을 때 제천정에 사신이 간 회수는 모두 12회에 달한다. 그 외에는 가을두와 노량의 순으로 사신들이 유관하였음을 확인할 수 있다.

둘째는 서울 근교의 사찰을 많이 유관하였다. 홍천사가 모두 7차례, 원각사가 6차례, 금강산 절이 5차례, 장의사가 3차례로서 모두 21회에

걸쳐 사찰을 방문하였다. 사찰을 방문한 것은 단순하게 유관을 하였다기 보다는 사신이 병이 났을 때 예불을 들이거나, 혹은 명나라 황실에 우환이 있을 때 사찰을 방문하여 불공을 드리라는 명령에 따라 간 경우도 있었다. 금강산이나 일부 사찰의 방문은 사신이 명나라를 출발하기 이전부터 이미 예정된 노정이기도 했다.[77]

셋째는 도성 내 개인적인 집을 방문하는 사례가 18회로 많았다. 특히 예종과 성종 연간에 집중되어 나타나는데 이때 주로 방문한 집은 모두 한 때 조선에 사신으로 왔다가 명나라로 돌아간 사람들의 친인척들이다. 즉 명나라의 조정에 남아있는 조선 출신 환관들의 부탁을 받고 그들의 친인척 집을 방문하여 안부를 전해 주고자 하는 차원에서 이루어지는 것으로 볼 수 있다.

넷째는 성균관과 모화루에 대한 유관이 9회를 차지하고 있다. 성균관은 성종 19년(1488) 이후에 명나라 사신들이 많이 찾는 곳이었으며, 모화루는 사신들이 주로 활쏘기 대회나 石戰을 구경하곤 하였다. 이들 이외에 남산이 8차례로 많았고, 도성 내 종루에서의 석전구경이나 흥인문과 훈련원에서의 활쏘기 등이 있었으며, 도성 밖으로는 사평원에서의 매사냥이 2회 있었다.

한편 시기별로 명나라 사신이 조선에 왔을 때 나타나는 특징을 발견할 수 있다. 이것을 정리하면 다음과 같다.

첫째, 세조 때까지는 주로 서울 주변 지역을 유관하는 것이 주된 일이었으며, 주로 하는 일은 잔치·활쏘기·뱃놀이·낚시·매사냥 등이며 그 사이사이에 시문을 화답하며 풍류를 즐기곤 하였다. 이러한 현상은 조선

---

77) 『예종실록』 권4 예종 1년 윤2월 정축조. 이 때는 명나라 황제와 황후가 사찰에 가서 걸어 놓을 幡을 가지고 와서 흥천사와 원각사를 방문하였다.

전기 明使 유관의 대체적인 분위기였다. 다만 그 이후에 약간 달라지는 것과 구별한다면 세조 때까지는 순수한 유관이 주를 이루었다고 할 것이다.

둘째, 예종 때에 이르러 도성 내에서 과거 사신으로 서울에 왔던 사람들과 관련된 민가를 방문하는 사례가 부쩍 늘고 있다는 점이다. 이것은 세종 이전까지 중국으로 끌려갔던 사람들이 다시 사신으로 파견되어 오면서 서울에 민가를 국가로부터 불하받기도 하고, 앞서 다녀갔던 중국 사신들의 친지들을 위로하는 차원에서 나타난 행동으로 생각된다. 이들이 친인척을 방문할 때면 조정에서 관리를 파견하여 음식을 내려주곤 하였다. 그 회수가 많을수록 조선의 접대비가 증가할 수밖에 없었다.

셋째, 성종 때 이후 명나라 사신이 성균관에 들러 알성례를 행하는 횟수가 늘어나고 있다는 점이다. 이것은 조선에서 명나라로 가 환관이 되어 다시 사신의 자격으로 조선으로 건너온 사람들과 중국의 관리들이 파견되어 온 사신들과의 차이점으로 파악된다. 즉 명의 환관이 아닌 문신들은 먼저 성균관에 들러 문묘에 배향하고 성균관 학생들의 시문을 탐독하지만, 조선에서 화자로 간 사람들은 학문적 관심보다는 유관에 더 관심이 많았음과 연관이 있다고 할 것이다. 나아가 보다 근본적으로는 성균관 유생들의 학문적 소양을 파악할 수 있는 기회로 삼고자 했던 것으로 생각된다.


## 4. 조선 정부의 대응과 유관 모습

明使가 서울에 와서 공식적인 행사 이외에 유관을 떠나고자 할 때 조선에서는 어떻게 대응하였을까? 먼저 『통문관지』의 기록을 통해 살펴보면 다음과 같다.

중국 사신이 만약 遊覽하고(堂上都廳과 軍色이 각각 1명씩 戎服차림
으로 수행하며, 그 행동거지를 국왕에게 장계한다. 雜物色·米麵色·飯膳
色 등의 낭청은 각각 1명씩 사신의 支供을 위하여 먼저 나간다) 돌아오면
도감의 日次郎廳이 주상의 명령이라 하여 사신에게 문안한 뒤에 나가서
보고하는데 승정원에서 들어가서 국왕에게 계달한다.[78]

위의 기록에서 보듯이 명나라의 사신이 유관을 떠나고자 하면 도청의
당상관과 사신의 모든 행동거지를 책임지는 軍色이 각각 1명씩 융복차
림으로 수행하며, 사신이 유람지에서 먹을 음식을 접대하기 위해 미리
주무 관리를 파견하여 준비에 만전을 기하고 있음을 볼 수 있다.[79] 또한
사신이 태평관에 돌아 온 뒤에는 유관하면서 있었던 일과 무사히 태평
관에 도착하였다는 사실을 郎廳이 승정원에 보고하고 이를 다시 승정원
에서 국왕에게 보고하도록 조치하고 있다.

일반적으로 중국 사신이 정해진 일정 이외에 서울 인근을 유관할 때
는 태평관에 있는 館伴을 통해 미리 조선 조정에 알려주는 것이 상례였
던 것으로 보인다. 성종 때 明使 鄭同과 姜玉이 조정에 통보하지 않은
채 남산에 유관을 나가자 조정에서는 뒤늦게 알고 성종이 급히 도승지
金季昌과 좌승지 蔡壽에게 음식을 가지고 가서 위로하도록 하였다. 이
때 도승지는 "이번 이 놀이가 생각지도 않았던 데에서 나왔으므로 무릇

---

78) 『통문관지』 제1집 권4 문안절차.
79) 잡물색은 사신에게 매일 주는 茶啖과 蚤飯, 空日과 節日에 주는 특별 떡·물고
기·생선·생과 등의 일을 맡아보는 사람이다. 미면색과 반선색은 사신 이하에게
식사와 술 등을 제공하는 임무를 맡은 관리이다(『통문관지』 제1집, 권4 監堂上
以下各務差備官).

지공하는 것을 미처 준비하지 못하였습니다."라고 하였고, 사신은 "번거롭게 누를 끼칠 것 같아서 슬그머니 왔는데 방문하여 위로하고 珍味를 주어 감사하다."는 뜻을 표명하고 있음을 볼 때80) 유관시에는 사전에 미리 통지하는 것이 관례였음을 알 수 있다.

　사신들이 유관할 때는 장소에 따라 그들이 요구할 것을 미리 예상하여 대비책을 세웠고, 혹은 그들이 먼저 유관하면서 즐길 놀이를 통보하면 조정에서는 해당 놀이에 가장 뛰어난 사람을 뽑아 이에 대한 대비를 하기도 하였다. 그리하여 성종 1년(1470)에는 사신들이 한강에서 활쏘기 놀이를 한다는 소식을 듣고 미리 조선에서 활쏘기에 능숙한 사람을 20여 명 골라 보내고 있으며,81) 특별히 조선 무사들이 활쏘는 모습을 구경하고 싶다는 요청에 따라 훈련원에서 무사들을 모아놓고 잔치를 베풀면서 조선 무사들의 활쏘기 기예를 펼쳐 보이기도 하였다.82) 이러한 명사들의 요구는 조선 군사들의 훈련 정도와 조선 무기의 가장 장점으로 알려져 있는 弓術의 정도를 가늠해 보고자 하는 목적이 있지 않았을까 생각된다. 또한 성종 11년(1480)에는 明使 鄭同이 대신 윤필상의 집을 방문하려고 하자 조정에서는 그의 집이 협착하니 윤필상으로 하여금 병을 핑계로 사양하도록 종용하였다.83) 이것은 명나라 사신들에게 허점을 보이지 않으려는 노력의 일환으로 국가의 체면이 위축될 것을 고려하여 내린 조치일 것이다.

　그리고 사신이 지방으로 유관할 경우에는 조정에서 미리 해당 지방의 관청에 공문을 발송하여 준비에 만전을 기하도록 하고, 사신이 가는 路

---

80)『성종실록』권119 성종 11년 7월 병술조.
81)『성종실록』권5 성종 1년 5월 경진조.
82)『성종실록』권6 성종 1년 6월 임술조.
83)『성종실록』권119 성종 11년 7월 임진조.

程에서 양국 사이에 문제의 빌미가 될 사안에 대해서는 미리 없애거나
옮겨 놓도록 조치를 취하고 있다. 특히 장거리인 금강산을 유관할 경우
에는 미리 事目을 띄워 준비에 철저를 기했다. 세조 14년(1468) 姜玉과
金輔 등이 頭目들을 데리고 금강산을 다녀 오고자 할 때 미리 선전관 李
義亨 등을 보내 다음과 같은 사목을 전달하도록 하였다.

> 1. 使臣이 幡을 달 두 절과 遊觀할 만한 모든 절은 學祖·學悅 두 중과
>    한 가지로 의논하여 빨리 아뢰게 하라.
> 1. 使臣이 경유하는 여러 고을의 모든 文書는 善惡을 논하지 말고 모
>    두 감추도록 하며, 窓壁에 바르는 것은 모두 글자가 없는 종이를 쓰
>    고, 懸板과 樓題도 또한 아울러 撤去하라.[84]

　위의 사목을 보면 먼저 절에서 취할 조치로서 사신을 대할 때 스님들
이 한 목소리를 내도록 조치하였다. 그리고 사신이 가는 길에 위치한 관
공서에서는 모든 문서를 사신에게 보여주지 말도록 하여 국내의 행정과
관련된 사항을 노출시키지 않도록 하였다. 이어 일반 서민들의 집 담벼
락에 붙어있는 종이도 글씨가 없는 것으로 하고, 정자에 걸려있는 현판
이나 시문도 모두 철거하도록 한 것은 문구에 혹시 있을 지도 모를 외교
적 분쟁요소를 사전에 차단하고자 한 조치로 해석된다. 나아가 현판을
제거하라고 한 것은 중국 사신이 현판에 글씨 쓰는 것을 좋아할 경우를
대비한 것으로도 해석된다.[85] 이러한 조치는 성종 때도 이루어져 경기
도관찰사와 강원도관찰사에게 支供을 철저히 하는 것은 물론 여러 사찰

---

84) 『세조실록』 권46 세조 14년 4월 경자조.
85) 『중종실록』에는 "중국 사신이 오가는 길에서 정자나 산천을 보면 이름을 고쳐 큰
　　글자로 써서 주면서 현판에 새기어 걸기를 청하여 이름을 남기기를 바랐다"는 기
　　록이 있다(『중종실록』 권84 중종 32년 3월 계사조).

의 事跡과 거리낄 만한 문서를 철저히 감추거나 철거하도록 지시하고
있다.86)

  한편 명나라 사신들이 한강 물줄기에서 배를 타고 유람했는데 이 배
들은 어떠한 것이었을까? 성종 때 부사 姜玉이 公州에 갔다가 돌아오자
접반사가 한강에 나아가 맞이하여 亭子船에서 잔치를 베풀었다는 기록
이 있고,87) 중종 32년(1537)에 사신으로 왔던 吳希孟도 잠두봉에서 정자
선을 타고 망원정까지 내려갔다고 되어 있다.88) 따라서 당시 한강에서
사신들이 유관할 때 이용하였던 배는 정자선이었음을 알 수 있다. 그러
면 정자선의 규모와 평소의 용도는 무었이었을까.

  『중종실록』에 "왕이 정자선에 올라 한강을 건넜다"89)는 기록이나 "대
가를 돌려 정자선에서 연을 내렸다"90)는 기록이 있고, 한강을 건널 때
왕이 정자선을 쓰는 것은 기본적인 예이며,91) 안전에도 염려가 없다92)
는 주장들이 나오고 있다. 나아가 연산군 때는 "한강을 건널 때 정자선
에 서울과 경기의 運平 각 30명을 뽑아 실었다."93)고 되어 있다. 그리고
조선 후기 현종 때 여러 배를 개수하는 문제를 논의하는 과정에서 정자
선은 배 길이가 10把에 달하여 그 재목을 水上에서 구할 수 없다고 하였
다.94) 뿐만 아니라 중종 32년 사신으로 온 吳希孟은 '浮金'이란 글자를

---

86) 『성종실록』 권5 성종 1년 5월 병술조.
87) 『성종실록』 권118 성종 11년 6월 갑자조.
88) 『중종실록』 권84 중종 32년 3월 병신조.
89) 『중종실록』 권63 중종 23년 10월 병진조.
90) 『중종실록』 권63 중종 23년 10월 경술조.
91) 『중종실록』 권77 중종 29년 8월 갑진조.
92) 『중종실록』 권80 중종 30년 9월 갑자조.
93) 『연산군일기』 권60 연산군 11년 10월 경오조.
94) 『비변사등록』 제29책 현종 11년 3월 20일조.

써 주고 刻字하여 금으로 글자를 메워 정자선에 걸도록 요구하였으며, 조정에서는 즉시 현판을 새겨 걸었다.95)

　이상의 기록들을 종합해 보건대 정자선은 조선 전기 왕이 한강을 건널 때나 혹은 유람할 때 타던 배로서 정자처럼 만든 樓船의 일종이다. 그 배에는 금으로 새겨 넣은 '浮金'이란 현판이 걸려있고, 60여 명 이상이 탈 수 있는 크고 호화로운 배임을 알 수 있다. 길이가 10把로 되어 있으니 1파를 10尺으로 계산하면 대략 32m 정도의 길이로서96) 매우 큰 배임을 알 수 있다.

　명나라 사신의 유관시 이러한 정자선에 조선측 관리들은 어느 정도가 탔을까? 중종 때 "천사가 한강에서 船遊할 때 연회에 참가하는 宰臣이 지나치게 많았습니다. 높은 손님을 접대하는데 간소하면서도 공경을 다하는 것이 예에 합당한 것입니다. 14~15인이 한 배 안에 뒤섞여 무릎을 맞대고 앉게 되면 번거롭고 소란하여 매우 편치 못할 것이니 인원 수를 줄이소서"97)라는 기록이 있고, 선조 5년에는 사신이 유람하는 배에 재상들 7명과 원접사 및 관반을 합해서 모두 9명만이 배에 올라 侍宴에 참석하였다.98) 결국 조선의 관리들 10여 명 내외가 배에 올랐고, 명나라의 사신과 두목들, 그리고 배 위에서의 연회에 필요한 인원들이 배에 올라 뱃놀이를 거행하였음을 알 수 있다. 그러나 연산군 때 運平을 각각 30명씩 60명을 태웠다는 기록을 보면 이들이 모두 한 배에 타고 잔치를 벌이

95)『중종실록』권84 중종 32년 3월 계사조.
96)『萬機要覽』財用編 3 海稅條.「量船尺準營造尺之半 十尺爲把」로 10척을 1파라 하였고 1척은 대략 32.21cm에 해당한다(朴興秀,「도량형」『서울六百年史』제1권, 서울특별시사편찬위원회, 1977, 536쪽).
97)『중종실록』권90 중종 34년 4월 무신조.
98)『선조실록』권6 선조 5년 11월 정해조.

기는 용이하지 않았을 것이다. 길이 30m의 배에 여인 60명과 국왕을 비롯한 고위관리, 음율을 위한 각종 악기의 진열, 식사를 위한 연회상 등을 감안할 때 정자선을 2척 이상 묶어서 연결해 사용하였을 가능성도 있다.

한편 명사들이 유관할 때 보이는 행동이 모두 다 기록된 것은 아니다. 대부분 어느 지역을 유관했다는 사실과, 그에 따른 접대관이 누구라는 것 정도의 기록이 대부분이다. 그런 가운데 한강 연안을 따라 내려오며 유관하는 모습이 몇 차례 사료에 등장하고 있다.

> 두 중국 사신이 濟川亭에 가서 놀았다. 高靈府院君 申叔舟·仁山府院君 洪允成·領議政 尹子雲, 館伴 盧思愼·李承召가 따라가고, 左副承旨 鄭孝常이 宣醞을 가지고 가서 위로하였다. 또 활과 화살을 두 중국 사신에게 주고, 武士로 하여금 射侯하게 하였으며 두 사신도 과녁을 쏘았다. 신숙주 이하가 차례차례 술을 돌리고 파하였다. 또 배를 타고 물을 따라 내려가면서 그물로 물고기 세 마리를 잡았는데, 두 사신이 進上하게 하였다. 가다가 露渡 中流에 이르니, 副使가 盧思愼과 짝지어 활쏘기를 하였다. 우승지 韓繼純이 또 선온을 가지고 갔다. 上使는 취해 쓰러져서 먼저 돌아오고, 조금 있다가 부사도 돌아왔다. 임금이 도승지 李克增을 보내어 太平館에 나아가서 문안하였다.[99]

위에서 보듯이 사신들이 조선의 부원군 및 정승들과 함께 濟川亭에서 활쏘기를 하며 기예를 겨루다가 잔치를 벌였고, 이어서 한강에 배를 띄워 물줄기를 따라 露渡까지 내려왔다. 그 과정에서 낚시를 하기도 했으며, 노도에 이르러 다시 활쏘기를 통해 기예를 겨루었다. 조정에서는 도착 예정지에 또 다시 음식을 보내 잔치를 벌일 수 있도록 조치하고 있

---

99) 『성종실록』 권5 성종 1년 5월 임오조.

다. 결국 사신이 유관할 경우에는 처음부터 끝까지 각종 놀이는 물론 음식에 이르기까지 한 치의 소홀함도 없이 극진하게 접대하고 있음을 볼 수 있다. 또한 다음의 기사에서 또 다른 일면을 확인할 수 있다.

> 두 使臣이 漢江에 나가 놀면서 濟川亭에 오르니 … 상략 … 行禮하고 宴會를 베풀었다. 두 사신이 徐居正에게 먼저 詩를 짓도록 청하고는 正使가 즉시 이에 和答하였고, 자리에 앉아 있던 사람들도 모두 和答하였다. 마침내 樓閣에서 내려와 배에 올라가서 물결을 따라 내려오는데, 정사는 江山의 좋은 경치에 끌려서 술잔에 술을 부어 마시는 사이에도 詩를 지어 읊기를 그치지 않았다. 처음에 尹子雲이 비밀리에 노래하는 妓生을 두 배에 나누어 싣고서 下流에 갖다 대고 있도록 했는데, 두 사신의 酒興이 한참 일어나기를 기다리다가 문득 끌어 올리니, 두 사신이 처음에는 좋아하지 않는 듯했으나, 마침내 이를 허락하였다. 楊花渡에 이르렀다가 또 蠶頭嶺에 올라서 술자리를 베푸니, 두 사신이 매우 즐거워하고, 楊花渡의 나루를 가리키면서 말하기를, "이 땅은 바로 吳中의 景致와 같구나" 하였다.100)

위의 기록도 역시 제천정에서 양화나루까지 한강을 따라 내려오면서 유관한 경우이다. 이 때는 明使와 서거정이 서로 시를 지어 화답하며 제천정의 경치를 즐기다가 다시 배를 타고 한강 하류로 내려오면서 계속 시문을 주고 받으며 풍류를 즐기고 있음을 확인할 수 있다. 또한 기생을 미리 준비해 두었다가 사신들의 酒興이 일어나기를 기다려 여러 대신들과 합류하여 흥을 돋우고 있는 것도 주목된다.

한강 유람시 기생을 동원한 예는 중종 32년에도 나타난다. 당시에는 김안로가 사신을 한강 유람에 안내하면서 기녀 728명과 악공을 동원하

---

100)『성종실록』권64 성종 7년 2월 경자조.

여 비밀리에 한강 연안에 배치해 두고 사신이 한강을 따라 내려갈 때 마
치 구경하는 사람인양 가장하고 강 위에 나타나 춤을 추거나 노래를 부
르도록 하였다. 이 때 사신이 어떤 사람들인가를 묻자 김안로는 여염집
사람들이라고 하였고, 사신은 "태평시대의 현상입니다"라고 화답하고
있다.101) 이것은 명나라 사신에게 조선이 어진 임금을 만나 일반 백성들
이 풍요롭게 춤추고 노래하며 태평성대를 이루고 있음을 간접적으로 보
여주기 위해서 취한 행동이다. 이러한 조선의 행동은 반대로 명나라 사
신들이 서울 이곳 저곳을 유관하면서 눈으로 경치를 감상하는 것 이외
에 조선의 국내 정세와 민심의 동향을 파악하고자 하는 목적도 가지고
있었음을 암시하는 것이기도 하다. 이러한 암묵적인 사신들의 목적에
부합하고자 하는 의미에서 조선에서는 일부러 많은 기생을 동원하여 태
평성대를 연출했던 것이다.

한편 중국 사신과 조선의 관리들 사이에는 보이지 않는 기예의 대결
이 이루어지곤 하였다. 이러한 형태는 특히 시문을 교환하는데서 많이
나타났다. 세종 때 명나라 侍講 倪謙이 사신으로 와 雪霽登樓賦를 지으
면서 조선의 관리들과 펼친 시문의 기예는 여러 책에 전하고 있다. 즉
예겸이 조선의 관리들과 문묘에 참배할 때 시를 한 수 지었는데 이를 본
조선의 儒士 金盛이 "참으로 어둡고 썩은 교관이 지은 것이다. 한 쪽 어
깨를 걷어 올리고도 이를 누를 수 있다"고 비웃었다. 그러나 과소평가했
던 예겸이 한강에서 뱃놀이하면서 시를 짓자 참석하였던 관리들이 그의
풍부하고 해박한 지식에 모두 무릎을 꿇었으며, 당시 館伴使였던 文成公
鄭麟趾도 그를 대적하지 못하자 세종은 급히 申叔舟와 成三問을 보내어
시에 화답하도록 하였다. 이에 세 사람이 나라의 자존심을 걸고 시를 주

---

101) 『중종실록』 권84 중종 32년 3월 계사조.

고 받음이 그치지 않고 계속되자 마침내는 서로가 서로를 존중하면서
형제의 의를 맺고 친해졌다는 기록이 전한다.102) 이 기록은 조선의 관리
와 중국 사신들 간에 한강을 유관하면서도 시문의 교류를 통해 상대국
관리들 가운데 어느 정도의 인재들이 있어 정치를 이끌어 가는가를 파
악함은 물론 자국의 학문적 자존심을 건 일종의 대결구도였음을 보여주
는 것이다. 그리하여 조정에서는 명나라 사신을 접대하는 관리를 선발
할 때 문장을 잘 짓고 해박한 지식을 겸비하고 있는 인물들을 접반사로
임명하였던 것이다. 성종 때 중국의 사신을 접대한 경험이 있는 서거정
은 예겸의 이와 같은 기록에 대해 "예겸의 글은 아름답기는 하나 신숙주
가 예겸의 韻을 따라 지은 次韻賦는 문장의 구성과 글자의 놓임이 타당
하고 경쾌하고 민첩함이 楚聲과 같은 것이 있으니 역시 가히 시강과 백
중할 만할 것이다."103)고 하면서 신숙주의 능력을 인정하고 있다.

　또한 중국 사신과 조선의 대신들이 한가하게 이야기 나누는 가운데
양국의 풍속과 제도에 관한 이야기도 화제가 되곤 하였다. 그 실례로 성
종 19년에 사신으로 왔던 侍講 董越과 부사 王敞은 조선의 사신 허종과
이야기를 나누는 과정에서 조선의 풍속에 대하여 듣고 이를 중국의『先
帝實錄』에 실리도록 하겠다고 하였고, 이를 보고 받은 조정에서는 믿을
수는 없지만 조선의 아름다운 풍속이 중국 조정에 전파되는 것은 다행

102) 成俔,『慵齋叢話』제1권「侍講倪謙給事中司馬詢到國 詢不喜作詩 謙雖能
　　詩 … 至謁聖之日 謙有詩云 … 是時集賢儒士全盛 見詩哂之曰 眞迂腐敎
　　官所作 可袒一肩而制之 及遊漢江 作詩云 … 儒士見之 不覺屈膝 館伴鄭
　　文成不能敵 世宗命申泛翁成謹甫 往與之遊 仍質漢韻 侍講愛二士 約爲兄
　　弟 相與酬唱不輟 …」
103) 徐居正,『筆苑雜記』제2권「如侍講雪霽登樓賦雖佳 而申文忠公叔舟次韻
　　賦 文從字順 翩翩有楚聲 亦可以伯仲侍講矣」

한 일이라고 반기고 있다.[104] 이어 다음날 임진강의 배 위에서 작은 술
자리를 마련한 명사와 허종은 보다 구체적인 이야기를 전개하였다. 즉
명사 동월은 일전에 성균관에 들렀을 때 조선의 교육제도에 대한 법령
을 볼 수 있도록 해 달라고 요구하였는데 이를 가져왔는가를 물었고, 이
에 조선의 學令을 정리한 것을 보여 주자 매우 감탄하였다고 한다.[105]
이어서 조선의 풍속을 적은 책자를 요구하여 조선의 良法과 美俗을 기
록하여 중국 사신에게 주기도 하였다.[106] 이와 같이 태평관이나 조정에
서의 공식적인 만남의 자리가 아닌 곳에서도 풍속이나 지리 및 제도 등
양국의 관심사와 관련된 안건들이 서로 자유롭게 논의되고 있음을 확인
할 수 있다.


## 5. 명나라 사신 서울 유람의 역사적 의미

앞서 논술한 내용을 정리함과 동시에 조선 전기 명나라 사신이 서울
에 와서 각 지역을 유람한 목적이나 그 역사적 의미는 살펴보면 다음과
같다.

오늘날 남대문로의 남대문초등학교 북쪽 일대에 자리잡고 있었던 태
평관은 명나라 사신이 서울에 왔을 때 머물렀던 숙소이자 연회 장소였
고, 나아가 조선 상인들이 명나라 頭目들과 상품을 거래하는 무역 장소
이기도 했다. 이러한 태평관은 조선 초기에 大와 太가 의미가 상통하여
大平館이라는 명칭과 혼용되어 사용되었고, 그 건물은 1395년 하반기에

---

104) 『성종실록』 권214 성종 19년 3월 임오조.
105) 『성종실록』 권214 성종 19년 3월 계미조.
106) 『성종실록』 권214 성종 19년 3월 갑신조.

서 1396년 상반기 완공되었다. 건물의 규모는 중앙에는 殿이, 그 앞에는 좌우에 20여칸 규모의 행랑과 門이, 殿 뒤쪽으로는 3칸 규모의 누각이 자리하고 있었으며, 조선의 왕이 중국의 사신을 위로하기 위해 태평관에 갔을 때 머물 수 있는 御室과 御書閣 등을 갖추고 있었다.

동평관은 왜인과 유구인 및 동남아 여러 나라의 사신을 접대하기 위한 공간으로서 주로 일본의 사신이 머물렀던 곳이다. 조선 초기에는 서울의 僧舍에서 머물렀으나 1409년 오늘날의 중구 인현동 2가 192번지 일대에 동평관이 건립된 이후부터는 이곳에 여장을 풀었다. 규모가 비좁아 인근에 있었던 墨寺에서도 사신이 유숙하였다. 일본의 사신들은 중국의 사신과는 달리 동평관 이외의 지역으로 자유롭게 왕래할 수가 없었으며, 밀무역을 자주 행하여 조선의 제지를 받곤 하였다.

조선 초기 북방 야인들이 서울에 왔을 때는 일본의 사신들과 같이 僧舍에 머물렀으며 세종 8년 이전에 野人館이 설치되어 그 이후로는 이곳에 머물렀다. 이 야인관은 세종 20년에 명칭이 북평관으로 바뀌었으며, 위치도 오늘날의 동대문 이화여대부속병원 자리에 있었던 동부학당 자리로 이전하였다. 이들 야인들도 자유롭게 관소를 떠나 여행을 하는 것이 금지되어 있었으며, 조선의 관리들로부터 숙소에서 일정한 통제를 받고 있었다.

숙소에서의 외국 사신에 대한 접대는 명나라 사신의 경우 공식적인 연회가 7차례 거행되었고, 대부분 국왕이 주재하거나 혹은 왕세자나 정승의 반열에 있는 사람들이 접대하였다. 그리고 자유롭게 서울 인근지역을 유관하거나 개인적인 일로 가정집을 방문하는 경우에는 조정에서 관리를 파견하여 융숭한 접대를 하였다. 이에 반하여 일본과 야인들의 사신은 공식적인 연회가 5차례였으며, 그들을 접대하는 조선의 관리도 예조판서가 주관하는 것이 대부분이었다. 이들은 서울 인근지역을 자유롭게 유관할 수 없어 중국의 사신과는 격이 달랐다. 이들이 조선에서 행동의 자유를 보장받지 못한 것은 기본적으로 교린관계를 외교정책으로 하고 있지만 조선을 주로 침략한 나라들로서 믿지 못하겠다는 분위기가 있었고, 밀무역을 통해 늘 문제를 야기하고 있었기 때문이었다.

명나라 사신이 서울에 와서 유관한 것은 적어도 138회 이상이다. 이들이 주로 유관한 지역은 한강 유역이 59회로 전체의 43%를 차지하고 있으며, 서울과 그 인근에 있는 사찰을 방문한 것이 21회, 도성 내의 개인적인 집을 방문한 것이 18회, 성균관과 모화루를 방문한 것이 각각 9회, 남산을 간 것이 8회의 순으로 나타나고 있다. 한강에서는 배를 띄워 상류에서 하류로 내려오며 유관하는 것을 가장 많이 즐겼다. 그들이 찾은 한강유역의 명소는 제천정이 12회로 제일 많았고, 다음으로는 加乙頭와 노량이 그 뒤를 이었다.

사신의 유관을 시기적으로 나누면 세조 때까지는 주로 서울 주변 지역을 유관하는 것이 주된 일이었으며, 예종 때에 이르러 도성 내에서 명나라 사신들과 관련된 민가를 방문하는 사례가 증가하였고, 성종 때 이후로는 성균관에 들러 알성례를 행하는 횟수가 증가하고 있다.

서울 지역을 유관할 때는 미리 태평관의 館伴을 통해서 행선지를 조선측에 통지하는 것이 관례였으며, 이에 대하여 조선에서는 사신이 갈 곳에 먼저 관리들을 파견하여 연회를 개최할 준비에 만전을 기하고 있다. 나아가 단순하게 음식접대에 관한 준비만이 아닌 중국 사신이 즐길 수 있는 활쏘기·씨름·사냥·시문을 통한 대화 등에 대비하여 조선의 전문 인력을 연회 장소에 대기시키는 등 자존심을 건 양국의 외교전을 전개하였다. 또한 지방으로 사신이 나갈 경우에는 해당 지역에 관리와 공문을 먼저 파견하여 외교적 문제의 소지가 있을 국내의 행정문서를 노출시키지 말 것과 현판이나 樓題 등도 모두 철거하도록 지시하였고, 심지어는 민가의 담벼락에 붙어있는 종이에 글씨가 없는 것으로 하도록 조치하고 있다. 이러한 행위는 문구로 인해 양국간에 혹시 있을지 모를 외교적 분쟁요소를 사전에 차단하고자 한 조치로 생각된다.

한편 명나라 사신이 한강의 물줄기를 따라 유관할 때는 亭子船을 타고 유람하였다. 정자처럼 만든 樓船인 이 배는 길이가 32m에 달하며, 60여 명 이상이 타고 연회를 할 수 있는 배로서 금으로 새겨 넣은 '浮金'이란 현판이 걸려 있는 화려한 배이다. 조선 후기 배다리가 만들어지기 이전까지 왕들이 한강을 건널 때나 유람할 때 주로 사용하였던 것으로서 명나라 사신에게 이 배를 내 주어 유관하도록 하였던 것이다. 이 배에 조선의 관리들이 10여 명 내외로 승선하였는데 많을 때는 15명에 달하였다. 조선의 접대관들과 중국의 사신 및 그들을 따르는 인원, 조선측에서 음식을 장만하고 잔치를 진행하는 데 필요한 실무 요원 등을 합하면 약 30여 명 내외가 정자선에 올랐던 것으로 생각된다.

명나라 사신은 서울 지역을 유관하면서 경치를 즐기며 잔치를 벌이는 것 이외에 또 다른 목적을 가지고 있었던 것으로 보인다. 먼저 한강변의 정자나 훈련원·모화루 등지에서 주로 이루어 졌던 활쏘기와 군사들의 훈련 감상은 조선의 군사훈련 정도와 무예의 수준을 파악하기 위한 목적이었던 것으로 생각된다. 그리고 조선 관리들과의 지속적인 시문 교환은 조선 정부에 포진해 있는 고위 관리들의 학문적 소양과 조정에 어떠한 인재들이 있는가를 파악하기 위한 시도의 일환으로 생각된다. 나아가 성균관에 자주 들러 유생들의 시문을 시험한 것은 표면적으로는 문묘의 참배를 내세우고 있지만 실제로는 조선 유생의 학문적 수준과 교육제도의 실태를 파악하기 위한 목적이었을 것으로 생각된다. 이러한 부분적인 목적 이외에도 유관을 하면서 조선의 국내 정세와 민심의 동향을 파악하고자 하였고, 풍습이나 제도에 관하여 궁금한 사항은 직접적으로 질문하거나 자료를 요구하기도 하였다.

결국 명나라 사신의 서울 지역 유관은 단순하게 경치를 감상하고 조선의 관리들과 시문을 교환하며 학문적 교류를 즐긴 것은 물론이고, 나아가 조선의 인적자원·정치·군사·교육·풍습·제도 등 다방면에 걸친 국내 상황을 파악하고자 하는 부수적인 목적도 가지고 있었음을 확인할 수 있다. 명나라 사신의 서울 지역 유관이 지니는 역사적 의미는 원활한 인적교류와 학문교류를 통해 양국의 문화를 상호 이해할 수 있는 공간을 제공하였고, 나아가 양국의 국내외 정세와 문화정보를 상호 교환하는 장이 되었다는 점에서 조선의 대명외교가 원활하게 이루어질 수 있는 토대를 마련하는데 일정한 기여를 하였다고 판단된다. 다만 이들의 접대로 인해 파생되는 경제적 어려움이 어느 정도였는가의 실상은 보다 구체적으로 접근하여 파악해야 할 과제이다.

# 제4장 서울의 명승지와 누정문화

## 1. 사대부가 꼽은 서울의 명승

조선시대 수도 한성은 산과 물로 둘러싸인 도읍지였다. 도읍을 둘러싼 한양도성은 북악과 인왕산·남산·낙산을 연결하여 쌓았고, 도성 남쪽에는 한반도를 동에서 서로 가로지르는 한강이 도도하게 흐르고 있다. 따라서 자연스럽게 한양도성을 연결하고 있는 네 개 산에서 내려오는 계곡의 물길은 아름다운 소리와 함께 도성 사람들이 자주 찾는 명소였다. 나아가 4계절이 뚜렷한 우리나라의 특징과 맞물려 도성을 둘러 싼 높고 낮은 산에서 뿜어내는 자연의 변화는 도성 사람들의 심신을 평안하게 만들어주는 활력소였다.

이에 더하여 남산 아래를 도도히 흘러가는 푸른 강물은 서울 사람들의 생명수이기도 했거니와 한강을 중심으로 생활하는 사람들의 삶의 터전이기도 했다. 사람들은 흐르는 물을 바라보면서 마음의 안정을 찾곤한다. 예나 지금이나 다름없이 한강가에 집을 짓고 사는 것을 좋아하는 이유이기도 하다. 이로 인해 한강 남쪽과 북쪽 언덕에는 흐르는 푸른 강물을 바라보며 마음의 평화와 안식을 꾀할 수 있고, 자연의 변화와 세월의 흐름을 느낄 수 있는 장소들이 많았다. 그리고 이러한 곳에는 여지없이 樓亭이 들어서곤 하였다.

자연 풍광이 아름답고 산과 물이 어우러져 있는 곳에는 많은 사람들의 발길이 끊이지 않고 있다. 이렇게 경치가 아름다운 곳으로 이름난 곳을 우리는 명승지라고 한다. 오늘날 재력이 있는 사람들이 이런 곳에 별장을 짓고 자연을 즐기듯이 조선시대도 사대부 이상의 신분을 가지고 있는 사람들은 명승지에 누정을 짓고 자연과 더불어 생활하는 것을 즐겼다. 최고 통치자였던 왕도 예외는 아니었으며, 왕족들도 경치 좋은 곳에 누정을 짓고 풍류 즐기는 것을 좋아하였다.

지금 서울에서는 여유롭게 자연 그대로의 풍취를 즐기기가 쉽지 않다. 산에 오르면 많은 아파트들과 도시 특유의 빌딩들이 눈에 들어올 뿐이다. 이러한 모습은 조선시대의 서울 모습이 아니다. 제일 높은 것은 도성과 궁궐 건물 뿐이었다. 따라서 남산이나 인왕산에 올라 보면 한성부 내의 모든 건물이 보이고, 멀리까지 바라볼 수 있는 환경이었다. 조선이 건국되어 수도를 고려 개경에서 한성으로 옮긴 이후에 당시 여러 사대부들은 도읍지에 대한 아름다운 풍경을 시로써 남겨놓았다. 그들이 꼽은 서울에서 볼만 한 풍경은 일부 겹치는 장면도 있지만 각 지역에서 즐길 수 있는 독특한 장면들이다. 이를 중심으로 조선시대 서울의 명승지를 추적해 보자

먼저 조선이라는 나라를 건국하고 한성부에 도읍을 정하는데 중요한 역할을 한 정도전은 수도 한양에서 볼만한 모습으로 8가지 장면을 으뜸이라 하였다. 그 첫째가 畿甸山河이다. 이것은 서울을 둘러싸고 있는 경기 지역에 넓게 분포한 기름진 농토와 산과 물의 풍경들을 이르는 것이다. 서울 주위에 있는 삼각산이나 남한산은 물론 아차산이나 관악산 등지에 오르면 광대한 대지와 산하가 눈에 들어오는 것이 매우 장관이었을 것이다. 둘째는 都城宮苑이다. 한양 도성 안에 장엄하게 펼쳐진 궁궐과 후원의 모습을 이른다. 조선시대 북악과 인왕산 그리고 남산에 오르

면 도성 안에서 유난히 위엄을 갖추고 중심에 장엄하게 자리잡고 있는
궁궐의 모습과 이를 둘러싸고 정연하게 배치되어 있는 도성의 모습을
그려볼 수 있다. 셋째가 列署星拱이다. 도성 안에 줄지어 서있는 관공서
들의 모습이다. 궁궐을 중심으로 서울 북촌일대와 종로 북쪽에 질서정
연하게 관공서들이 자리잡은 모습을 보고 그 아름다움을 노래한 것이
다. 넷째가 諸坊碁布이다. 궁궐 안 곳곳에 평화로운 모습으로 자리잡고
있는 민가들의 모습이다. 궁궐과 관아 사이사이에 배치된 사대부와 서
민들이 사는 집들이 바둑판처럼 배치되어 있는 모습을 아름답게 본 것
이다. 다섯째는 東門教場이다. 동문 밖에서 펼쳐지는 군사 훈련의 정연
한 모습이다. 서울을 방어하는 군사들이 모여 질서 정연하게 훈련하는
모습을 한양에서 볼만한 장면으로 손꼽은 것이다. 여섯 번째는 西江漕泊
이다. 서강에서 물건을 실어 나르는 배들의 모습이다. 한강에서 마포 앞
을 서강이라 불렀고, 서해안을 통해 마포로 들어오는 상선들과 고깃배
들의 모습을 아름답게 본 것이다. 일곱 번째는 南渡行人이다. 한강에서
나루를 건너기 위해 분주하게 몰려드는 행인들의 모습이다. 다리가 없
던 시절이니 배를 통해 한강을 건너려는 사람들은 나루터에서 기다려야
하고, 이들을 상대로 장사하는 사람들이 생기면서 자연스럽게 시장이
형성되곤 했는데 그들이 분주하게 왔다 갔다 하는 모습을 표현한 것이
다. 마지막으로 北郊牧馬이다. 창의문 밖 북쪽 교외에서 자유롭게 노니
는 말들의 모습이다. 조선시대 말은 교통 통신과 군사용으로 꼭 필요한
존재였다. 이러한 말들이 평화롭게 노닐며 풀을 뜯는 모습을 가히 볼만
한 풍경이라 했다.

  이와 같이 정도전이 꼽은 한양8경은 자연의 명승지를 꼽았다기 보다
는 새로운 왕조를 건설하고 난 이후 도읍지를 둘러싼 풍광을 중심으로

고른 것이다. 한양에 도읍을 정한 당위성과 도시계획에 의해 들어선 도성 건설의 모습, 도성 주민들의 생활 모습 등을 중심으로 한양8경을 시로 읊은 것이다. 정도전이 지은 한양8경의 시에 대하여 동일한 제목으로 권근과 권우가 함께 시문을 지었는데 지금까지 전하고 있다.[1] 이들은 수도 한양 건설에 앞장선 사람들로서 자신들의 손에 의해 만들어진 수도 한성의 모습을 보고 감회가 남달랐을 것이다.

한편 조선 초기 왕족으로서 널리 알려진 풍류객이 월산대군이다. 풍월정이라는 호를 보듯이 그는 당대의 최고 지식인이자 풍류를 즐길 줄 아는 사람으로 강희맹·서거정·이승소·성임 등과 함께 모여 한양을 주제로 시를 지었다. 가히 서울에서 아름답다고 할 만한 것을 주제로 시를 읊었는데 이것이 이른바 한도10영이라는 이름으로 남아 전해지고 있다. 그 첫째가 藏義尋僧이다. 장의사는 홍제천 상류 세검정 부근에 있는 신라시대 때 고찰이다. 지금은 사찰을 표시하는 흔적인 당간지주만 남아 있지만 당시에 홍제천을 지나 사찰로 찾아드는 스님들의 모습과 주변의 풍경이 어우러져 나타나는 한가롭고 평화스러운 모습을 보고 노래한 것이다. 둘째가 濟川翫月이다. 한강변에는 여러 곳에 정자가 있지만 그 중에서도 오늘날 한남동에 있었던 제천정에서 맑은 밤하늘에 떠있는 달과 그 모습이 한강에 투시되어 나타나는 장면을 감상하는 것을 최고의 명승으로 꼽았던 것이다. 셋째가 盤松送客이다. 서울에서 지방으로 부임명령을 받고 떠나는 관료나 지방에서 오랜 기간 근무하다가 서울로 돌아오는 사람들이 서로 만나고 헤어지는 장소가 오늘날 서대문사거리였던 서부 반송방이다. 이곳은 항상 서울을 떠나고 돌아오는 길손들과 이들을 배웅하고 맞이하는 사람들로 붐비는 곳으로 사람들의 활기있는 장

---

1) 『신증동국여지승람』 제3권 한성부 제영조.

면을 보는 것을 으뜸으로 손꼽은 것이다. 넷째가 楊花踏雪이다. 한겨울 소복하게 쌓여 아무도 밟지 않은 눈길을 뽀드득 소리내며 걷는 것은 참으로 아름다운 장면을 연상하게 한다. 이를 즐길 수 있는 곳은 여러 곳이 있겠지만 그 중에서도 한강의 넓은 공간과 강물이 얼은 얼음 위로 눈길을 걷는 모습을 가장 아름답게 감상할 수 있는 곳으로 양화진을 꼽은 것이다.

다섯째가 木覓賞花이다. 목멱산은 서울의 남산을 부르는 또 다른 이름이다. 낙산이나 인왕산에도 많은 꽃들이 피어나지만 특히 남산에서 도성 안을 바라보면서 주변에 흐드러지게 피어난 꽃을 감상하는 것을 으뜸으로 꼽았다. 여섯째가 箭郊尋芳이다. 오늘날 광진구 화양동과 자양동 일대 넓은 곳은 조선시대 말을 기르던 목마장이 있던 곳이다. 그리고 한양대학교 옆 중랑천 하류에 놓여 있는 다리가 전곶교, 즉 살곶이다리이고 목마장과 함께 이 일대의 넓은 지대를 전관평이라 불렀다. 이곳은 봄에 되면 새 싹이 나고 한가롭게 풀을 뜯는 말들이 방목되는 곳으로 넓은 언덕에 피어난 향기로운 봄 꽃을 감상하는 것을 으뜸이라 하였다. 일곱째가 麻浦泛舟이다. 마포 앞의 한강은 조선시대 서강이라 불렀으며 서해안에서 한강으로 오는 배들이 통과하거나 정박하는 곳으로 늘 많은 인파가 모이는 곳이다. 이곳에서 한가로이 강물에 배를 띄우고 즐기는 뱃놀이도 서울에서 볼만한 장면이라 하였다. 여덟 번째가 興德賞蓮이다. 오늘날 혜화동에 있었던 홍덕사 연못에 피어난 연꽃을 구경하는 것 또한 흥미로운 일이었다. 연꽃은 흙탕물과 진흙속에서도 고고한 자태로 피어나 향기를 내는 꽃으로 종종 군자의 지조와 절개를 상징하는 꽃으로 인식되었다. 따라서 선비들에게 연꽃을 감상하는 것은 자신의 마음을 올곧게 추스르는 것과 같은 의미로 다가왔다. 아홉 번째가 鍾街觀燈

이다. 매년 4월 초파일이면 종로에서 연등행렬이 펼쳐지는데 밤에 도성 한복판을 가로질러 가는 연등행렬을 감상하는 것 또한 서울에서 즐길 수 있는 풍취 중 하나로 손꼽았다. 마지막 열번째가 立石釣魚이다. 오늘날 금호동 앞 한강 일대를 두모포라 하였다. 이곳은 한강과 중랑천이 합류하는 곳으로 동호라고도 불렸으며, 많은 물고기들이 있어 낚시꾼들이 몰려들었던 곳이다. 이곳에서 낚시를 즐기는 낚시꾼의 모습과 깍아지른 듯한 주변 풍경을 함께 바라보는 것도 서울에서 감상할 수 있는 아름다운 풍경 중 하나로 꼽았다.

한도10영은 종로의 연등행렬을 제외하고는 모두 도성 밖에서 즐길 수 있는 모습들이다. 그 중에서도 한강가에서 감상할 수 있는 장면들이 압도적으로 많아 조선시대 서울에서도 한강이 가장 명승을 즐길 수 있는 장소였음을 알려주고 있다. 그 다음이 남산과 낙산 그리고 인왕산 자락에서 감상할 수 있는 장면들이다.

한편 조선시대 역대 왕 중에서 시를 지은 사람들은 많다. 그 중에 서울의 아름다운 명승을 주제로 시를 남긴 왕으로 정조를 꼽을 만하다. 그는 조선의 도읍지 한성에서 가히 감상할 만한 장면을 8가지로 압축하여 國都八詠이라 하고 시를 지어 남겼다. 또한 자신이 주로 머물면서 국정을 운영했던 궁궐인 창덕궁에서 즐길 수 있는 10가지 아름다운 장면을 上林十景이라 하여 시로 남겼다.

국도8영은 첫째가 弼雲花柳이다. 인왕산 아래 이항복이 거주하면서 풍류를 즐긴 필운대에서 감상하는 꽃들과 버드나무의 아름다움을 노래한 것이다. 필운대 바위에는 지금도 시가 남아 전하고 있다. 둘째는 鴨鷗泛舟이다. 성종 때 상신인 한명회가 벼슬에서 물러나 압구정에 정자를 짓고 생활하였는데, 이곳에서 한강에 배를 띄우고 즐기는 풍류도 가

히 손꼽을 만 하다고 하였다. 셋째는 三淸綠陰이다. 북악 아래 삼청동으
로 이어지는 깊은 계곡에 울창한 녹음이 들어서고, 여름에는 시원한 바
람이 일어 한가로이 앉아 쉬면서 경치를 감상하는 것도 서울에서 즐길
만한 일이라고 하였다. 넷째는 紫閣觀燈이다. 자각은 자하골의 창의문을
가르키는 것이고, 관등은 도성에서 열리는 사월 초파일의 연등행렬을
의미한다. 따라서 한성부 한복판에서 밤에 열리는 관등놀이를 인왕산과
북악 사이의 자하문에서 바라보는 장면이 가히 즐길만한 풍경이라 하였
다. 다섯째는 淸溪觀楓이다. 오늘날 청계천의 발원지이기도 한 인왕산
아래 청풍계 일대는 가을이면 오색 단풍이 물들어 도성안 사람들이 단
풍놀이를 즐기기에 안성마춤이었다. 이 모습 또한 서울에서 즐길 수 있
는 풍경의 하나로 꼽았다. 여섯째는 盤池賞蓮이다. 오늘날 서대문구에
있었던 도성 4대문의 하나인 돈의문을 나서면 연못이 있었는데 이를 서
지西池라 불렀다, 이곳에는 북쪽 임지로 떠나는 관리들과 이들을 환송
하는 사람들로 항상 붐비는 곳이었으며, 넓은 연못에 피어난 연꽃을 감
상하는 것이 서울에서 유명한 볼거리로 꼽혔던 곳이다. 일곱째는 洗劍
水瀑이다. 도성의 창의문을 지나 고개를 넘어가면 상명대학 위쪽 홍제
천에 세검정이 있다. 이곳은 여름에 비가 내리면 홍제천 상류 계곡으로
부터 내려오는 물줄기가 도도하게 흘러 장관을 연출하는데 이 계곡의
물줄기를 감상하는 것 또한 유명한 볼거리였다. 다산 정약용도 규장각
에서 공부하다 말고 비가 그친 뒤 홍제천의 계류를 감상하기 위해 세검
정으로 갔던 일화가 있다. 마지막으로 通橋霽月을 꼽았다. 통교는 청계
천에 놓인 다리로 광통교를 뜻한다. 이곳에서 비가 내리던 밤에 갑자기
날이 맑게 개이면서 하늘에 뜬 달을 감상하는 것 또한 서울 한복판에서
볼만한 일이라고 하였다. 이상과 같이 정조가 꼽은 국도8영은 압구정 앞

한강에서의 뱃놀이와 세검정에서 바라보는 계류의 아름다움을 제외하고는 모두 도성 안과 북악과 인왕산 계곡 주위에서 즐길 수 있는 풍광을 주로 선정하였다.2)

상림10경은 정조가 주로 머물렀던 창덕궁과 창경궁의 후원에 펼쳐진 녹음과 단풍, 연못에 핀 연꽃 등을 정자에서 느끼고 즐길 수 있는 장면들을 시로 읊은 것들이다. 창경궁 관풍각에서 봄에 임금이 밭갈이 하는 모습을 노래한 觀豊春耕, 망춘정에 앉아 꾀꼬리 소리를 듣는 즐거움을 표현한 望春聞鶯, 천향각에서 즐기는 늦봄의 경치를 묘사한 天香春晩, 어수문 앞 부용지에서 배를 띄우고 즐기는 즐거움을 노래한 魚水泛舟, 소요정 앞에 앉아 물길을 따라 술잔을 돌리며 읊은 逍遙流觴, 희우정에서 보는 연꽃의 아름다움을 노래한 喜雨賞蓮, 청심정에서 맑게 갠 하늘에 뜬 달을 노래한 淸心霽月, 창경궁 관덕정에서 보는 단풍을 노래한 觀德楓林, 영화당에서 선비들이 모여 시험을 치르는 장관을 노래한 英花試士, 凌虛亭에서 저녁 때 내리는 눈을 바라보며 노래한 凌虛暮雪이 바로 그것이다.3) 아직도 창덕궁의 모습이 잘 보존되어 있어 정조가 읊은 시상을 떠올리며 같은 장소에서 같은 느낌을 맛볼 수 있는 곳이 남아있는 것은 우리의 행운이다.

이상과 같이 정도전이나 월산대군, 강희맹, 서거정 등의 사대부와 정조가 꼽은 서울의 명장면들은 서울을 둘러싸고 있는 산과 그 아래를 휘감아 도는 한강의 명승지들을 중심으로 하고 있다. 또한 이러한 장소에는 누정이 건립되어 있어 저마다의 풍경을 즐길 수 있는 장소를 제공하고 있다.

---

2) 『홍재전서』 제2권 春邸錄 시.
3) 『홍재전서』 제1권 春邸錄과 『동국여지비고』에 실려 전하고 있다.

## 2. 서울 산의 명승과 누정

### 1) 북악과 인왕산

조선시대 서울을 감싸고 있었던 네 개의 산은 북악, 인왕산, 목멱산, 낙산이었다. 이들은 각각 북현무, 우백호, 남주작, 좌청룡의 역할을 맡아 조선의 수도를 호위하였다. 조선은 이들 네 개의 산을 성으로 연결하여 도성을 쌓았으며, 그것이 오늘날까지 남아 있는 서울 한양도성이다.

과거나 현재나 산이 있으면 계곡이 있고, 사람들은 여름이면 계곡을 따라 흐르는 시원한 물을 찾게 되는 것이 자연스러운 현상이다. 일찍이 성종 때 한성부판윤을 지내고 대제학에 오른 성현은 『용재총화』에서 '서울 도성 안에는 경치 좋은 곳이 비록 적으나, 그중에 노닐 만한 곳으로는 三淸洞이 가장 좋고, 仁王洞이 그 다음이고, 雙溪洞·白雲洞·靑鶴洞이 또 그 다음이다.'라고 기록하였다. 이 가운데 삼청동은 북악에, 인왕동과 백운동은 인왕산 자락에 위치했던 명소다. 또 쌍계동은 북악에서 낙산으로 이어지는 줄기의 중간 지점에 해당하며, 청학동은 목멱산에 위치한 명소다. 결국 한양도성을 둘러 싼 네 개의 산 모두에 경치가 아름다운 계곡이 존재하고 있었음을 알 수 있다.

북악은 서울의 주산으로 白岳·拱極山·面岳이라고도 부른다. 태조 4년(1395) 이 산의 산신인 백악산신을 鎭國伯으로 삼아 국가에서 제사를 받들고, 산 정상에 白岳神祠를 설치하였다. 백악이라는 이름은 여기에서 유래되었다. 공극산은 중종 32년(1537) 명나라 사신 龔用卿이 조선에 왔을 때 지어준 이름이며, 면악은 고려시대부터 이 산의 이름으로 불리던 명칭이다.

인왕산은 옛날 이곳에 仁王寺라는 사찰이 있었기에 붙여진 이름이다.

인왕은 사찰에서 흔히 만날 수 있는 불법의 수호신으로 용감하고 험악한 얼굴을 하고 있으며, 金剛神이라고도 한다. 일찍이 세종의 내불당이 이 산에 있었고, 인왕산 서쪽에는 금강굴이 있었으며, 세조 때에는 福世庵을 짓는 등 인왕산은 불교와 밀접한 관계를 가지고 있었다. 오늘날의 동 이름인 인왕동도 여기에서 연유한 것이다. 또한 1537년 명나라 사신 공용경이 북악 이름을 새로 지을 때 인왕산을 弼雲山이라 짓기도 했으나 민간에 널리 정착되지는 못하고 오늘날 필운대와 필운동의 지명만이 남아 있다.[4)]

일찍이 성현이 말했듯이 북악과 인왕산에는 경치가 아름다운 곳이 많아 이곳에 풍류를 즐기기 위한 누정들도 많이 세워졌다. 북악 삼청동에는 玉壺亭을 비롯하여 翠雲亭과 白鹿洞亭子, 북악 동쪽의 獨樂亭, 북악과 인왕산 사이의 太古亭 등이 있다. 산이 맑아 山淸, 물이 맑아 水淸, 이곳에 사는 사람들이 맑아 人淸이라 해서 이름 붙여진 삼청동은 서울에서도 가장 경치가 좋은 곳으로 꼽히던 곳이다.

옥호정은 종로구 삼청동 133-1번지 일대에 있었던 정자이다. 19세기 세도정치의 핵심인물이었던 김조순의 별장이었다. 순조 15년(1815) 지어진 것으로 추정되는 옥호정은 현재 남아있지 않으나 당시 모습을 그린 그림 「옥호정도」가 있어 당시의 아름다운 풍경을 유추해 볼 수 있다. 그림에는 북악을 뒷 배경으로 하여 안채가 중심을 이루고 있고, 대나무로 만든 작은 정자들이 소박하게 자리잡고 있다. 산에는 바위에 새긴 글자들이 있으나 오늘날 이를 확인하기는 어렵다.

취운정은 순종의 장인인 민태호가 지은 정자로 지금의 감사원 자리에 있었다. 이곳은 조선 말기 문인과 지사들이 활을 쏘며 마음과 몸을 단련

---

4) 나각순, 『서울의 산』 서울특별시사편찬위원회, 1997.

하던 장소였다. 특히 1884년 갑신정변의 주동 인물이었던 김옥균, 홍영식, 서광범 등 젊은 학자들이 이 정자에 모여 국내외 정세를 토론하고 나라 경영을 구상하던 곳이었다. 백록동정자는 취운정의 일부로서 조선 말 경기감사를 지낸 심상훈의 정자였다. 한때 유길준이 이곳에 갇혀 지내면서 『서유견문』을 집필한 곳으로도 유명하다. 당시 유길준은 다음과 같은 시를 읊었다.

> 風雪山中夜(풍설산중야) 눈보라 치는 산속의 밤
> 蕭然一榻書(소연일탑서) 쓸쓸히 책상에 앉아 글을 쓰네
> 主人梅共笑(주인매공소) 주인은 매화와 함께 웃고
> 春色在芳廬(춘색재방려) 봄빛은 이미 오두막집에 왔네

태고정은 청풍계에 살던 김상용의 집에 있던 정자이다. 김상용은 병자호란 당시 강화도에서 저항하다가 순절한 인물로 선조 41년(1608) 이곳에 터전을 마련하고 대를 이어 살았다. 그는 19세기 세도정치의 핵심에 있었던 안동김씨의 직계 조상이다. 청풍계는 도성 안에서 손꼽히는 명승지였기에 많은 문객들이 모여들었다. 광해군 때는 김신국·이경전·이상의·이덕형 등이 이곳을 유람하면서 시를 짓고 그림을 그려 『청풍계첩』을 만들었다. 이곳에 그려진 그림에 초가집 모양의 태고정이 있고, 정자 옆으로 시냇물이 흐르며 주위에는 세 개의 연못이 그려져 있다. 김상용은 태고정을 짓고 난 후인 1611년 '太古亭卽事'란 시를 남겼는데 그의 문집 『仙源遺稿』에 전하고 있다.

> 樹密濃陰靜(수밀농음정)  빽빽한 숲에 짙은 그늘 고요한데
> 亭虛小簟涼(정허소점량)  정자는 텅 비어 작은 대자리가 서늘하다
> 泉鳴階下玦(천명계하결)  샘물은 계단 아래로 옥소리를 울리고

荷送枕邊香(하송침변향)　연꽃은 베갯머리에 향기를 보내주네
手懶抛詩卷(수라포시권)　손은 게을러 시 쓰기도 멈춰버리고
神昏入睡鄕(신혼입수향)　정신은 혼몽하여 낮잠에 빠져드네
山中閑意味(산중한의미)　산중의 한가한 맛을
偏覺此時長(편각차시장)　이제야 나 홀로 즐기게 되었구나

연꽃이 필 무렵인 늦여름에 태고정에 올라 정자 밑으로 흐르는 물소리를 음악 삼아 들으면서 대자리를 깔고 낮잠을 즐기면서 한가한 시간을 보내고 있는 모습이다.

독락정은 청와대 동쪽 산골짜기에 있던 정자이다. 겸재 정선이 그린 『장동팔경첩』에 독락정을 그린 그림이 남아있다. 이 정자는 숙종 때 영의정을 지낸 김수홍이 지은 건물이다.[5] 그는 독락정 난간에 기대어 앉아 있으면 그윽하고 고요하며, 뒤로는 청산이 있고 아래로는 냇물이 흘러 산의 기운을 받는다고 하였다. 나아가 이 정자 주위의 아름다운 자연을 바라보노라면 세상의 온갖 옳고 그름과 영욕을 잊고 기분이 쾌활해지며 홀로 즐길 수 있다고 하였다. 『장동팔경첩』 화폭에 그려진 독락정은 네모난 주춧돌을 네 곳에 세우고 그 위에 사각 기둥을 올려 만든 단촐한 정자다. 아무런 장식이 없이 난간만을 둘렀고, 지붕을 초가로 만들었으며 위에는 절병통으로 마무리하였다. 정자 아래로는 계곡물이 흘러내려가 시원한 물소리를 들으며 망중한을 느낄 수 있는 소박하고도 정겨운 모습이다. 정자 위로는 산 위에 비둘기 바위가 그려져 있고 왼쪽에 우뚝 솟은 백악 봉우리가 있다.

한편 인왕산 도성 밖으로는 洗劍亭과 傅巖亭·石坡亭·蕩春亭, 도성 안으로는 三勝亭과 西村五射亭 등이 있다. 세검정은 종로구 신영동 168-6

5) 김수홍, 『퇴우당집』 제10권 독락정기.

번지 홍제천 옆에 세워진 정자이다. 정자 이름은 인조반정 때 반정군들이 홍제천에서 칼을 씻었으므로 '세검정'이라 이름하였다고 한다. 洗劍이란 칼을 씻어서 칼집에 넣고 태평성대를 맞이하게 되었다는 뜻으로 '세검정'은 인조반정을 의거로 평가하여 이를 찬미하는 상징성을 갖고 있다. 이곳에서는 조선시대 실록을 편찬하고 난 이후 실록 편찬에 참여했던 관원들이 모여 洗草宴을 하던 곳이기도 하다. 조선 후기 정조가 꼽은 국도팔영 가운데 세검정 계류의 시원한 폭포 세검빙폭이나 월산대군이 읊은 한도십영 가운데 장의사로 찾아드는 스님들의 모습인 장의심승이 모두 세검정 일대의 풍광을 명승으로 꼽은 것이다. 조선 후기 세검정에서의 물 구경과 관련하여 실학을 집대성한 대학자 정약용이 자세하게 자신의 경험을 기록해 놓기도 하였다.6) 정조는 '세검정 얼음폭포【洗劍冰瀑】'라는 제목으로 세검정 일대의 겨울 풍경을 다음과 같이 묘사하고 있다.

> 洗劍亭前百道冰(세검정전백도빙) 세검정 앞에는 온통 얼음 폭포인데
> 懸崖倒壑雪霜凝(현애도학설상응) 낭떠러지 깊은 구렁엔 눈서리
> 얼어붙으니
> 琉璃錯布三千界(류리착포삼천계) 유리는 삼천 세계에 어지러이
> 펼쳐졌고
> 鵬鶴飛冲九萬層(붕학비충구만층) 붕학은 구만 층의 창공으로 날아
> 오르누나
> 赤脚踏來消夏渴(적각답래소하갈)  맨발로 걷노라면 여름 갈증이
> 사라지고
> 玄陰鑿盡納周凌(현음착진납주릉) 얼음은 캐어다가 주릉으로 들인다오
> 聖人臨履存昭戒(성인림리존소계) 성인이 임리에 밝은 경계를

---

6) 정약용,『다산시문집』제14권 유세검정기.

남기었기에

到此吾心倍戰兢(도차오심배전긍) 여기 이르니 내 마음 갑절이나

두려워지네

부암정은 창의문 밖 무계동에 있던 정자이다. 안평대군의 별장으로
武溪精舍 혹은 武夷精舍라고도 하였다. 안평대군의 꿈 이야기를 듣고 그
림으로 옮긴 안견의 「몽유도원도」와 이곳 모습이 흡사하여 문종 1년
(1451) 이곳에 정자를 지었다. 그는 문객들을 이곳에 초청하여 시회를 여
는 등 풍류를 즐기며 호방한 생활을 하였다. 그가 계유정난으로 죽임을
당한 이후 이곳도 폐허가 되었으며, 지금은 그의 글씨인 '무계동'이란
각자만이 남아있다.

석파정은 종로구 부암동 산16-1번지에 있는 정자로 조선 경종 때 趙正
萬의 巢水雲廉庵이었던 것을 金興根이 별장으로 소유하면서 '三溪洞亭
子'로 불렀다. 이곳은 인왕산 동쪽으로 내리뻗은 돌산 중턱에 위치하고
있어 수려한 산수와 계곡을 배경으로 하고 있다. 거대한 암석과 오래된
소나무들이 많아 한양 도성의 경승지로 꼽혔던 곳이다. 고종 때 흥선대
원군이 김흥근에게서 정자를 넘겨받아 자신의 호를 따서 석파정이라 하
였다. 석파정에서 계곡을 따라 안으로 들어가면 작은 계곡과 계곡 사이
에 누정이 있다. '流水聲中觀楓樓'라는 편액을 단 이 건물은 흐르는 계곡
물소리를 들으면서 단풍을 감상할 수 있는 누정이라는 의미이다. 이 정
자는 청나라 풍의 건축양식 유형을 보여주며, 이 일대의 계곡과 소나무
를 중심으로 조성된 정원은 전통적인 산수정원에 人工美를 가미한 예를
보여준다.

삼승정은 영조 때 李春躋가 인왕산 동쪽의 옥류동과 세심대 사이에
지은 집의 서쪽 후원에 있던 정자이다. 달리 西園小亭이라고도 부르며,

정자 이름은 歸鹿 조현명이 지어주었다. 조현명은 당시 시를 잘 짓는 槎
川 이병연과 그림을 잘 그리는 겸재 정선이 바로 옆에 살고 있고, 경치
가 뛰어난 정자를 가진 주인이 있어 서로 자주 만날 수 있는 것이 이 정
자의 강점이라고 했다. 그래서 시가 뛰어나니 詩勝, 그림이 뛰어나니 畫
勝, 경치가 뛰어나니 景勝이라 하여 삼승정이라 지어주었다.

사천 이병연은 김창흡의 문인으로 영조 시기 최고의 시인으로 일컬어
졌으며 80세까지 시를 지었다. 그의 시를 본 중국 江南의 문사들이 '명
나라 이후의 시는 이 시에 비교가 되지 않는다.'라며 그의 시를 극찬할
정도였다. 이러한 시인과 함께 조선 최고의 화가로 알려진 겸재가 함께
하고 있으니 금상첨화였던 것이다. 이를 조현명은 '아름다운 경치를 시
가 표현할 수 없는 경우에는 그림이 그것을 묘사하기도 하고, 그림이 묘
사할 수 없는 것들은 시가 표현할 수 있으니, 서로 꼭 필요한 것이다.'라
고 한마디로 정의하였다.

정자의 주인 이춘제는 이웃에 살고 있는 겸재에게 정자가 있는 곳의
풍경을 그림으로 그려줄 것을 부탁하였고, 겸재는 정자를 그림의 가운
데에 두고 주위의 풍경을 상세하게 그려주었다. 이 그림에 의하면 정자
는 초가지붕이며 네모난 기둥을 세워 놓은 지극히 단조로운 모습이다.
정자 안에는 책상 두 개가 있어 음식을 먹거나 책을 읽을 때 사용한 듯
싶다. 정자는 세 개의 기단을 만들어 높였고, 그 앞에는 연못을 파 연꽃
을 심었다. 정자에서 바라볼 때 전망이 좋은 쪽에는 분합문을 달았고,
서쪽과 북쪽에는 벽을 치고 창문을 달았다.

서촌오사정은 인왕산 아래 활터로 유명한 다섯 곳, 즉 白虎亭·登科
亭·登龍亭·大松亭·雲龍亭을 가르킨다. 달리 우대오사정이라고도 한다.
먼저 백호정은 종로구 누상동 166-87번지에 있었으며, 그 터에는 숙종

때의 명필인 晚香齋 嚴漢明이 쓴 '白虎亭'이라 새긴 바위글씨와 호랑이 관련 설화를 간직한 약수가 남아 있다. 등과정은 종로구 사직동 산1-1번 지에 있던 정자로서 황학정 뒤편의 커다란 바위에 '登科亭'이라 새긴 해 서체의 각자가 남아 있다. 1922년 일제에 의해 경희궁이 헐리고 궁내 건 물이 일반에게 불하될 때 황학정을 등과정 터로 이전하였다. 등룡정은 종로구 옥인동 인왕산 아래에 있던 정자이며, 대송정은 종로구 사직동 에 있던 정자로 모두 활을 쏘며 심신을 단련했던 곳이다. 대송정은 달리 太極亭이라고도 한다. 또 운룡정은 종로구 삼청동 삼청공원 내에 있던 정자이다. 본래 '운룡정'이란 각자가 정자를 세웠던 바위에 남아 있었다 고 하나 현재는 없다. 이들 정자는 선현들이 자연과 함께 호흡하며 궁술 연마를 통해 체력을 단련하고 호연지기를 기르던 곳이다.

## 2) 남산 8경과 누정문화

남산은 서울의 주산인 북악 맞은 편 남쪽에 동서로 가로 놓여 있으며, 양지바른 산으로 경사스러운 일을 많이 끌어들이라는 의미로 引慶山 또 는 列慶山이라고도 하였다. 또한 태조 4년(1395) 태조 이성계가 이 산의 산신을 木覓大王으로 봉하고 난 이후 木覓神祠를 설치함에 따라 목멱산 木覓山이라 부르기도 하였다. 이 외에 終南山이라 부르기도 했으며, 우 리말로는 '마뫼'라고도 하였다. '마'는 남쪽, '뫼' 또는 '메'는 산을 뜻하 는 우리말이니 곧 남산을 의미한다.

남산의 북쪽 기슭에서 내려오는 맑은 계곡물은 청계천으로 모여들어 도성을 가로질러 흘러내려가 한강과 합류되었다. 이 계곡 주위에는 조 선시대의 名士들이 모여 살면서 歸鹿亭·雙檜亭·花樹樓·在山樓·紅葉樓· 老人亭 등의 정자를 짓고 남산의 풍경을 대상으로 시회를 하면서 풍류

를 즐겼다. 특히 남산의 꽃구경은 한양에 널리 알려져 남녀노소가 모여
들어 꽃놀이를 즐겼으며, 여름이면 시원한 바람소리와 함께 계곡의 물
놀이를 즐기기도 했다.

일찍이 조선 초기 문신 鄭以吾는 남산에서 으뜸가는 풍경으로 8곳의
아름다운 장면을 시로 남겼다. 이것이 이른바 남산8영이다.[7] 그 첫째는
雲橫北闕이다. 남산에 올라 북쪽을 바라보면 멀리 왕이 거주하는 대궐과
북악이 보이고 그 앞으로 도성의 시가지가 눈에 들어온다. 특히 맑은 가
을 하늘에 대궐위에 떠 있는 구름을 바라보는 모습은 대궐의 권위와 함
께 남산에서만 느낄 수 있는 풍경일 것이다. 일다. 둘째는 水漲南江이다.
도성을 감싸고 동에서 서로 흘러가는 한강의 모습을 남산 위에서 바라
보는 풍경 또한 가히 일품이었을 것이다. 당시 한강 주위에는 아무런 빌
딩들도 없었을 것이고 한강 남쪽에는 평화로운 전원이 펼쳐지고, 한강
가 곳곳에는 우거진 수풀과 정자들, 한가로히 떠 있는 고기잡이 배, 도
도하게 흐르는 강물, 그 위로 날아드는 갈매기들 등을 바라보는 모습을
연상하게 한다. 셋째는 巖底幽花이다. 남산 기슭의 계곡 사이사이에 각
기 다른 모습의 바위들이 자리잡고 있고, 그 틈새로 늦은 봄 홀로 바위
밑에 은은하게 피어있는 꽃을 감상하는 즐거움도 남산에서 느낄 수 있
는 아름다운 풍경이다. 넷째는 嶺上長松이다. 오늘날 애국가에도 들어있
듯이 남산에 빼곡하게 들어차 있던 소나무의 절경과 그 사이로 시원스
레 불어오는 바람을 느끼는 것도 8경중 하나이다. 조선시대 한성부에서
는 남산의 소나무를 관리하기 위해 특별히 송충이를 잡는 등 세심한 관
리를 기울인 바 있다. 다섯째는 三春踏靑이다. 서울의 다른 산에서도 즐
길 수 있는 공통적인 풍경이지만 춘삼월에 남산에 흐드러지게 핀 꽃을

---

7) 『신증동국여지승람』 권3 한성부 제영조.

감상하면서 여유를 즐기는 모습이다. 여섯째는 九日登高다. 푸르고 청명한 하늘로 으뜸인 가을에 남산의 단풍을 보며 술 한 병을 허리춤에 차고 산에 올라 풍류를 즐기는 모습을 노래한 것이다. 일곱째는 陟巘觀燈이다. 매년 사월 초파일에는 도성의 한 가운데인 종로와 청계천 일대에서 관등놀이를 하는데 이 모습을 보기 좋은 곳이 인왕산과 남산이었다. 남산에서 밤을 지새워 가며 사월 초파일의 관등놀이를 보는 풍경을 꼽은 것이다. 마지막으로 沿溪濯纓이다. 남산에서 청계천으로 흘러드는 물줄기는 여러 곳이 있다. 이들 계곡에서 한 여름에 더위를 피해 맑은 계곡물에 발을 담그고 땀에 젖은 갓끈을 빨아 말리는 풍경을 노래한 것이다.

남산의 경치를 즐기고자 계곡 곳곳에 누정을 지었다. 중구 필동 2가 134-27번지 일대에 있었던 귀록정은 조선 후기 영조 때 영의정을 지낸 조현명의 정자이다. 귀록정이란 '정자에 사슴을 푸른 실로 매어 놓고 언제고 사슴이 끄는 수레를 타고 고향으로 돌아갈 마음으로 산다.'는 뜻으로 언제든 벼슬을 버리고 시골로 돌아가 전원생활을 꿈꾸었던 조현명의 뜻이 담겨있다. 귀록정이 있는 이곳은 남산에서도 경치가 좋기로 이름난 청학동 부근이다. 일찍이 성현은 서울에서 경치가 아름답기로 유명한 다섯 곳을 꼽았는데 그 중의 하나가 골이 깊고 물이 맑아 찾을 만한 남산의 청학동이다. 이곳에는 詩壇의 노장으로 칭송을 받은 청학도인 李荇이 머물렀고, 인근 묵사동은 연암 박지원의 소설 『許生傳』의 배경이 된 곳이기도 하다. 귀록정은 조현명의 후손인 조만영 때에 와서 새로 건물을 짓고 이름을 노인정으로 바꾸었다.[8]

쌍회정은 중구 남창동 202번지에 건립되었던 정자다. 이곳은 조선시

---

8) 노인정에 관해서는 이상배, 『서울의 누정』 서울특별시 시사편찬위원회, 2012, 432~435 참조.

대 때 돌 틈 사이로 샘물이 솟아 흐르고 나무가 울창하여 산수 경치가 뛰어난 곳으로 유명하였다. 백사 이항복이 이곳에 작은 집을 짓고 회나무 두 그루를 심어 남산의 풍광을 즐기면서 자연과 어우러진 삶을 살았다. 이후 누군가가 회나무 아래 정자를 짓고 이름을 쌍회정이라 했다. 조선 후기에 서염순이 이 집을 매입하여 회나무 한 그루를 베어 버리고 그곳에 단풍나무를 심어 정자 이름을 홍엽정으로 바꾸었다.9)

화수루는 중구 회현동 1가 14번지 일대에 있던 누정이다. 이곳은 본래 효종 때 정승을 지낸 김육金堉이 재산루를 짓고 무인을 양성하던 곳이었으나 순조 때 鄭元容이 이 일대를 사들여 화수루로 이름을 바꾸고 동래정씨 모임 장소로 삼았다. 조인영이 이곳의 모습을 "기이한 돌과 이름난 꽃으로 뒤덮였고, 아름다운 나무에 특이한 새들이 날아오며, 아로새긴 창문과 굽은 난간이 이어지고, 시원한 누대와 따뜻한 방이 늘어서서 세상 사람들이 부러워하는 곳이다."고 할 정도로 관심을 모았던 곳이다.10)

홍엽루는 중구 회현동 2가 남산 기슭에 있던 누정이다. 중종 때 영의정을 지낸 정광필의 정자였으나 후에 표암 강세황의 소유가 되었다.11) 이곳에서 바라 보는 한양의 풍경이나 계곡의 맑은 물과 함께 수석들이 많아 자연을 즐기기에도 좋은 곳이었다. 정조 때의 실학자 李德懋는 이곳 홍엽루에 들러 더위를 피하며 아래와 같은 시를 지었다.

消夏行尋水石居(소하행심수석거) 더위 피하여 수석 좋은 곳 찾으니
宰官身世隱君如(재관신세은군여) 재상의 신세 隱君子 같네

---

9) 이유원, 『임하필기』 제27권 春明逸史.
10) 조인영, 『운석유고』 제10권 화수루기.
11) 이유원, 『임하필기』 제32권 旬一編.

泉音忽送披襟際(천음홀송피금제) 옷깃을 헤치며 샘물 소리 들려오고
峯翠橫分拄笏初(봉취횡분주홀초) 笏로 턱을 괴고 푸른 봉우리 보니
횡으로 나뉘었네
日午山廚餐杞菊(일오산주찬기국) 정오가 되자 주방에선 杞菊茶를
끓이고
雲晴澗戶註蟲魚(운청간호주충어) 구름 개니 골짜기 집에서 蟲魚를
주석하네
兒孫賦得高軒過(아손부득고헌과) 나이 어린 令孫이 고헌과를 지으니
硯北爭觀弱腕書(연북쟁관약완서) 벼룻가에서 약완의 글씨 다투어
구경하네

　더운 여름날 이덕무는 바쁜 업무를 모두 미루고 손자를 데리고 계곡
의 시원한 물과 푸른 산으로 둘러싸인 곳에서 망중한을 즐기기 위해 정
자에 올랐는데 당시 손자의 나이가 12세였다. 나이 어린 손자가 여린 팔
뚝을 받치고 글을 지어 나가는 모습을 바라보며 흡족해 하고 있는 광경
을 읊은 시다.

　녹천정은 중구 예장동 2가 옛 안기부 터에 있던 정자다. 세종 때 문신
인 권람의 정자였다가 그의 사위인 남이장군이 살았고, 철종 때는 박영
원의 별장이 되었다. 박영원은 정자 이름을 계곡을 강조하는 '鹿川亭'에
서 초록빛의 샘물을 강조하는 '綠泉亭'으로 바꾸었다. 그는 '이 정자는
경치가 빼어나 이름 부를 수 있는 것이 많은데 그 중에서도 샘물이 가장
빼어나다. 이 정자가 지어진 것은 이 샘물 때문이다.'라고도 하였다. 나
아가 물은 사람이 살아가는 데 가장 필요한 것이며, 샘물은 산천의 순수
한 액체라고 강조하고 있다.12) 이후 한확의 별장이었다가 김상현에게
넘어갔고, 다시 일본인 미야모토가 정자를 빼앗아 일본공사관으로 삼았

---

12) 박영원, 『오서집』 제13권 녹천정기.

다.[13] 1909년 일본에서 온 왕과 왕비가 이곳에서 묵었으며,[14] 1920년에는 중국으로 망명하려던 영친왕이 체포되어 이곳에 감금되기도 했다.[15]

### 3) 낙산

낙산은 서울의 내사산 가운데 하나로 좌청룡에 해당하는 곳이다. 종로구와 성북구에 걸쳐 있는 산으로, 전체적으로 낮은 산이지만 가운데 봉우리가 낙타 등과 같이 높이 솟아 있어 모양이 낙타와 같다고 하여 낙산 혹은 낙타산이라 하고, 달리 駝駱山이라고도 불렀다.

낙산 아래에는 효종의 잠저였던 朝陽樓와 효종의 아우 인평대군의 처소인 夕陽樓가 서로 마주보고 있었다. 조선 후기 정조는 조양루에 거둥하여 하룻밤을 묵으면서 당시의 풍경을 시로 읊었는데 그의 문집인『홍재전서』「일득록」에 전한다.

紅日上東海(홍일상동해)　아침 해가 동해에서 올라오면
最先照此樓(최선조차루)　가장 먼저 이 누각을 비추는구나
山花當檻靜(산화당함정)　산에 핀 꽃은 난간 앞에 고요하고
溪柳近簾浮(계류근렴부)　시내 버들은 주렴 가까이 떠 있어라

枕簟來朝爽(침점래조상)　잠자리는 아침 기분이 상쾌하고
琴樽得晚遊(금준득만유)　거문고와 술은 저녁 놀이를 할 만하네
朗吟渾忘返(랑음혼망반)　낭랑하게 읊으며 돌아가길 전혀 잊고
巾服更夷猶(건복경이유)　평상복 차림으로 다시 망설이노라

---

13) 이상배, 위의 책, 2012, 445쪽.
14) 황성신문 1909년 7월 19일.
15) 독립신문 1920년 1월 17일.

아침 햇살을 받으며 산에 핀 꽃과 시내의 버들가지를 감상하면서 망중한을 즐기는 모습을 표현하고 있다. 석양루에는 효종이 아우를 만나기 위해 방문하였기에 도성의 많은 사람들이 이 모습을 보기 위해 모여들기도 했다. 정자 주위에는 정원을 꾸미고 연못을 만들어 온갖 奇花異草를 심고 물고기와 오리들이 자유롭게 노닐도록 하여 안락하면서도 아주 평안한 분위기를 만들었다.

이 일대에는 신숙주의 손자로 중종 때 학자인 신광한이 살았고, 그가 살았던 집 뒤는 석벽이 매우 기묘하고 우물이 맑고 차며 풍치가 아름다우므로 申臺名勝이라 하였으며, 여기서 신대골·신대동이라는 이름이 생겨났다. 조선 중기 남이 장군과 조선 후기 북학자인 박제가도 이곳에서 살았으며, 어애송이라는 소나무도 유명하였던 곳이다. 이 외에도 태종 때 박은이 낙산 아래에 살면서 잣나무를 심고 栢林亭을 지어 풍류를 즐겼으며, 그로 인해 백동·잣나무골이란 지명도 생겨났다. 낙산 기슭에는 배꽃으로 유명한 梨花亭이 있었고, 이화정 뒤에는 '홍천취벽'이라 쓴 강세황의 암각글씨가 있었으나 지금은 남아 있지 않다.

이화정은 종로구 이화동 2번지 일대, 지금의 梨花莊이 있는 자리에 있던 정자다. 이곳은 봄이면 주위가 하얀 배꽃으로 물들 정도로 배나무가 많았고, 그 가운데 세워진 정자였기에 이화정이라 하였다. 처음 최항의 작은 정자가 있던 것을 성종이 사서 김일손에게 주고 노모를 모시도록 하였다. 그는 정자 이름을 이화정이라 짓고 살다가 그가 죽은 후에는 누구의 소유로 넘어갔는지 알 수 없다. 이화정에서의 경치를 즐긴 인물로 순조의 아들 효명세자를 들 수 있다. 그는 이곳에 머물면서 경치에 매료되어 이화정에서 즐길 수 있는 열 가지 경치를 十景詩로 남겼다.

먼저 「層城昇旭」에서는 푸른 바다에 둥근 불덩이가 솟아오르듯이 낙

산으로 떠오르는 햇살이 서울 장안을 비춰 온 나라가 밝아지는 기상을
노래하였다. 이어 「駱山春曉」에서는 동트기 직전 별빛이 점차 희미하게
사라지면서 나타나는 낙산의 봄 새벽 모습이 아름답다고 하였다. 「隔林
梨花」에서는 이화정 발 너머로 눈 덮인 듯 동산 가득 흰빛으로 피어 있
는 배꽃의 예쁘고 맑은 향기가 사랑할 만하다고 하였고, 「內苑柳鶯」에
서는 정원의 버드나무에 앉아 노래하는 꾀꼬리 소리가 들을 만하다고
하였다. 「綠陰蟬響」에서는 한여름 한 줄기 쏟아진 비가 개인 후 낙산의
우거진 숲에서 우는 매미소리가 정겹게 들린다고 하였고, 「攬翠聞鐘」에
서는 고요한 밤 서당에서 맑은 징소리를 내어 잠에서 깨어나 향에 불사
르고 조용히 앉아 있으니 차가움도 깨닫지 못하고 깨우침을 발한다고
하였다. 「竹林夜雨」에서는 대나무 숲에 비 내리는 소리가 마치 돌 밑을
흐르는 샘물소리 같고, 맑고 깨끗함은 발 너머 생황이나 비파 소리 같다
고 노래하였으며, 「松下步月」에서는 달이 밝은 밤에 소나무 숲을 걷고
있자니 달은 소나무를 얻어서 그림자를 만들고 소나무는 달을 얻어서
더욱 그윽한 것이 가히 즐길 만하다고 하였다. 「書帷寒燈」에서는 가을
밤 등불을 밝히고 밤새워 책을 읽는 모습을 노래하였고, 「窓梅對雪」에
서는 한겨울 창가에서 흰 눈 속의 매화를 바라보니 매화는 맑은 자태로
군자와 짝하기를 좋아한다고 노래하였다. 이 십경시는 효명세자의 시문
집인 『敬軒集』에 실려 있다. 오늘날 낙산이나 이화정 터에서 이러한 사
시사철의 정취를 모두 기대할 수는 없다. 그러나 이화정이라는 이름이
만들어진 계기가 된 배꽃에 대한 시인 「격림이화」를 통해 당시의 정취
를 일부나마 느껴볼 수는 있을 것이다.

數樹梨花映(수수리화영)　몇 그루 배꽃 환히 비추어
輕簾捲小堂(경렴권소당)　작은 집에 가벼운 발 걷네

却疑春雪跡(각의춘설적)   봄눈 내렸나 의심도 하고
難辨早梅香(난변조매향)   이른 매화 향기 분간하기 어렵네
戲蝶頻窺戶(희접빈규호)   희롱하는 나비 자주 창문을 넘보고
流禽晩拂牆(류금만불장)   떠도는 새는 저물녘 담장을 스쳐 나네
枝枝新帶雨(지지신대우)   비 맞은 가지마다 새롭고
暄旭漸看長(훤욱점간장)   따사로운 햇살에 점점 자라남을 보네


## 3. 한강의 풍경과 누정

조선시대 권력이 있는 사람들은 한강의 풍경을 즐기기 위해 물가에 높은 언덕이나 산마루에 누정을 짓고 살았다. 사시사철 한강의 변화를 즐기면서 시를 짓기도 하고, 독서를 통해 자신의 지혜를 함양하기도 하였다. 조선 초기에는 주로 왕실에서 누정 건립을 주도하였다. 태종이나 세종 등 국왕은 물론 왕자들이 중심이 되었다. 특히 풍류를 즐길 줄 아는 양녕대군·안평대군·월산대군, 전국을 정처 없이 떠돌아 다녔던 효령대군 등이 주목을 끈다. 이들 중 안평대군을 제외하고는 모두 동생에게 왕위를 양보했다는 공통점을 가지고 있다. 이에 세종이나 성종은 형들의 정자에 대하여 각별한 관심을 기울이고 경제적인 지원도 아끼지 않았다. 이후 조선 후기에는 왕실보다는 사대부들이 한강 가에 누정을 짓는 사례가 많았다.

시기적으로는 대부분의 누정이 조선 초기 성종 이전에 주로 건립되었다. 그 결과 15세기에는 대간들이 우후죽순처럼 늘어나는 한강변의 정자와, 이에서 비롯되는 대신들의 사치풍조와 나태함 등을 지적하며 무분별한 누정 건립에 대하여 제동을 걸었다.[16] 그리하여 선조 때 약간의 개인 누정이 있다가 나머지는 19세기 이후에 주로 건립되었다. 따라서

조선시대 전 기간 동안 창업기인 15세기 중반에 집중적으로 한강변에 누정이 건립되었고, 이어 19세기 세도정치기에 권력을 장악하고 있던 세도가들에 의해 누정이 건립되었음을 확인할 수 있다.

 조선시대 한강 가에 있던 누정은 매우 많았다. 하지만 모든 누정에 대한 기록이 남아 있지는 않다. 현재 원형이 남아 있는 누정으로는 龍驤鳳翥亭이 유일하다. 이마저도 여러 채의 건물 가운데 하나만이 남아 있다. 그리고 현대에 복원된 누정으로는 한강 하류에서부터 小岳樓·望遠亭·孝思亭 등 세 곳뿐이다. 이 외에 정자가 있었던 지역에 표석을 세워 현대인들에게 그 흔적이나마 알려주고 있는 누정 역시 10여 곳에 지나지 않는다.

 한강에서 서울 지역에 해당하는 곳을 일명 京江이라 부른다. 보다 세부적으로 경강 중에서 동쪽에 해당하는 성동구 앞을 흐르는 한강을 東湖라 한다. 그리고 용산 앞을 흐르는 한강을 일명 南湖·龍湖·용산강, 마포 앞을 흐르는 한강을 西湖 혹은 西江이라 불렀다. 이 세 곳은 한강에서도 경치가 가장 아름다운 곳으로 꼽혀 왔으며, 절경을 감상하기 위해 왕실은 물론 개인들까지 많은 정자들을 지어 놓고 풍류를 즐겼던 곳이다.

 조선시대 경강 지역에 있던 누정을 상류에서부터 하류로 내려가면서 정리하면 대략 75개 정도다. 광나루와 동호 일대에 18개, 용산 앞의 남호 일대에 9개, 마포 앞 서호 일대에 35개, 노량진 일대에 3개, 양천 일대에 10개의 누정이 있었다. 전체적으로 볼 때 서호 지역에 가장 많은 누정이 있었고, 다음이 동호 지역이다. 누정에 관한 기록이 미미하여 누락된 것도 있을 것이고, 같은 터에 다른 이름으로 후대에 지어진 누정도 있어 그 숫자는 큰 의미가 없다. 다만 한강변에 어떠한 사람들이 누정을 짓고

---

16) 『성종실록』 권86 성종 8년 11월 19일(임오).

살면서 풍류를 즐겼는가를 보여주기에는 족하다.

## 1) 동호의 풍경과 누정문화

동호 북쪽, 지금의 성동구 옥수동 지역은 옛날에 두뭇개라 하였고 한 자로는 豆毛浦라 하였다. 두뭇개는 두 개의 물줄기가 흐른다는 의미로, 두물개가 변하여 이루어진 말이다. 즉 중랑천이 저자도 못 미처 한강 본 류와 합류되기 때문이다. 두 물줄기가 만나는 곳에는 넓은 강폭이 만들 어져 마치 호수를 연상하게 되므로 동호라 불렀던 것이다. 이는 『동국여 지비고』산천 조에 '두뭇개가 도성 동남쪽 10리에 있는데 동호라고 한 다.'는 기록에서도 확인된다. 지금의 동호대교라 불리는 다리 이름도 이 러한 역사에서 연유된 것이다.

앞쪽 한강에는 저자도가 보이고, 그 너머 동쪽으로는 남한산성이 있 는 청량산과 압구정 및 봉은사의 뒷산인 수도산이 보인다. 강 건너 남쪽 으로는 청계산이, 약간 서쪽으로는 멀리 관악산이, 병풍이 펼쳐진 듯한 수려한 자연 경관을 간직하고 있다. 예부터 이곳에는 낚시터로 유명한 立石浦가 있었다. 세종이 아버지 상왕을 모시고 종종 낚시 구경을 왔던 곳이기도 하다. 그 앞의 저자도에는 작은 언덕과 논밭이 있었고, 강물과 맞닿은 백사장이 펼쳐져 일찍부터 별장이 들어섰던 곳이기도 하다.

동호 일대에 있던 누정은 모두 18개다. 동호에서 상류로 약간 올라간 지역에 태종이 세운 정자인 樂天亭과 중랑천 하류의 말 목장에 있던 華 陽亭도 이 일대에 포함시켰다. 이 외에 왕실이나 관청과 관련된 누정으 로는 齊安大君이 지은 流霞亭, 세조 때의 왕손인 銀川君의 별장인 洗心 亭, 연산군이 지은 皇華亭, 효종의 동생 麟平大君이 지은 戴恩亭, 인조의 동생 능원대군의 綾原亭, 동빙고 안에 있던 玉壺樓, 외국 사신이 주로 찾던 濟川亭, 왕이 군사 훈련을 참관하던 七德亭 등이 있었다. 개인이 건립한 정자로는 성종 때의 훈신 한명회가 지은 狎鷗亭, 참판 홍석보가 지은 夙夢亭, 성종 때의 문신 김국광이 지은 天一亭, 유희발이 지은 月波亭, 선조 때의 문인 정유길의 夢賚亭, 익종 비 神貞王后가 태어난 雙湖亭 등이 뛰어났다. 이 외에도 수양대군과 권람이 자주 만났던 蒼檜亭, 민씨가 세웠다고 전하는 二可亭, 누가 세웠는지 모르는 夢鷗亭 등이 있었다.

조선 중기 三唐詩人의 한 사람으로 시문에 뛰어났던 玉峰 白光勳은 동호 일대의 경치가 아름다운 곳에 수많은 정자가 들어선 모습을 보고 다음과 같이 시로 표현하고 있다.

好是臨江處處樓(호시임강처처루) 강 따라 경치 좋은데 가는 곳마다 누정이네
往來無復禁吾遊(왕래무복금오유) 그 누가 오라 가라 내 노는 것 막을 거냐
當時不惜千金費(당시부석천금비) 그 옛날 많은 사람들 천금 비용 아끼지 않았어도
風月年年屬釣舟(풍월년년속조주) 청풍명월이 해마다 낚싯배에 가득하다오

동호 일대에서 경치가 유명하기로 이름난 정자는 낙천정, 화양정, 천일정, 제천정, 압구정 등이다. 낙천정은 광진구 자양동 한강변에 있었던 정자로 태종이 1419년에 짓고 자신이 왕위에서 물러난 이후 이곳에 거처하였다.[17] 태종은 이곳의 경치를 즐기면서 종종 연회를 베풀기도 했다. 지금은 도시화와 한강 개발이 이루어지고, 주위의 환경도 모두 변하

---

17) 낙천정에 관한 역사적 변천은 이상배, 앞의 책, 2012, 248~253쪽 참조.

여 그 정취를 느낄 수 없지만 변계량은 당시 낙천정의 풍경을 봄에는 사방에 새싹이 돋아 살곶이벌의 푸른 들판이 장관이고, 여름에는 시원한 바람이 정자를 휘감고 돌아 더위를 이길 수 있으며, 가을에는 사방 어디를 보아도 단풍으로 병풍을 두른 듯하고, 겨울에는 하얀 눈이 덮인 설국의 세상을 감상할 수 있는 곳이라고 하였다.[18] 상상만 해도 사시사철 각 계절의 특징을 모두 바라볼 수 있었던 정자였음을 짐작하게 한다.

화양정은 광진구 화양동의 조선시대 말목장 안에 있었던 정자이다. 세종 14년(1432) 왕명에 의해 지어진 이 정자는 말목장의 관리를 편리하게 하고, 이 일대의 풍경을 감상하기 위한 목적에서 지어졌다. 이 정자에 앉으면 말이 떼를 지어 넓은 들판을 누비며 한가로이 풀을 뜯는 모습을 한 눈에 바라볼 수 있다. 이러한 모습에 매료되어 월산대군이 읊은 '교외의 살곶이다리 찾아가기(箭郊尋訪)'라는 시가 다음과 같이 전하고 있다

春郊細草如華茵(춘교세초여화인) 봄철 교외의 가느다란 풀은 비단자리 같은데
春風載酒尋遊人(춘풍재주심유인) 봄바람에 술을 싣고 노는 사람이 찾아가네.
朝乘駿馬踏靑去(조승준마답청거) 아침엔 준마 타고 푸른 풀 밟고 나갔다가
日暮醉歸空惜春(일모취귀공석춘) 저물녘 취해 돌아오며 공연히 봄을 아까워 하네.
靑衫年少上樓曲(청삼년소상루곡) 푸른 옷을 입은 저 소년들 누대 모퉁이 오르더니
高閣笙簫政喧吸(고각생소정훤흡) 높은 누각에 생황과 퉁소 소리

---

18) 변계량, 『동문선』 제80권, 낙천정기.

바르게 들리네.
垂楊柔弱綠陰深(수양유약녹음심) 버들가지 한들한들 녹음도 깊었는데
明日鞦韆掛院落(명일추천괘원락) 내일엔 그네가 담장 가에 걸렸으리.

　봄철 넓은 들판에 비단을 깔아 놓은 듯 새싹이 돋아난 살곶이벌로 술을 가지고 말 타고 나갔다가 하루 종일 풍경을 감상하고 술 취해 돌아오는 모습, 그리고 멀리서 들려오는 생황과 퉁소 소리를 들으면서 자연을 즐기는 정취를 담아내고 있다. 월산대군의 풍류를 잘 보여주는 시다.
　천일정은 한남대교 북단 용산구 한남동 459번지에 있었던 정자다. 조선 성종 때 김국광이 처음 지은 정자이며, 조선 중기 경주 이씨의 이항복 집안으로 넘어갔다가 이규환을 거쳐 민영휘의 소유가 되었다. 조선시대 천일정에 앉아 있으면 맑은 날 한강의 물빛과 저 멀리 하늘 끝까지 파란 빛이 서로 어울리는 풍경을 훤하게 건너다 볼 수 있었다. 압구정·남한산·잠실·청계산·관악산까지 바라다 보이는 광활한 경관은 사시사철 색다른 볼거리였다. 특히 비오는 날의 풍경이나 눈 덮인 날의 설경은 가히 으뜸으로 쳤다. 조선 후기 박윤묵은 천일정에서 바라 본 한강의 눈 덮힌 풍경을 다음과 같이 노래하였다.

　　素好樓居幾日停(소호루거기일정) 누정에 기거하기 좋아하여 몇 날을 머물렀나
　　雪中都是畫圖屛(설중도시화도병) 눈 내린 경치 그려놓은 병풍과 같네.
　　樽盈酒醴瓊流液(준영주례경류액) 술잔 가득 단술 넘쳐 신비한 약물 흐르고
　　架揷詩書玉照形(가삽시서옥조형) 서가에 꽂힌 시경과 서경은 옥빛이 비춘다.
　　十里因緣愁此日(십리인연수차일) 십 리의 인연으로 시름겨운 이날
　　三冬疾病際衰齡(삼동질병제쇠령) 삼동에 병이 들어 쇠약해 가는 때라네.

江頭多少遨遊語(강두다소오유어) 강가에서 노닐며 이야기 할 날
얼마나 되리
兒子歸來仔細聽(아자귀래자세청) 어린아이 돌아와 자세히 듣네.

이 시는 눈 내린 한겨울에 누정에 여러 날 머물면서 책도 읽고 술도
마시며 유유자적하는 모습을 떠올리게 한다.[19]

제천정은 용산구 한남동의 강변 언덕에 있던 정자이다. 고려시대는
한강정 또는 한강루로 불리다가 세조 2년(1456) 제천정으로 이름이 바뀌
었다. 제천정의 경치는 한강에서도 으뜸으로 치는 곳이라 일찍이 중국
사신이 오면 이곳에서 연회를 베풀어 주면서 오랜 여정에서 오는 피로
를 풀게 해 주었다. 월산대군은 서울에서 볼만한 풍경으로 꼽은 한도10
영에서 제천정에서 보는 달구경을 최고로 꼽았다. 당시 월산대군의 시
에 강희맹·서거정·이승소 등이 답가를 하였는데 이 시에는 제천정의 아
름다운 풍경이 고스란히 녹아있다.[20] 먼저 풍월정 월산대군이 읊은 「제
천완월」은 다음과 같다.

銀河無風素波靜(은하무풍소파정) 은빛 강물은 바람 없어 흰 물결
고요한데
老蟾吸此潭底影(노섬흡차담저영) 달빛은 못 밑까지 환히 비추네.
江頭似轉白玉盤(강두사전백옥반) 강 머리에서 백옥 소반 굴리는 것
같은데
雲際已吐黃金餠(운제이토황금병) 구름 저 사이로 벌써 황금 떡이
솟아났네.
高樓樽酒冷似徹(고루준주냉사철) 높은 다락에 한잔 술 차갑고 깨끗한데

---

19) 박윤묵, 『존재집存齋集』 제19권.
20) 『신증동국여지승람』 제3권 한성부 제영조.

對此清光欺白髮(대차청광기백발) 이 맑은 빛을 대하니 백발도
모르겠네.
回頭橫笛一聲來(회두횡적일성래) 어디선가 젓대 소리 들려와 머리
돌리니
夜蘭似聽霓裳曲(야란사청예상곡) 깊은 밤 월궁月宮의 음악소리
듣는 것 같네.

제천정 높은 다락에 앉아 술을 한잔 하면서 보름달이 고요한 한강에 비치는 모습을 보고 있는 장면과, 멀리서 들려오는 대금소리를 마치 월궁에서 들려오는 음악소리로 착각할 정도로 제천정 달빛에 취해 있음을 잘 표현하고 있다. 역시 풍류를 즐길 줄 아는 월산대군의 풍도를 볼 수 있는 시다.

압구정은 강남구 압구정동 산310번지 일대, 지금의 현대아파트 11동 뒤쪽에 있던 조선 초기 한명회가 지은 정자다. 한명회가 정치적으로 많은 비난을 받기는 했지만 그래도 압구정은 당대 서울에서 꼽는 명승지 중 하나였다. 정조가 국도팔영을 읊은 것 가운데 압구정에서 한강에 배 띄우기 풍경을 명승 가운데 하나로 손꼽은 곳이 이를 입증해 준다. 이러한 압구정의 모습이 지금은 남아 있지 않아 실물을 볼 수는 없지만 다행히도 겸재 鄭敾이 그린 그림 2점이 남아있다. 하나는 잠실 쪽에서 하류로 내려가면서 압구정을 보고 그린 것이고, 다른 하나는 정반대의 방향에서 압구정을 그렸다. 정자는 한강 가 높은 언덕 위에 자리 잡았고, 마루 둘레에는 난간을 돌렸으며, 지붕은 팔작지붕을 한 형태로 비교적 호화로운 모습이다. 정자 아래쪽으로는 기와집 몇 채와 초가집들이 어우러진 마을이 평화롭게 자리 잡고 있고, 오래된 나무들이 군데군데 우뚝 서 있다. 강 건너로는 정상에 소나무가 우뚝 솟은 남산이 보이고 그 뒤로는 삼각산 연봉들이 희미하게 그려져 있다. 압구정 뒤로는 희미하지

만 멀리 관악산과 청계산 우면산 등이 보인다. 한강 가에는 모래사장이 펼쳐져 있고, 그 사이로 정박해 있는 고깃배가 서너 척 있으며, 한강 위로는 배 한 척이 물을 따라 내려가고 있다. 지금으로서는 과거 이곳이 이렇게 아름다웠는지 상상할 수 없을 정도로 변해 있지만, 지형상으로 보면 누구든지 그 자리에 정자를 짓고 풍류를 즐기고 싶었을 것이다.

### 2) 용산8경과 누정문화

용산 앞의 한강을 특별히 용산강이라고도 부른다. 고려시대 충숙왕이 부인 曹國公主와 함께 이곳 용산까지 와서 높은 언덕에 막사를 만들고 휴양을 할 정도로 자연 경관이 매우 뛰어났던 곳이다. 조선시대에도 산수가 아름답고 풍경이 뛰어난 이곳에는 수많은 명사와 문인들이 찾아와서 놀고, 혹은 정자와 별장을 짓고 서로 오가며 시를 읊고 풍류를 즐겼다.

옛날부터 용산에서 바라보는 경치 가운데 뛰어난 여덟 곳을 골라 특별히 용산8경이라 하였다. 멀리 용산강 건너 구름이 낀 청계산의 아침 모습인 淸溪朝雲, 용산강에서 바라보는 관악산의 저녁노을인 冠岳晚霞, 만초천에서 게를 잡기 위해 밤에 등불을 밝힌 모습을 노래한 蔓川蟹火, 동재기나루로 돌아가는 돛단배인 銅雀歸帆, 밤섬에 걸쳐 나타나는 낙조를 일컫는 栗島落照, 하루 종일 탁발한 스님이 흑석동으로 돌아가는 평화로운 모습을 의미하는 黑石歸僧, 노량나루를 중심으로 사람들이 왕래하는 모습을 노래한 露梁行人, 한강가에 모래가 넓게 깔린 인근 마을인 이촌동의 저녁 경치를 말하는 沙村暮景이 그것이다.

용산강 일대에는 강 북쪽으로 고려 말 이숭인의 기문에 나타나는 秋興亭, 김덕희가 지은 三湖亭·涵碧亭·擇閑亭, 정조 때 홍양호가 지은 雙湖亭, 조두순의 별장 心遠亭·閑月亭, 을사오적의 한 사람인 이지용이 지

은 龍山江亭 등 이름난 누정이 많았다. 조선 후기 정조 때는 용산 군자
감의 別倉으로 挹淸樓가 세워져 용산의 또 다른 명소가 되었다. 한강 남
쪽에는 정조의 행궁인 龍驤鳳翥亭이 있고, 용양봉저정에서 동쪽으로 한
강을 따라 약간 올라가면 조선 초기부터 있던 孝思亭 자리다.

추홍정은 고려 말 김봉익이 용산강변에 건립한 정자로 이숭인이 쓴
「秋興亭記」에 의하면 용산 일대는 오곡이 잘 자라고, 강으로는 배가, 육
지로는 수레가 통행하여 고려의 수도 개경에서 이틀이면 갈 수 있는 곳
으로 경치가 좋아 일찍부터 산수를 즐기고자 별장을 마련하는 사람이
많았다고 하였다. 나아가 추홍정의 풍경을 봄에는 사방에 꽃이 피고 동
풍이 부는 날에 정자에 앉아 노래하면 좋고, 여름에는 뜨거운 햇빛을 나
무 그늘이 가려주며, 맑고 시원한 바람이 옷깃을 나부껴 산책하기 좋은
곳이고, 가을에는 사계절 중 가장 좋은 경치를 자랑하는 곳이라고 하였
다.[21] 일찍이 삼봉 정도전이 자신의 집에서 멀리 추홍정을 바라보며 지
은 시와 권근이 가을에 추홍정에 올라 지인들과 함께 여유로움을 만끽
하며 시를 진은 것이 남아있기도 하다.[22]

삼호정은 용산강변의 원효로에서 마포로 넘어가는 삼개고개에 있었
던 정자로 조선 후기 헌종 때의 문신 김덕회의 별장이다. 이 정자는 여
류 시인들이 모여 시를 읊었던 장소로 유명하다. 김덕회의 첩실이었던
錦鸞을 중심으로 金雲楚·瓊山·朴竹西·瓊春 등이 삼호정시단을 만들어
이 정자를 무대로 자주 만나 시를 주고받으면서 조선 후기의 한시문학
을 꽃피웠다. 이들은 각자 태어난 곳이 다름에도 불구하고 동인 활동을
활발하게 전개하였다. 금앵이 지은 삼호정시는 다음과 같다.[23]

---

21) 이숭인, 『동문선』 제76권 추홍정기.
22) 이상배, 앞의 책, 2012, 305~306쪽.

煙波浩蕩白鷗天(연파호탕백구천) 안개 자욱한 강 가없이 넓고 하늘엔 갈매기 날고
斜倚欄干夜不眠(사의난간야불면) 난간에 비스듬히 기대 온 밤 지새우는데
隔江時聞人語響(격강시문인어향) 강 건너서 때때로 사람 소리 들리나니
月明南浦有歸船(월명남포유귀선) 달 밝은 남포南浦로 가는 배인가 보다
簾幕初開水國天(염막초개수국천) 발을 들어 올리니 물은 하늘 끝에 닿고
春風十二畵欄前(춘풍십이화난전) 열두 굽이 그림 난간에 봄바람이 불어오네
隔江桃李淞江柳(격강도이송강유) 강 건너 복숭아 오얏꽃과 강가의 버들가지
盡入溟濛一色烟(진입공몽일색연) 가랑비에 온통 희뿌윰하네

금앵은 정자에서 밤을 지새면서 아침 강가에 자욱하게 안개가 끼고, 그 가운데 바삐 배를 저어가는 사람들의 모습, 강가에 피어난 오얏꽃과 버들가지의 자연스러움을 노래하며 평온한 풍경을 노래하고 있다. 금앵과 함께 동인 활동을 했던 운초가 지은 삼호정에서의 저녁 구경(三湖亭晚眺)이라는 시도 이곳의 경치를 잘 묘사하고 있다.[24]

淸流端合鏡新粧(청류단합경신장) 맑은 강물은 새로 단장한 거울 같고
山學峨鬢草學裳(산학아환초학상) 산은 우뚝한 쪽진 머리요 풀은 치마 같네
別浦來翔無數鳥(별포래상무수조) 이별의 나루터엔 무수한 새 날아들고
芳洲有時不知香(방주유시부지향) 꽃다운 물가엔 때로 알 수 없는 향기 나네
松窓月入衾還薄(송창월입금환박) 솔창에 달 비치고 이불은 얇은데

23) 금앵, 『호동서락기』 삼호정시.
24) 운초, 『부용집』 三湖亭晚眺.

梧葉風飜露更光(오엽풍번로갱광) 오동잎 바람에 펄럭이니 이슬 더욱 반짝이네
春燕秋鴻都是信(춘연추홍도시신) 봄 제비 가을 기러기 모두 믿음이 있으니
未須怊悵枉回腸(미수초창왕회장) 모름지기 돌아오지 않을까 슬퍼할 것 없네

　삼호정은 조선 후기 여류 시인들의 활동 무대였다는 점에서 의미가 깊은 정자였다. 삼호정이 단순하게 여성들의 사회적 모임 장소가 아니라 시문을 창작하고 서로의 의견을 교환하는 것을 목적으로 한 여성들의 집단적 문학 활동 공간이었다는 것은 여성 문학사에서도 매우 의미가 깊다. 17세기 이후 조선에서 여성 성리학자나 시인들이 서서히 나타나기 시작하고, 여성들의 사회적 인식이나 의식이 상당 부분 성장하고 있다는 측면에서도 삼호정시사가 지니고 있는 역사성은 매우 크다.

　읍청루는 용산구 청암동 169번지 남쪽에 있었던 정자로 용산 일대와 마포는 물론 멀리 한강 하류의 행주 방면까지도 보이는 명소였다. 이 정자는 정조 1년(1777) 훈련도감의 용산 별영에 딸린 누로 건립된 건물로 정조가 많이 이용하였다. 정약용이 '저 어부 그물 치는 것 구경하려면 어스름에 걸음 재촉하여 읍청루로 올라 가세나.'라고 말할 정도로 주변 경관을 즐기기에 알맞은 곳이었다. 정조는 이곳에서 군사 훈련을 참관하기도 하였고, 비밀리에 동생 은언군을 만나 회포를 풀기도 하였다. 다산 정약용은 읍청루에서 여러 선비들과 함께 술을 마시며 다음과 같은 시를 지었다.[25]

---

25) 정약용, 『다산시문집』 제1권, 夏日挹淸樓陪睦正字　祖永　諸公飮.

臨水紅樓縱目初(임수홍루종목초) 물가의 화려한 누각에서 눈을 들어
바라보니
綠波如帶繞王居(록파여대요왕거) 푸른 물결 띠처럼 도성을 감고 도네
湖漕舊貢長腰米(호조구공장요미) 저 뱃길로 옛적에는 장요미를 바쳤는데
浦市新賖縮項魚(포시신사축항어) 갯가 저자 오늘날 축항어를 사온다오
帥府練兵須宰相(수부연병수재상) 장수부의 군사 훈련 옛 재상의
덕분이고
倉曹辟屬賴尙書(창조벽속뢰상서) 호조 관원이 된 것은 상서 힘을
입었구나
憑欄小醉何傷禮(빙란소취하상예) 난간 기대 약간 취함이 예에 뭐가
손상되랴만
知故城南盡喫蔬(지고성남진끽소) 친지들은 성남에서 나물죽만 마시는 걸

『다산시문집』 제1권에 전하는 이 시는 용산강의 풍경과 읍청루의 연
혁을 알려주고 있다. 그는 읍청루에 오르면 도성을 감싸고 도는 한강이
한눈에 들어오고 이 강을 통해 질 좋은 쌀인 장요미와 축항어, 즉 병어
를 바쳤다는 감회에 젖는다. 이어 읍청루가 속한 훈련도감은 옛 재상,
곧 유성룡이 설치한 것이고, 자신의 부친이 호조의 관원이 된 것은 채제
공의 덕분이라고 하였다. 마지막으로 읍청루 난간에 기대어 술에 취하
는 것도 좋지만 성 남쪽에 사는 사람들은 죽만 먹고 사는 현실이니 이를
몰라라 할 수 없는 마음을 묘사하고 있다.

용양봉저정은 한강대교 남쪽 노량진 배수지공원 건너편 언덕에 있어
북쪽을 바라보고 있다. 이 정자는 정조가 정조 13년(1789)에 공사를 시작
하여 2년 후인 1791년 완공하였다. 정조가 아버지 사도세자의 묘인 현륭
원을 참배하기 위해 한강을 건너면 이곳에서 쉬면서 잠시 휴식을 취하
던 행궁의 역할을 하였다. 1791년 정자 건물이 완공된 이후 처음 이곳에
들른 정조는 용양봉저정에서 바라본 한강과 서울의 풍경을 「용양봉저

정기」에 다음과 같이 적고 있다.

　내가 그 정자에 올라갔더니 때마침 먼동이 트고 해가 떠오를 무렵이어서 붉은 구름이 뭉게뭉게 떠오르고 새하얀 비단이 맑게 깔려 있어 마치 떨어지는 것 같고, 공수하고 있는 것도 같고, 상투 같고, 쪽진 것도 같은 강 주위의 여러 봉우리들이 발과 안석 사이로 출몰하면서 해기海氣가 비치고 있고, 천리나 푸른 출렁이는 바다는 곧 손에 닿을 듯이 문밖을 나가지 않고도 다 거두어들일 것 같았다. 내 그것을 보고서야 그 이름이 있으면 반드시 그에 상응하는 그 무엇이 있다는 것을 알았고, 그 정자의 조망이 좋다는 것도 알았다.

　이 내용은 용양봉저정에서 잠을 자고 난 후 새벽에 해맞이를 하면서 바라보는 정취를 기록한 것이다. 그가 이곳에서 이어 『홍재전서』 제7권에는 정조가 새벽에 용양봉저정에 당도하여 읊은 시가 남아 있다.[26]

　　迎華官道大江南(영화관도대강남) 큰 강 남쪽에 자리한 영화역 관도에는
　　上有名樓鏡面涵(상유명루경면함) 위에 명루가 있어 강물에 환히
　　　비치누나
　　萬舳龍驤成紫陸(만축용양성자륙) 만 척의 용양선은 붉은 뭍을 이루었고
　　十洲鸞鶴漾靑嵐(십주란학양청남) 십 주의 난학들은 푸른 남기를
　　　출렁이네
　　旗含宿霧增帆飽(기함숙무증범포) 안개 머금은 깃발엔 바람 돛을
　　　더하였고
　　虹飮明河倚鼓酣(홍음명하의고감) 은하수 마신 무지개는 북소리를
　　　기대었네
　　極望遲遲臺近遠(극망지지대근원) 멀리서 보이는 지지대 가깝고도 먼데

26) 정조, 『홍재전서』 제7권.

更敎前驅不停驂(갱교전구부정참) 다시 말구종으로 하여금 말 못
멈추게 하노라

## 3) 서호8경과 누정문화

용산강에서 5km 정도 하류로 내려가면 마포와 양화나루 일대에 도착
한다. 이 일대가 서강이다. 두뭇개 앞을 동강이라 했던 것과 대칭이 된
다. 이곳의 넓은 강폭과 잔잔한 물결은 물화를 실어 나르는 배들이 드나
드는 포구로서 제격이었을 뿐만 아니라, 뱃놀이를 하기에도 알맞은 곳
이었다. 『택리지』는 '용산 서쪽으로 마포·토정·농암 등의 강마을이 있
어 모두 서해 바다와 통하므로 팔도의 배가 모여 들고, 성 안의 公侯·귀
족들이 이곳에 정자를 짓고 놀이와 잔치하는 장소로 삼았다.'라고 적고
있다. 예부터 마포 앞 서강에는 전국에서 서울로 올라오는 배들이 모여
들어 장사치들이 인산인해를 이루었다.

아울러 서강 북쪽의 지세는 무악의 한 줄기가 남으로 뻗어 와우산이
되고, 그 끝자락인 잠두봉이 강가에 우뚝 솟아서 강 건너 서남쪽의 선유
봉과 마주하는가 하면, 강 가운데에 밤섬과 잉화도(여의도)가 두둥실 떠
있어서 일찍부터 강산풍월을 좋아하는 사람들이 이곳으로 많이 모여들
었다.

이러한 서호 일대의 아름다운 풍경을 노래한 것이 서호8경이다. 용산
강 물 위로 뜨는 달을 의미하는 龍湖霽月, 마포 포구로 돌아오는 돛단배
를 나타내는 麻浦歸帆, 강 건너 放鶴 언덕의 밤낚시 풍경인 放鶴漁火, 밤
섬의 깨끗한 모래벌을 의미하는 栗島明沙, 농바위 마을의 저녁연기를 나
타내는 籠岩暮煙, 와우산의 소와 말 방축을 가리키는 牛山放畜, 양화나
루의 낙조를 의미하는 楊津落照, 맑은 날의 관악산 아지랑이를 뜻하는

冠岳晴嵐이 그것이다.

아름다운 경치가 빼어난 서호 일대에도 일찍부터 많은 정자가 건립되었다. 양녕대군의 별장인 榮福亭, 효령대군의 별장인 喜雨亭, 안평대군의 별장인 淡淡亭을 비롯하여 한강에서 가장 많은 누정이 운집해 있던 곳이다. 지금의 현석동에는 월사 李廷龜의 保晚亭, 효종의 부마인 금평위 鄭齊成의 滄浪亭을 위시하여 暎派亭·萬休亭 등이 있었고, 상수동에는 淸雲亭·水一樓, 을사늑약 때의 오적의 한 사람인 朴齊純의 坪楚亭, 내시의 별장인 永恩亭 등이 있었으며, 이 외에 樂水亭·好仁亭·淸漪亭 등도 있었다. 또 당인동에 岸柳亭과 伏波亭이, 창전동에 濯纓亭과 淸雲亭이 있었다. 또 강이 내려다보이는 자리는 아니지만 고종 임금의 아버지인 흥선대원군의 我笑堂 별장이 염리동에 있었다. 이들 일부 별장과 당대 고관대작들의 정자와는 달리 토정동에 있던 李之菡의 土亭은 흙으로 지은 반 움집이었다.

영복정은 마포구 상수동 일대에 있던 정자로, 양녕대군이 만년에 지은 별장이다. 양녕대군이 복을 누리며 여생을 편안하게 보냈으면 하는 생각에서 조카인 세조가 이곳에 들러 정자 이름을 지어준 것이다. 성종 때 사림 세력으로서 중앙 정치에 발을 디딘 김종직은 원화중·권불기·김희우·신중거·조평 등의 선비들과 함께 한강 유역을 노닐다가 비가 와서 이곳 영복정에 들러 하룻밤을 묵었다. 그들은 이곳이 양녕대군의 별장이었던 것을 알고 기생 두 사람을 불러 시를 지으면서 시간을 보냈다.[27]

江邊跨馬踏芳菲(강변과마답방비) 강변에서 말 타고 향기로운 꽃밭을 거니노니

---

27) 김종직, 『점필재집』 제1권, 시.

江上華亭俯釣磯(강상화정부조기) 강가의 화려한 정자 낚시터 굽어보네
白雨亂隨紅雨落(백우란수홍우락) 소나기는 어지러이 붉은 꽃 따라
떨어지고
前帆遙帶後帆歸(전범요대후범귀) 멀리 돛단배 앞 뒤로 이어져 돌아오네
佳人拾翠歌蘭渚(가인습취가란저) 미인은 예쁘게 꾸미고 난저에서
노래를 하고
賈客分魚叩板扉(고객분어고판비) 장사꾼은 고기 나눠 사립짝을 두드리네
明日酒醒還齷齪(명일주성환악착) 내일 술 깨면 다시 작은 일에 구애
받으리니
浮生此會定應稀(부생차회정응희) 덧없는 인생 이 모임 바로 드물겠네

八窓風雨夜凄凄(팔창풍우야처처) 팔방의 창문 비바람에 밤은 서늘한데
燈火朦朧醉眼迷(등화몽롱취안미) 등불은 몽롱하고 취한 눈 희미하네
簇簇盃盤梨釘坐(족족배반리정좌) 가득한 술상 앞 미인들이 죽 늘어
앉았고
喧喧歌吹鳥驚棲(훤훤가취조경서) 떠들썩한 노래 소린 둥지의 새를
놀래키네
潮生鷺渚嘔啞艪(조생로저구아로) 조수 이는 물가에는 노 젓는 소리
들려오고
月黑人家呃喔鷄(월흑인가애악계) 달 넘어간 인가에는 닭들이 울어대누나
行樂一春難辦此(행악일춘난판차) 봄 날의 즐거운 한때 마련하기
어려우니
莫愁歸鞅濺淤泥(막수귀앙천어니) 가는 길에 말 가슴에 진흙 튈 걱정을
마소

위의 시는 영복정에서 즐기는 풍류의 모습을 잘 묘사하고 있다. 낚시
터에서는 사람들이 고기를 잡고 있고, 배들은 계속 이어져 한강으로 들
어오는 봄날 저녁, 밤 깊어가는 줄 모르고 쏟아지는 빗소리를 들으며 미
인들과 술 마시고 노래하며 즐기는 모습이다. 그러면서도 술이 깨고 나

면 선비로서 세상을 위한 근심을 해야 하니 응당 자주 이러한 풍류를 즐길 수 없다는 것도 잊지 않고 있다.

희우정은 양화대교 강변북로 옆에 위치하고 있다. 세종의 형인 효령대군이 정자를 짓고, 이름을 세종이 지어 준 것이다. 계속된 가뭄으로 근심이 가득하던 차에 세종이 정자에 이르렀을 때 그토록 갈망하던 비가 내려 농민들의 마음을 흡족하게 하자 너무나 기쁜 나머지 이름을 희우정이라 한 것이다. 당시 희우정의 기문을 지은 변계량은 다음과 같이 상세하게 주위 환경을 서술하고 있다.

희우정은 사치스럽지도 누추하지도 않다. 북악이 뒤에서 굽어보고 한강이 앞에서 흐르는데, 서남쪽의 여러 산들이 막막하고 아득하여 구름과 하늘과 연기가 물 밖으로 저 멀리 보일 듯 말 듯하다. 굽어보면 물이 맑아 물고기·새우도 역력히 셀 수 있다. 바람 실은 배의 돛과 모래 위의 새들이 바로 정자 아래까지 오고 가며, 천여 그루의 소나무는 푸르고 울창하여 술상 위를 어른거린다. 여기에 풍악 소리가 요란하고 맑은 바람이 시원하게 불어오니 황홀하여 날개가 돋아 푸른 하늘로 오르는 것만 같다. 마음이 자유스러워져서 바람 타고 신선 세계에서 노는 것만 같다. 눈이 아찔하고 머리털까지 곤두서는 듯하다.

정자 앞에서 연출되는 한강의 풍경과 한강 너머의 자연을 아주 세밀하게 묘사하고 있다. 한강의 맑은 물과 강변을 수놓는 모래사장, 정자 주변에 빽빽하게 들어선 소나무 등은 오늘날 그대로 재현되고 있지는 않지만 기록을 통해 그 풍경을 가히 짐작할 수 있다.

후에 성종의 형 월산대군이 쓰러져 가는 이 정자를 다시 고쳐 짓고 이름을 망원정이라 하였다. 정자에 오르면 멀리 산과 강을 잇는 경치를 잘 바라보기에 매우 좋다고 느꼈던 것이다. 이곳 양화대교 일대에는 조선시대 양화진이 있었고, 양화진 넓은 벌판의 겨울 경치는 한도10영의 하나로 꼽힐 만큼 명승지였다. 당시 여러 개의 시가 있지만 서거정의 시를 보면 다음과 같다.

> 北風捲地萬籟響(북풍권지만뢰향) 북풍이 휘몰아쳐 온갖 소리 울리는데
> 江橋雪片大於掌(강교설편대어장) 강 다리에 눈송이가 손바닥보다 크구나
> 茫茫銀界無人蹤(망망은계무인종) 망망한 은세계에 인적이 끊이고
> 玉山倚空千萬丈(옥산의공천만장) 하늘에 치솟은 옥산이 천만 길
> 我時騎驢帽如屋(아시기려모여옥) 내가 그때 지붕만한 모자 쓰고
> 나귀를 타니
> 銀花眩眼髮竪竹(은화현안발수죽) 은꽃이 눈부시고, 머리칼 대처럼
> 빳빳이 서네
> 歸來沽酒靑樓飮(귀래고주청루음) 돌아와 청루에서 술을 사 마시고
> 醉傍寒梅訪消息(취방한매방소식) 취하여 한매 옆에서 봄소식을 물어보네

아주 추운 겨울나귀에 몸을 싣고 망원정에 오니 큰 눈이 내려 넓게 퍼진 은세계를 연출하고, 바람소리는 북풍한설에 가까워 하루빨리 따듯한 봄이 기다려 진다는 내용이다. 이는 풍월정 월산대군의 시에 화답하면서 지은 것으로 『신증동국여지승람』에 전하고 있다.[28]

담담정은 마포 북쪽 언덕, 용산과 마포의 경계를 이루는 곳에 있던 정자로 안평대군이 지었으나 후에 신숙주이 별장이 되었다. 안평대군은 이곳에 만여 권에 달하는 책을 모아 놓고 틈틈이 머무르면서 책을 읽고, 선비들을 정자로 불러 시를 지으면서 조선 초기 혼란했던 국정을 논의하기도 했다. 계유정난 이후 신숙주의 소유가 되었으며, 세조가 이곳에 행차하여 한강의 경치를 구경하거나 군사훈련을 참관하기도 하였다. 담

---

28) 망원정에 관해서는 이상배, 앞의 책, 2012, 342~353 참조.

담정을 제목으로 한 시로는 강희맹의 시가 전한다.

> 寒雲漠漠水悠悠(한운막막수유유) 찬 구름 막막하고 강물은 유유한데
> 兩岸靑楓無盡愁(양안청풍무진수) 양쪽 언덕 푸른 단풍 끝없는 수심일세
> 坐對孤燈過夜半(좌대고등과야반) 외로운 등잔 마주 앉아 한밤중
> 지샜는데
> 一江風雨暗蒼洲(일강풍우암창주) 강에 가득한 비바람으로 푸른 물가
> 어두워지네

## 4) 양천8경과 누정

마포 서강에서 하류로 더 내려가면 양천 일대가 나타난다. 과거 양천 현의 鎭山이었던 宮山이 한강 남쪽에 위치하여 한강 가에 절벽과 같은 절경을 만들어 놓았다. 이 산은 城山·巴山·關山 등 다양한 이름으로 불렀다. 이곳에서는 서울 강북의 남산 자락과 인왕산, 무악 일대가 한눈에 들어온다. 예부터 양천현감은 매일 궁산에 올라 무악과 부천 장명산, 목멱산, 파주 오두산과 개화산에서 오르는 봉화를 살피는 것이 하루의 일과이기도 하였다.

궁산에는 小岳樓·望湖亭·岳陽樓·二水亭·逍遙亭·春草亭·莫如亭·映碧亭·在一亭·相聞亭 등 많은 누정들이 있었다. 특히 궁산 한강변의 뛰어난 절경은 중국 동정호의 악양루에서 바라보는 경치에 버금간다 하여 이곳에도 같은 이름의 악양루가 있었다. 조선시대 진경산수화로 이름난 겸재 정선은 양천현감으로 부임하여 자주 궁산 소악루에 올라 한강변의 풍경을 그려 『漢水舟遊』라는 작품집을 남겼다. 이 그림에서 당시 궁산 일대에서 바라보는 서울과 한강의 아름다운 모습을 감상할 수 있다.

용산이나 마포와 마찬가지로 양천에도 양천팔경이 있다. 소악루에서

부는 맑은 바람인 岳樓淸風, 양화강 고기 잡는 배의 불빛인 楊江漁火, 목
멱산의 떠오르는 해인 木覓朝暾, 계양산의 저녁 노을인 桂陽落照, 행주
로 돌아오는 고깃배인 杏州歸帆, 개화산의 저녁 봉화인 開花夕烽, 겨울
저녁 산사에서 들려오는 종소리인 寒山暮鐘, 안양천에 졸고 있는 갈매기
인 二水鷗眠이 그것이다.

이수정은 강서구 염창동 103번지 都堂山 위에 있던 조선 중기의 정자
다. 이곳에는 일찍부터 효령대군의 林亭이 있었던 곳이다. 그는 자신의
딸에게 이 정자를 물려 주었고, 이후 한산이씨 집안의 소유가 되어 그
후손인 이덕연과 이덕형 형제가 인조 3년(1625)경에 다시 정자를 짓고
이름을 이수정이라 하였다.[29] 이수정에서 감상하는 겨울 풍경도 많은
사람들의 이목을 끌었다. 이산해는 이수정에서의 겨울 풍경을 아주 상
세하게 다음과 같이 묘사하고 있다.

　　검은 구름이 하늘을 뒤덮고 하얀 눈이 공중에 흩날리면 들녘과 물가가
　모두 은세계가 되고, 새 그림자와 사람의 흔적이 모두 끊어지는데다 긴 강
　은 얼어붙고 玉峯은 하늘이 들고 있는 것만 같아진다. 얼음 같은 달이 구
　르는 듯 뛰는 듯하여 만 리가 마치 한 폭의 그림과 같을 때 문을 열고 바
　라보면 천지와 융합이 비어서 밝고 티끌 하나라도 그 사이에 흠집을 남기
　는 일이 없다. 황홀한 그 상황이 마치 이 몸이 水晶宮 속에 있으면서 달
　속의 姮娥와 대화를 나누는 것만 같을 것이다.

아주 낭만적으로 이수정의 겨울 풍경을 묘사하고 있다. 특히 한밤에
눈이 내려 은세계가 펼쳐지고, 아무런 흔적이 없는 상태에서 문을 열고
바라보면서 무아지경에 빠져드는 낭만을 느끼게 한다. 이산해의 집은

---

29) 박준우, 『양천군읍지』 누정조.

노량진에 있었으므로 겨울에 한강이 얼면 雪馬를 타고 이수정으로 가
하룻밤 자면서 이덕연과 함께 겨울 풍취를 즐기기를 원했다. 이러한 자
신의 마음을 담아 다음과 같은 「이수정」이라는 시도 지었다.[30]

少年慣作西湖客(소년관작서호객) 젊을 적엔 자주 서호의 나그네 되어
十日楊花九泛舟(십일양화구범주) 양화에 열흘이면 아흐레 배를 띄웠지
爲問江山能記我(위문강산능기아) 묻노니 강산아 나를 기억하겠느냐
白頭無復舊風流(백두무부구풍류) 백발의 몸 다시는 옛 풍류가 없어라
露梁南畔我菟裘(로량남반아토구) 노량이라 남쪽이 나의 은거지
聞說亭臨白鷺洲(문설정임백로주) 듣자니 정자가 백로주를 굽어본다지
寄語使君須品第(기어사군수품제) 말하노니 사군께선 모쪼록 품평하오
兩江佳致定誰優(량강가치정수우) 두 강의 풍치가 어느 것이 더 나은지

소악루는 강서구 가양동 양천향교 뒤 언덕에 있는 건물이다. 조선 후
기 이유가 지은 정자로 당초 성산 동쪽 기슭에 있었으나 현대에 와서 지
금의 위치에 새로 지은 것이다. 조선시대 한원진·조관빈·윤봉조·이병연
등이 이 정자에 모여 학문을 논하고 시를 지으며 교유하던 곳이기도 하
다. 또한 채제공과 조현명도 소악루에 올라 지은 시가 그들의 문집에 전
하고 있다. 특히 소악루가 관심을 끄는 것은 겸재 정선이 양천 현감으로
부임해 온 후에 이 정자에 올라 많은 그림을 그린 것이다. 소악루와 관
련하여 정선이 그린 그림은 「소악루」와 「소악후월」이 남아있다. 특히
「소악후월」에는 이병연이 지은 시도 적혀있다. 이들 두 사람은 동문수
학한 사이로 정선이 그림을 그리면 이것을 보고 이병연이 시를 짓고, 반
대로 이병연이 시를 지으면 그것을 보고 정선이 그림으로 옮기는 '詩畵

---

30) 이산해, 『아계유고』 제4권, 이수정.

相看'으로 서로의 재능을 겨루며 우의를 다졌다. 이병연이 「소악후월」
그림에 지은 시는 다음과 같다.

> 巴陵明月出(파릉명월출)    파릉에 밝은 달 뜨면
> 先照此欄頭(선조차난두)    이 난간 머리에 먼저 비친다
> 杜甫無題句(두보무제구)    두보가 지은 시에 없는 것
> 終爲小岳樓(종위소악루)    필경 소악루뿐이리

　이 시는 파릉, 곧 양천의 달밤 풍경을 노래한 것이다. 『영조실록』에
의하면 이병연은 영조 때 뛰어난 시문을 많이 지은 사람으로 그가 지은
시만도 수만 점에 달할 정도로 많았다고 한다. 그러니 자신을 두보에 비
유할 만하겠다. 이 시와 어울리는 「소악후월」의 그림도 소악루에서 남
산 위로 둥근 달이 떠오르고, 교교한 달빛에 잠긴 강변의 밤 경치 속에
서 달맞이 하는 모습을 그린 것이다. 그림 왼쪽 아래에 소악루가 있고,
남산 너머로 보름달이 떠 있으며, 달 아래 절두산이 있고, 오른쪽엔 탑
산과 두미암, 선유봉 등이 차례로 솟아 있다.
　이상과 같이 서울 경강에는 수많은 누정들과 볼거리들이 즐비하였다.
예나 지금이나 물가에 누정을 짓는 목적은 동일하였으니, 수려한 경관
을 여유롭게 즐기고자 하는 것이 그것이었다. 이렇게 한강변에 누정을
지을 수 있는 사람들은 정부의 고위관직을 지낸 양반 사대부, 혹은 그
이상의 인물들과 왕실 사람들이었다. 이들은 한강변 누정에서 단순히
강이 발산하는 아름다운 풍경을 즐기는 외에, 누정에 앉아 나라 일을 걱
정하기도 하고, 군사 훈련이나 외국 사신의 접대 등 공적인 업무를 수행
하기도 하였으며, 시문을 지으며 詩會 활동을 벌이기도 하였다.

# 제5장 조선시대 한강의 역할과 물류 이동

## 1. 한양의 도읍과 한강의 기능

강원도 태백의 금대산 북쪽 기슭에서 발원한 남한강은 정선에서 모여 서쪽으로 흘러가다가 영월에서 평창강 및 주천강 등과 합류한 후 단양을 거쳐 충주로 흐르고, 이곳에서 달천 및 제천천 등과 합류하여 충주를 돌아 흘러 북쪽으로 여주 양평을 거쳐 양수리에서 북한강과 만나 한강 줄기를 형성한다.[1] 현재 북한강은 한강의 제1지류이며 남한강이 한강의 본류이다.

조선시대 한강은 인적·물적 자원의 교류가 이루어지는 교통로이자 국가 경제의 기반인 조세 운반로 역할을 하였다는 점에서 그 역사적 의미가 지대하다. 뿐만 아니라 한반도 중부지방, 즉 충주를 중심으로 한 원주·영월·여주·달천 일대의 상권을 형성하고, 생활필수품을 조달하는 역할도 담당하여 조선시대 지방 경제의 균형 발전에 일조하였다.

한강의 역사적 기능과 역할에 관하여는 이미 많은 연구업적이 있다. 특히 서울특별시사편찬위원회에서 발간한 『漢江史』는 한강에 관한 종

---

1) 『세종실록지리지』 『동국여지승람』 『택리지』 등 역사서에는 한강의 발원지가 五臺山 于筒水로 기록되어 있으나 현대에 이르러 국립지리원에서는 금대산 북쪽계곡을 발원지로 보고 있다. 북쪽계곡에서도 검용소와 제당굼샘, 고목샘 등 직접적인 발원지 장소에 대한 논란의 여지는 아직까지 남아있는 실정이다(李相培, 『서울의 하천』 서울특별시사편찬위원회, 2000. 41~45쪽).

합적인 정리서로서 역사적인 변천과 기능 등을 체계적으로 정리하여 놓았다.2) 이 외에『서울육백년사』제1권과 제2권에서도 상세하게 다루고 있어 많은 도움이 되고 있다.3) 또한 분야별로는 한강의 조운제도와 교통,4) 곡물과 목재의 운송,5) 북한강 수운 연구,6) 지리적 관점에서의 남한강 수운7) 등 다양한 先學들의 연구도 있다. 다만 이들의 연구가 漕運의 제도적 측면과 서울의 경강상인 활동상에 집중되어 있거나 지리적 관점에서의 연구에 치중되어 있다. 물론 조운은 국가의 경제를 지탱하는 기반이었기 때문에 그 중요성을 인정하지 않을 수 없다. 그러나 조운 못지않게 각 지역간의 경제교류가 원활하게 이루어져 중부 내륙의 지역 경제 활성화 내지는 균형발전 도모라는 측면에서의 한강 역할도 간과해서는 안된다고 생각한다. 그런데 이를 간과한 채 서울에서의 경강상인에 초점을 맞추어 이들의 역할과 활동 상황만을 구체적으로 다루어왔을 뿐이다.8)

즉 조선시대는 교통이 발달하지 못하였기 때문에 물류의 이동이 신속

2) 서울특별시사편찬위원회,『한강사』1985.
3) 서울특별시사편찬위원회,『서울육백년사』제1권·제2권. 1977·1978.
4) 최완기,「조선전기 조운시고-그 운영형태의 변천과정을 중심으로-」『백산학보』20 1976.
　　김옥근,「조선시대조운제연구」『부산산업대론문집』2 1981.
　　최완기,「수상교통과 조운」『한국사』24, 1994. 등이 있다.
5) 최완기,「조선전기 곡물임운고」『사총』23, 1979.
　　최완기,「조선중기의 무곡선상」『한국학보』30, 1983.
　　오 성,「조선후기 목재상인에 대한 일연구」『동아연구』3, 1983. 등이 있다.
6) 김종혁,「북한강수운연구」고려대학교 석사학위논문, 1991.
　　최종일,「북한강 수운 연구」『강원문화사연구』4집, 1999.
7) 최영준,「남한강 수운 연구」『지리학』제35호, 1987.
8) 고동환,「18·19세기 서울 경강지역의 상업발달」, 서울대 박사학위논문, 1993.

하게 이루어지지 못하였다. 또한 한 지역에서 한 상품을 매점매석하면 수도인 서울에서도 가격이 급등하는 현상이 비일비재하였다. 이것은 곧 서민경제를 어렵게 만드는 요인이었고, 나아가 국가 경제에도 지대한 영향을 미치는 결과를 초래하기도 하였다. 수도 서울이 그러할진대 각 지방경제가 이보다 더 심하였을 것이라는 것은 자명한 사실이다. 그나마 지역간의 물류가 왕래할 수 있었던 것은 바로 한강이라는 물줄기가 있어 수상교통의 역할을 했기 때문이다.

1392년 7월 17일 왕위에 오른 이성계는 즉위 후 불과 16일이 지난 8월 3일 한양으로 도읍을 옮기라고 명하였다. 이에 대하여 여러 신하들은 한양에 궁궐이 건립되지 않아 당장 기거할 장소가 없으므로 건물이 완공된 이후에 옮길 것을 건의하였고,[9) 이를 받아들여 도읍을 옮기는 문제는 당분간 소강상태로 들어갔다.

이듬해 도읍을 옮기는 문제가 다시 대두되었다. 이 때 계룡산 일대가 도읍지로서 손색이 없다는 신하들의 의견에 따라[10) 1393년 3월 이곳을 새로운 도읍지로 결정하고 먼저 궁궐을 짓기 위한 기초공사를 실시하였다. 그러나 이 공사는 약 10개월간 진행되다가 계룡산 일대가 한반도의 일부 지역에 편중되어 있어 도읍지로서의 조건에 충분치 못하며, 풍수지리적으로도 적합한 지역이 아니라는 하륜의 의견에 따라 12월에 중단되었다.[11) 그리하여 도읍지를 선정하는 문제는 다시금 원점으로 돌아왔다. 당시 하륜은 무악 남쪽지역인 오늘날 연희동과 신촌 일대를 도읍지로 선정하기에 적합한 지역이라고 주장하였고,[12) 태조 이성계는 북악

9) 『태조실록』 권1 태조 원년 8월 경오, 9월 신사조.
10) 『태조실록』 권3 태조 2년 1월 무신조.
11) 『태조실록』 권4 태조 2년 12월 임오조.
12) 원영환, 『조선시대 한성부연구』, 강원대출판부, 1990, 17쪽.

남쪽 고려시대 이궁이 있었던 자리인 오늘날 창경궁과 창덕궁 일대를 적합한 지역이라고 생각하고 있었다.13) 그 외에도 고려 수도인 개경 부근의 도라산, 불일사, 선점 지역이 도읍지로서 손색이 없다고 주장하는 사람들,14) 한양 서북쪽의 노원역 일대가 적합지라고 이야기 하는 사람들15) 등 다양한 견해들이 제기되고 있었다.

태조는 이들 지역을 직접 답사하기도 하고 다른 신하들을 보내어 정밀하게 조사하도록 한 후 다양한 논의를 거쳐 태조 3년(1394) 8월 24일 한양을 새로운 도읍지로 확정하였다. 이어 9월 1일 궁궐 건설의 실무 업무를 담당하여 추진하기 위한 기관인 신도궁궐조성도감을 설치하여 박차를 가하였다.16) 이어서 9월 9일에는 한양에 대한 도시계획의 일환으로 궁궐과 종묘사직 및 도로의 건설, 각종 관아의 건물배치 등 기본계획을 작성하도록 지시하였다. 이때 만들어진 도시계획안이 조선시대 500년간 수도 서울을 지탱하여 갔다.

수도 건설을 위한 궁궐공사가 진행되는 가운데 태조는 하루라도 빨리 개경을 떠나 새로운 도읍지로 옮기고자 하는 열망에 궁궐공사가 시작된 지 한 달 후인 태조3년 10월 25일 개경에서 한양으로 천도를 단행하여 3일 후인 10월 28일 한양에 도착하였다.17) 한양으로 거처를 옮긴 태조는 고려시대 한양부 객사였던 곳에 임시로 머물면서 궁궐 건설 공사를 직접 독려하였다. 그 결과 조선시대 정궁인 경복궁이 태조 4년(1395) 12월에 완공되어 비로소 거처를 경복궁으로 옮겨 자리를 잡았다. 이후 한양

---

13) 『태조실록』 권6 태조 3년 8월 경진조.
14) 『태조실록』 권6 태조 3년 6월 을미조. 7월 을해·신축조, 8월 을유조.
15) 『태조실록』 권6 태조 3년 8월 경신·계미·을유조.
16) 『태조실록』 권6 태조 3년 9월 을사조.
17) 『태조실록』 권6 태조 3년 10월 신묘·갑오조.

부를 한성부로 명칭을 고치고, 이듬해 9월에는 도성과 문루를 완성하였다. 그리고 한성부의 행정구역을 동·서·남·북·중 5부 52방으로 나누어 도시 규모를 정비하였다.[18] 이로써 영실상부한 조선의 수도로서 한양이 탄생한 것이다.

당시 한양을 도읍지로 선정할 때 한강은 매우 중요한 요소로 자리매김하였다. 즉 한양을 도읍지로 추천한 좌의정 조준은 '사방으로 통하는 거리가 고르며, 배와 수레가 통할 수 있으니 영구히 도읍으로 정하는 것이 하늘과 백성의 뜻에 합치된다.'[19]고 하였고, 태조 이성계 자신도 '松京인들 어찌 부족함이 없겠는가마는 이곳 한양의 형세를 보니 과연 왕도가 될만하다. 특히 조운하는 배가 통하고 사방의 里數도 고르니 백성들이 편리할 것이다.'[20]고 하였다. 여기에서 모두가 공통으로 주장하는 것이 한강이 있기 때문에 배가 통할 수 있어 조운이 가능하다는 점을 역설하고 있음이 주목된다. 이것은 조선이 한양을 도읍지로 결정하는데 있어서 가장 결정적인 필수조건이었던 것이다.

여기에서 한강이 가지고 있는 기능의 한 단면을 찾을 수 있다. 한강이 지니고 있는 다양한 기능 가운데 가장 큰 것이 교통로로서의 기능이다. 오늘날은 교통의 혼잡이 사회문제로 대두될 지경이나 전근대사회는 교통 수단과 도로망이 발달되지 않아 서울에서 충주까지 1주일이 소요될 정도였다. 이러한 시대여건 속에서 한강은 배라는 교통수단을 이용한 수상교통로로서의 기능을 가지고 있어 전국에서 중앙으로 운송되는 각종 세금을 원활하게 운송할 수 있는 기초적인 토대를 마련하여 주었다.

---

18) 『태조실록』 권6 태조 5년 4월 병오조.
19) 『태조실록』 권6 태조 3년 8월 신묘조.
20) 『태조실록』 권6 태조 3년 8월 경진조.

그것은 결국 국가의 경제를 지탱할 수 있는 가장 중요한 요건이었다. 물론 육로를 통한 운송도 가능했겠지만 많은 양의 곡식을 효과적으로 중앙으로 운송하는 데는 배가 훨씬 경제적이었다. 인원의 동원이나 시간적 소요량과 수송량 등에서 육로보다는 강과 바다를 이용한 수송이 보다 효과적이었던 것이다.

　이 외에도 한강은 다양한 기능을 가지고 있다. 생활필수품의 교역로로서, 군사요새지로서, 빼어난 자연경관을 가진 마음의 안식처로서, 각종 생활용수와 삶의 근원지로서 그 가치와 기능을 가지고 있었기 때문에 한양을 조선의 수도로 선정하는데 결정적 역할을 했던 것이다.[21)]

## 2. 남한강 수로의 관리와 운영

　조선 정부에서는 원활한 조세운송을 위해 수로 관리의 제도적 장치를 마련하였다. 즉 세곡을 운송하는 과정에서 여러 차례 크고 작은 사고가 잇따르자 남한강 수로 관리 위해 관리를 임명하였던 것이다. 즉 정부에서는 태조 4년(1395) 서울의 용산강에서 충주 金遷에 이르기까지 강 줄기 연안에 水路轉運所 7개소를 설치하고 完護別監을 파견하였으며, 각각의 지역에 선박 15척과 뱃사공 30호씩을 예속시켜 관리에도 만전을 기하였다.[22)] 이들 수로전운소는 태종 14년(1414) 水站으로 그 명칭이 바뀌고 책임자도 水站轉運別監이라고 불렀다.[23)] 당시 설치된 7곳은 충주의 淵遷(金遷), 여주의 驪江, 川寧의 梨浦, 楊根의 蛇浦, 광주의 廣津, 그리고

21) 이상배, 『서울의 하천』서울특별시사편찬위원회, 2000, 53~56쪽.
22) 『태조실록』권7 태조 4년 정월 병오조.
23) 『태종실록』권28 태종 14년 12월 병진조.

漢江渡와 龍山津이 그 해당 지역이었다.24) 결국 서울의 경강지역에 해당하는 한강나루와 용산나루 그리고 광나루 지역의 3곳을 제외하고는 남한강 유역에 4곳의 水站이 설치되었던 것이다. 이 수참의 주요 임무는 인근지역의 세곡을 비치된 선박을 이용하여 서울로 운송하는 것이며, 이 외에도 조창의 세곡선이 안전하게 지날 수 있도록 협조하고 강가에 퇴적되는 퇴적물을 제거하여 수운이 순조롭게 이루어지도록 관리·감독하는 것이다.

　수참은 고려시대 공양왕 2년 鄭夢周의 건의에 의해 처음 실시되었다.25) 이후 조선시대에도 고려의 제도를 본받아 그대로 운영하였다. 그리하여 한강 하류지역은 右水站에서 관장하고, 한강 상류의 남한강과 북한강은 左水站에서 관장하였다. 수참에는 각각 20명의 水夫가 소속되어 10명씩 교대로 나누어 근무하였다. 이것을 태종 때 각 站마다 正軍 10명씩을 더 배속시켜 모두 30명으로 하고 15명을 1領으로 하여 2교대로 근무하도록 하였다.26) 이들 수부는 수참이 위치한 지역의 강변에 살고 있는 良人들로 충당되었다. 처음에는 水站干으로 불렀으며 점차 婢妾의 소생들이 소속된 司宰監 水軍들이 수참간에 충당되어 함께 일하기 시작하였다. 그 후 자신들의 신분도 사재감의 수군들과 같이 천인시되자 태종 14년(1411) 과천에서 충주 사이에 있는 수참간들이 모여 정부에 告狀을 제출하여 정식으로 항의하자 명칭을 수부로 바꾸도록 조치함으로써 수군들과 분리하였다.27) 그러나 조선 후기에는 사회적으로 身良役賤의 존재로 전락하였다.

24) 『세종실록지리지』 경기 산천조.
25) 『증보문헌비고』 권157 財用考 4 漕運條.
26) 『태종실록』 권35 태종 18년 1월 갑자조.
27) 『태종실록』 권28 태종 14년 11월 병진조.

한편 수운의 운영에서 가장 중요한 요소가 세곡을 운송하기 위한 장비, 즉 배이다. 조선시대는 세곡 운송에 필요한 배의 크기를 바다와 강을 구분하여 규격으로 정하여 놓았으며 크게 상·중·하의 세 등급으로 나누었다.28) 조선 후기에는 배의 종류가 다양해지고 용도에 따라 구분되어 강에서 세곡을 운송하는 배를 站運船이라 불렀다.29) 그것은 각각의 실정에 맞도록 배를 운용하기 위함이었다. 즉 바다는 넓고 깊으면서 물의 흐름이 완만하지만 강은 폭이 좁고 깊이는 얕으며 물의 흐름이 빨라 각기 배의 형태가 달라야했기 때문이다. 그리하여 남한강에서 세곡을 날랐던 배는 밑바닥이 좁고 길이가 길어 빠른 물살과 좁은 강폭에 잘 적응하도록 만들었다. 이에 반해 바다의 배는 밑바닥이 넓고 평평하며, 상대적으로 길이는 짧아 깊은 물에서 보다 안정성을 갖추도록 만들어졌다.30)

조선 초기 남한강의 조운에는 小船이 주로 이용되다가 수로를 정비한 이후 세종 6년부터는 中船과 大船이 함께 사용되었다. 이후 세종 8년 좌도수참판관 安尙縝은 수참의 폐단을 없애는 조건을 언급하면서 큰 배를 이용하기 시작하면서 站夫들의 고통이 늘어나고 조운의 시일이 다소 늦어졌다고 보고하였다.31) 이에 세종은 병조의 관리들과 대신들이 의논하

---

28) 『경국대전』 공전 舟車條.
29) 『경세유표』 권14 均役事目追議 2 船稅條. 최완기, 『조선 후기 선운업사연구』 일조각, 1989. 163쪽. 고동환, 앞의 책, 75~76쪽.
30) 조선시대 선박의 크기를 『경국대전』의 규정에 의하여 정리하면 아래의 도표와 같다. 단위의 기준은 營造尺이다.

| 크기 / 종류 | 大船 | | 中船 | | 小船 | |
|---|---|---|---|---|---|---|
| | 길 이 | 넓 이 | 길 이 | 넓 이 | 길 이 | 넓 이 |
| 江 船 | 50尺 | 10尺 3寸 | 46尺 | 9尺 | 41尺 | 8尺 |
| 海 船 | 42尺 | 18尺 9寸 | 33尺 6寸 | 13尺 6寸 | 18尺 9寸 | 6尺 3寸 |

도록 조치하자 좌의정 李稷과 우의정 黃喜 등이 '轉運奴子를 더 정하려
하여도 한가한 노자가 없으므로 더 주기가 어려우니 앞으로는 각 站의
큰 배를 없애고 모두 중간 배를 사용하는 것이 좋겠다'[32]고 하여 세종
8년 이후부터 남한강의 수운선은 중간 크기의 배가 주로 운영되기 시작
하였다. 그렇다고 해서 획일적으로 中船이 사용된 것은 아니다. 강폭의
넓고 좁음과 수심의 깊고 낮음에 따라 작은 배와 중간 배가 함께 병용되
었던 것으로 보인다.

　　그러면 배에 실을 수 있는 세곡의 양은 어느 정도였는가. 이는 세종
때 의정부에서 올린 글에 잘 나타나 있다.

　　　　'지금부터는 길이 50尺에 넓이 10척 3寸 이상의 배는 大船으로 인정하
　　여 미곡 2백 50석을 싣게 하고, 길이 46척에 넓이 9척 이상의 배는 中船으
　　로 인정하여 미곡 2백 석을 싣게 하며, 길이 41척에 넓이 8척 이상의 배는
　　小船으로 인정하여 미곡 1백 30석을 싣게 하소서. 이를 일정한 규정으로
　　삼되, 만약 수량 외에 더 싣는 사람은 관리도 아울러 論罪하도록 하소서'
　　하니 그대로 따랐다.[33]

　　결국 강에서 운행하는 세곡선 가운데 가장 큰 배는 최고 쌀 250석을,
중간 배는 200석을, 작은 배는 130석을 실을 수 있었음을 알 수 있다. 그
리하여 남한강에서는 세종 8년 이후 일반적으로 中船이 이용되었으므로
200석의 세곡을 실은 배가 왕래했음을 알 수 있다.

　　한편 조선시대에는 선박을 관리하는 담당기관으로 초기에 司水監을
두었다. 이 사수감은 태종 3년(1403)에 司宰監으로 통합되었고,[34] 세종

---

31) 『세종실록』 권32 세종 8년 6월 신미조.
32) 위와 같음.
33) 『세종실록』 권113 세종 28년 9월 신사조.

14년에 배의 관리와 건조 등을 철저히 하기 위해 다시 司水色을 사재감으로부터 분리 독립시켰으며,35) 세종 18년에 이르러 기존의 업무에 인근 지역의 城을 축조하는 일까지 맡도록 하고 명칭을 修城典船色으로 바꾸었다.36) 이것이 성종 때 이르러 典艦司로 바뀌어 『經國大典』에 명시되어 있다. 전함사에서는 선박을 관리하고 造船을 담당하며, 관리로는 도제조, 제조, 提檢, 別坐, 別提 등이 배속되었다.37) 배를 만드는 곳은 서울의 西江에 위치한 造船所이며, 지방의 경우에는 水營을 비롯한 각지에서 조운에 필요한 배를 만들었다. 배의 규모를 강의 현실에 맞게 규격화하여 사용하기는 하였으나 자주 파손되어 조선 작업은 항시 이루어졌다. 따라서 조선 작업은 궁극적으로 인근에 살고있는 백성들에게 많은 폐를 끼치게 되었다. 그럼에도 불구하고 국가에서 보유하고 있는 官船만으로는 조세의 운송을 감당할 수 없어 私船을 임대하여 조세운송을 도모하였다. 이러한 사실은 다음의 기록을 통해 확인할 수 있다.

> 戶曹에서 아뢰기를, 전라도·충청도의 田稅는 새로 만든 漕船으로 운송하고, 충청도 윗지역과 강원도·경상도의 전세와 布貨는 모두 左道의 站船으로 운송하는데, 公船이 부족하여 私船을 사용하고 값을 주어서 조운합니다. 辛巳年에 사선이 敗沒하여 米穀을 훼손한 것이 8백여 石에 이르렀습니다. 지금 本道에 소속한 참선을 살펴보건대, 80척 가운데 경기가 2척, 충청도가 6척, 강원도가 24척을 아직 구비하지 못하고 있고, 아울러 전에 파손된 배도 모두 32척입니다. 비록 매번 재촉하여 조사하기를 더하나, 강원도의 여러 고을은 彫殘하기가 심하여 辦備하여 만들 날을 바랄

---

34) 『태종실록』 권5 태종 3년 6월 을해조.
35) 『세종실록』 권58 세종 14년 12월 을사조.
36) 『세종실록』 권72 세종 18년 5월 갑오조.
37) 『경국대전』 이전 경관직 전함사조.

수가 없으니, 마땅히 造船所로 하여금 따로 漕船 20척을 만들게 하고, 또 아직 辦備하지 못한 여러 고을에 대해서는 배의 재목을 수납하게 하여 이와 아울러 만들어 준 다음이라야 거의 『經國大典』 漕轉條의 뜻과 부합하겠습니다.[38]

이와 같이 수로를 이용하여 운송된 세곡은 관선을 위주로 하고 부족한 양은 私船으로 충당하였으나 조선 후기에는 대부분 사선을 통해 운송되었다. 특히 경강상인을 중심으로 한 私商의 발달로 사선들이 한강을 거슬러 오르내리며 船商活動에 적극적이었기 때문에 가능하기도 했다.[39]

### 3. 남한강 유역 나루와 창고의 설치

나루는 일반적으로 강폭의 크고 작음에 따라 渡·津·濟·涉 등의 용어로 사용되어 왔다. 그 가운데서도 渡와 津이 가장 많이 쓰였다. 이러한 津渡는 고려시대 때 이미 제도적으로 정착되고 있었다. 예를 들면 한강의 沙平渡·楊花渡, 예성강의 碧瀾渡, 임진강의 河源渡, 한강의 露梁津·廣津, 대동강의 觀仙津 등이 그것이다.[40] 조선 초기 渡의 관리책임자로 渡丞을 두고 그들에게는 복무의 대가로 廩給位田을 지급하였으며, 나루의 원활한 관리를 위해서는 津尺位田의 토지를 지급하였다.[41] 또한 나루의

---

38) 『세조실록』 권27 세조 8년 2월 을미조.
39) 『승정원일기』 권408 숙종 28년 12월 18일조. 조선 후기에는 경강선 가운데 신분이 확실한 선주들의 보유 선박을 장부에 등록하여 이들로 하여금 세곡을 운송하도록 하였다.
40) 『고려사』 권56 지리지 양광도조.

크기에 따라 이곳에서 근무하는 津夫와 각 나루에 소속되어 있는 배의 크기와 수량 등도 차이를 두었다. 즉 규모가 큰 나루에는 10~20結의 토지와 10~15명의 津夫, 15척의 배를 주었고,[42] 中路에 해당하는 나루에는 3結의 토지와 3명 내외의 津夫가 있었다. 국가에서는 주로 大路의 나루를 집중적으로 관리하였으며, 중로 이하의 나루에는 관리책임자를 파견하지 않아 서민들은 이곳을 주로 이용하여 기찰의 피해를 덜 입었다. 『세종실록지리지』·『동국여지승람』·『여지도서』·『대동여지도』 등에 의거하여 조선시대 때 설치되었던 남한강변의 나루 분포를 살펴보면 다음의 <표 1>과 같다.

<표 1> 남한강변 나루분포

| 지명 | 세종실록지리지 | 동국여지승람 | 여지도서 | 대동여지도 |
|---|---|---|---|---|
| 정선 | | | 廣灘津 | |
| 영월 | 加斤同津 | 後津, 密積浦 | 淸泠浦 | 淸泠浦 |
| 평창 | 淵火津, 龍淵津 | 淵火津, 龍淵津, 南津, 麻池津 | 淵火津, 龍淵津, 南津, 麻池津 | 周津, 南津, 麻之津, 沙川津, 津川津 |
| 단양 | 上津 | 上津, 下津 | | 上津, 下津 |
| 제천 | | 北津 | | |
| 충주 | 德川津 | 北津, 辰浦 | | 靑龍津, 荷津, 達川津, 辰浦 |
| 괴산 | | 槐津 | 槐津 | |
| 영춘 | | 南津 | 南津, 北津 | 北津 |
| 영동 | | 高唐津 | 深川津 | |
| 청풍 | 北津 | 北津 | 黃江津 | |

---

41) 『세종실록』 권109 세종 27년 7월 을유조.
42) 『대전통편』 공전 舟車條에는 漢江渡와 露梁渡의 큰 나루에 15척의 배를 배정하고 있다.

| 지명 | 세종실록지리지 | 동국여지승람 | 여지도서 | 대동여지도 |
|------|--------------|-------------|---------|-----------|
| 원주 | | | 酒泉津, 安昌津, 沙川津, 梨湖津, 猫淵津 | |
| 여주 | | 梨浦津, 禹萬浦, 鎭江渡 | 欣巖津, 丹巖津, 官津, 漁楊津, 楊花津, 梨浦津, 龜尾浦津, 仰德津 | 梨浦, 新津, 仰巖津 |
| 양평 | 蛇浦津, 龍津渡 | 龍津渡 | 龍津渡 | 葛山津, 水靑津 |

<표 1>에서 보듯이 남한강변에 있던 나루는 사료에 따라서 명칭이 일
치되는 것도 있지만 시대에 따라 없어지고 새로 생긴 것도 있음을 알 수
있다. 대체적으로 여러 자료에 공통적으로 나타나고 있는 나루는 그 쓰
임새나 규모면에서 다른 나루보다 규모가 컸던 것으로 생각된다. 이들
나루가 있었기 때문에 세곡 운송이나 상품 거래 및 인구의 이동이 편리
했던 것이다. 결국 나루의 존재는 지역과 지역간의 교통로로서 인구의
이동에 따른 정보 전달, 상품의 왕래로 인한 생활환경의 개선 등에 일조
하였다는 역사적 의미를 가지고 있다.

고려 말 조선 초에는 전국 해안에 왜구들이 나타나 해운을 통한 원활
한 세곡의 운송이 사실상 불가능하였다.[43] 더욱이 우리나라의 연안은
다도해라서 항로의 사정이 좋지 않을 뿐 아니라 조류가 험하여 항해 기
술이 다소 부족했던 당시로서는 성공적인 해로 운송이 매우 어려운 상
황이었다. 결국 자주 배가 좌초 난파되는 사고가 발생하였다. 즉 태조 4
년의 경상도 조선 14척,[44] 태종 3년의 경상도 조선 34척,[45] 태종 14년 전

---

43) 『태종실록』 권2 태종 1년 8월 무오조.
44) 『태조실록』 권7 태조 4년 5월 기유조.
45) 『태종실록』 권5 태종 3년 5월 신사조.

라도 조선 66척,46) 세조 원년 전라도 조선 54척47) 등의 침몰은 조정의
관리들에게 큰 충격을 던져주기에 충분하였다. 이에 조정에서는 경상도
지역의 조세는 육로를 이용하여 죽령의 험준한 길을 넘어 충주까지 운
송하였고, 충주에서부터 수운을 이용하여 서울로 운송하는 조치를 취하
였다. 결국 각 지역에서 집산된 조세를 서울로 운송하기 이전까지 보관
해야 할 창고가 필요하게 되었다. 이 과정에서 조정에서는 수운을 통해
집중되는 조세를 분산 적립하기 위해 충주와 원주, 여주, 양근(양평) 등
지에 8개의 收租處를 설치하였다.48) 충주의 달천과 남한강이 합류하는
지점에 200여 간에 달하는 慶原倉을 세우고 경상도 60여개 읍의 세곡을
거두어 들였고, 충주 德興倉과 仰嚴倉에서는 충주목과 주변 7개 군의 조
세를 수납하였다. 그리고 섬강과 남한강이 합류되는 지점의 興原倉에서
는 원주와 횡성·평창·영월·정선 지역의 전세를 수합하였다.49) 이 외 여
주와 양근 등지에서도 전세를 수납하여 서울로 이송하였다.50)

　특히 충주에 큰 창고를 만들게 된 것은 지리적 이점이 있기 때문이다.
충주는 서울과 아주 가까운 위치에 있을 뿐만 아니라 경상좌도에서 竹
嶺을 넘으면 충주와 통하고, 경상우도에서 鳥嶺을 지나면 충주로 연결
된다. 그리하여 경상좌도와 우도에서 서울로 올라가는 길이 모두 충주
에서 만나 물길이나 육로로 한양과 통하는 길목에 위치하고 있다. 결국
충주가 경기도와 영남을 왕래하는 길의 요충에 해당되므로 유사시에는
서로 이곳을 차지하기 위해 노력하였다.51) 李重煥은『擇里志』에서 충주

---

46)『태종실록』권28 태종 14년 8월 갑진조.
47)『세조실록』권1 세조 원년 윤6월 계유조.
48) 中村榮孝,「漢江と 洛東江」『靑丘學叢』12, 天理大, 1933. 27~30쪽.
49)『신증동국여지승람』권46, 원주목 창고조.
50) 中村榮孝, 윗글 28~29쪽.

를 나라의 한 복판에 있다고 하여 중국의 荊州와 豫州에 비유하기도 하
였다.52)

이와 같은 지리적 이점 때문에 충주읍은 항상 많은 人馬가 통행하였
고, 자연히 고을이 발달할 수 있는 계기가 되었다. 특히 한강의 물줄기
가 이곳까지 닿아 서울과의 통교가 용이하였다. 이곳에서 남한강과 달
천이 만나 서울·경기와 충청 이남 지역을 육로가 아닌 수로를 통해 연
결하는 것도 가능하여 육로와 수로 모두 충주에서 집결하는 요지에 해
당한다.

그래서 조선시대는 일찍부터 물길을 이용하여 서울에 근거지를 갖고
있는 사대부들이 이곳에 정자와 토지를 많이 가지고 있었고, 사방에서
배와 수레가 모여들어 큰 도시를 형성하고 있었다.53) 또한 서울과 거리
가 가깝다는 이점 때문에 많은 정치인들이 이곳으로 낙향하여 학자들을
길러 내기도 하였다. 특히 조선 중기 연산군 때 戊午史禍와 甲子士禍로
인해 많은 선비들이 화를 당하였을 때 기호의 사림들이 충주지역으로
피신하여 정계의 흐름을 관망하고, 이 지역에서의 사림 양성에 힘을 기
울여 충주사림의 명맥을 이어가기도 하였다. 대표적으로 광주 이씨의
이연경·이약빙·이약수와 기묘사화 이후에 충주로 낙향한 이자·김세필
등을 들 수 있다.54)

한편 교통의 요지라는 이점 때문에 자연스럽게 많은 사람들이 모여들

---

51) 그 한 사례로 조선시대 임진왜란 때 일본군과 조선군이 이곳을 서로 장악하기 위해
   전투를 벌였고, 이 전투에서 신립장군이 패배하면서 곧 이어 도성이 함락되었다.
52) 이중환, 『택리지』 팔도총론, 충청도.
53) 위와 같음.
54) 박홍갑, 「16세기 전반기 정국추이와 충주사림의 피화」, 『사학연구』 79호, 2005,
   125~161쪽 참조.

게 되었고, 이러한 현상은 충주의 지역 경제 기반을 형성하였다. 충주
가흥창은 영남쪽의 경상도 일곱 고을과 충청도 일곱 고을의 세곡을 거
두어 뱃길로 서울에 실어 날랐기 때문에 일찍부터 인파가 모여들어 객
주업이 발달하였다. 또한 가흥리 일대에 거주하고 있었던 주민들은 미
곡을 출납할 때 간여하여 많은 이문을 얻기도 하는 등 경제적 이익을 누
리고 있었다. 아울러 충주의 內倉場도 큰 시장으로 지역경제의 주도적
역할을 담당했던 곳이다. 가흥과 10여리 거리에 있는 금천도 두 강이 마
을 앞에서 만나 마을을 둘러싸고 북쪽으로 물이 흘러가기 때문에 영남
의 物貨를 받아들이고 서북쪽으로는 한양과 생선 및 소금을 왕래하였
다. 그리하여 '민가가 마치 빗살처럼 촘촘하게 이어져 있어 한양의 강
마을과 흡사하다'고 할 정도로 도시화가 형성되어 있던 곳이다.[55]

　조세의 보관을 위한 창고 정비는 15세기에 이르러 확립되었다. 『經國
大典』과 『東國輿地勝覽』에 기록되어 있는 조선시대의 조창과 그 수세지
역 및 소유하고 있던 선박 수를 정리하면 아래의 <표 2>와 같다.

〈표 2〉 조선시대의 조창과 수세지역(15세기)

| 구 분 | | 조창 이름 | 각 조창의 收稅地域 | 선박수 |
|---|---|---|---|---|
| 直納 | | 京倉(서울) | 경기도와 강원도의 准陽·金城·金化·平康·伊川·安峽·鐵原 | |
| 站運 | 左水站 | 可興倉(忠州) | 경상도와 충청도의 忠州·陰城·槐山·淸安·報恩·丹陽·永春·堤川·鎭川·黃澗·永同·淸風·延豊·靑山 | 51척 |
| | | 興原倉(原州) | 강원도의 原州·平昌·寧越·旌善·橫城 | |
| | | 昭陽江倉(春川) | 강원도의 春川·洪川·麟蹄·楊口·狼川(花川) | |
| | 右水站 | 金谷浦倉(白川) | 황해도의 海州·延安·豊川·信川·長淵·文化·康翎·翁津·松禾·長連·殷栗·白川 | 20척 |
| | | 助邑浦倉(江陰) | 황해도의 江陰·黃州·瑞興·平山·鳳山·谷山·遂安·安岳·載寧·新溪·牛峰·兎山 | |

55) 이중환, 『택리지』 팔도총론, 충청도.

| 구 분 | 조창 이름 | 각 조창의 收稅地域 | 선박수 |
|---|---|---|---|
| 海 運 | 貢稅串倉(牙山) | 충청도의 牙山·瑞山·韓山·連山·林川·定山·公州·洪州·新昌·結城·保寧·全義·靑陽·尼山·大興·石城·海美·泰安·天安·庇仁·恩津·木川·沔川·燕岐·德山·舒川·稷山·鴻山·扶餘·鹽浦·禮山·唐津·平澤·溫陽·淸州·文義·懷德·鎭岑·沃川·懷仁 | 60척 |
| | 德城倉(龍安) | 전라도의 龍安·全州·壬實·南原·臨陂·金堤·長水·金溝·雲峯·益山·萬頃·礪山·錦山·珍山·泰仁·沃溝·鎭安·高山·茂朱·咸悅 | 63척 |
| | 法聖倉(靈光) | 전라도의 靈光·興德·玉果·扶安·咸平·珍原·潭陽·茂長·長城·井邑·谷城·昌平·古阜·淳昌·高敞 | 39척 |
| | 榮山倉(羅州) | 전라도의 羅州·順天·康津·光山·珍島·樂安·光陽·和順·南平·同福·興陽·務安·綾城·靈巖·寶城·長興·海南 | 53척 |

　위의 <표 2>에서 보듯이 서울을 제외한 전국의 조세창고는 모두 9개
가 설치되어 있었다. 이 가운데 3개소가 한강 연안에 위치하고 있으며,
그 가운데서도 남한강 줄기에는 충주의 가흥창과 원주의 흥원창이 있
다. 이들은 모두 좌수참에 소속되어 있어 경상도와 강원도 및 충청도의
일부분 지역에서 나오는 세곡을 담당하여 처리하고 있었다.

　남한강에서 가장 규모가 컸던 충주의 가흥창은 어떠한 과정을 거쳐
탄생되었을까?『신증동국여지승람』의 기록에 의하면 고려시대 금천면
金遷江 서쪽에 설치하였던 德興倉을 조선 초기에 慶源倉이라고 불렀다
가 세종 때 다시 덕흥창으로 환원하였으며, 세조 때 이르러 창고의 위치
를 嘉興驛 근처로 옮기면서 이름을 가흥창이라 불렀다고 하였다.[56] 이
기록에 따르면 가흥창은 공식적으로 세조 때부터 등장하게 된다. 또한
『성종실록』에도 충주의 金遷과 沔川의 犯斤乃에 창고가 있어 납세하였

---

56)『신증동국여지승람』권14 충청도 충주목조.

는데 "세조조에 이르러 금천의 창고가 가흥으로 이전하고, 범금내의 창고는 貢稅串으로 옮겼다"는 기록이 있어 가흥창이 세조 때부터 등장한 것은 분명하다.

그러나 실록의 기록을 보면 세조 때 가흥리로 창고를 옮기면서 금천의 창고 건물을 헐어서 가흥리로 이전하여 신축한 것은 아니었다.[57] 즉, 가흥리로 창고의 위치만 옮겼을 뿐 곡식을 저장하기 위한 시설물은 하나도 없었다.

성종 21년(1490) 5월 통례원 봉례 韓曾은 가흥창의 田稅를 수납할 때 세곡의 주위를 둘러 치거나 위를 덮을 물건을 조세를 바치는 백성들에게 거두어 들여야 하기 때문에 많은 백성들이 고통스럽게 여기고 있으니 창고를 지어 그 폐를 줄이자고 주장하였다.[58] 결국 이 때까지도 가흥창에는 건물이 없이 강둑 위에 노적하여 놓았던 것이다. 따라서 세곡미가 건물 안에 있지 않고 밖에 쌓여 있어 인근에 살고 있는 사람들이 이를 교대로 지켜야 했으며, 농사일이 바쁠 때는 세곡을 지키는 일도 만만치 않아 농민들에게 적지않은 피해를 주곤 하였다.[59]

한중의 요청에 대해 성종은 조정에서 심회·윤필상·이철견·이극배·노사신·이극균 등 많은 신하들과 의견을 나누었다. 그러나 창고를 지으면 백성들의 폐단이 없어지겠지만 창고를 짓는 과정의 공역이 무거워 쉽게 시행할 수 없다는 이극균의 의견과 세곡이 가흥창에 모이면 2달 정도 쌓아 놓았다가 서울로 운송하는데 공역을 기울여 힘든 공사를 시행할 필요가 없다는 심회의 반대 의견이 우세하게 작용하였다. 그리하여 비

---

57) 당시 금천에 창고 건물이 있었는지는 확실하지 않다. 다만 있었다고 해도 가흥리로 건물을 옮기지 않았다는 것이다.

58) 『성종실록』 권240 성종 21년 5월 병자조.

59) 『성종실록』 권52 성종 6년 2월 계묘조.

교적 온건한 주장을 펼친 윤필상 등의 의견에 따라 충청도와 경상도 관찰사의 보고를 받아본 뒤에 추후 의논하자는 것으로 유야무야 되었다.60) 이 후에도 여러 차례 가흥창 건립의 타당성 여부에 대하여 조정의 의논이 있었으나 번번히 시기상조라는 반대론에 밀려났다. 그 대표적인 논리가 다음의 侍講官 金諶의 주장에 잘 나타나 있다.

> 지금 可興倉을 지으려면 경상도의 30고을 사람, 충청도의 20고을 사람을 역사시켜야 하니, 이것은 실로 시급한 업무가 아닙니다. 대저 거두어들인 전세는 여기에다 오래도록 쌓아 두는 것이 아니고 얼음이 풀리면 배에 실어서 옮기니, 창고를 건설하는 것이 도리어 쓸 데 없게 됩니다. 경상도 아래 지방의 백성들은 양식을 싸가지고 왕래하는데 자칫하면 열흘이나 한 달이 걸리게 됩니다. 그리고 그 지역에는 재목이 없으므로, 멀리 큰 고개를 넘어 운반해 와야 합니다. 만약 그렇지 않으면 많은 면포를 소비하여 그 구실을 보상해야 하니, 이것은 작은 연고가 아닙니다.61)

즉 창고 신축에 들어가는 공역이 무겁다는 점, 세곡을 서울로 운송하기 전까지 머무는 기간이 짧다는 점, 건축에 필요한 자재 준비가 어렵다는 점 등을 반대 이유로 들고 있다. 그럼에도 불구하고 성종이 창고를 영조해야 하는 까닭을 조사하여 아뢰라는 명이 내려졌고, 가흥창의 미곡을 서울로 조운하지 말고 軍需에 보충하자62)는 의견이 자주 제기되면서 가흥창의 창고설립 문제가 구체화 되었다. 그리하여 마침내 성종 24년에 충청도와 경상도 두 도의 전세 수납을 위해 충주 가흥리에 창고를 설치하고자 국가에서 軍夫를 뽑았다.63) 이에 安東府에서도 군사 100명

---

60) 『성종실록』권240 성종 21년 5월 병자조.
61) 『성종실록』권250 성종 22년 2월 신미조.
62) 『성종실록』권252 성종 22년 4월 경오조.

을 징발하기도 하였다. 그런데 구체적인 이유를 알 수는 없지만 가흥창
의 역사는 다시 정지되어 설치되지 않았다.

이 후 가흥창 건립에 대한 논의는 연산군 때 좌의정 어세겸이 충주를
지나면서 현지 사람들이 창고 노적에 대한 폐단이 심하므로 창고를 설
립해 주면 좋겠다는 의견을 듣고 조정에서 논의하였으나 해당 부서에서
방법을 강구하라는 연산군의 명령이 있었을 뿐이었다.[64] 그리고 중종
12년(1517) 첨정 朴基가 "가흥창의 노적에 쓰는 長木을 먼 도의 사람들은
가까운 곳에 사는 사람들에게서 사서 내야 하는데 그 값이 너무 뛰어 폐
단이 심하고 화재의 위험도 있으니 창고를 설치해야 한다."[65]는 의견이
제기된 후 중종 15년(1520) 충주와 인근 지역의 절을 헐어버리고 그 기
와와 목재를 옮겨서 가흥창을 건립하였다.[66] 당시에 건립된 가흥창의
규모에 대해서는 중종 25년에 편찬된 『신증동국여지승람』에 70칸이라
기록되어 있고,[67] 조선 후기에 편찬된 『여지도서』에는 119칸 건물이었
다고[68] 기록되어 있다. 아마도 중종 이후에 일부를 증축하지 않았나 생
각된다.

당시 가흥창의 건립과정에 관하여는 창고 건립에 주도적 역할을 한
충청감사 李世應의 비문에 잘 나타나 있다. 이 비문은 그 때 함께 일을
추진하였던 경상감사 金安國이 지었으며, 『增補文獻備考』에 그 비문의

---

63) 『성종실록』 권279 성종 24년 6월 정축조.
64) 『연산군일기』 권50 연산군 9년 9월 무진조.
65) 『중종실록』 권30 중종 12년 11월 계사조.
66) 『중종실록』 권40 중종 15년 윤8월 무신조. 가흥창 건립 시기와 관련하여 『신증동
   국여지승람』에는 중종 16년에 만들어 졌다고 기록되어 있어 『중종실록』의 기록
   과 약간 차이가 있다.
67) 『신증동국여지승람』 권14 충청도 충주목조.
68) 『여지도서』 上 충청도 충원 창고조.

내용이 남아 있다. 그 내용을 옮기면 다음과 같다.

경상의 1도와 충청도 상류의 조세는 고려 때부터 충주의 강변으로 수
송, 축적하였다가 서울로 조운하고 가흥창이라 불렀으나 실상 양곡을 저
장하는 간살도 없이 강변 언덕에 露積하였었다. 깔고 덮는 비용에 백성의
힘이 크게 곤핍하였고, 또 도둑 맞기가 쉬워 밤낮으로 감독하고 지켰으나
능히 없어지는 우환을 막지 못하였다. 그리하여 조정의 논의도 창고를 지
으려고 한 것이 여러 번이었으나, 곁에 사는 사람들이 해마다 노적하는 일
로써 후한 이익을 보아 백방으로 저지하여 필경 행하지 못하였던 것이다.
이세응이 충청감사가 됨에 경상감사 김안국과 함께 그 편리 여부를 살펴
서 계문하라는 명령을 받고 함께 창고를 설치하는 편리와 설치하지 않는
해를 조목조목 열거하여 즉각 계문하여 허락을 얻었다. 이후, 일이 지연되
거나 혹 중지함이 있을까 염려하여 군읍을 독려하여 기한을 정하고 꾸며
만들어 드디어 만세의 이로움이 되도록 하였다.[69]

위의 내용을 통해 한 가지 놀라운 사실을 발견할 수 있다. 가흥창에
창고가 없어 전세를 노적함으로써 이 곡식을 지키기 위해 인근 지역에
살고 있는 사람들이 밤낮으로 곡식을 지키느라 농민들에게 적지 않은
피해를 끼쳤다는 당초 주장과는 달리 가흥창 인근의 주민들은 창고 건
립을 적극적으로 반대하고 있었던 것을 알 수 있다. 창고를 가흥리로 옮
긴 처음에는 주민들이 곡식을 지키느라 힘들었지만 점차 시일이 지나면
서 다른 지역에 살고 있는 사람들이 툱木을 근처에 와서 구입하면서 오
히려 창고 인근에 사는 사람들이 장목을 팔아 경제적 이익을 얻고 있었
기 때문에 창고 건립을 적극적으로 반대하고 나섰던 것이다. 즉 정부에
서는 가흥창으로 전세를 납입하는 백성들에게 가흥창 세곡 관리를 위한

---

69) 『증보문헌비고』 권157 재용고4 조운조.

물품을 함께 징수하였고, 이를 내야하는 백성들은 지역이 멀어 가까운 곳에 와서 현물을 구입하였기 때문에 자연히 그 값이 올랐던 것이다. 결국 가흥창 주위에 살고 있는 사람들은 가흥창 세곡관리로 인해 벌어들이는 경제적 이득이 컸기 때문에 가흥창 건립을 반대하고 나섰던 것이다. 따라서 가흥리 주민의 적극적인 창고 건립 반대가 오히려 오랜 기간 가흥창이 건립되지 못하고 있었던 가장 큰 원인이었음을 알 수 있다.

한편 가흥창의 조세 수납 지역 가운데 충청도에 속한 지역은 성종 이전까지만 해도 경기도에 조세를 납입하였다. 이러한 사실은 다음의 기록을 통해서 알 수 있다.

> 충청도의 淸安·鎭川·靑山·報恩·沃川·黃澗·永同·陰城 등 고을은 모두 可興倉에서 멀지 않은데도 경기에 梨浦倉을 설치하여 청안과 진천의 田稅를 거두고, 또 宇萬倉을 설치하여 청산 이하 여섯 고을의 전세를 거두게 하니, 이는 다만 창고의 설치가 너무 많을 뿐만 아니라, 수납을 감독하는 行臺와 敬差官의 왕래로 역로에 폐단이 있습니다. 청컨대 이포창과 우만창을 폐지하고 이상 8고을의 전세를 모두 가흥창에서 수납하게 하소서. 하니, 그대로 따랐다.70)

결국 청안과 진천의 세곡은 이포창에 수납하고 나머지 청산·보은·황간·영동·음성·옥천의 조세는 우만창에 수납하던 것을 성종 1년에 이르러 모두 가흥창으로 수납하게 하였다. 이 가운데 옥천만이 후에 貢稅串倉으로 수납장소를 옮기게 되었다. 또한 성종 6년에는 위의 표에 나타난 지역 이외에 충청도 일부 지역이 가흥창에 조세를 납입한 곳도 있었다.

---

70)『성종실록』권7 성종 1년 9월 병자조.

戶曹에 전교하기를, 충청도 鎭川과 沃川의 전세는 가흥창으로 수하고, 淸州·文義·鎭岑·懷仁·懷德의 전세는 貢稅串倉으로 수납하게 하였으나, 이제 그 길의 거리를 생각해 보니 위의 5고을은 모두 가흥창과 거리가 멀지 않으니, 지금 이후로는 5고을의 전세도 아울러 가흥창에 수납하도록 하라.[71]

즉 위의 <표 2>에는 청주·문의·진잠·회인·회덕 등의 고을이 모두 아산의 창고로 세곡을 납입한 것으로 되어 있으나 성종 6년에는 모두 가흥창으로 납부하도록 전교를 내리고 있다. 이들 지역이 언제부터 아산에 있는 창고로 세곡을 납입하게 되었는지는 정확하게 알 수가 없다.

가흥창에 조세를 수납하는 지역은 약 317,506結의 田結數를 가지고 있었으며 이곳에서 내는 조세는 약 84,670석으로 추정되어 전국에서 내는 조세 부담액의 약 26.1%를 차지하고 있어 가장 많은 조세수납을 담당하고 있던 창고였다.[72] 그리고 홍원창의 경우는 해당 지역 13,839결 가운데 3,690석의 조세를 거두어 전체의 약 1.1%를 차지하고 있는 것으로 나타나고 있다.[73] 이들 거두어들인 조세는 조선 전기 대부분 서울로 운송되었지만 조선 후기에는 약간 달라졌다. 즉 조선 후기에는 전국적으로 사회경제적인 면에서 많은 발달이 이루어졌다. 특히 이앙법의 실시와 비료의 발달 및 품종의 개량 등으로 농업생산력이 향상됨에 따라 잉여 농산물이 생겨나는 등 경제적 변화가 일어나는 시기였다.[74] 이에 가흥창에 있던 세곡을 매년 모두 서울로 운송하지 않고 일정량을 남겨 놓아 하삼도 지역의 진휼이나 군량미로 사용하도록 그 쓰임새에 변화가 나타

---

71) 『성종실록』 권59 성종 6년 9월 신미조.
72) 최완기, 「조선 전기 조운시고」 『백산학보』 제20호, 1976. 418쪽.
73) 위와 같음.
74) 김용섭, 『조선 후기 농업사연구』 Ⅱ, 일조각, 1971.

나기도 하였다. 즉 조선 후기 정조 때에 이르면 '가홍창에 저축해 놓은
것은 모두 흉년에 이리저리 진휼하여 구제하고자 준비한 것이다.'75)는
기록을 보면 더욱 분명해 진다. 원주 흥원창은 강원도 지역의 조세를 주
로 저장하였는데 성종 이전까지는 조세 수합 대상 지역이 위의 <표 2>
에 나타나는 지역보다 더 넓었던 것으로 보인다. 이는 성종의 뒤를 이어
예종이 등극하자 강원도관찰사가 『經國大典』에 규정되어 있는 조운의
법적인 원칙과 현실이 다르게 진행되고 있음을 상소한 내용에서 확인할
수 있다.

　강원도 관찰사가 아뢰기를, '이에 앞서 본도 여러 읍의 전세를 횡성·원
주·영월·평창·정선·강릉·삼척·울진·평해 등 고을은 원주의 흥원창에 납
입하고,　양양·간성·고성·통천·흡곡·회양·금성·평강·이천·안협·철원·김
화·낭천(화천)·춘천·양구·인제·홍천 등 고을은 京倉에 납입하였는데, 지
금 새로 제정한 『경국대전』의 漕轉條 註에 이르기를, '원주의 흥원창과
춘천의 소양강창에서 모두 강원도 전세를 거둔다.'고 하였습니다. 신이 이
것에 의거하여 자세히 조사하였더니, 철원은 서울과의 거리가 3일의 路程
인데 소양강은 4일의 노정이며, 김화는 소양강과 같이 서울에서 3일의 노
정이고, 안협과 이천은 서울과의 거리가 4일의 노정인데 소양강은 5일의
노정이며, 금성과 평강은 소양강과 같이 모두 서울에서 4일의 노정이고,
회양은 소양강과 같이 서울에서의 거리가 모두 5일의 노정으로 그 길의
멀고 가까움은 비록 같다 하지만 서울에 이르는 길이 평탄하며, 소양강의
길은 중간에 큰 봉우리와 강이 있어서 몹시 험하고, 날씨가 매우 차서 사
람과 말이 넘어지고 자빠져 갖은 고생을 하며 걸어야하니, 백성들이 매우
고생스럽습니다. 청컨대 회양·금성·김화·평강·이천·안협·철원 등 7고을
의 백성으로 京倉에 납입하기를 원하는 자는 이를 들어 주게 하소서.' 하
니, 戶曹에 내려 의논하게 명하였다. 호조에서 啓本에 의하여 시행하기를

75) 『정조실록』 권16 정조 7년 10월 정해조.

청하니, 임금이 그대로 따랐다.[76]

결국 성종 때까지 흥원창에 조세를 납입한 곳은 원주를 비롯하여 횡성·영월·평창·정선·강릉·삼척·울진·평해 등 8개 고을이었음을 알 수 있다. 이는 위의 <표 2>에 규정된 것보다 강릉·삼척·울진·평해 등 동해안에 위치해 있는 4개 지역이 육로를 통해 원주의 흥원창으로 조세를 수송하였음을 보여주고 있는 기록이다. 나아가 강원도 내륙의 여러 군 가운데 서울과의 거리나 운송의 편리성에 따라 7개 지역을 서울로 직접 운송할 수 있도록 하고 나머지는 소양강창에 수납하게 한 것도 실질적으로는 이 때부터 시행된 것이 아닌가 보여진다.[77]

남한강 줄기에는 가흥창과 흥원창 외에도 각 읍마다 자체의 전세를 수납하는 창고를 보유하고 있었다. 이들 창고는 대부분 교통의 요지나 혹은 물가에 위치하여 운송에 편리하도록 하였다. 또한 그 저장물의 쓰임새가 조세미의 일부로도 사용되지만 각 고을에서 필요로하는 군자미나 진휼미 등에도 사용되었다. 『신증동국여지승람』에 의하면 충청도 일원에서 가흥창에 조세미를 내는 지방의 경우 陰城은 東庫·西庫·南庫, 槐山에는 東庫·西庫·南庫, 淸安에는 倉穀軍資倉, 報恩은 儲置庫·官需庫, 영

76) 『예종실록』 권3 예종 1년 1월 계유조.
77) 『경국대전』 호전 漕轉條에 회양·금성·김화·평강·이천·안협·철원 등지는 경기도와 함께 서울의 경창으로 田稅를 수납하도록 이미 규정하고 있다. 따라서 예종 때 강원도 관찰사가 이들 지역을 서울로 직접 전세를 올려 보내도록 다시 건의한 것은 법제정과 현실의 차이에서 오는 것으로 생각된다. 즉 법적으로는 이미 서울로 직송하도록 규정하였지만 그 이전에는 소양강창으로 납부하고 있었기 때문에 법으로 제정된 이후에도 곧바로 개선되지 않고 과거의 관습을 그대로 유지하였던 것으로 생각된다. 그리하여 실질적으로 서울로 전세를 직접 우송하기 시작한 것은 아마도 예종 때부터가 아닌가 생각된다.

춘에는 東倉·西倉, 단양에는 北倉·賑倉·軍資倉·常平倉, 제천에는 邑倉·
儲置庫·周浦倉·院西倉·田大同捧上庫, 진천에는 樓上庫, 황간에는 邑內
倉·上村倉·南面倉·大同庫·工庫·軍器庫, 영동에는 邑倉·龍化倉, 청풍에
는 邑倉·南倉·北倉·西倉, 연풍에는 邑倉·柳倉·水面倉, 청산에는 內縣
倉·外未城倉·大同庫·位板庫·軍器庫 등의 창고가 있었다.


## 4. 물류의 이동과 지역경제 활성화

남한강을 통해 충주와 원주 등지에서 서울로, 혹은 서울의 경강에서
역으로 남한강의 상류지역까지 갖가지 물품이 배를 통해 왕래되었다.
단지 물품만이 왕래된 것이 아니고 사람의 왕래도 있었다. 이들 수운 대
상물 가운데 가장 중요한 위치를 차지하고 있었던 것이 국가의 재정을
지탱하는 원동력이 된 조세의 운반이었음은 이미 주지의 사실이다. 다
만 이들 이외에 부수적으로 남한강을 통해 교역된 물건에는 어떠한 것
들이 있는가를 살펴보고자 하는 것이다.

제일 먼저 세종 8년 남한강의 수운을 책임지고 있었던 左道水站轉運
判官 安尙縝은 水站의 폐단을 지적하는 가운데 남한강을 통해 운반되는
대상물이 많아 이에 종사하고 있는 水夫들이 고충을 받고 있음을 다음
과 같이 역설하고 있다.

수부와 전운 노자는 해마다 얼음이 풀려 다시 얼음이 얼 때까지, 집이
멀고 가까운 것도 상관하지 않고 농사를 폐하고 양식을 싸 가지고 와서는
祿轉과 雜貢을 운반할 뿐만 아니라, 倭客의 왕래, 여러 섬의 갈대와 물
억새, 별요의 土木 등까지 운반하게 되니, 운반하는 일이 너무 많아서 그

고통을 참지 못하고 달아나는 자가 퍽 많습니다.[78]

위의 기록을 통해서 일반적인 조세 이외에도 각 지방에서 산출되는 貢物이 운반되었고, 상류에서 산출되는 갈대와 억새까지도 운반 대상 품목에 들어있었으며, 남한강 상류 산악 지대에서 벌목한 나무의 운반도 이루어졌음을 확인할 수 있다. 이 외에도 전국 각지에서 채집되는 약초를 수로를 이용하여 서울의 濟生院과 惠民局에 바쳤으며,[79] 삼남지방에서 모아 들인 蘇木 5천근을 충추에서 서울로 일괄 수송하기도 하였다.[80] 또한 세종 5년에는 金沙寺에 있던 眞言大藏經, 靈通寺에 있던 華嚴經의 판본, 雲巖寺의 金字三本華嚴經 1부와 金字單本華嚴經 1부를 각각 水站의 배를 이용하여 운송하기도 하였다.[81]

뿐만 아니라 조선 전기 倭人들이 한양까지 올 경우에도 남한강의 수로를 따라 배를 타고 서울에 도착하였다. 조선 초기는 왜인에 대하여 강·온의 외교를 병행하면서 온건책의 하나로 부산포·염포·내이포의 이른바 삼포를 개방하여 조선에 들어오도록 허락하였다.[82] 이 때 삼포를 통해 들어온 왜인들이 서울까지 오는 방법으로는 육로를 이용하는 경우와 수로를 이용하는 경우가 있다. 이 가운데 후자의 경우를 보면 부산포와 내이포로 들어올 때는 양산과 김해에서 창녕~선산~충주~광주~서울로 통하고, 염포로 입국할 때는 경주~단양~충주~광주~서울로 통한다.[83]

---

78) 『세종실록』 권32 세종 8년 6월 신미조.
79) 『태조실록』 권12 태조 6년 8월 임인조.
80) 『연산군일기』 권39 연산군 6년 10월 신축조.
81) 『세종실록』 권22 세종 5년 10월 임신조.
82) 倭人이 서울로 入京하는 路程과 양국의 외교에 관하여는 손승철, 「조선 전기 서울의 東平館과 倭人」 『향토서울』 제56호, 서울특별시사편찬위원회, 1996. 103~126쪽 참조.

그리고 부산포와 내이포를 거쳐 수로를 이용하여 서울에 이를 경우 대략 19~21일 가량이 걸리고 염포에서 서울까지는 15일이 걸린다. 이들 세 곳에서 서울로 향하는 가운데 모두가 충주로 몰리고 있고, 이곳에서부터 남한강의 수운선을 이용하여 서울로 향함을 알 수 있다. 세종 때에는 남한강변의 수참에서 왜인들의 내왕에 따른 迎送과 接對가 번잡하여 水夫들을 다른 雜役에서 제외시켜주자는 건의가 있었던 것으로 보아[84] 왜인들의 왕래가 빈번했던 것으로 생각된다.[85]

남한강을 통해 왕래되는 물건 가운데 중요한 것으로 소금을 지적할 수 있다. 기본적으로 소금은 해안에서 산출되는 것으로서 인간 생활에 가장 필수적인 식품이다. 그런데 내륙지방에서는 소금을 구하기가 어려워 값이 폭등하는 경우가 많았다. 이러한 문제를 해결해 준 교통로가 바로 남한강이다. 즉 세조 때 대신들이 논의한 내용을 보면 이를 이해 할 수 있다.

> 강원도 영서지방은 소금이 매우 귀하니, 경기도의 회계에 들어 있는 소금 8백 석을 站船을 사용하여 운송하고, 강원도 회계에 들어 있는 소금 2백 석을 여러 고을로 하여금 차례차례 인제·양구·홍천·춘천·원주·정선 등지에 옮겨 나누어 주어 백성들의 情願에 따라서 우대하여 지급하고 재목과 교환하여 조선소로 수송하여 배를 만들게 하소서.[86]

---

83) 『해동제국기』 상경도로, 152쪽.
   손승철, 『근세 조선의 한일관계연구』 국학자료원, 1999. 15~16쪽.
84) 『세종실록』 권19 세종 5년 2월 무오조.
85) 왜인들이 이용한 이 길은 임진왜란 때 길잡이 역할을 톡톡히 하였다. 그리하여 임진왜란 이후에는 왜인들의 직접적인 入京을 막고 외교적인 일은 대부분 부산의 왜관을 통하여 처리하도록 하였다(손승철, 위의 책, 35쪽).
86) 『세조실록』 권27 세조 8년 2월 을미조.

이 기록을 통해서 강원도의 산간 내륙지방에서 구하기 힘든 소금을 참선을 이용하여 운송하여 주고, 상대적으로 서울에서 궁궐의 신축 등 건축물을 지을 때 필요로 하는 목재를 산간지대에서 벌목하여 서울로 운송하도록 하고 있음을 알 수 있다. 이러한 조치는 결국 각자의 필요한 물품을 수로를 통해 상호 교환하는 형태를 취하고 있는 것이다. 이는 각 지방간의 교역을 통한 상품화폐경제의 실현이자 상품의 균등한 분배로 인한 국가 생활력의 향상에도 일조한다는 의미를 가지고 있다. 이러한 사실은 다음의 기록에서도 증명되고 있다.

> 강원도 원주의 興原倉과 鹽盆이 있는 嶺東은 水路가 통하지 아니하고, 충청도 충주의 慶原倉은 바다와 陸水의 漕船이 각각 달라서 배로 조운하기가 어려우니, 청컨대 이제부터는 경기도에서 납공하는 소금으로 司宰監·奉常所에 납부하는 것을 제외하고는 모두 軍資에 납부하여 회계를 기록하고, 해마다 강 위의 漕轉船이 돌아갈 때에는 배마다 30석을 주고, 水夫에 주는 것은 배 삯을 제하여 흥원창과 경원창 등의 창고에 漕致시켜, 수령으로 하여금 그 출납을 관장하고, 시세에 따라 쌀이나 포목과 바꾸게 하소서. 하니 그대로 따랐다.[87]

일반적으로 물길과 물길이 만나는 곳과 육로가 함께 닿는 곳은 교통의 요지로서 옛부터 많은 인파가 몰려들었고, 자연스럽게 큰 마을이 형성되었다. 남한강 줄기에서는 충주와 목계·금천·원주·여주 등지가 이에 해당한다. 충주는 앞서 논술했듯이 지리적으로 육로와 수로가 만나는 요충지였기 때문에 도시가 발달할 수 있는 충분한 조건을 갖추고 있었다. 게다가 전국 조세의 약26%에 달하는 많은 곡식을 저장할 수 있는 가

---

87) 『세조실록』 권35 세조 11년 4월 정축조.

홍창이 존재하고 있었기 때문에 그 경제적 가치는 더욱 중요하였다. 따라서 충주와 수로를 통해 잇닿아 있는 인근 지역의 경제도 함께 발달할 수 있는 요건을 갖추고 있었다. 그 예로 원주와 경계를 이루고 있는 목계도 남한강을 통해 연결되어 있어 생선과 소금을 실은 배가 정박하여 외상거래가 활발하게 이루어졌으며, 동해의 생선과 영남 산골의 물화가 모여들어 큰 시장을 형성하기도 하였다.[88] 목계장 뿐만 아니라 여주의 이포장, 광주의 송파장 등도 남한강의 물줄기를 이용한 상품거래로 생계를 유지하던 지역이었다.

한편 남한강변에 위치하고 있었던 조선시대 주요 場市에서 거래되고 있었던 物目을 살펴보면 대략 중심품목을 알 수 있다. 조선시대 전국 각 군현별로 대표적인 장시 325곳에서 교역되고 있었던 물품들을 수록해 놓은 『林園經濟志』를 통해 살펴보면 다음의 <표 3>과 같다.

〈표 3〉 南漢江 流域 主要 場市 去來 品目

| 지역 | 장시 | 거 래 품 목 |
|------|------|------------|
| 양근 | 沙灘場 | 쌀, 면포, 마포, 果物, 魚鹽, 煙草, 席子 |
| 여주 | 府內場 | 쌀, 콩, 보리, 면포, 마포, 果物, 魚鹽, 煙草, 雉鷄, 釜鼎, 沙器, 木物, 紙地 |
| 원주 | 州內場 | 쌀, 綿布, 綿花, 마포, 果物, 魚鹽, 煙草, 鐵物, 牛犢, 紙物, 土器 |
| 충주 | 內倉場 | 쌀, 콩, 보리, 면포, 마포, 果物, 魚鹽, 煙草, 牛犢, 明紬, 席子 |

위의 도표를 통해 보면 남한강 유역에 자리잡고 있는 큰 시장들의 주요 거래 품목이 대부분 일치하고 있는 현상을 발견할 수 있다. 쌀과 직물류, 그리고 조선 후기에 등장한 연초, 생선과 소금, 과일 등은 모두가 공통적으로 거래하는 품목이다. 지역적 특성에 따라 여주의 경우는 沙

---

88) 위와 같음.

器와 釜鼎이, 원주는 土器와 牛犢, 충주는 明紬와 돗자리, 양근의 돗자리 등이 각 지역에서 특징적으로 거래되는 품목들이다.

결과적으로 남한강변에 위치하고 있었던 강변마을은 물길을 이용한 물품교역을 토대로 도시를 형성하여 살고 있었음을 알 수 있다. 이들은 객주업이나 상인 및 주막 등을 운영하면서 각 지역경제의 중심적 위치를 차지하고 있었던 것으로 생각된다. 전근대사회의 지역경제 활성화는 결국 장시를 통해 이루어졌음을 감안할 때 남한강변에 위치했던 여러 장시들은 교통망의 편리를 최대한 살려 생활의 기반으로 만들어 갔던 것이다.


## 5. 남한강 수운의 역사적 의미

이상으로 조선시대 한강, 특히 남한강의 역할과 물류 이동을 중심으로 살펴보았다. 마지막으로 남한강 수운이 가지고 있는 역사적 의의가 무엇인지를 정리하고 나아가 남한강 수운에서 가흥창이 차지하고 있는 의미는 어떠한 것인가를 정리하고자 한다.

남한강 수운이 가지고 있는 역사적 의미는 첫째로 전근대사회 국가 재정확보의 근간이 된 조세의 운송통로였다는 점이다. 당시에는 수운에서 가장 중요한 것이 안정적인 조세 운송이었기 때문에 위정자들은 조운로의 확보에 심혈을 기울였고, 이러한 그들에게 남한강은 관심을 끌기에 충분한 조건을 갖추고 있었다.

둘째는 상품교역의 교두보이자 생활터전으로서 그 역할이 지대하였다는 점이다. 남한강변에 있는 여주·양근·원주·충주 등지에 살고 있는 사람들의 삶의 터전으로서, 그리고 이 지역의 생활경제 향상을 위한 물품교역로로서의 역할도 주목되어야 할 것이다. 남한강 상류 충주나 목계 등 물길이 만나는 곳에 도시가 형성되었던 점이나 가흥창 주위에 사는 사람들이 객주업에 종사하여 미곡을 출납할 때에 이문을 노리고 가끔 횡재하는 경우도 있었다는 사실 등은 남한강 수운을 통해 도시가 번성하고 객주와 주막이 들어서는 장시가 형성되어 갔음을 알 수 있다. 남한강의 넓은 수면을 접하고 있는 여주의 白崖村에 살고 있는 사람들도 '모두가 배로 장사하는데 힘을 기울여 농사에 대신하고 있으며 그 이익이 농사를 짓는 집보다 낫다'고 기록하고 있어[89] 논농사보다는 오히려 상업에 더욱 적극적이었음을 보여주고 있다. 셋째는 인적교통로로서의 역할을 담당하였다는 점이다. 즉 단순한 물류 유통 뿐만 아니라 사람들도 수로를 따라 이동이 이루어지고 있었다. 조선시대 일본 사신의 왕래도 그 한 예이며, 근대 일제강점기에는 아예 운임을 받아가면서 사람들을 수송하기도 하였다.[90]

넷째 남한강 줄기를 통해 교역된 물품은 국가의 조세 이외에 관리들의 소작료, 소금·생선·새우젓과 같은 식료품, 목재·흙·갈대·물억새와 같은 건축자재물, 蘇木·명주와 같은 의류, 담배·돗자리·가축·약초·토기 등 생활필수품, 쌀·콩·보리와 같은 농산물, 불경과 같은 서적류 등에 이르기까지 인간생활에서 필요로 하는 거의 모든 품목들이 거래되고 운송되었다.

결국 남한강은 수도와 내륙을 연결하는 교통로, 지역 경제의 활성화, 생활필수품의 교류 등 다양한 역사적 의미와 역할을 가지고 있었다. 이와 함께 충주 남한강변에 설치되었던 가흥창은 작게는 가흥리 지역경제

---

89) 위와 같음.
90) 조선총독부, 『경성상공업조사』 1913. 196~197쪽.

의 핵심이었고, 넓게는 충주 전체의 경제적 거점이었다. 또한 국가 경제를 운영하는 조세창고, 백성들의 구휼미를 대는 공급처, 조선 후기 新穀과 舊穀을 교체하는 장소, 중부 내륙 조세의 집결지 등 다양한 역할과 의미를 내포하고 있던 곳이었다.

남한강은 오늘날 댐들과 각종 유원지가 들어서 과거 수운의 역할을 할 수 없는 아쉬움을 남기고 있지만 역사적으로 많은 선열들의 삶의 터전으로 혼이 살아 숨쉬고 있는 곳이다. 북한강의 뗏목 재현과 같이 향후 각 지역별로 남한강을 중심으로 한 역사 재현이 개발되고 실현된다면 남한강이 가지고 있는 역사적 정체성을 회복하는 계기가 될 것이다. 그러한 의미에서 충주 가홍창의 복원과 미곡축제 같은 지역의 역사성을 나타내는 사업의 추진도 고려할 만하다.

# 제6장 병자호란의 전말과 삼전도비문

## 1. 병자호란 발생의 배경

조선시대 외적의 침입은 16세기 말에서 17세기 중반에 발생하였다. 1592년의 임진왜란을 비롯하여 1627년의 정묘호란, 1636년 병자호란 등 불과 50여년 사이에 세 차례에 걸친 외국과의 큰 전쟁을 겪었다. 이 과정 속에서 조선은 많은 파괴와 살상을 겪었음에도 불구하고 패망하지 않고 꿋꿋이 정권을 유지할 수 있었다. 비록 당시의 현실적인 여건이 서로 다르기는 했지만 임진왜란은 적과 끈질기게 싸워 승리로 이끈 전쟁이었던 반면에, 병자호란은 현실 상황을 반영하여 국가의 종묘사직 존속을 위해 청나라에 항복하는 굴욕을 선택한 전쟁으로서 서로 상반된다.

전쟁 규모나 기간, 피해 정도 등을 감안할 때 병자호란과 임진왜란을 평면적으로 비교할 수는 없지만 임진왜란에 비해 병자호란에 대한 연구는 극히 소량이다.[1] 그것은 병자호란이 패전한 전쟁이었고, 기간이 짧아 의병이 본격적인 활동을 전개할 겨를이 없었으며, 한반도 전 지역에서 전개된 전쟁이 아닌 국지적인 전쟁이었기 때문에 연구가 부진한 것이라고 생각한다. 그럼에도 조선시대의 역사적 흐름속에서 병자호란이 차지하고 있는 영향이 컸기 때문에 이 분야에 대한 연구는 지속되어야 할 것

---

1) 임진왜란과 병자호란기의 연구동향에 대해서는 오종록, 「임진왜란~병자호란시기 군사사 연구의 현황과 과제」『군사』제38호, 국방군사연구소, 1999, 135~160쪽 참조.

이다.

建州女眞의 추장 누루하치(奴兒哈赤)는 조선과 명이 임진왜란에 휘말려 만주 지역에 대한 경계가 소홀한 틈을 타 세력을 확장시키고, 1616년에는 후금을 건국하여 중국 대륙에 대한 공격을 강화하였다. 당시 조선의 광해군은 명과 후금과의 전쟁 사이에서 중립적인 외교 노선을 견지하면서 가능한한 전쟁에 휘말리지 않으려고 노력하였다. 그러나 1623년 3월 仁祖反正으로 광해군이 물러나고 서인세력의 도움을 받은 인조가 즉위하면서 기존의 중립외교정책에서 親明排金政策으로 외교 노선의 변화를 가져왔다.

이러한 조선 정국의 변화는 동아시아 정세속에서 후금에 불리하게 작용되었다. 실제로 조선이 평안도 철산 앞바다에 웅거하면서 후금의 배후를 위협한 명의 毛文龍에게 군사지원을 시도함으로써 후금으로서는 늘 배후가 불안하게 되어 적극적인 중국 대륙의 공격이 용이하지 않았다. 이러던 차에 조선 내에서 이괄의 난이 발생하였고, 이괄 일당이 후금에 망명하여 조선과의 분쟁악화를 조성함으로써 조선 침공의 단초를 제공하게 되었다.

배후를 안정해야 할 필요가 있었던 후금은 1627년 1월 조선을 침공하여 정묘호란을 일으켰다. 이 전쟁에서 후금의 궁극적인 목적은 완전한 조선 정복에 뜻을 두고 있지 않았기 때문에 빠른 시일내에 강화 교섭이 이루어지길 원했다. 따라서 조선과 후금 사이에 형제의 맹약을 핵심으로 하는 정묘화약을 체결하고 서로 침범하지 않고 평화를 유지하기로 약속함으로써 정묘호란은 종지부를 찍었다.[2]

정묘호란에서 소기의 목적을 거둔 후금은 그 이듬해 내몽고로 진출하

---

2) 전해종, 『한중관계사연구』, 일조각, 1970, 114~138쪽.

여 인조 10년(1632)에는 내몽고의 여러 부족을 복속시키고 만주의 전역
을 차지할 만큼 그 세력이 성장하였다. 후금은 그 세력을 몰아 만리장성
을 넘어 북경 부근을 공략하기 시작함으로써 본격적인 명과의 전쟁에
돌입하였다. 그와 동시에 조선에 사신을 보내어 '兄弟之盟'을 '君臣之義'
로 한 단계 높일 것을 요구하게 되었다.3) 또한 歲幣를 황금 1만 냥, 五色
布 10만 동, 은 1만 냥, 白苧布 1만 동으로 증가시키고, 정병 3만과 戰馬
3천 필을 보낼 것 등 조선으로서는 쉽게 받아들일 수 없는 조건들을 요
구하였다.4)

정묘호란이 끝난 이후 조선은 후금의 침입 당시 약탈이 극심하여 청
천강 이북의 땅은 거의 황폐화되었을 뿐만 아니라, 후금의 군사적 위압
에 굴복하여 일단 굴욕적인 강화 조건을 수락하였으나 형제의 관계를
맺은 것 자체에 대한 비난 여론이 비등하였다. 이러던 차에 후금의 군신
관계 요구는 排金論에 더욱 명분을 실어주는 계기가 되었다. 또한 해마
다 많은 액수의 세폐 요구에 응하는 것도 당시 조선의 피폐한 경제력으
로는 매우 무거운 부담이었다.

그리하여 조선은 정묘화약이 양국의 합의에 의한 것이 아니고 후금의
강요에 못 이겨 체결된 것인 만큼 내면적으로 명나라와의 동맹관계를
강화시켜 후금을 견제하려는 기도를 포기하지 않았다. 또 조선은 사신
및 국서의 왕래 등 후금과의 외교적인 접촉이 있을 때마다 문서나 대화
로 은연중에 후금을 모독하는가 하면, 후금의 세폐 증액·요구를 거부하
고 도리어 감액을 요구하며 반항적인 태도를 취하여 후금의 의구심을
자아냈다.

---

3) 『인조실록』 권32 인조 14년 2월 기해조.
4) 『인조실록』 권32 인조 14년 2월 병술조.

후금측에서도 정묘화약에 대하여 불만을 가지고 있었다. 정묘호란이 끝난 이후에도 명의 모문룡의 세력은 그대로 東江鎭을 근거로 하여 은밀히 조선과 협력관계를 유지하면서 후금의 배후에서 계속 위협을 가하고 있었다. 따라서 장차 후금이 명나라와 총력전을 벌이게 될 때 모문룡의 군사가 그들의 대명작전에 큰 장애요인으로 작용할 수 있다는 불안감을 가지고 있었다. 이에 후금은 종래의 화약조건을 개정하여 조선으로 하여금 모문룡군에 대한 조치를 취하도록 할 필요성을 절실히 느끼게 되었다. 결국 후금은 조선을 완전히 굴복시켜 그들의 영향력 아래에 두기 위하여 화약의 개정을 필요로 하였다.

이 무렵 후금의 貝勒들이 후금 태종에게 尊號를 올리자는 의논이 있었다. 인조 14년(1636) 4월 후금의 태종은 '寬溫仁聖皇帝'의 칭호를 받고 국호도 '淸'이라 고치고 연호를 '崇德'으로 改元하였다. 때마침 이곳에 사신으로 파견되었던 조선의 春信使 羅德憲과 回答使 李廓은 그들의 축하연에 참석하였는데 매를 맞으면서도 태종에게 허리를 굽히지 않았다. 청의 태종은 사신을 돌려보내면서 황제라 칭한 국서를 함께 보냈으나 나덕헌 등은 국서를 가지고 오다가 그 내용으로 미루어 보건대 차마 조선으로 가지고 올 수가 없다고 판단하여 通遠堡에 버려 두고 돌아왔다. 그러나 조선에서는 이 국서를 받았다는 것 자체가 문제가 되어 이들은 귀국 후에 각각 유배형을 당하였다.[5] 이어 같은 해 11월 조선 사신이 다시 瀋陽에 이르렀을 때 청 태종은 '왕자와 대신 및 斥和主張者를 入送하지 않으면 發兵하겠다'[6]고 경고하였다. 그러나 조선에서는 이번에도 아무 대처를 하지 않았다.

---

5) 李肯翊,『燃藜室記述』권25 仁祖朝故事本末 丙子虜亂丁丑南漢出城 4월조.
6) 羅萬甲,『丙子錄』記初頭委折.

그러던 차에 조선에서 인조 비의 상을 당하자 후금은 馬夫大와 龍骨大를 사신으로 보내어 弔喪을 하고, 아울러 조선에게 과거 형제의 관계를 군신의 관계로 변경할 것을 요구하였다. 후금의 요구를 접한 조선 대신들의 격앙은 절정에 달하여 사신을 목 베고 斥和宣戰할 것을 주장하게 되었다. 사세가 심상치 않음을 알아차린 후금 사신들은 민가의 말을 빼앗아 도망가게 되었다. 이들은 도망가는 도중 조정에서 평안감사에게 보내는 후금 정벌의 募兵事를 내용으로 하는 諭文을 빼앗아 갔고, 이를 직접적인 빌미로 하여 병자호란을 일으킨 것이다.

병자호란을 일으킨 장본인인 청나라 태종은 조선에 보낸 국서에서 자신이 난을 일으킨 이유를 다음과 같이 밝히고 있어 위의 내용과 일치하고 있다.

　… 그런데 그 뒤 10년 동안 그대 나라 군신은 우리를 배반하고 도망한 이들을 받아들여 명나라에 바치고, 명나라 장수가 투항해 오면 군사를 일으켜 길을 막고 끊었으며, 우리의 구원병이 저들에게 갈 때에도 그대 나라의 군사가 대적하였으니, 이는 군사를 동원하게 된 단서가 또 그대 나라에서 일어난 것이다. 그리고 명나라가 우리를 침략하기 위해 배를 요구했을 때는 그대 나라가 즉시 넘겨 주면서도 짐이 배를 요구하며 명나라를 정벌하려 할 때는 번번이 인색하게 굴면서 기꺼이 내어주지 않았으니, 이는 특별히 명나라를 도와 우리를 해치려고 도모한 것이다.

　그리고 우리 사신이 왕을 만나지 못하게 하여 國書를 마침내 못 보게 하였다. 그런데 짐의 사신이 우연히 그대 국왕이 평안도 관찰사에게 준 密書를 얻었는데, 거기에 '정묘년 변란 때에는 임시로 속박됨을 허락하였다. 그러나 이제는 정의에 입각해 결단을 내렸으니 關門을 닫고 방비책을 가다듬을 것이며 여러 고을에 효유하여 충의로운 인사들이 각기 策略을 다하게 하라.'고 하였으며, 기타 내용은 모두 세기가 어렵다.…7)

위에서 태종이 밝힌 전쟁의 원인을 요약하면 한인 망명자 문제, 지원군 파병에 관한 문제, 청나라 사신의 손에 들어간 조선 국왕의 밀서 내용 등을 주요 원인으로 지적하고 있다. 이러한 표면적인 이유를 들어 조선에 대한 침공을 합리화하였지만 보다 근본적인 원인은 명 정벌을 위한 후방의 안정과 전쟁에 필요한 부수적인 물자와 군사조달에 그 목적이 있었던 것이다.

## 2. 병자호란 발생의 초기상황

청 태종은 1636년 12월 1일 淸人 78,000명, 蒙古人 30,000명, 漢人 20,000으로 혼합 편성된 128,000명의 조선원정군을 瀋陽에 집결토록 하여 부대를 편성하고, 다음날 선봉부대인 馬夫大가 6,000의 기병을 이끌고 조선을 침략하였다.8) 청의 침략 이전에 조선은 곧 청이 공격해 올 것이라는 것을 예측하였지만9) 뚜렷한 대책을 강구하지 못하고 있던 상황이었다. 12월 2일 이미 청의 선발대가 심양을 출발한 이후인 12월 6일 교리 李時楷가 올린 차자에 "잘 싸우고 잘 지키는 것이 상책이고 화친을 잘 하는 것이 그 아래입니다. 지금 우리 나라는 싸움과 지킴을 어떻게 할 수조차 없는 지경에 방치해 두고 화친마저도 잘 하지 못하고 있으니 계책과 능

---

7) 『인조실록』 권34 인조 15년 1월 임인조.
8) 당시 편성된 청군의 조직은 馬夫大가 이끄는 선봉부대가 기병 6,000명, 多鐸이 이끄는 좌익군이 기병 30,000명, 태종이 직접 이끄는 본군이 혼성 70,000명, 多爾袞이 이끄는 우익군이 혼성 22,000명으로 편성되어 있다(국방부전사편찬위원회, 『丙子胡亂史』, 1986, 134~135쪽).
9) 趙慶南, 『續雜錄』 권4 병자년 11월 23일조.

력이 다하였다 하겠습니다."[10]라는 기록을 볼 때 적의 국경 침입이 풍전등화인 상황에서도 조선은 아직 和·戰의 두 갈래 길에서 국가의 원칙이 세워지지 않아 갈팡질팡하고 있음을 보여주고 있다.

이러한 때에 청의 선봉장 馬夫大는 12월 8일 압록강을 건너 국경을 침입하였다. 그는 당시 義州府尹 林慶業이 백마산성을 철통같이 수비함을 알고 이 길을 피하여 큰 길을 따라 서울로 진격하였다. 국경 침입 이틀 전인 12월 6일 의주 건너편 龍骨山[11]에서 봉화가 올라 적의 침입을 사전에 알고 이에 대한 방비책을 강구할 수 있었으나 도원수 김자점은 "적의 침입이 아니고 사신으로 간 박노가 돌아오는 것이다"라고 하면서 확인을 미루다가 12월 9일에야 군관 申榕을 의주에 보내 확인하도록 하였다.[12] 신용은 적의 침입 사실 여부를 확인하기 위해 북으로 가다가 순안에서 적을 만났고, 곧바로 돌아와 도원수에게 보고하였다. 그러나 이것도 믿지 못하고 있던 김자점은 다음날이 되어서야 비로소 사태가 급함을 알고 급히 장계를 올려 적의 침입 사실을 알렸다. 이것이 조정에 도착한 것은 12월 12일 오후로서 적이 국경을 침입한지 5일이 지나서였다.[13] 당시 羅萬甲은 변방의 신하들이 모두 급히 장계를 올렸으나 모조

10)『인조실록』권33 인조 14년 12월 병자조.
11) 용천 동쪽에 있는 산으로 龍虎山이라고도 함.
12) 羅萬甲,『丙子錄』記初頭委折.
13)『인조실록』권33 인조 14년 12월 계미조. 실록에는 12월 13일자에 도원수 김자점의 치계를 놓고 의논하는 기록이 있고,『연려실기술』에는 12월 12일에 적병이 압록강을 건넌다는 내용의 임경업 장계가 들어왔다고 기록되어 있으며,『병자록』에는 도원수 김자점의 장계가 12월 12일 오후에 도착하여 적의 침입을 처음 알 수 있었다고 기록하고 있다. 이들 기록을 종합하면 도원수의 장계가 12월 12일 오후 늦게 조정에 도착하였고, 이 내용을 다음날 조정에서 의논하였기 때문에 실록에는 12월 13일자에 기록되었던 것으로 파악된다. 다만 임경업의 장계는 사실을 확인할 길이 없다.

리 적에게 빼앗겼기 때문에 조정에까지 정보가 도달하지 않았다고 기록
하고 있다.14)

청나라의 진군 속도는 조선이 미처 생각하지 못할 정도로 매우 빨랐
다. 선봉 부대인 馬夫大가 12월 8일 압록강을 건넌 후 불과 2일만인 12월
10일에 안주를 통과하였으며, 그로부터 4일만인 14일에 평양과 개성을
지나 延曙驛을 거쳐 서울 근교인 양철리(오늘날의 불광동과 대조동 지
역)에 도착하였고, 즉시 행주와 양화리 방면에 병력을 보내 한성과 강화
도의 길목을 차단하였던 것이다. 이와 같이 발빠른 적의 진로를 예상하
지 못한 조선은 별다른 대책을 강구하지도 못한 채 남한산성으로 가기
도 바빴다.

청군이 이미 안주를 지난지 3일이 지난 후인 12월 13일에 청이 안주까
지 침입했다는 보고를 받은 인조는 영의정 김류의 건의에 따라 강화도
로 피신할 것을 결정하였다. 그러나 다음날 적이 이미 송도를 지났다는
소식을 다시 알려오자 급히 판윤 金慶徵을 檢察使로, 부제학 李敏求를
부검찰사로 임명하여 빈궁 일행을 강화도로 보내는 한편 강화유수 張紳
을 舟師大將을 겸하게 하여 강화를 수비케 하고 沈器遠을 起復하여 留都
大將으로 삼았다.15)

12월 14일 오후 인조는 서울을 버리고 강화도로 가기 위해 숭례문을
나섰으나 '적이 이미 연서역을 통과하였고 또 馬夫大가 수백의 기병을
거느리고 벌써 홍제원에 도착하여, 한 부대로서 陽川江을 차단하여 강
화로 가는 길을 끊었습니다'16)는 보고를 받고 인조는 다시 성내로 들어

---

14) 羅萬甲, 『丙子錄』 記初頭委折.
15) 『인조실록』 권33 인조 14년 12월 갑신조.
16) 李肯翊, 『燃藜室記述』 권25 仁祖朝故事本末 丙子虜亂丁丑南漢出城 12월
    14일조.

와 숭례문 망루에 올라가 앉았다. 청의 軍勢가 급박하게 몰아치자 인조
는 먼저 훈련대장 申景禛으로 하여금 모화관 일대에 병력을 배치하여
방어선을 만들고 적의 도성 진입을 저지하라고 명령하였다. 신경진은
모화관 일대에 방어진을 급히 설치한 뒤 부장 李興業에게 기병 80명을
거느리고 적을 선제공격하도록 하였으나 백련산 동쪽에서 전멸하였
다.17) 그리하여 조정의 대신들은 사후대책을 마련하지 못하고 갈팡질팡
하고 있었다. 이 때 이조판서 최명길이 '적장과 만나 회담을 하면서 시
간을 벌 것이니 속히 수구문을 통해 남한산성으로 옮기는 것이 좋다'18)
는 의견을 제시하자 모두 이 의견에 따라 밤길을 재촉해 남한산성으로
피신하였다. 결국 적과 제대로 된 전투한번 해보지 못하고 도성을 그대
로 내어준 결과가 되었다. 당시의 위급하고 처참했던 상황은 다음의 기
록을 통해 가히 짐작할 수 있다.

> 동궁이 채찍을 잡고 떠나서 구리재를 넘고 수구문으로 나가는데 군색
> 하고 급박하게 달려가는 형상은 차마 말할 수가 없었다. 전후의 射隊·旗
> 麾·儀仗이 모두 분리되어 서로 잃고 성 안의 남녀들은 맨발로 걸어서 御
> 駕와 서로 뒤섞이고, 부자·부부·형제·노비들은 서로 떨어져서 헤매며 길
> 가에 넘어지고 자빠져서 곡성이 진동하였다.19)

이와 같이 조선은 이미 전쟁 초기부터 청군의 전략이나 군사력 등을
정확하게 파악하지 못하였기 때문에 그에 따른 대책도 강구하지 못했
고, 결국 최후의 목적지였던 강화도로의 이동도 뜻을 이루지 못한 채 급

---

17) 羅萬甲, 『丙子錄』 急報以後日錄 12월 14일조.
18) 李肯翊, 『燃藜室記述』 권25 仁祖朝故事本末 丙子虜亂丁丑南漢出城 12월
   14일조.
19) 趙慶男, 『續雜錄』 권4 병자년 12월 14일조.

히 남한산성으로 옮길 수밖에 없는 급박한 상황이었다. 그리하여 12월 15일부터 이듬해 1월 30일까지 45일간 남한산성에 고립된 상태에서 청군과의 대치상황이 지속되었던 것이다.

## 3. 남한산성에서의 접전과 강화 교섭 진행

수구문을 겨우 빠져나온 인조 일행은 캄캄한 밤중에 겨우 남한산성에 도착할 수 있었다. 남한산성은 서울에서 멀지 않은 곳에 위치하였고, 또 지형이 험준하여 강화도와 함께 조선시대 수도 방위를 위한 주요 요새지로 인식되었던 곳이다. 그리하여 임진왜란이 발발했을 당시에도 방어책을 의논하는 가운데 중요한 요새지로 거론되었으며,[20] 광해군 13년(1621)에는 대대적인 수축을 하였다.[21] 그 후 인조 4년(1626)에는 수어사 李曙의 주관하에 2년간 지속되어 온 산성 수축 공사를 완료하였고,[22] 후에 守禦廳을 이곳에 두어 특히 중요시하였다. 이서가 監董官이 되어 인조 2년(1624)부터 修城工役을 시작하였을 때 변란시에 국왕이 머무를 200여 間의 큰 行宮을 건립하였는데 산성의 행궁 건립은 그리 흔한 일이 아닌 만큼 이서는 남한산성을 강화도와 같이 위급한 변란시 중요한 피난처로 생각했던 것으로 보인다.[23]

남한산성의 지형은 군사전략상 장단점을 가지고 있다. 장점은 산성으로 오르는 길이 가파르고 험준하기 때문에 성을 근거로 적을 방어하기

---

20) 『선조실록』 권43 선조 26년 10월 임인조.
21) 洪敬謨, 『重訂南漢誌』.
22) 『인조실록』 권13 인조 4년 7월 임진조.
23) 『인조실록』 권9 인조 3년 6월 기해조.

에는 매우 좋은 조건을 갖고 있다. 단점은 지리적으로 평야지대에 홀로 놓여 있는 형태이기 때문에 적이 산성을 완전히 포위할 경우에는 고립되어 외부와의 연락이 두절될 수 있다. 병자호란 당시에는 이러한 단점이 빌미가 되어 결국 패전하게 되는 것이다.

한편 12월 14일 밤에 남한산성에 도착한 인조는 남한산성이 완벽한 방어요새지로서 안전성이 떨어진다는 판단하에 강화도로 옮기고자 12월 15일 새벽에 성을 나섰으나 날씨가 좋지않아 다시 돌아왔다. 그리고는 본격적으로 산성 방어전략을 구축하였다. 그리하여 都體察使에 영의정 金瑬를 임명하고, 協守使에 兪伯曾을, 管餉使에 羅萬甲을 각각 임명하였으며, 성을 4곳으로 나누어 각 부서별로 책임자를 임명하였다.[24)

청군은 최명길의 지연 술책에 속아 인조의 남한산성 이동을 막지 못하자 15일 도성은 그대로 두고 한강변을 따라 곧바로 남한산성으로 이동하였다. 그리하여 강화도로 가는 길목을 차단한 2,000의 병력을 제외

---

24) 羅萬甲, 『丙子錄』急報以後日錄 12월 15일조. 당시 남한산성의 지역별 책임자를 도표화하면 다음과 같다. 이들 중 북문수비군 대장 이서가 병이 들어 방어가 실질적으로 어렵게 되자 곧 바로 중군이었던 원두표를 대장으로 임명하였다.

남한산성 지역별 방어 책임자

| 부서 | 직책 | 책임자 |
|---|---|---|
| 동문수비군 | 대장 | 申景禛 |
|  | 중군 | 李潁達 |
| 서문수비군 | 대장 | 李時白 |
|  | 중군 | 李稷 |
| 남문수비군 | 대장 | 具宏 |
|  | 부장 | 具仁垕 |
|  | 중군 | 李廓 |
| 북문수비군 | 대장 | 李曙 |
|  | 중군 | 元斗杓 |

한 4,000의 병력으로 판문리·거여리·학암리·창곡리에 배치함으로써 남
한산성을 포위하였다. 그리하여 다음날부터 청군과 조선군은 소규모의
접전이 벌어졌다.

12월 15일 남한산성이 고립된 이후 조선은 和戰의 전략을 구사하면서
청군과 대치하여 왔다. 그 과정을 간략하게 표로 정리하면 다음과 같다.

남한산성에서의 양국군 접전 및 교섭 추진 상황

| 월일 | 接戰內容 | 강화 교섭 추진 |
|---|---|---|
| 12. 15 | 청군 선봉부대 삼전도에 당도 | |
| 16 | 청군이 남한산성 서문 전방에 포진 | 조선의 왕자와 대신을 보내는 것을 조건으로 청군의 강화 교섭 진행 촉구 |
| 17 | | 왕자의 부재를 알리고, 청에서 동궁을 보내 강화 교섭을 요구하자 회담이 결렬 |
| 18 | 북문 수비대장 추격하여 청군 6명 사살 | 조선이 강화교섭 거부하고 남한산성 사수를 결정함 |
| 19 | 청의 증원군 남한산성 포위 완료<br>남문 수비군이 출격하여 청군 20여명 사살 | |
| 20 | | 청군이 세자의 인질을 조건으로 강화 교섭 재개를 제의 - 조선이 거부 |
| 21 | 어영별장 이기축, 동문수비대 신경진 등이 출성하여 청군 10여명 사살 | |
| 22 | 청군의 남한산성 4대문에 대한 일제공격 개시 - 청군 100여명 사살, 조선군 5~6명 전사 | 청군이 세자대신 왕자를 인질로 하는 조건으로 강화재개 제의 - 조선이 거부 |
| 23 | 청군의 남한산성 4대문에 대한 일제 공격 개시 - 조선군 출성하여 청군 200여명 사살, 조선군 80여명 전사 | |
| 25 | 남한산성으로 통하는 길목에 목책설치 (12월 30일까지) | 인조가 화친의 방침을 결정함 |
| 26 | 강원도 근왕군 하남시 검단산에 진출 | 이경직을 보내 강화재개 제의-청군의 거부로 결렬 |

| 월일 | 接戰內容 | 강화 교섭 추진 |
|---|---|---|
| 27 | 강원도 근왕군 패퇴후 양근으로 철수 | |
| 29 | 북문 수비군 300명 적진에서 전사 | |
| 30 | 청태종 한성 입성, 남한산성 진지구축 | |
| 1. 2 | 충청감사 정세규 근왕병 險川峴에서 청군과 접전 | 홍서봉 이경직 등을 보내 강화교섭 추진 - 태종의 국서지참 후 귀가 |
| 3 | 청군의 남한산성 탐색공격으로 접전 경상도 근왕군 쌍령전투에서 패배 | 청태종 국서에 대한 화답서 전달 |
| 5 | 전라도 근왕군 광교산 접전후 패퇴 | |
| 6 | 전라감사 이시방의 근왕군 공주로 철수 | |
| 10 | 충청감사 정세규 근왕군 공주로 이동 | |
| 13 | | 강화교섭 추진 - 명과의 단교 불가, 청과의 형제관계 지속 등 |
| 15 | 경상도 근왕병 조령에서 철수 | |
| 17 | | 청군 - 조선국왕의 출성항복 강요 조선 - 청군의 요구에 거부함 |
| 18 | 북문의 원두표 군이 출성하여 청군 6명 사살 | 청군 - 조선국왕의 항복 촉구 |
| 19 | 서문과 동문에서 접전하여 청군 10명 사살하고 조선군 5~6명 전사, 청군이 동문에 야습을 시도하였으나 청군 20여 명 사살 | 조선이 문서상 항복을 전제로 강화 교섭을 요청했으나 청군에서는 국왕의 항복과 稱臣을 요구하여 결렬, 국서에 稱臣의 용어를 사용하여 다시 교섭 |
| 20 | 훈련대장 신경진이 청군 정찰기병 30명 사살 | 군신관계수용을 전제로 강화교섭 진행, 청국의 출성항복과 척화론자 압송요구로 회담 결렬 |
| 21 | | 조선측의 국서 접수를 거부 |
| 22 | 강화도 함락 | 척화론자 홍익한 압송과 국왕출성 대신 성상배례를 대신으로 하는 강화교섭 제의 |
| 23 | 성문의 각 수비군 동시 출성하여 청군 50여명 사살, 청군의 서문에 대한 야습 시도 | 청국에서 국왕출성 항복과 척화론자 추가 압송 요구 |
| 24 | 청군의 동문과 남문에 대한 화포공격으로 조선군 10여명 사상, 남문수비군 구굉이 출성하여 청군 40여명 사살 | |

| 월일 | 接戰內容 | 강화 교섭 추진 |
|---|---|---|
| 25 | 청군의 총공세로 산성의 각 문루와 성벽이 파괴됨 | 국왕대신 세자의 출성 옥을 전제로 강화 교섭 시도 - 거부당함 |
| 26 | | 국왕대신 세자가 청화론자를 대동하고 출성하여 항복하는 조건으로 강화교섭 재개, 청군은 강화도 함락소식을 알려주고 국왕의 출성 항복을 요구 |
| 27 | 남한산성에 대한 청군의 포위망 압축 - 대대적인 포격무력시위 전개 | 國體와 人民의 안전을 전제로 국왕출성 항복 수락의 국서전달 |
| 28 | 남한산성에 대한 청군의 포위망 압축 - 대대적인 포격무력시위 전개 후 중지 | 홍서봉 최명길 등이 세부적인 강화절차 협의, 청 태종의 조선국왕 赦免詔書 수교 |
| 29 | | 척화론자 윤집 오달제를 청군 진영으로 보냄 |
| 30 | | 삼전도 항복 후 전쟁종결, 도성 환도 |

\* 이 표는 『仁祖實錄』・『丙子錄』・『燃藜室記述』의 기록을 토대로 작성하였다.

위의 표를 중심으로 남한산성에서의 대치상황과 강화교섭 진행과정을 간략하게 정리하고자 한다.

## 1) 양국의 대치상황

12월 18일에는 북문수비군 대장 원두표가 성 밖으로 나가 순찰 중인 청군 6명을 죽였고, 19일에도 남문수비군 대장 구굉이 군사를 모집하여 성 밖에서 적 20명을 죽였고, 21일에도 御營別將 李起築이 군사를 거느리고 서성을 나가 적 10여 명을, 또 신경진도 수명을 죽이는 등 산성을 근거로 하여 청군과 소규모의 전투가 계속 되었다. 비록 소규모의 전과이긴 하나 저조했던 성내 군민의 사기를 돋우는 데는 충분한 힘이 되어 비로소 전의를 갖게 되었다. 특히 인조는 직접 성중을 매일 순찰하여 군민을 격려 위로함으로써 성내 사기를 북돋우는데 큰 역할을 하였다.

남한산성에 고립된 이후 22일과 23일에는 청군이 남한산성 4대문에 대하여 일제공격을 감행하였다. 이 때의 전투가 포위된 이후 제일 큰 접전이었다. 22일에는 청군의 공격을 막아 내면서 적군 100여 명을 사살하는 전과를 거두었다. 이에 23일에는 인조가 북문에 친히 나와 싸움을 독려하는 가운데 성문을 열고 나아가 청군과 상당히 치열한 전투가 벌어져 조선군 수십명이 사상하였고 청군도 많은 인명피해를 입었다.

이후 청군은 산성이 쉽게 함락되지 않을 것으로 예상하고 남한산성에서 외곽으로 통하는 길목에 목책을 설치하여 모든 길목을 차단하는 작업에 착수하였다. 약 6일간에 걸쳐서 이루어진 이 목책 설치로 남한산성은 외곽과의 접촉이 완전 차단되었다. 이 와중에 청군의 동향을 잘못 파악하고 출병했던 조선의 북문 수비군 300여 명이 적진에서 몰사하는 사태가 발생하여 조선군의 사기가 많이 저하되었다. 더욱이 1월 30일 청 태종의 대군이 합류하면서 수많은 청군이 진지를 구축하는 것을 본 조선은 더욱 사기가 떨어졌다.

이듬해 1월 3일 청군 10여 명이 동문에 접근하여 소규모의 탐색 공격을 시도하다가 동문을 수비하던 훈련주부 張性仁의 화포사격을 받고 3명이 죽었다. 이날 이후 한동안 남한산성에서 청군과 조선군의 접전은 없었다. 그것은 청군이 남한산성에 고립된 인조를 구원하기 위해 각 지방에서 올라오는 조선의 근왕병들을 상대로 접전하는데 중점을 두었기 때문이다. 이 기간 동안에 충청도·경상도·전라도의 근왕군들이 모두 청군에 패퇴하여 철수하면서 인조는 외부의 구원을 받을 수 있는 희망이 무너지게 되었다.

그 후 1월 18일 북문의 수비를 담당한 어영부사 원두표가 휘하 군사 20여 명을 성밖으로 출격시켜 청군 6명을 사살하고 많은 병기와 마필을 얻는 전과를 올렸다. 이튿날인 1월 19일 청군은 전날의 패전을 보복하려는 듯 500여 기의 기병 부대를 동원하여 서문을 공격하였다. 이에 수어사 이시백 휘하의 조선군이 맹렬한 포격을 가하여 이를 격퇴시켰다. 청군은 10여 명의 사상자를 내고 후퇴하였으며, 조선군 측에서도 5~6명의 사상자가 생겼다. 이날 밤 청군은 또다시 수백명의 병력으로 산성의 동문에 야습을 감행하였다. 청군은 왕성한 공격 기세로 성벽에 접근하여 동문 좌측의 성첩에 올라가기 위해 운제를 걸었다. 청군이 운제를 타고 성안으로 돌격하여 들어오게 되어 한때 조선군이 위기를 맞이하게 되었다. 그러나 이때 어영별장 이기축이 전열을 가다듬고 앞장서서 군사를 휘몰아 성안에 들어온 청군에 역습을 가하여 그들을 물리쳤다. 청군은 성안에 20여 명의 전사자를 남긴 채 본진으로 후퇴하고 말았다. 인조는 위기를 극복한 이기축의 용기를 높이 평가하고, 가선대부의 품계와 完溪君이라는 작위를 수여하여 그 전공을 표창하였다. 이날 이천부사 조명욱이 성중에서 병으로 죽었으며, 군졸 중에서도 추위를 견디지 못하고 얼어죽은 자가 9명이나 되었다. 1월 20일에도 훈련대장 신경진이 직접 군사 200여 명을 이끌고 동문 밖으로 출격하여 성밖에서 산성의 동태를 탐지하고 있던 청군 정찰기병부대를 급습하여 30여 명을 살상시키는 전과를 거두었다.

　1월 23일 인조가 성내 각 문루를 순시하면서 장병들을 독려하는 가운데 동·서·남·북 각 성문의 조선군들이 거의 동시에 출격을 감행하여 도합 50여 명의 청군을 사살하였다. 이날 밤 청군은 수어사 이시백 군이 수비를 담당하고 있는 남한산성의 서문에 야습을 기도하였다. 야음을 타서 은밀하게 성벽에 접근한 청군은 수십 개의 운제를 걸고 성벽을 기어오르기 시작하였다. 뒤늦게 사태를 파악한 남한산성의 수비군은 미처 화포나 화살을 쏠 겨를도 없이 성 위에 쌓아놓은 커다란 돌들을 굴려 청군이 성에 올라오는 것을 막았다. 그런 다음 성 아래로 碎磨鐵을 던지고 화포사격을 하여 청군을 사살하였다. 수비군은 수어사 이시백이 몸소 진두지휘를 하는 가운데 세 차례나 반복된 청군의 공격을 막아내었다. 결국 청군은 막대한 손실을 입고 새벽 무렵에 퇴각하고 말았다. 이 접전에서 청군이 버리고 간 수십 개의 운제와 화포·활과 화살·창검 등 많은 양의 무기를 얻었으며, 청군이 패퇴하면서 많은 전사자의 시체를 끌고 간 흔적을 확인할 수 있었다. 이 전투를 진두지휘한 수어사 이시백은 화살과 총탄을 몸에 맞아 중상을 입으면서도 끝까지 군사들을 독려함으로써 전투를 승리로 이끌었다.

1월 24일 새벽에 청군은 산성 동문에 대한 공격을 시도하였다. 훈련대장 신경진 휘하의 동문 수비군은 네 차례에 걸친 청군의 공격을 맹렬한 화포사격으로 격퇴시켰다. 그러자 청군은 성 동문 밖 수십 보 지점의 대로상에 대포를 설치하고 동문 문루를 향하여 포격을 개시하였다. 청군의 포격에 의하여 동문 문루의 일각과 성문 우측성벽 일부가 파손되었다. 신경진은 훈련도감의 放砲 훈련생들로 하여금 천자포로 청군의 포대에 맹렬한 포격을 가하게 하였다. 조선군의 포격으로 포 사격을 지휘하던 청장 1명과 병사 수십명이 사살되자, 청군은 마침내 포격을 중지하고 검복리 후방의 본진으로 철수하였다. 이어 해가 뜰 무렵, 청군 500여 명이 산성 남문을 공격하기 위해 접근하였다. 이에 남문 수비군 대장 구굉이 직접 400여 명의 군사를 거느리고 출격하여 청군에 선제공격을 가하였다. 청군은 혼란한 전열을 수습하지 못하고 뿔뿔이 흩어져 달아나 버렸다. 이 전투에서 조선군은 청군 40여 명을 살상시키고, 胡箭 104개·胡弓 4장·검 1병을 빼앗는 전과를 거두었다. 이날 저녁 청군은 또다시 산성 남문의 곡성에 접근하였다. 이때 남문 수비군은 화포와 화살과 돌을 퍼부어 그들의 공격기도를 좌절시키고 후퇴하는 청군을 추격하여 10여 명을 사살하였다.

당시 청군에 포로로 잡혀 있다가 돌아온 신경준의 말에 의하면 이날의 패전을 보고 크게 노한 청 태종이 모든 장령들을 소집하여 "조선 국왕이 산성에 의지하여 오랫동안 항복하지 않고 있으니, 이제는 더 이상 그 죄를 용서할 수 없다. 내일은 전군이 총공격을 개시하여 산성을 도륙하도록 하라. 그러나 국왕만은 반드시 사로잡아야만 한다. 내 손으로 그를 벌하리라"는 명령을 내렸다고 한다.25) 이에 청군진영의 여러 장수들은 다음과 같은 이유를 들어 청 태종을 만류하였다.

> 남한산성의 험준한 지세는 실로 하늘이 만들어 놓은 것입니다. 그러므로 만약 우리가 이를 힘으로 공격하여 함락시키려 하면 필연코 많은 사상자가 날 것입니다. 산성 주위에 구축한 목책의 경계를 강화하여 외부와의 연락을 더욱 철저히 차단하고, 저들의 힘을 소모시켜, 지쳐서 항복할 때를 기다리는 것이 가장 좋은 계책일 것입니다.26)

그러나 청 태종은 심사숙고 끝에 "산성이 험준하여 이를 함락시키자면 아군의 피해도 적지 않을 것이다. 그러나 조선 국왕의 죄는 도저히 용서할 수 없다. 명령대로 공격 준비를 갖추도록 하라"고 하였다.27)

1월 25일 아침 청군은 포위망을 산성 주변 500여m 지점까지 압박함으로서 산성에 대한 총공격을 단행할 움직임을 보였다. 그러나 청군은 이

---

25) 李肯翊, 『燃藜室記述』 권25 仁祖朝故事本末 丙子虜亂丁丑南漢出城 1월 24일조.

26) 위와 같음.

27) 위와 같음.

날 하루종일 산성 주변에서 포격만을 계속하였을 뿐 적극적인 공세를 취하지는 않았다. 이는 조선군과의 근접전을 통한 병력의 손실을 가능한 한 회피하고, 포격으로 산성의 방어 시설을 파괴시킴으로써 조선군의 방어력을 약화시키려는 것이었다.

1월 27일부터 청군은 포위하고 있던 각 부대를 산성 바로 앞까지 전진시켜 성에 대한 최후의 공격을 가할 준비를 갖추었다. 그런 다음 청군은 將軍石처럼 길고 거대한 木人 수십개를 남한산성 성벽 주변 각처에 세워 놓았다. 이 목인은 내부가 텅빈 것으로서 청군이 성벽을 기어오를 때 조선군의 총포 사격에 피해를 입지 않도록 고안된 새로운 공성기구였다. 남한산성에 대한 포위망 강화와 공성기구의 배치를 완료한 청군은 직접 성을 공격하지 않고 종일 위협적인 포격만을 가하여 그들의 군세를 과시하였다. 이는 극도로 사기가 위축된 조선군에게 심리적으로 압박을 가하여 항복시키려는 무력 시위행동이기도 하였다. 청군의 무력 시위는 이튿날인 1월 28일까지 계속되었다. 그러나 청군은 전날과 마찬가지로 성에 대한 포격만을 했을 뿐 직접 군사들이 성을 공격하지는 않았다.

이와 같이 남한산성을 중심으로 조선과 청군의 대치상황은 전면적인 전투로 이어지지는 않았지만 소규모적인 소모전이 계속되어 산성에 고립된 조선으로서는 더욱 불리한 입장이었다. 반면 청군은 비록 전쟁을 빨리 마무리해야 한다는 바램이 있었지만 많은 인명피해를 감수하면서까지 남한산성에 대한 본격적인 전투를 전개할 필요를 느끼지 못했고, 심리적·전술적으로 조선을 압박하여 항복을 받아 내고자 했고 이러한 작전은 성공을 거두게 되었던 것이다.

## 2) 강화 교섭의 진행

병자호란이 일어나 조선·청 양국은 정묘호란 당시와 마찬가지로 개전 초기부터 강화 교섭을 시작하였다. 조선은 승산없는 전쟁으로 인한 피해를 최소화할 필요가 있었으며, 청은 명과의 전쟁에 전력을 기울여야 했기 때문에 하루 빨리 조선과의 전쟁을 매듭짓고자 했다. 그러나 양국은 和戰의 두 가지 전술을 동시에 시행하고 있었기 때문에 강화 교섭의 진척은 戰況의 영향을 받아 양측의 강화조건이 시시각각 변동되어 일관성을 잃고 있었다.

청국과 제일 먼저 벌어진 강화 교섭은 12월 12일이었다.[28] 청군의 선봉부대에서 龍骨大가 기병 500을 거느리고 서울에 와서 강화를 요구한 것이다. 강화 조건에 대한 구체적인 내용은 기록이 없지만 조선에서는 그들을 예전 병조에 머물도록 조치하고 음식을 대접하면서 기색을 살피는 등 사태의 심각성을 인지하지 못했던 것이다. 같은 날 저녁에 김자점의 장계가 도달한 이후에야 전쟁이 발발한 사실을 확인했던 것이다.

이어서 두 번째로 청군과 벌어진 강화교섭 회담은 12월 14일에 있었다. 청의 선봉부대가 도성 근교에 이르렀을 때 인조가 남한산성으로 피신하는 시간을 벌기 위해 최명길과 이경직이 청군 장수 馬夫大를 만나 담판을 벌인 것이 그것이다.[29] 그러나 다음 날 하루가 다 가도록 강화조

---

28) 趙慶南,『續雜錄』권4 병자년 12월 11일조.「十二日 龍胡率五百餘騎 先到京城 以講和爲言 朝廷接置于古兵曹 觀其氣色 不如前日」. 12월 12일 용골대가 도성에 와서 강화를 요구하였다는 것은 『병자록』과 『연려실기술』 및 『인조실록』 등에는 기록되어 있지 않고 『속잡록』에만 기록되어 있다.

29) 국방부전사편찬위원회,『丙子胡亂史』1986, 219쪽에『丙子錄』과『燃藜室記述』의 내용을 토대로 담판 내용이 잘 정리되어 있다.

건의 수락 여부에 대한 조선의 회답이 없자 청군 진영에서는 비로소 조선의 지연작전에 말려들었음을 깨닫고 즉시 남한산성의 포위에 들어갔다.

12월 15일 남한산성을 포위한 청군은 다음날 조선의 왕자와 대신을 보내면 강화 교섭을 재개할 수 있다는 소식을 전해왔고, 이에 조선에서는 왕자들이 현재 강화도에 있어 불가하다는 입장을 전했다. 아울러 척화 강경론자들의 거센 강화 반대로 산성 안의 여론은 척화론으로 기울어져 조선 조정에서는 12월 18일에 정식으로 강화 교섭을 중단한다는 것을 청국에 통고하고, 남한산성을 거점으로 장기 항전의 방침을 굳히게 되었다.

조선의 태도가 예상외로 강경해지자, 청군에서는 12월 20일 통역 鄭命壽를 산성으로 보내어 세자를 인질로 보낼 것을 전제로 강화 교섭의 재개를 촉구하였다. 당시 소현세자는 자신의 희생으로 난국이 타개될 수만 있다면 인질이 되어 청군 진영으로 가겠다는 의사를 밝혔고, 영의정 김류·좌의정 홍서봉·우의정 이성구의 삼정승을 비롯하여 호조판서 김신국·이조판서 최명길·참찬 韓汝稷·新豊君 張維·尹暉 등은 세자의 결단에 찬동의 뜻을 표하고 국왕의 결심을 촉구하였다.[30] 그러나 예조판서 김상헌이 "그대들은 명색이 한 나라의 중신들로서 어찌 세자저하로 하여금 적진에 볼모로 들어가는 치욕을 스스로 청하시도록 하는가. 내 맹세코 그대들을 죽여 없애 그대들과 이 세상을 함께 하지 않겠노라"[31]라고 격분하면서 강력히 반대하였다. 김상헌의 강경 발언에 이어 다시 열띤 격론이 벌어졌다. 인조는 김상헌을 만류하면서 "지금 나라가 위급

---

30) 李肯翊, 『燃藜室記述』 권25 仁祖朝故事本末 丙子虜亂丁丑南漢出城 12월 17일조.
31) 위와 같음.

한 때를 당하여 모두가 나라의 장래를 생각하여 의견들을 말하는 것이니 서로 배척하지 말고 뜻을 한 데 모으기 바란다."[32]라고 하였고, 세자도 "부디 서로 다투지들 마시오. 이 나라 억조창생의 생명을 구하는 마당에 내가 적진에 가지 못할 일이 무엇이겠소"[33]라 하고 스스로 청군 진영에 갈 것을 고집하였다. 그러나 결과적으로 척화론자의 의견이 우세하여 조선은 강화의 재개를 거부하였다. 그러자 청군은 12월 22일에 다시 사자를 보내어 "조선측에서 세자를 보내는 것이 어렵다면, 왕자를 보내는 것을 조건으로 강화를 진행시켜도 무방하다."[34]는 한층 완화된 조건을 제시하였으나 이것 역시 거절하였다.

그후 청군의 후속부대가 계속해서 남한산성으로 진군하여 포위망이 강화되면서 근왕병의 구원을 기대할 수 없게 되자 조정에서는 또다시 주화론이 머리를 들기 시작하였고, 인조는 최종적으로 화친의 방침을 정하여 이경직을 청군 진영에 파견하였다. 그러나 청군은 이와 같은 조선의 태도변화를 통하여 수성중인 조선이 곤경에 처해 있다는 것을 간파하고 강화요청을 거부하였다. 더욱이 청군의 본대를 이끌고 온 태종이 12월 30일 남한산성에 합류하면서 강화 교섭의 유리한 고지는 청군에게로 완전히 넘어갔다.

조선 조정에서는 새해 인사를 핑계로 1637년 1월 2일 홍서봉·이경직·김신국 등을 청군 진영에 보내 강화 교섭을 벌였다. 그 결과 청 태종은 2일에 조선 사신 일행에게 자신이 전쟁을 일으키게 된 원인이 조선에 있다는 내용의 국서를 보내고 그 해명을 요구하였다.[35]

---

32) 위와 같음.
33) 위와 같음.
34) 羅萬甲, 『丙子錄』急報以後日錄 12월 22일조.
35) 『인조실록』 권34 인조 15년 정월 임인조. 『청태종실록』 권33 숭덕 2년 정월 2일조.

그리하여 다음날 조선은 홍서봉·김신국·이경직을 보내 '조선이 청국의 유랑민을 명나라에 압송한 것과 공유덕·경중명 사건은 본의 아니게 일어난 유감스러운 일이며, 조선에서 척화론이 대두된 것은 청국 사신 일행이 전쟁이 재발할 것이라고 위협함으로써 발단된 것이며, 조선이 청국 사신을 감금하여 위협하고 해치려 했다는 것은 전혀 사실무근이고, 조선이 명나라와 우의를 돈독히 하고 있는 것은 사실이나 명과 결탁하여 청국을 적대시한 일은 없었다.'는 내용의 해명서를 작성하여 회답하였다.[36) 이에 대하여 청국에서는 이 문제를 논의한 후 회답하겠다고 답변하고 1월 13일까지 아무런 회답이 없었다.

청군에서 반응이 없자 인조는 1월 13일 홍서봉·최명길·윤휘 등을 청군 진영에 보내 명나라와 오랜 우호관계를 맺어 오고 있는 조선으로서는 당장 명나라와 국교를 단절할 수는 없으나 청국과는 종전대로 형제나라와 같은 관계가 지속될 것을 희망한다는 내용의 국서를 보냈다.[37) 아울러 강화 교섭을 잘 진행시켜 달라는 의미로 통역관 鄭命壽에게 은 1천냥을, 청국의 장수인 馬夫大와 龍骨大에게 각각 3천냥의 뇌물을 주기도 하였다. 이에 황제에게 품하여 회답하겠다는 답을 듣고 온 조선의 사신들은 인조에게 강화의 가능성이 있다고 보고하였다.[38)

그러나 1월 16일 청군은 흰 바탕에 '招降'이라는 두 글자를 쓴 큰 깃발을 남한산성 남문 밖 1km 지점에 세워 조선군의 무조건 항복을 촉구하였다.[39) 이어 다음날에는 청군의 馬夫大 등이 서문 밖에서 홍서봉·최명길·윤휘 등과 만나 청 황제의 국서를 전달하였다. 그 국서에서 일전에

---

36) 『인조실록』 권34 인조 15년 정월 계묘조.
37) 『인조실록』 권34 인조 15년 1월 신해조.
38) 『인조실록』 권34 인조 15년 1월 계축조.
39) 『인조실록』 권34 인조 15년 1월 병진조.

조선이 해명서의 형식을 빌어 보낸 국서의 내용을 일일이 반박하면서
명나라와의 관계를 완전히 단절하고 조선 국왕이 직접 남한산성에서 나
와 항복할 것을 강요하였다.[40] 이에 조선은 국왕이 출성하여 항복하는
것은 받아들일 수 없다는 입장을 분명히 하였지만 청국도 자신의 의견
을 물리지 않았다.

마침내 1월 19일 조선이 제시한 타협안은 국왕이 성을 나와 항복하는
것은 받아들일 수 없으나 문서상의 절차에 따른 항복과 회군하는 청국
황제를 국왕이 남한산성 위에서 전송하는 예는 취할 수 있다는 내용으
로 강화 진행을 타진하였다.[41] 그러나 청국은 국서에 신하를 칭하는 용
어가 없다는 트집을 잡아 국서를 거부하였고, 이에 조선은 다시 부랴부
랴 국서에 '臣'자를 집어 넣어 다시 보냈다.

1월 20일 이홍주·최명길·윤휘가 아침 일찍 청군 진영으로 가서 전날
의 국서에 대한 청 태종의 답서를 받았다. 청 태종은 이 국서에서 그들
이 굳이 조선 국왕의 항복을 요구하는 것은 조선이 진심으로 청국에 복
종하는지 아닌지를 파악하고, 조선의 죄를 너그러이 용서하는 어짊과
믿음을 천하에 알리고자 한다는 뜻을 밝혔다. 그리고 만일 끝까지 조선
국왕이 항복을 거부하면, 그만큼 백성의 피해가 커질 것이라는 협박을
하였다. 아울러 척화론을 주장한 주모자들을 청군 진영으로 압송하라는
새로운 요구사항을 추가시켰다.[42] 이에 조선에서는 척화론자 중에 홍익
한 1명을 압송하는 것과 국왕이 남한산성에서 배례하는 것을 전제로 강
화 교섭을 시도하였으나 이것 역시 거부당하였다.[43]

---

40) 『인조실록』 권34 인조 15년 정월 정사조.
41) 『인조실록』 권34 인조 15년 정월 무오조.
42) 丁若鏞, 『壬辰及丙子錄』 備禦考 丙子之難.
43) 『인조실록』 권34 인조 15년 정월 임술조.

1월 23일 청군은 조선 국왕의 항복을 강요하는 한편 홍익한 이외에
산성에 있는 척화론자 가운데서 주모자를 색출하여 압송할 것을 요구함
으로써 이날의 회담도 성과를 보지 못한 채 결렬되었다. 그리하여 조선
은 1월 25일 국왕 대신에 세자가 출성하여 항복하는 것을 협상 카드로
청국과 회담하였으나 역시 거절당하였다. 이에 다음날 다시 한 단계 높
여 세자가 출성 항복하되 척화론자들을 대동한다는 추가 협상안을 가지
고 청군을 만났다. 그러나 이 자리에서 청군은 강화도가 이미 함락되었
고, 종실·왕자·비빈·대신들이 포로가 되어 있다는 소식을 알려 주며 조
선 국왕의 출성 항복을 촉구하였다. 이어 강화도 함락의 증거물로 포로
로 잡혀 있던 晉原君과 내관 羅山業을 보여주며 봉림대군이 부왕에게
올리는 서찰과 원임대신 윤방의 장계를 전달하였다.[44]

이러한 와중에 척화론에 대한 내부 군사들의 저항사건이 발생하기도
하였다. 당시 식량이 떨어져 가고 고립되어 있는 곳에서의 전쟁 공포에
시달리면서 산성을 지키고 있던 장수와 군사 수백명은 화친을 반대하는
대신들을 잡아 청군에게 내어 줄 것을 요구하면서 무력시위를 벌이기도
하였다.[45] 그들은 재상들이 배부르게 밥먹고 따뜻한 온돌방에 앉아 성
한쪽이 적의 포탄에 맞아 부서지는 것도 모른다고 하면서 척화론자들을
힐난하였다가, 인조의 유시를 받은 이후에야 물러났다.[46]

이와 같이 한치 앞을 내다 볼 수 없었던 남한산성 내에서의 혼란에다
가 강화도의 함락 소식을 접한 조선은 완전히 전의를 상실하였다. 이러
한 당시의 정황은 최명길이 전쟁이 끝난 다음에 인조에게 올린 箚子에

---

44) 趙慶南, 『續雜錄』 권4 정축년 상 1월 26일조.
45) 李肯翊, 『燃藜室記述』 권25 仁祖朝故事本末 丙子虜亂丁丑南漢出城 1월 23
    일조.
46) 趙慶南, 『續雜錄』 권4 정축년 상 1월 26일조.

잘 나타나 있다.

> 남한산성의 전쟁에 이르러서는 외로운 성이 40여 일 동안을 포위당하여 中外가 통하지 못하니, 명맥이 단절되어 안으로는 성을 지키는 장사가 얼고 주려서 사경에 이르고, 밖으로는 팔도의 구원병이 서로 계속 무너져 흩어지고, 성중에 남은 양식은 단 열흘을 지속하지 못할 형편이온데, 강화도에서 패전했다는 보고가 갑자기 들어오자 軍情은 더욱 흉흉하여 예측할 수 없는 변이 목전에 임박했던 것입니다. … 전하께서 만약 匹夫의 절개만을 고수하셨다면 종묘 사직은 반드시 멸망되고 민생은 반드시 씨가 없었을 것입니다.47)

마침내 인조가 스스로 남한산성에서 출성하여 청 태종에게 항복할 것을 결심하였다.48) 그리하여 1월 27일에 국체와 인민의 안전을 보장한다면 청국이 요구하는 조건을 모두 수용하겠다는 뜻의 내용을 담아 국서를 보냈고,49) 청국은 이를 받아들였다. 결국 1월 28일 척화론자로 수찬 윤집과 교리 오달제를 청군 진영에 보내기로 결정하고, 홍서봉·최명길·김신국 등이 청군 진영으로 가서 국왕의 항복절차에 관한 절충을 벌이게 되었다. 그 결과 조·청 양측은 실무적 사항들을 합의하였다.50)

---

47) 趙慶男, 『續雜錄』 권4 정축년 상 3월 9일조.
48) 李肯翊, 『燃藜室記述』 권25 仁祖朝故事本末 丙子虜亂丁丑南漢出城條.
49) 『인조실록』 권34 인조 15년 정월 정묘조.『승정원일기』 숭정 10년 정월 27일조.
50) 『인조실록』 권34 인조 15년 정월 무진조. 당시 합의된 사항들은 ① 항복일자는 1월 30일로 한다. ② 항복의식은 삼전도에 축조된 수항단에서 거행한다. ③ 조선 국왕과 세자는 남한산성 서문으로 나와서 수항단으로 출발한다. ④ 조선 국왕과 세자는 남색 戎服(군복)을 착용한다. ⑤ 항복 의식이 종료된 후, 조선 국왕은 도성으로 귀환하고 세자·대군 및 백관 자제는 심양으로 간다. ⑥ 항복과 동시에 청군은 철군을 개시한다. ⑦ 포로는 항복이 결정된 1월 27일을 기준으로 그 이후의 포로는 석방하고, 그 이전의 포로는 모두 심양으로 이송한다 등이었다.

양측의 합의가 끝나자, 인조는 백성과 종묘사직의 안전을 보장하는 내용의 조서를 청국이 내려 줄 것을 요구하였고, 이에 청 태종은 국서를 보내어 종묘사직의 안전을 보장한다는 내용과 함께 조선이 영원히 청국을 배반하지 않고 충성을 다할 것을 다짐하게 하면서 향후 지켜야 할 조건들을 열거하였다.51) 결국 1월 30일 인조는 백관들과 함께 남한산성을 나와 삼전도에서 청 태종에게 三拜九叩頭의 예를 행함으로서 병자호란은 결말을 맺게 되었고, 당일 인조는 도성으로 환도하였다.52)

이상에서 보듯이 조선이 청과의 강화교섭 과정을 보면 처음부터 국왕의 항복을 염두에 두고 진행한 것은 아니었다. 처음에는 논리적으로 청국의 침략이 명분이 없다는 점을 들어 반박하다가 점차 단계별로 강화교섭의 절차를 높여 가고 있음을 볼 수 있다. 즉 처음에는 명과의 관계를 유지하면서 청국과는 돈독한 형제관계를 지킨다는 카드로 협상을 벌이다가 여의치 않자 양국의 관계를 군신관계로 한다는 협상카드로 한 단계 수위를 높였다. 그래도 받아들여지지 않자 문서상으로 항복을 하고 국왕이 산성에서 배례하는 형식을 취하는 것으로 협상을 시도하다가 척화신 1명을 보내고 세자가 국왕 대신에 출성하여 항복하는 것으로 다

---

51) 『인조실록』 권34 인조 15년 정월 무진조. 『승정원일기』 숭정 10년 정월 28일조. 당시에 제시된 조건들을 요약하면 ① 항복과 동시에 명나라로부터 수여된 誥命·冊印을 청국 황제에게 바칠 것. ② 명나라와 국교를 단절하고, 청국과 군신관계를 맺을 것. ③ 명나라의 연호를 폐지하고, 청국 연호를 사용할 것. ④ 세자와 왕자 및 대신 자제를 심양에 인질로 보낼 것. ⑤ 청이 명나라를 정벌할 때 원병을 파견할 것. ⑥ 청이 가도를 공략할 때 원병을 파견할 것. ⑦ 매년 정기적으로 正朝使·冬至使·千秋使와 각종 慶弔의 사절을 파견할 것. ⑧ 포로가 도망하여 환국할 경우 이를 즉각 심양에 반송할 것. ⑨ 조·청 양국 신하들의 통혼을 장려하여 화호를 돈독히 할 것. ⑩ 성지를 개축하거나, 신축하지 말 것. ⑪ 매년 세폐를 보낼 것 등이다. 세폐의 내용도 구체적으로 적시하고 있다.

52) 『인조실록』 권34 인조 15년 정월 경오조.

시 항복 조건의 수위를 높였다. 그러나 청국은 계속 완강하게 국왕이 직접 성을 나와 항복할 것을 고집하였고, 강화도 함락 소식을 접한 조선은 결국 국왕의 항복을 선택하게 된다. 강화 교섭 과정에서도 끝까지 국왕의 체모를 손상시키지 않기 위해 노력했으나 끝내는 실패하게 되었던 것이다.


## 4. 조청 양국의 전략 전술 비교

결국 병자호란은 전쟁 발발 2개월여 만에 조선의 항복으로 종지부를 찍었다. 그렇다면 당시 양국의 군사적인 전략 전술과 여건이 어떠했길래 조선이 이토록 쉽게 항복할 수밖에 없었을까? 이에 대한 답은 다음 세가지 측면에서 찾아볼 수 있다. 첫째로는 전쟁 당시 양국의 군사력과 군량의 비교이고, 둘째는 양국의 전쟁 전략의 비교이며, 셋째는 양국의 정보력을 상호 비교하는 것이다.

첫째로 조·청 양국의 군사력과 군량의 여건을 비교해 보자. 청국은 전체 12만 8천명의 병력 가운데 기병이 78,000명이고, 보병과 기병의 혼성부대가 50,000명으로 구성되어 기병 위주로 병력이 편성되어 있었다. 이러한 편제는 전쟁에 임하면서부터 산성 위주의 산악전투에 치중하지 않고 대로를 따라 조선의 수도를 급습하여 속전속결로 전쟁을 끝내고자 하는 편제였음을 보여준다. 나아가 빠른 진격으로 미처 조선이 방비할 틈을 주지 않을 계산이었다. 이에 반하여 당시 조선의 군사력은 산성을 거점으로 포진되어 있었기 때문에 효과적인 방어에 실패하였고, 중앙의 관리가 파견되어 군사를 모병해야 하는 상황이었으므로 단시일내에 많은 군사력을 확보할 수 있는 체제가 갖추어지지 않았었다. 그리하여 남한산성이 고립된 이후 지방의 근왕병들을 모집하는 과정에서도 많은 시일이 소비되었던 것이다.

남한산성에 고립되어 대치하고 있던 상황에서의 군사력을 평면적으로 비교할 경우에도 조선은 광주진관 소속의 군사와 인조를 따라 입성한 京軍인 훈련도감·어영청·총융청의 군사 일부, 그리고 여주·이천·양근·지평 등지에서 보내 온 약간의 哨軍 등을 모두 합하여 성내에 있던 군사가 12,000여명, 文武蔭官 200여명, 宗室·三醫司 200여명, 하리 100여명, 扈從官 인솔 노비 300여명으로 모두 합해야 12,800여명에 불과하였고53), 청군의 군사력은 10만에 달하는 병력이었다.

더욱이 무기면에서도 조선은 전통적으로 궁술 위주의 전력으로 편성되어 있었으며, 임진왜란 이후에 비로소 훈련도감에 포수를 설치하면서 대포의 비중을 높였다.54) 병자호란 당시 조선은 남한산성에 있던 天字砲를 이용하여 적을 방어하였다. 이에 대하여 청나라는 紅夷砲라는 무기를 사용하였는데 당시로서는 그 파괴력이 매우 컸던 것으로 보인다. 당시 홍이포의 위력에 대해 조선이 보인 반응은 다음과 같다.

> 적이 10여 대의 대포를 설치하고 南隔臺 밖에 또 7~8대의 대포를 설치하였는데 대포의 이름을 虎蹲 혹은 紅夷라고 불렀다. 탄환의 크기는 마치 모과(木瓜)와 같았으며 능히 수십리를 나를 수 있었는데 매양 行宮을 향해 종일토록 끊임없이 쏟아졌다. 탄환의 위력은 司僕에 떨어져 기와집 세 겹을 꿰뚫고 땅 속으로 한 자 가량이나 들어 박힐 정도였다.55)

---

53) 羅萬甲, 『丙子錄』 急報以後日錄. 한편 趙慶南의 『續雜錄』에는 훈련도감과 어영청의 군사들을 포함하여 당시 남한산성에 있던 모든 군사가 18,000명이었다고 기록하고 있다(趙慶南, 『續雜錄』 권4 병자년 12월 17일조).

54) 車文燮, 「軍事制度」 『서울六百年史』 제2권, 서울특별시사편찬위원회, 1978, 283~286쪽.

이 외에도 홍이포의 위력에 대한 기록으로 '빠르기가 회오리바람 같고, 그 소리는 벽력과 같아서 사람과 말이 그 탄환에 죽는 자가 많아 성중이 공포에 떨어 감히 임의로 출입하지 못할 지경이었다.'[56]는 기록이 있어 당시 신식무기였던 홍이포에 대한 조선군의 두려움이 컸음을 짐작할 수 있다. 청군은 이 홍이포를 앞세워 남한산성에 대한 일제공격을 단행하였고, 조선의 항복 시점에 이르러서는 집중적인 포 사격으로 무력시위를 전개하여 포탄에 맞아 죽는 자가 발생하기도 하였다.[57]

조선에 홍이포가 들어온 정확한 연대는 알 수 없으나 1631년『인조실록』에 정두원이 중국에서 西砲를 들여왔다는 기록에 근거하여[58] 대략 이 시점을 기원으로 하고 있다.[59] 그러나 임진왜란 직후인 1603년 화약병기에 대한 해설을 주 목적으로 명나라 장수 척계광이 지은 병서인『紀效新書』를 바탕으로 정리한 兵書인『神器秘訣』제3편에는 虎蹲砲에 대한 해설과 諸元 및 罾放法 등이 기록되어 있다.[60] 결국 호준포를 홍이포라고도 부른다는 위의 기록에 따르면 홍이포는 이미 임진왜란 때 전

---

55) 李肯翊,『燃藜室記述』제25권 仁祖朝故事本末 丙子虜亂丁丑南漢出城 1월 24일조.

56) 趙慶男,『續雜錄』권4 정축년 상 1월 24일조.

57) 羅萬甲,『丙子錄』急報以後日錄 1월 28일조.

58)『인조실록』인조 9년 7월 갑신조.

59) 홍이포의 전래는 朴淵을 연구하는 과정에서 언급되었는데, 이들의 연구는 홍이포와 호준포가 동일한 것임을 알지 못했고, 병서인『기효신서』와『신기비결』에 기록된 호준포 관련 사실들을 인지하지 못하여 1630년대에 전래되었다고 보았다. 李仁榮,「南蠻人朴淵考」『京城大學史學會報』7, 1935. 金良善,「仁·孝兩朝 蘭人의 剽盜와 韓中日三國의 外交關係」『鄕土서울』30, 서울특별시사편찬위원회, 1967. 신동규,「訓練都監의 신식 무기 개발과 西洋 異國人 등용정책」,『鄕土서울』63호, 2003.

60) 許善道,『朝鮮時代 火藥兵器史硏究』, 一潮閣, 1994. 278~279쪽.

래되었던 화포임을 알 수 있다. 이 때 明軍이 사용하던 무기로서 왜군과 전쟁하는 과정에서, 특히 평양성 전투에서 홍이포가 실전에 사용되었던 것이다.

그러나 병자호란 당시 조선은 신식무기인 홍이포를 전쟁에 사용할 정도로 일반화시키지 못하였던 것으로 보인다. 당시 청군이 곧 조선을 침략할 가능성이 많다는 것을 인지하고 있던 상황에서도 남한산성에 홍이포를 배치하지 못하였다는 것은 그만큼 신식무기에 대한 양산이 이루어지지 못했다는 것을 의미한다. 뿐만 아니라 위의 홍이포 위력에 대한 조선 군사들의 반응을 통해서 보더라도 병자호란 당시 조선의 군인들에게는 홍이포가 생소한 무기였던 것이다.

한편 당시 남한산성에 고립되어 있는 상황에서 전쟁의 승패와 직결되는 것이 군량미의 조달이다. 그런데 인조가 남한산성에 입성할 당시 비축하고 있던 식량은 쌀과 조·수수·보리 등 皮雜穀을 합하여 겨우 16,000여 섬으로 이것은 1만여 군사가 1달간 먹을 수 있는 양식에 불과하였다.[61] 이것은 당시 성 안에 있던 군사와 관료들이 12,800여명이었으니 절대적으로 부족한 양이었다. 실제로 12월 25일에는 성안에 있던 야윈 말을 잡아 군사들을 먹였으며,[62] 12월 29일에는 백관의 食料를 7분으로 감하였고[63], 12월 30일에는 새벽에 닭 우는 소리가 그쳐 인조가 닭을 밥상에 올리지 말도록 조치하였다.[64] 마침내 1월 14일에 이르러서는 남한

---

61) 羅萬甲, 『丙子錄』, 急報以後日錄 12월 18일조.
62) 『인조실록』 권33 인조 14년 12월 25일조.
63) 李肯翊, 『燃藜室記述』 권25 仁祖朝故事本末 丙子虜亂丁丑南漢出城 12월 29일조.
64) 李肯翊, 『燃藜室記述』 권25 仁祖朝故事本末 丙子虜亂丁丑南漢出城 12월 30일조.

산성의 식량을 담당하고 있던 羅萬甲이 하루에 먹는 양식을 군졸은 3흡 백관은 5흡으로 줄여야만 한다는 내용의 계획을 수립하여 인조에게 알렸고,[65] 땔감도 없어 開元寺의 행랑채와 州의 獄을 뜯어서 밥 짓는데 사용하기도 하는[66] 등 열악한 상황이었다.

이에 반하여 청군은 산성 외곽에 주둔하고 있으면서 주변의 다른 지역에서 식량을 약탈하여 조달하고 있었기 때문에 군량미 확보에 어려움이 없었다. 더욱이 조선이 평소에 미곡를 저장하여 놓았던 豊儲倉과 廣興倉의 곡식이 그들의 수중에 들어갔으며,[67] 광주 고읍의 창고에 저장해 두었던 곡식도 모두 청군의 손에 들어가[68] 풍부한 식량을 바탕으로 하고 있었기 때문에 남한산성을 완전히 고립시켜 지구전을 벌이면 조선 스스로가 항복하고 나올 것이라는 것을 알고 있었다. 그리하여 일면으로는 강화 교섭을 진행하면서도 한편으로는 나무로 사람 모양의 木人을 만들고 그 안은 텅 비게 하여 사람이 그 속으로 드나들게 해서 성을 넘어 올 수 있는 기구를 만들어 놓았으며, 목책 주위에 참호를 파서 성 안팎이 통하지 못하게 하는 등 화전 양동작전을 구사하고 있었다.[69]

두 번째로 조선과 청 양국의 전략전술은 어떠한 차이를 가지고 있었는가. 먼저 당시 청군의 임무를 보면 선봉부대는 조선군과의 접전을 피하고 곧바로 한성으로 직행하여 한성과 강화도의 통로를 차단하는 것이었으며, 좌익군은 조선의 수도로 들어가 국왕의 남쪽 퇴로를 차단하는

---

65) 羅萬甲, 『丙子錄』, 急報以後日錄, 1월 14일조.
66) 李肯翊, 『燃藜室記述』 권25 인조조 고사본말 丙子虜亂丁丑南漢出城 1월 22일조.
67) 趙慶男, 『續雜錄』 권4 정축년 상 1월 15일조.
68) 羅萬甲, 『丙子錄』, 急報以後日錄, 12월 18일조.
69) 羅萬甲, 『병자록』, 急報以後日錄, 1월 27일조.

것이었고, 우익군은 임진강을 도하하여 강화도로 진출하고, 본군은 점령 지역을 위무하며 한성으로 진군한다는 계획을 세워놓고 있었다.[70] 그들은 이미 조선의 국왕이 강화도로 피신할 것이라는 것을 인지하고 있었기 때문에 그것을 차단하고자 했던 것이다. 이것은 정묘호란 때의 경험에서 얻어진 결과이기도 했지만 조선의 방어전략을 이미 예견하고 있었던 것이다.

이에 비하여 조선은 요충지에 鎭을 두어 적을 방비하던 체제에서 산성위주로 방어책을 변경하게 되었다. 당시의 방비 상황을 羅萬甲은 다음과 같이 전하고 있다.

> 역대로 나라의 요충지에는 중요한 진을 두어 적을 방어하기 편했는데, 이제 金瑬와 도원수 金自點은 앞장서서 진을 철훼하자고 건의하여 의주의 진은 백마산성으로 옮기고, 평양의 진은 慈母山城으로 옮기고, 황주의 진은 正方山城으로 옮기고 평산의 진은 長壽山城로 옮겨 그 거리가 대로에서 가까워도 30~40리, 먼 곳은 하루나 이틀 길이라 兩西 일대의 큰 진들이 모조리 사람의 그림자도 없는 빈터가 되었다.[71]

결국 조선은 산성을 중심으로 방어 진지를 구축하고 있으면 적이 산성을 공격해 올 것이고, 이럴 경우 지리적 이점을 최대한 살리면서 적과 전쟁을 할 수 있기 때문에 방어에 유리하다고 판단하였던 것이다. 그러나 이와 같은 조선의 전략을 이미 파악하고 있던 청나라는 조선의 주요 방어 거점인 산성을 우회하여 큰 길을 따라 곧바로 진격함으로써 조선의 심장부를 선점한다는 전략을 구사했던 것이다. 나아가 선봉대의 뒤

---

70) 국방부전사편찬위원회, 『丙子胡亂史』, 1986, 134~135쪽.
71) 羅萬甲, 『丙子錄』, 記初頭委折.

를 대군이 연속하여 진군해 와서 조선의 산성 주둔군이 미처 청의 선봉부대 배후를 공격하는 틈을 주지 않도록 전략을 구축하였음을 알 수 있다. 이로 인해 실제로 산성에 있던 군대가 도성을 구하기 위해 출정할 수 없었던 것이다.

남한산성으로 인조가 피신한 이후에는 본격적으로 고립작전을 구사하였다. 그리하여 강원도와 충청도 전라도에서 올라오는 지원군이 산성에 이르지 못하도록 길목을 지키고 있으면서 근왕병을 맞아 격퇴시킴으로서 산성의 고립작전이 성공을 거두었던 것이다.

반면에 조선으로서는 중앙의 군사동원 명령이 지방에까지 신속하게 하달되지 못하여 병력을 모집하는데 시일이 많이 걸렸을 뿐만 아니라, 남한산성으로의 진군과정에서도 장수간에 의견이 상반되어 일사분란하지 못하였고, 일부는 군사들이 그대로 달아나 버리는 사례도 많았다.[72] 그리하여 전라병사가 이끄는 군사들이 광교산에서 청군과 만나 접전을 한 것을 제외하고는 큰 전과가 없이 대부분 패퇴하여 물러나고 하였기에 남한산성에 고립되어 있던 인조는 더 이상 믿고 버틸 세력이 없었던 것이다. 결국 남한산성에 고립된 조선 정부는 전략적으로 구사할 수 있는 다양한 방법을 가지고 있지 못했기에 유일한 탈출구는 강화를 하되 어떻게 하면 명분과 국가의 체면을 유지하면서 종묘사직을 지킬 수 있는 방안을 모색하는 것이 급선무였다.

셋째로 청군에 대한 정확한 정보가 없었기 때문에 그 피해가 더욱 컸으며, 자연히 시기적절하게 효과적인 대응책을 구사할 수가 없는 형편이었다. 즉, 병자호란이 발발한 기간 동안에 대응책을 마련하여 일전을 겨룰 시기가 여러 번 있었으나 그 때마다 시기를 놓쳤다. 여기에는 적군

---

72) 羅萬甲, 『丙子錄』, 記各處勤王事.

에 대한 정보가 없었기 때문이다.

전쟁이 발발한 직후인 12월 12일 적장 용골대가 단지 500여 기병을 거느리고 도성에 도착하여 강화를 요청하였을 때 사태의 심각성을 전혀 깨닫지 못하고 그들을 병조에 머무르게 하면서 적절하게 대처하지 못했던 점이나,[73] 12월 13일 적이 이미 송도를 지났는데도 도성에 있던 인조는 "적이 반드시 깊이 들어오지 않을 것이니 잠시 정확한 보고를 기다려 보자"는 어정쩡한 태도를 보인 것,[74] 남한산성에서 대치하고 있는 와중에도 적의 의도를 파악하지 못해 대책을 논의하기 전에 청군의 진영에 사람을 보내어 시험해 본 후에 결정하자고[75] 할 정도로 정보 부재에 시달렸다.

보다 구체적인 예를 들면, 강화도로 피신하는 과정에서 적이 강화로의 길목을 차단한 것을 모르고 길을 나섰다가 포기한 조선군의 행동은 청군의 군사이동과 전략에 대한 정보가 전혀 없었기 때문에 빚어진 결과이다. 또한 12월 16일 적의 선봉군이 남한산성에 도착하여 4,000의 병력으로 산성을 포위하였을 때 그 수도 많지 않았고, 또 얼음길에 멀리서 와 군사와 말의 행색이 엉망으로 지쳐 있었는데도 산성 내 군사는 모두 두렵고 무서워하며 감히 출격하지를 못하고 있었다.[76] 결국 이러한 청군의 규모나 여건을 정확하게 알려 주는 정보가 전혀 없었기에 그 시기를 잃고 소규모의 탐색전만을 전개하였던 것이다. 3일 후인 19일에는 적의 후속부대 24,000명이 남한산성에 도착하여 포위망에 합류함으로써 청군은 더욱 견고한 방어막을 구축하였던 것이다.

---

73) 趙慶南, 『續雜錄』 권4 병자년 12월 11일조.
74) 『인조실록』 권33 인조 14년 12월 계미조.
75) 『인조실록』 권33 인조 14년 12월 병신조.
76) 羅萬甲, 『병자록』, 急報以後日錄, 12월 16일조.

뿐만 아니라 조선은 청군의 정확한 군사 규모에 대해서도 제대로 파악하지 못하고 있었다. 이러한 사실은 병자호란 당시 粮餉使라는 중책을 담당했던 羅萬甲과 청군의 통역을 담당한 역관 韓甫龍이 전쟁이 끝난 후에 나눈 대화에서 잘 알 수 있다.

> 나만갑 : 이번에 온 군사가 얼마인가?
> 한보룡 : 20만 이라고 하지마는 14만입니다.
> 나만갑 : 적병이 우리 나라에 와서 죽은 자가 얼마나 되는가?
> 한보룡 : 불과 몇만밖에 안됩니다.
> 나만갑 : 그러면 적장 가운데 죽은 자가 있는가?
> 한보룡 : 직함이 우리 나라 防禦使와 같은 汗의 매부가 광교산 싸움에서 죽었습니다.
> 나만갑 : 그 때 심양에는 군사가 없었는가?
> 한보룡 : 왜 없습니까? 저들이 나라를 비워놓고 올 리가 있습니까? 그곳도 6~7만은 있었습니다.[77]

위의 대화 내용을 보면 조선이 어느 정도로 청군에 대한 정보가 없었는가를 한눈에 보여주고 있다.

반면에 청군은 조선에 대한 많은 정보를 가지고 있었다. 전쟁이 일어날 경우 조선군은 산성에 의지하여 방어를 할 것이라는 점, 위급한 상황이 되면 조선의 국왕이 믿고 의지할 곳은 강화도 뿐이니 이 길을 차단해야 한다는 사실, 남한산성에 곡식이 없으니 포위하여 외부와의 왕래만 차단하면 반드시 이길 것이라는 점 등이 그 대표적인 예이다.

---

77) 羅萬甲, 『丙子錄』 急報以後日錄 2월 8일조.

## 5. 이경석의 삼전도비문 찬술과 그 의미

### 1) 병자호란시 이경석의 자세

병자호란이 발발하기 전인 1636년 봄에 후금은 국호를 청으로 바꾸고 황제를 칭하며 馬夫大를 사신으로 파견하여 과거 형제관계에서 군신관계로 바꿀 것을 조선에 강요하였다. 당시 조선의 대신들은 이러한 요구에 분개하여 후금의 사신을 처형하고 청나라와 絶和하자는 의견이 공론화되고 있었다. 이 때에 이경석은 신중론을 내세우며 筵中에서 다음과 같이 논리를 폈다.

> 斥和의 한가지 일은 진실로 正大하고 또한 명쾌한 것이지만 국가의 일과 민심이 한가지도 믿을 것이 없으니 時勢를 돌아보지 않고 강력한 적의 분을 돋우는 것은 계책이 아니다. 적은 반드시 겨울에 압록강을 건너 빠른 속도로 진격하여 수일내에 서울에 이르면 믿을 것은 오직 강화도 뿐인데 하루에 三軍과 滿朝百官들이 어떻게 모두 얼어 있는 강을 건너 갈 것인가. 비바람이 몰아치는 기세로 적이 돌입한 후에는 군부를 어느 땅으로 모실 것인가. 우리 나라의 풀 한 포기 나무 한 그루가 모두 皇朝의 내림이라 大義가 있는 곳을 어느 사람이 알지 못하리오마는 일에는 완급이 있으니 가히 깊이 생각하여야 할 것이다.[78]

위의 내용은 원칙적으로 斥和가 옳지만 무조건 명분을 따라 척화를 주장할 경우에는 필히 청나라가 압록강을 건너 침략해 올 것이니 이에 대한 대비책이 있는가를 물은 것이다. 나아가 청군이 침략할 경우에는 신속하게 군사를 움직일 것이며, 그럴 경우 조선이 취할 수 있는 대책으

---

78) 「白軒年譜」上 丙子條 12쪽.

로 유일한 것이 강화도로의 피신이라는 한계점도 직시하고 있다. 결국 이러한 대비책으로는 청군을 상대할 수가 없을 것이니 명분만을 앞세워 척화를 주장할 것이 아니라 심사숙고하여 현실적인 대응책을 마련해야 한다고 주장하고 있는 것이다. 당시에 이러한 주장을 펼 수 있었던 것은 그 시대의 국제질서 변화를 정확하게 감지하고 있었기 때문에 가능했던 것이다.

그 후 같은 해 11월에 이경석은 대사헌에 임명되었다.[79] 이 때에는 청에 보내는 국서에 상대 국가의 명칭을 '金'으로 할 것인가 혹은 그들이 이름을 바꾼대로 '淸'으로 할 것인가를 놓고 격론이 벌어지고 있던 시기였다. 과거대로 '금'으로 호칭을 쓴다면 국호의 개정과 황제칭호를 인정하지 않음은 물론 그들의 요구사항인 군신관계를 거부하는 것이 되며, '청'의 명칭을 쓴다면 그들의 국호 개정과 황제의 등극을 인정하는 것이니 곧 군신관계를 받아들이게 되는 결과를 가져오기 때문에 쉽게 결론이 나지 않던 때였다. 당시 대사헌으로 있던 이경석은 이 문제에 대해 다음과 같이 단호한 의견을 제시하고 있다.

> '청'이라고 호칭하는 문제는 관계되는 바가 작지 않습니다. 의리와 이해를 가지고 반복하여 생각건대 '金'은 汗을 일컬을 때의 호칭이고 '淸'은 참람하게 帝라고 한 후의 호칭입니다. 지금 우리가 갑자기 옛 칭호를 버리고 새로운 호칭을 사용하면 저들은 필시 우리에게 한층 더 큰 문제를 가지고 요구해 올 것이니, 그런 지경에 이르게 되면 강적이라 따지기 어렵다고 하여 더불어 싸우지 않을 수 있겠습니까. 따르기 어려워진 뒤에 따지는 것보다는 일을 도모하는 시초에 살피는 것이 낫습니다.
> 말하는 자는 필시, 오랑캐의 본의는 화호하는 데 있으니 반드시 그런

---

79) 『인조실록』 권33 인조 14년 11월 계축조.

지경에는 이르지 않을 것이라고 말을 할 것입니다. 참으로 그러하다면 '金'이라고 칭하는 것은 더욱 해롭지 않을 것입니다. 우리가 정묘년에 하늘에 맹세한 약속을 지켜 옛날의 칭호를 호칭하는 것은 이치에 근거가 있고 언어에 순함이 되고 신의에 잃음이 없으니, 저들이 처음에 힐책을 가한다고 하더라도 우리는 여유 작작하게 답변할 수 있습니다. 저들이 짐승 같다 하더라도 우리가 말이나 이치가 사리에 닿고 옳으면 예전부터 굽혀 따를 때가 많이 있었습니다. 더구나 그 뜻이 진실로 和好하는 데 있다면 이 일은 반드시 힘을 다하여 다투지는 않을 것입니다.[80]

결국 조선이 '淸'의 호칭을 쓴다면 황제의 지위를 인정하게 되는 것이며, 그럴 경우 청에서 군신관계 등 추가로 요구하는 문제들을 현실적으로 감당하기 어렵게 될 것이고, 결국에는 강국과 전쟁을 벌이게 될 지도 모르니 처음부터 빌미를 제공해서는 안된다고 주장하고 있음을 확인할 수 있다. 그리고 그 대안으로 '금'의 호칭을 쓰되 이를 이치와 사리에 맞도록 청국을 설득해야 한다고 하였다. 이러한 주장은 한편으로는 崇明排淸이라는 대의명분을 살리면서, 다른 한편으로는 현실적으로 강대국인 청국과의 관계를 악화시켜 전쟁이 일어나지 않도록 외교적 노력을 기울여 그들을 설득해야 한다는 논리를 펴고 있는 것이다.

결국 이러한 외교적 노력이 신속하게 이루어지지 못하여 조선은 적의 침략을 받게 되었다. 그의 예견대로 청군은 압록강을 건너 빠르게 도성까지 진격해 왔으며, 조선은 손을 쓸 겨를도 없이 국왕의 피신을 도모하게 되었다. 당시 강화도로 향하던 인조가 청군이 가까이 이르렀다는 소식을 듣고 다시 돌아와 숭례문루에 올랐을 때 이경석은 "일이 급하게 되어 강화도는 결단코 불가하니 마땅히 남한산성으로 향하소서"라고 하여

---

80) 『인조실록』 권33 인조 14년 11월 갑자조.

남한산성으로의 피신을 주장하였다.[81] 그리고 그는 말이 없어 인조의 뒤를 따라 걸어서 남한산성으로 들어갔다. 이러한 혼란한 상황속에서도 이경석은 인조의 면류관과 예복을 비롯하여 각종 기구들을 상의원의 하인인 石敬守와 成敬立에게 안전하게 옮기도록 명하는 치밀함도 보여 주었다.[82]

남한산성에 고립되어 있는 기간 동안에도 이경석은 산성 안에 있는 三司의 관원들을 督戰御史로 임명하여 군사들의 行伍에 편입시킴으로서 밤낮으로 경계를 강화하도록 주장하였고, 겨울의 강추위에 군사들이 떠는 것을 보고는 대소 신료들이 입고 있는 옷을 벗어서 병졸에게 나누어 주자고 하여 군사의 사기를 북돋아 주었다.[83]

뿐만 아니라 청나라와 구체적인 강화 교섭이 진행되는 과정에서도 당시 부제학이던 그는 중요한 사항을 결정할 시점에서 자신의 의견을 분명하게 개진하곤 하였다. 앞서 살펴 보았듯이 강화 교섭은 단계별로 진행되었다. 청에 보내는 국서에 조선이 '臣'을 칭하는 문제를 놓고 화친을 주장하는 측과 척화를 주장하는 측이 날카롭게 대립하고 있을 때 최명길이 지은 국서의 내용을 놓고 이경석은 "문자에 타당하지 않은 곳이 많이 있으니, 우선 내일을 기다렸다가 사람을 보내도 해로울 것이 없겠다."[84]고 하면서 보다 신중하게 국서의 문장을 검토할 것을 요청하였다.

또한 강화 교섭이 진행되는 막판에는 청으로부터 척화론자를 압송하여 보내라는 추가 요구가 있었다. 이에 대하여도 조정의 의견이 분분하게 엇갈렸는데 당시 이경석은 척화론자들을 청군 진영으로 압송하는 문

<hr />

81) 「白軒年譜」上 丙子條 12쪽.
82) 『인조실록』 권34 인조 15년 2월 계사조.
83) 「白軒年譜」上 丙子條 12쪽.
84) 『인조실록』 권34 인조 15년 1월 무오조.

제에 관해서 다음과 같은 입장을 밝히고 있었다.

> 교활한 오랑캐가 갖가지로 속임수를 쓰면서 갈수록 우리를 속이고 있
> 습니다. 지금 아무리 화친을 배척한 사람을 보낸다 하더라도 이 정도로 그
> 만두리라는 것을 어떻게 보장할 수 있겠습니까. 이렇게 위급한 때를 당하
> 여 진실로 君父의 화를 구원할 수만 있다면 충성스럽고 의로운 인사가 필
> 시 자진하여 감당할 것입니다. 그러나 결박하여 보내는 일을 어찌 조정이
> 차마 할 수 있겠습니까. 결코 난을 해소하는 데는 아무 도움도 되지 않는
> 데, 먼저 그 手足을 스스로 자른다면 망하는 것을 재촉하는 결과만 될 뿐
> 이니, 어떻게 나라가 유지되겠습니까. 더구나 당초 오랑캐에게 답할 때 이
> 미 배척하여 쫓아냈다고 말했고 보면, 오늘날 그들보다 조금 가벼운 자들
> 을 조사하여 보내겠다는 말은 앞뒤가 틀릴 뿐만 아니라, 오랑캐가 요구한
> 것은 주모자인데 그들보다 가벼운 자들까지 아울러 거론하는 것은 아, 또
> 한 참혹합니다. 속히 묘당으로 하여금 그 의논을 개정하도록 하소서.[85]

위의 내용은 조선 스스로가 척화론자를 결박하여 청군으로 보내는 것
은 바람직한 일이 아니라고 주장하면서, 만일 그것만이 군부를 위하는
일이라면 누구든지 자신 스스로 나설 것이라고 밝히고 있다. 이것은 명
백하게 조선이 주도적으로 척화론자들을 압송하는 문제에 반대를 표명
한 것이다. 그러나 이러한 그의 의견은 받아들여지지 않았고 마침내 1월
28일 김유·홍서봉·이홍주 등이 11명의 척화론자 명단을 작성하여 적진
에 보내기를 요청하기에 이르렀다.[86] 이에 이경석은 너무 많은 사람을
보내는 것에 대해 반대의사를 분명히 표시하면서 대사간 朴潢과 함께
김유를 만나 10여명을 모두 보내는 것은 적당하지 않으며, 끝내 보내야

---

85) 『인조실록』 권34 인조 15년 1월 갑자조.
86) 당시에 거론된 11명은 김상헌, 정온, 윤황의 부자, 윤집, 오달제, 김수익, 김익희,
    정뇌경, 이행우, 홍탁 등이다.

만 한다면 처음부터 강화를 반대한 오달제와 윤집 두 사람으로 한정하
는 것이 좋다는 의견을 개진하였다. 그리하여 마침내 많은 인원이 굴욕
을 당하는 참화를 피할 수 있었던 것이다. 이 외에도 인조가 성을 나가
항복을 하기로 결정된 다음에는 만일의 사태에 대비하기 위해 세자를
남한산성에 남아 軍務를 통제하고 국사를 감독하게 할 것을 청하는[87]
등 모든 일에 신중을 기하는 모습을 보여 주었다.

이상에서와 같이 병자호란 기간 동안에 이경석이 보여 준 기본적인
자세는 斥和와 主和의 사이에서 냉철한 현실인식을 바탕으로 선명하게
하나하나의 문제를 해결하려고 하는 신중한 자세를 보여주었다. 그러면
서도 자신의 기본적인 입장은 반드시 崇明義理를 지켜야만 한다는 명분
론에 얽매이기 보다는 현실적인 파급효과와 조선이 대응할 수 있는 능
력을 종합적으로 고려하여 합리적인 의견을 개진하였다. 그리하여 당시
척화와 주화의 양대 논리속에서 본다면 현실적인 난국을 해결하기 위한
타개책으로는 주화가 최선의 방법이라고 생각하였다. 따라서 당시 부제
학의 지위에 있으면서도 주화론에 대해 강한 반대를 표명하지 않았고,
다만 세부적인 진행과정에서 청에 보내는 국서의 문장을 짓는 일에 관
여하는 등 신중하게 자신의 의견을 개진하였던 것이다.

## 2) 삼전도비문[88]의 찬술

병자호란이 끝난 이후 청 태종은 세자와 왕자들을 인질로 대동하고
본국으로 돌아갔고, 그들의 요구에 의해 비문이 건립되게 되었다.[89] 그

---

87) 『인조실록』 권34 인조 15년 1월 정묘조.
88) 삼전도비는 비가 세워진 곳이 삼전도이기 때문에 붙은 이름이고 정식 명칭은 대
   청황제공덕비이다.

러나 비문 건립에 대한 구체적인 발의과정이 나타나 있지 않아 자세한 전말을 알기는 어려우며, 비문 건립에 관한 최초의 기록도 1637년 3월부터 등장한다. 즉 그해 3월 12일 비변사에서 삼전도 비석이 이미 준비되었으니 비문을 얻어다가 새기면 된다는 보고가 그것이다.[90] 결국 3월 12일 이전부터 비문 건립에 관한 사항이 조정에서 의논되었음을 알 수 있으며, 이에 대하여 인조는 서둘지 말라고 하면서 적극적인 입장을 보이지 않고 있다. 그 이후 김류가 어차피 세워야 할 것이라면 그다지 어려운 일이 아니니 빨리 세워 조선의 성의를 보이자는 주장에 따라 3월 20일 인조의 재가가 떨어졌다.[91]

그리하여 한편으로는 비석을 마련하여 연마작업에 들어가고 다른 한편으로는 비문을 세울 기초공사에 착수하였다. 비문은 受降壇 터에 세우기로 하였는데 한강과 가까운 곳에 위치하고 있고, 지세가 상대적으로 낮아 장마철에 물이 들 것에 대비하여 지면에서 5~6장 높이로 돌계단을 쌓아 올렸다.[92] 이 공사는 공조가 주관하고 호조와 병조의 후원하에 인부들에게 雇價를 지불하고 공사에 착수하였다. 이 공사는 10월 30일경에 모두 끝나 11월 1일 役事에 참여하였던 인부들을 모두 해산 조치하였고, 정문과 협문 3칸 규모의 비각이 완성되어 비문의 내용을 각자하는 일만을 남겨놓게 되었다.[93] 그리하여 당시 서울에 있던 청나라 사신 馬夫大 등이 11월 25일 삼전도의 碑所를 방문하여 기단과 귀부 등의 규

---

89) 삼전도비문과 관련된 연구로는 金聲均, 「三田渡碑 堅立始末」, 『鄕土서울』 12, 서울특별시사편찬위원회, 1961과 李銀順, 『朝鮮後期 黨爭史硏究』, 一潮閣, 1988 등이 참고된다.

90) 『승정원일기』 인조 정축년 3월 12일조.

91) 『승정원일기』 인조 정축년 3월 20일조.

92) 『승정원일기』 인조 정축년 6월 26일조.

93) 『승정원일기』 인조 정축년 11월 4일조.

모를 일일이 확인하고 돌아갔다.94)

　이후 비문을 찬술하는 일만이 남았는데 조선에서는 당연히 청에서 문장을 받아다가 새기는 것으로 생각하고 있었다. 그러다가 갑자기 문장을 지으라는 인조의 전교가 내려져 비변사에서는 극비리에 적격자를 탐문하였다. 결국 비변사에서는 예문관 대제학의 자리가 비어있으며, 文翰으로 이름이 높은 사람들이 많지 않다는 이유를 전제로 하여 약간 명을 천거하였는데,95) 이때 명단에 오른 인물이 張維·李慶全·趙希逸·李景奭이었다. 당시에는 누구도 이러한 비문을 지으려고 하지 않았기 때문에 비변사에서도 극비리에 인물을 천거하였던 것이다.

　한편 이경석은 병자호란이 끝난 후 도승지로 발탁되어 인조의 측근에 있으면서 전쟁의 상처를 치유하는데 앞장서고 있었다. 특히 병자호란 때 끌려간 힘없는 일반 백성들의 속환을 위해 조정에서 돈을 내어 적극적으로 송환을 추진하자는 의견을 개진하여 인조의 동의를 받아 내는가 하면,96) 전쟁으로 인해 백성들의 삶이 궁핍해진 경기도와 兩西 지역민들의 고충을 해결하고자 강원도와 삼남지방에서 穀種을 가져다가 구제하고 아울러 긴급하지 않은 貢物은 거두지 말 것을 주장하는97) 등 당시 백성들이 현실적으로 가장 필요로 하는 경제문제와 혈육의 상봉문제에 큰 관심을 기울여 민생행정을 적극 주장하였다. 그 후 같은 해 3월 13일 예문관 제학으로 임명되어98) 운명의 삼전도비문 찬술자 제1순위에 올랐다.

　일반적으로 외교관계의 중요한 문서는 예문관의 대제학이 짓지만 비

---

94) 『승정원일기』 인조 정축년 11월 25일조.
95) 『승정원일기』 인조 정축년 11월 25일조.
96) 『인조실록』 권34 인조 15년 2월 계미조.
97) 『인조실록』 권34 인조 15년 2월 신사조.
98) 『인조실록』 권34 인조 15년 3월 임자조.

문을 찬술할 당시 11월에는 대제학의 자리가 비어 있었고, 그 다음의 위치에 이경석이 있었다. 그리하여 관직의 위치상으로나 문장을 지을 수 있는 식견으로나 이경석은 제외될 수 없는 운명이었다. 그리하여 인조는 비변사에서 천거한 인물들에게 각자 급히 비문을 지어 올릴 것을 명하였다. 당시의 상황은 다음의 사료를 통해서 잘 살펴볼 수 있다.

> 張維·李慶全·趙希逸·李景奭에 명하여 삼전도 비문을 지어 제출하도록 하였는데 장유 등이 모두 상소하여 사퇴를 청하였으나 왕이 허락하지 않았음으로 세 사람이 할 수 없이 지어 바치게 되었다. 조희일은 채택되지 않도록 하기 위하여 일부러 그 文辭를 졸렬하게 지었고 이경전은 병이 들어 짓지 못하다가 세상을 떠났으므로 이경석의 글을 채용하게 되었다.99)

즉, 비문 찬술자로 천거되어 명을 받은 사람들은 모두 비문 쓰는 것을 민족적 치욕이라 하여 거부하였으나 이를 왕이 허락하지 않아 할 수 없이 쓰게 되었던 것이다. 이들 가운데 이경전은 병으로 세상을 떠나 자연스럽게 빠졌고, 그 밖에 세 사람은 11월 27~29일 사이에 모두 글을 지어 올렸는데 조희일은 일부러 쓰이지 못할 글을 써서 제출하여 최종적으로 장유와 이경석의 글을 12월 12일 청나라로 가는 사신편에 심양으로 보냈다.100) 이들의 글은 청나라에서 수정 지시를 받아 다시 돌아왔는데 다음의 사료에서 이를 확인할 수 있다.

> 장유와 이경석이 지은 삼전도 비문을 청국으로 보내 그들로 하여금 스스로 택하게 했다. 이에 范文程 등이 그 글을 보고 장유가 지은 것은 인용한 것이 온당함을 잃었고, 이경석이 지은 글은 쓸 만하나 다만 중간에 첨

99) 『인조실록』 권35 인조 15년 11월 기축조.
100) 『승정원일기』 인조 정축년 12월 15일조.

가해 넣을 말이 있으니 조선에서 고쳐 지어 쓰라고 하였다. 인조가 이경석
에게 명하여 고쳐 짓도록 하였다.[101]

이들의 글을 명나라의 學士였으나 청에 굴복하여 벼슬하고 있던 범문
정이 읽어보고 장유의 글은 비유한 문구가 온당치 못하고, 이경석의 글
은 너무 간략하다는 이유를 들어 고쳐 쓸 것을 요구하였다. 장유가 비유
를 잘못한 것이나 이경석이 간략하게 문장을 쓴 것은 모두가 그들의 불
편한 속마음을 표현한 것이다. 실제로 이경석은 자신의 글을 처음부터
완벽하게 청의 구미에 맞게 쓸 수도 있었으나 본인의 진정한 마음이 여
기에 있지 않았기 때문에 내용을 간략하게 정리하고 전혀 미사여구로
포장하지 않았던 것이다.[102]

이에 인조는 이경석이 쓰기 싫어한다는 것을 알고 있었기에 그를 조
용히 불러 중국 춘추시대의 越나라 제2대 왕인 句踐이 吳나라에서 치욕
을 참고 신첩 노릇을 하면서 와신상담하다가 끝내 夫差에게 당한 치욕
을 갚았다는 고사를 인용하면서 '나라의 存亡이 달려 있는 일이며, 후일
을 도모하는 것은 나의 역할이니 오늘은 다만 문자로 저들의 비위를 맞
추어 일을 더 격화되지 않도록 하는 것 뿐이다'라고 하면서 간곡하게 비
문의 찬술을 부탁하였다.

결국 이경석은 그 누구도 쓰기 싫어하는 문장을 국가의 존망이 달려
있다는 국왕의 간곡한 부탁에 끝까지 거절하지 못하고 이를 수락하여
비문을 찬술하였던 것이다. 이는 그가 병자호란을 겪으면서 보여준 신
중하고도 냉철한 현실 인식의 소유자라는 점을 감안할 때 자신이 쓰지

---

101) 『인조실록』 권36 인조 16년 2월 임인조.
102) 白軒年譜 상 정축년조 15쪽. 『燃藜室記述』 권26 仁祖朝故事本末 亂後時事
　　三田渡碑附.

않으면 그 누구도 하지 않을 것이고, 현실적으로 조선에서 누군가는 써야만 하는 일이라는 점, 또한 조선의 신하로서 국왕의 간곡한 부탁을 거절할 수 없다는 사실을 인지하고 있었기 때문에 자신의 안위를 돌보지 않고 찬술에 응하였던 것이다.

그리하여 다시 고쳐 쓴 비문은 이듬 해인 인조 16년(1368) 2월에 사신으로 파견된 柳琳에 의해 심양으로 보내졌다.[103] 이것이 다시 조선으로 돌아와 청나라의 간섭과 요구하에 한문과 만주어 그리고 몽고어로 나뉘어 刻字 작업에 들어가 이듬해에 완성되어 인조 17년(1639) 12월 8일에 비가 세워졌다.

최종적으로 청에 항복한 조선은 그들의 요구대로 청 태종의 공덕비를 세우게 되었고, 그 문장을 짓는데 당시의 문장가였던 이경석이 본인의 의사와는 관계없이 모든 짐을 짊어지게 되었던 것이다. 당시 누군가는 분명히 이 문장을 짓지 않으면 안될 처지였고, 그 대상에 예문관 제학의 위치에 있던 그는 최우선 순위였던 것이다. 어쩔 수 없이 인조의 간곡한 부탁을 받아들여 문장을 짓기는 했지만 전쟁이 일어나기 전 그의 경고만 귀담아 듣고 정부가 대책을 세웠어도 이 지경까지 가지는 않았을 것이다. 결국 전쟁발발 이후 조선의 항복과 비문의 건립에 이르기까지 모든 것은 현실적인 국제정세와 힘의 균형이 바뀌고 있었던 흐름을 정확하게 인식하지 못한 조정의 무능한 대처에서 그 원인을 찾아야 할 것이다.

---

103) 『비변사등록』 인조 16년 2월 24일조.

# 제7장 고종의 장충단 설립과 역사적 의미


## 1. 장충단 설립과 규모

장충단은 '나라를 위해 죽은 병사들의 혼백이 의지할 곳 없어 통곡하는 소리가 들려 가슴이 아프니 제단을 마련하라'[1)는 고종의 명에 따라 설립이 추진되었다. 그리하여 1894년 갑오년 이후 나라를 위해 목숨을 잃은 병사들의 넋을 위로하고자 제단을 마련하고, 매년 봄과 가을에 제향을 드리곤 하였다. 이로부터 8년여 동안 장충단제는 꾸준히 시행되었다.

그러나 고종의 의지와는 다르게 일제의 주권침탈 과정에서 장충단제는 廢祀되었고, 장충단도 본래의 의도와는 다르게 훼손되었다. 즉 민족의 정기를 바로 세우기 위해 장충단을 설립하였던 이곳에 일제는 일본인의 동상을 세우고, 공원화함으로써 이곳에 얽힌 민족의 역사적 사실을 은폐하고자 기도하였다.

지금까지 장충단을 대상으로 연구된 논문은 단 한편도 없는 실정이다. 다만 서울특별시사편찬위원회가 발간한 『서울육백년사』에 실린 개략적인 서술이 전부이다.[2) 이러한 원인은 장충단과 관련된 기록이 적을 뿐만 아니라 장충단에서의 제례기간이 상대적으로 짧아 전통적인 국가의례로 정착되지 못하였고, 나아가 일제강점기 동안 일제의 교묘한 역

---

1) 『고종실록』 권40 광무 4년 5월 31일.
2) 서울특별시사편찬위원회, 『서울육백년사』 문화사적편, 1987, 313~330쪽.

사 파괴와 민족정신 말살정책에 영향받은 바가 크다고 할 것이다. 그러나 다소 늦은 감이 있지만, 왕실과 나라를 위해 목숨을 초개와 같이 버린 선열들의 정신과 그들을 봉사하기 위해 설립한 장충단과 장충단제에 대한 연구는 반드시 이루어져야 한다고 생각된다.

이러한 관점에서 문제의식을 가진 필자는 장충단의 건립 전말에 관하여 그 과정을 면밀히 고찰하고, 그 변천 과정에 대해서는 일제강점기 각종 신문 기사를 통해 접근해 보고자 한다. 나아가 장충단과 그에 필요한 부속 건물은 어떠한 것이 있으며, 그 규모는 어느 정도였는가도 살펴보고자 한다. 특히 건물 규모와 관련해서는 당시 건물을 지을 때 소요된 경비를 기록해 놓은 『奬忠壇營建下記冊』이 남아 있어 이를 근거로 대략적으로나마 장충단 규모의 실체를 파악해 보고자 한다. 아울러 장충단에 모셔졌던 배향 인물에 대해서도 고찰하고자 한다.

장충단의 설립은 고종의 특별 지시에 의해 이루어졌다. 고종 37년 (1900) 5월 31일 고종은 육군제도를 만든 이후에 그것을 통제하고 조종하기 위한 헌병대가 설치되지 않았음을 지적하면서 元帥府로 하여금 헌병대를 편성하도록 지시하는 자리에서 옛 충신들에 대해 제사지내는 것이 어떠한가를 다음과 같이 묻고 있다.

> 난리에 뛰어 들어 나라를 위한 일에서 죽은 자에 대하여 반드시 제사를 지내에 보답하는 것은 죽은 영혼을 위로하여 기쁘게 하기 위한 것이며, 또한 군사들의 기세를 고무하기 위한 것이다. 갑오년 이후로 전사한 병졸들에 대하여 미처 제사를 지내주지 못하였으니 참으로 이것은 결함이 된다. 생각하건대 울적하고 원망에 싸인 혼백들이 의지하여 돌아갈 곳이 없어 통곡하는 소리가 저승에 흩어져 있지 않는지 어떻게 알겠는가? 여기까지 말하고 보니 내 가슴이 아프다. 제사 지내는 절차에 대하여 원수부로 하여금 논의하여 처결토록 할 것이다.[3]

즉 갑오년 이후 많은 병사들이 전쟁에서 죽었는데도 그들을 위해 제
사를 시행하지도 못한 자신을 한탄하고 있다. 나아가 '挺身赴亂'하여 '死
於王事'한 사람들에 대해 제사를 지내 주는 방안을 강구할 것을 원수부
에 지시하고 있다. 여기서 갑오년이란 고종 31년(1894)을 가르킨다. 이것
은 고종 37년 11월 11일의 기록에서 '개국 503년 이후'라는 기록을 통해
볼 때도 확실하다. 당시 고종이 1894년이라는 상한선을 지정하고 여기에
서 희생당한 병사들을 제사하고자 한 뜻은 동학군과의 전투에서 희생당
한 관군을 의미하는 것이다. 더 나아가 장충단을 건립하고자 하는 목적
이 고위 관료들의 추모를 위한 것이라기 보다는 다수의 군인 희생자를
위한 추모의 장소로 건립되었음에 주목할 필요가 있다.

이와 같은 사실은 1900년 11월 11일 고종이 대신들에게 지시한 다음
과 같은 기록을 통해 보다 명확하게 알 수 있다.

> 지시하기를 "충성스러운 사람을 표창하고, 절개를 지키는 것을 장려하
> 며, 대대로 벼슬하는 사람은 죄를 용서하고, 고독한 사람을 돌봐주는 것은
> 나라의 떳떳한 법이다. 그런데 어떤 사람은 나라 일을 위하여 죽었는데도
> 부모 처자는 추위와 굶주림을 면하지 못하고, 어떤 사람은 몸이 원수의 칼
> 날에 찔려 그만 목숨을 잃었는데 돌보아주지 않는다면 착한 일을 한 사람
> 을 무엇으로 고무해 주겠는가? 개국 503년 이후부터 將領, 호위하는 군사,
> 병졸, 掖屬 가운데 절개를 지켜 죽었거나 몸에 상처 입은 사람이 없지 않
> 았지만 표창하고 돌보아 주는 恩典은 오늘에 이르도록 미처 베풀지 못하
> 였다. 그러므로 매번 생각이 이에 미칠 때마다 가슴이 아파짐을 금할 수
> 없다. 원수부로 하여금 대대로 녹을 받은 삶들의 표를 만들어 등급을 나누
> 어 시행하도록 할 것이다"라고 하였다.4)

---

3) 『고종실록』권40 광무 4년 5월 31일(양력).
4) 『고종실록』권40 광무 4년 11월 11일(양력).

결국 고종은 1894년 동학군에게 희생당한 병졸 뿐만 아니라 일제의 조선 침탈 과정에서 희생된 장령, 호위군사, 병졸, 액속에 이르기까지 국왕과 왕실을 위해 전사한 불특정 다수의 사람들을 추모하는 일의 정당성을 표명하고 있다. 아울러 그의 가족이나 후손들에게 녹을 지급하는 방안까지 마련하도록 지시하고 있다. 이것은 국왕과 왕실을 위해 전사한 사람들에 대해 고종이 애틋한 마음을 가지고 있었으며, 자신의 뜻대로 되지 않는 국정의 안타까운 현실에 대한 표현의 하나로 인식할 수 있다. 이와 같은 고종의 뜻에 대하여 당시 언론인인 장지연은 「황성신문」의 사설에서 文臣家, 世祿家, 權貴家들이 하지 못한 일들을 이들이 몸을 던져 목숨을 바쳤다고 극찬하면서 고종의 장충단 건립 추진을 적극적으로 옹호하였다.[5]

한편 추모의 방안을 마련하라는 고종의 지시를 받은 원수부는 즉각적인 방안 마련을 위해 과거의 사례 조사에 착수하였다. 그리하여 25일이 지난 6월 25일 원수부의 군무국 총장인 李鍾健이 그 결과를 고종에게 보고하였다. 그는 이 자리에서 "왕조의 옛 규례를 상고하여 보니 사당을 지은 때도 있고, 제단을 설치한 때도 있었으나 충성을 표창하고 보답하는 것은 마찬가지입니다."[6]라고 하면서 사당을 건설하여 추모하는 방안과 제단을 설치하여 흠양하는 방법을 제시하였다. 이에 대하여 고종은 제단을 쌓는 방안을 선택하고, 제단의 건축은 원수부에서 집행할 것이며, 매년 봄과 가을에 제사를 지내는 문제는 祀典과 관계되는 문제이므로 장예원에서 담당하여 진행하도록 지시하였다.[7]

---

5) 『韋菴文庫』 권8 사설 上奬忠壇盛典, 368~369쪽.
6) 『고종실록』 권40 광무 4년 6월 25일(양력).
7) 『고종실록』 권40 광무 4년 6월 25일(양력).

이러한 과정을 거쳐 옛 南小營[8] 터에 장충단의 축조가 시작되어 11월 10일에 공사가 완공되었다. 고종의 의지에 의해 이루어진 장충단 설립으로 조선은 비로소 국왕과 왕실을 위해 죽은 사람들에 대한 최소한의 예를 갖출 수 있게 되었다. 더 나아가 고종은 11월 11일 원수부에 지시하여 국왕과 왕실을 위해 죽은 사람들을 등급별로 나누어 목록을 정리하고, 국가에서 그 후손들에게 녹을 지급하도록 지시하기도 하였다.[9]

한편 장충단 완공 시기와 관련하여『고종실록』과 나머지 기록들이 일치하지 않는다. 즉『고종실록』에는 10월 27일 장충단이 설립된 것으로 기록되어 있으나,[10] 鄭喬가 지은『대한계년사』에는 광무 4년 11월 12일(음력 9월 19일)에 장충단이 광화문 안 예전의 남소영 앞에 설치되었다고 기록되어 있다.[11] 또한『증보문헌비고』에는 1900년 9월에 장충단이 설립되었다고 하였고,[12] 장지연이 황성신문에 사설로 썼다가 전문이 삭제되었던「奬忠壇盛典」글이『韋菴文庫』에 실려 있는데, 여기에는 9월 19일 어명에 의해 장충단이 설립되었다고 기록되어 있다.[13] 뿐만 아니라 장충단과 그 부속 건물들을 건설하면서 이에 소요된 비용을 적어 놓은『장충단영건하기책』에는 광무 4년 7월 29일에 착공하여 11월 15일에 완공되었으며, 추가로 이듬해 3월 20일에 공사를 시작하여 6월 27일에 끝났다고 기록되어 있다.[14]

---

8) 남소영은 영조 중엽 이래 도성의 남쪽을 수비하기 위해 설립된 군영으로서『동국여지비고』의 기록에 의하면 전체 건물이 194칸에 이르는 규모였다고 한다.
9) 『고종실록』권40 광무 4년 11월 11일(양력).
10) 『고종실록』권40 광무 4년 10월 27일(양력).
11) 鄭喬,『大韓季年史』권6 광무 4년 11월(양력). 그러나 날짜를 환산해 보면 양력 11월 12일은 음력 9월 21일이므로 양력의 날짜가 잘못 기록된 것으로 보인다.
12) 『증보문헌비고』권63 禮考 10, 832쪽.
13) 『韋菴文庫』권8 사설, 상장충단성전, 368~369쪽.

이러한 기록들을 정리하면 『고종실록』만이 10월 27일에 건립되었다고 기록되어 있고, 나머지 『대한계년사』와 『장충단영건하기책』에는 날짜가 서로 다르지만 11월에 완공되었다는 것은 일치한다. 그리고 『증보문헌비고』와 장지연의 글은 9월로 기록되어 있는데 이것을 양력으로 환산하면 11월이 된다.15) 결국 『고종실록』을 제외하고는 나머지 모든 기록이 11월에 완공되었다고 기록되어 있음을 확인할 수 있다. 이것은 『고종실록』의 기록 오류로 인한 것이거나 아니면 장충단의 단사 건물만이 10월 27일에 1차 완공되고 나머지 부속 건물을 포함한 모든 건물의 완성은 11월 10일에 마쳤을 가능성도 있다. 종합적으로 볼 때 1900년 11월 10일(양력)에 장충단이 완공되었다고 보는 것이 타당하다고 생각한다. 그 이유는 『고종실록』이 한참 이후에 기록되었다는 점을 감안할 때 장지연이 신문에 사설로 실은 것은 공사가 완공된 직후에 일어난 일이므로 완공일이 틀릴 가능성이 매우 적다는 점, 또한 당시 공사 기록을 작성한 『장충단영건하기책』의 완료일 역시 11월 이라는 점을 감안 할 때 『고종실록』의 기록보다는 후자의 기록에 더 무게가 두어진다.16)

---

14) 『獎忠壇營建下記册』, 규장각 고4206.

15) 이은성, 『일교음양력』, 세종대왕기념사업회, 1982에 의하면 음력 9월 19일은 양력 11월 10일이다. 따라서 『대한계년사』의 기록에 11월 12일(음력 9월 19일)의 기록은 오자로 보인다.

16) 장충단의 완공 시점을 10월 27일로 하여 소개한 책자로는 백종기, 「장충단」 『서울육백년사』문화사적편, 1987, 313~330쪽 ; 박경룡, 『서울의 문화유적』1, 수문출판사, 1997, 88쪽 ; 나각순, 『서울의 산』, 서울특별시사편찬위원회, 1997, 146쪽 등이 있다. 그리고 9월 19일로 소개한 책자로는 심영상, 『서울육백년』2권, 대학당, 1994, 165쪽 ; 중구문화원, 『남산의 역사와 문화』 1998, 51쪽 ; 서울특별시 중구, 『중구지』하권, 1994, 939쪽 등이 있다. 그러나 9월에 건립되었다고 기록한 책자들도 음력이라는 표시를 하지 않아 독자로 하여금 장충단 완공일에 혼란을 야기하고 있다. 이에 현대에는 양력에 익숙해 있기 때문에 향후에는 11월 10일로 일관되

장충단을 건립하고 난 후 고종은 이를 기념하고 장충단 건립의 취지를 널리 알리기 위해 비를 건립할 것을 지시하고 충정공 閔泳煥에게 비문을 짓도록 하였다. 이에 장충단 건너편 동쪽 길목에 순종의 친필로 쓰여 진 '奬忠壇' 3글자가 새겨진 장충단비가 1900년 11월에 건립되었다.

이 비는 서울특별시 유형문화재 제1호로 지정되어 있다. 장충단을 세우게 된 내력을 새긴 비로써 네모난 받침돌 위에 비석을 얹어 놓은 간략한 형태로 건립되었다. 1.5m의 장방형 애석 비면 뒤에 비문이 새겨졌으며, 고종의 명을 받은 민영환이 짓고 썼다. 민영환이 쓴 총 143자의 한문으로 된 비문의 내용은 다음과 같다.

> 삼가 생각하건대 우리 대황제 폐하께서는 자질이 上聖처럼 빼어나고 운수는 중흥을 만나시어 태산의 반석과 같은 왕업을 세우고 위험의 조짐을 경계하셨다. 그러나 어쩔 수 없이 가끔 주춤하기도 하셨는데 마침내 갑오, 을미사변이 일어나 무신으로 난국에 뛰어 들어 죽음으로 몸 바친 사람이 많았다. 아! 그 毅烈은 서리와 눈발보다도 늠름하고 名節은 해와 별처럼 빛나니, 같이 제향을 누리고 기록으로 남겨야 마땅하다. 그래서 황제께서 특별히 충성을 기리는 뜻을 표하고, 이에 슬퍼하는 조서를 내려 제단을 쌓고 비를 세워 표창한다. 또 계속 봄과 가을에 제사드릴 것을 정하여 높이 보답하는 뜻을 보이고 풍속으로 삼으시니 이는 참으로 백세에 보기 드문 가르침이다. 선비들의 사기를 북돋우고 군사들의 마음을 분발시킴이 진실로 여기에 있으니 아! 성대하다. 아! 성대하다.[17]

비문의 내용에서 보면 고종이 갑오년과 을미년에 희생당한 군사들을 위해 단을 설치했다는 내용을 분명하게 밝히고 있어 순국 선열에 대한

---

게 기술하는 것이 타당하다고 생각된다.
17) 민영환, 「장충단비문」.

고종의 애틋한 정을 느낄 수 있게 한다. 이 비신은 1910년 이후 일제가 뽑아 버렸던 것을 광복 이후 찾아서 영빈관(신라호텔) 안에 세웠고, 1969년 지금의 자리인 수표교 서쪽으로 옮겼다.

　이와 같이 1900년에 항일·배일의 순국지사들을 장충단에 제향 했던 것은 호국정신으로 국권을 수호하려던 장병들을 크게 감동시켰다. 장충단 설립 이듬해 육군 법원장 白性基가 올린 상소문에 "장충단을 특별히 만들고 제사를 지낸 뒤로 군사들이 이루 형언할 수 없이 감격하고 고무되었습니다."[18]라는 기록에서도 당시 군사들 반응의 일부분을 확인 할 수 있다. 뿐만 아니라 일제의 침략 행위가 더욱 극심해짐에 따라 우리 국민들의 장충단에 대한 敬慕心도 더욱 커지고 애국 순열 사상이 고조되어 갔다. 이러한 사실은 경술국치를 전후하여 널리 애창된 '한양가'에서도 잘 나타나 있다.[19]

　한편 당시에 건립되었던 장충단의 규모는 어떠했을까? 지금까지 장충단의 규모와 건물에 대하여는 단지 '제단 1동과 부속 건물 2채가 있었다.'는 정도로만 알려져 왔고,[20] 보다 구체적인 건물의 이름이나 용도 등에 관하여는 연구되지 않았다. 향후 장충단의 복원을 고려하더라도 구체적인 장충단의 규모 파악은 꼭 청리해야 할 필요가 있다고 생각한다.

　이러한 와중에 필자는 규장각에 『장충단영건하기책』이라는 책자가 있음을 발견하였다. 이 책은 모두 52쪽의 분량으로 광무 5년(1901) 8월에

---

18) 『고종실록』 권41 광무 5년 2월 16일(양력)

19) 한양가의 내용 중에 장충단과 관련된 것으로 "남산 밑에 지어진 장충단 저 집 나라 위해 몸 바친 신령 뫼시네. 태산 같은 의리에 목숨 보기를 터럭 같이 하도다. 장한 그 분네."라는 구절이 있어 당시의 사람들이 장충단의 건립 취지를 잘 이해하고 있었음을 알 수 있다.

20) 서울특별시사편찬위원회, 『서울육백년사』 문화사적편, 1987, 314쪽.

편찬된 것이며, 편찬자는 기록되어 있지 않다. 그 주요 내용은 장충단과
부속 건물을 축조하는 과정에서 소요된 인건비와 물자, 각종 비용 등을
開基祭부터 최종 완료된 시점까지 기록하고 있다. 따라서 이 책의 내용
을 통해 당시 신축된 건물의 대략적인 규모를 짐작할 수 있다.[21)

먼저 장충단의 건물을 축조하는 데 소요된 비용과 소요 인원을 정리
하면 다음의 <표 1>과 같다.

<표 1> 장충단 건립 소요물품과 비용

| 물품 | 건수 | 단가 | 소계 |
|---|---|---|---|
| 壇祠 | 15칸 | | 2,900원 |
| 國旗懸章(板刻) | 1쌍 | | 25원 |
| 桃李紅紗(懸板面紗) | 4척 | 92전 | 3원 68전 |
| 檐下洋鐵浩陰 | | | 24원 |
| 步石 | 5괴 | 4원 34전 | 21원 70전 |
| 四層步石釗 | 2좌 | 31원 62전 | 63원 24전 |
| 石灰 | 10석 | 1원 | 10원 |
| 掛燈曲 | 8개 | 10전 | 80전 |
| 石手 | 80명 | 60전 | 48원 |
| 斧子軍 | 5명 | 64전 | 3원 20전 |
| 莎草軍 | 260명 | 40전 | 144원 |
| 擔軍 | 312명 | 36전 | 112원 32전 |
| 支架軍 | 890명 | 30전 | 267원 |
| 募軍 | 610명 | 28전 | 170원 80전 |

위의 표에서 보듯이 15칸의 단사 건물과 3층의 기단을 축조하는데 소
요된 비용은 3,793원 70전이 들었다. 또한 동원된 인원만도 돌을 다루는

---

석수부터 잔디를 까는 사초군, 도끼질하는 부자군, 짐을 지고 나르는 사람, 모병된 군인 등 모두 2,257명이며, 이들에게는 각각의 직역에 맞게 일정한 액수의 임금을 지불하고 있음을 확인할 수 있다. 그리고 동원된 인원도 담당 업무에 따라 분류하여 체계적으로 관리하고 있으며, 임금의 단가도 일의 경중에 따라 차별을 두어 부자군과 석수 등 돌을 다루는 사람들의 임금이 가장 비쌌다.

단사 건물 이외에 제향을 올릴 때 필요한 각종 제기 등을 보관할 수 있는 전사청 건물이 6칸이며, 축대를 쌓고 건물을 신축하였다. 전사청을 지을 때도 목수, 석수, 泥匠, 蓋瓦匠, 塗褙匠 등의 기술자 240명이 동원되고, 404명의 군인들도 공사에 참여하였다. 개와장이 참여하고 있었던 것으로 보아 건물 지붕에는 기와를 올렸음을 알 수 있다.

이어 장충단비를 세워 두기 위한 비각도 건립하였다. 비각은 1칸 규모이며 붉은 색으로 단청을 하였고 19칸의 목책을 둘렀다. 또 다른 건물로는 17칸 반의 楊威軒과 10칸 규모의 壯武堂 건물이 있었다. 그리고 38칸 반의 목책을 두른 30칸 규모의 料理亭이 있는데 이 목책은 회색으로 단장하였다. 요리정 부근에는 화원과 화계를 꾸미고 돌을 이용한 假山을 만들어 경치를 아름답게 조경하였다. 또한 大旗章과 五色旗章을 걸어 둘 旗柱를 만들었고, 건물들을 가꾸고 관리하는 庫直들의 처소와 土卒의 처소도 만들었다. 그 외에도 庫舍 3칸, 厠間 1칸을 지어었고, 장충단으로 통하는 길목에 석교와 길이 4칸 6척, 넓이 2칸 반의 大欅板橋, 그리고 길이 3칸에 넓이 1칸 6척의 中板橋를 가설하여 계곡에서 내려오는 물을 건너 접근할 수 있도록 하였다. 이어 장충단에서 필요한 식수를 공급하기 위해 우물도 팠으며, 빗물이 잘 빠질 수 있도록 물길을 내고 축대를 쌓아 보존하였다. 그리고 다음 해에는 측간이 부족하여 4칸 규모로 신축하기도 하였다.

이상과 같이 장충단에는 단사 건물 이외에 전사청, 장무당, 요리정, 고직처, 창고, 측간, 교량 등을 모두 갖추고 있었음을 확인할 수 있다. 이러한 건물들은 매년 봄과 가을에 제향을 지낼 때 모두 필요로 하는 최소한의 건물들이었다. 한 가지 독특한 점은 이곳에 화계와 화원을 갖춘 요리정이라는 정자가 있었다는 것이다. 이 정자가 이름 그대로 제향을 지낸후에 이곳에 모여 흠향을 하기 위하 용도로 건립했을 가능성이 있지만이에 관해서는 추가로 사료가 발굴되어야 보다 정확한 용도를 파악할수 있을 것이다.

## 2. 장충단제의 폐지와 일제의 훼손

장충단이 낙성된 날이 11월 10일(음력 9월 9일) 낙성식과 동시에 招魂祭가 거행되었다. 이후 고종의 명에 의해 1년에 봄과 가을 두 차례에 걸쳐 제향이 거행되었다. 해마다 춘추로 제사를 지낼 때는 군악을 연주하고 군인들이 弔銃을 쏘면서 엄숙하게 거행하였다. 그러나 불행하게도장충단제의 실시와 관련된 보다 구체적인 자료가 없는 실정이다. 예를들면 누구의 주관 하에 제사가 시행되었으며, 정확한 날짜가 언제였는지, 또한 그 절차는 어떻게 진행되었는지 등에 관한 사항들은 추가적인사료가 발굴되기를 기다린다.

장충단에서의 제향이 언제 없어졌는지에 대해서도 구체적인 기록은없다. 다만 1908년 7월 23일 국가에서 지내는 각종 제사제도에 대한 개정이 이루어졌다. 과거의 제사 의례가 번잡하고 지나치게 후하여 이를간소화하고 현재의 조건에 맞도록 개정하여 제도를 혁신한다는 미명하

에 취해진 이 조치는 결국 대다수 제사를 폐지하는 결과를 가져왔다.[22)]
이 때 단행된 조치는 帝室과 관련이 없는 제사의 경우 궁내부가 아닌 소
속 관사에서 주관하고, 조건에 맞지 않는 제사를 폐지하며, 여러 곳에
흩어져 있는 신주는 한 곳에 모아 제사하고, 1년에 여러 번 지내던 제사
도 간소화한다는 것이었다. 그리하여 이때 폐지된 제사를 보면 先農壇,
先蠶壇, 武烈祠, 大報壇, 東關廟, 山川壇 등 20여개에 이르렀다. 그리고
그 자리는 모두 국유화하는 조치를 취하였다. 이러한 행위는 제도를 혁
신한다는 미명하에 조선의 옛 관습을 없애고 나아가 조선인의 민족 정
신을 약화하고자 하는 의도로 보인다.

따라서 장충단도 이러한 개정 조치에서 무사하지 못했을 것으로 생각
된다. 당시 기록상 폐사된 제사 항목에 장충단은 포함되어 있지 않으나
대다수의 제사가 폐지된 상황 속에서 항일 정신을 북돋을 수 있는 장충
단의 제향을 그대로 두지 않았을 것이라는 점은 너무도 명백하기 때문
이다.[23)]

그리하여 1908년 이후 폐지된 장충단 제향은 1988년부터 서울시 중구
청의 주관 하에 다시 추모제향이 이루어지고 있다. 중구청에서는 장충
단제례위원회를 조직하고 성균관과 양천향교의 고증을 받아 제향을 추
진하고 있는데, 현재는 모두 9위의 신위를 모시고 제향하고 있다. 이들
9위는 장충단 초기에 배향되었던 6명의 인물과 을미사변 때 희생된 李

---

22) 『순종실록』 권2 융희 2년 7월 23일(양력).

23) 서울특별시 중구, 『중구지』 하권, 1994와 김영상, 『서울육백년』2권, 대학당, 1994,
   170쪽에는 1910년 8월부터 장충단제가 일제에 의해 폐사되었다고 기록하고 있으
   나 그 전거를 밝히지 않고 있다. 이것은 1910년 8월 22일 이른바 한일늑약에 의해
   대한제국이 식민지화 되었기 때문에 그 이후 장충단제가 폐지되었을 것이라고
   추측했기 때문이다.

耕稙, 林最洙, 李道徹 등이다.

한편 1905년 을사늑약이 체결된 이후 일제의 침략행위는 더욱 노골화
되어 갔다. 그들의 침략행위가 조직적이고 치밀하게 진행될수록 일제에
게 있어서 장충단은 눈에 가시 같은 존재가 되었다. 그러한 와중에 안중
근 의사가 대한의 독립 주권을 침탈한 원흉이며 동양 평화의 교란자인
伊藤博文을 1909년 10월 26일 하얼빈에서 사살하였다. 이 사건은 朝野에
큰 충격을 주었을 뿐만 아니라 세계 여러 나라에 대한의 독립의지를 천
명하는 계기가 되었다.24) 일제는 이등박문이 죽자 國葬을 선포하고 국
장일인 1909년 11월 4일 황족과 정부의 관료들, 그리고 국민들을 모아
놓고 이등박문의 추모제를 장충단에서 거행하였다.25) 이것은 여러 가지
의미를 내포하고 이루어진 행동이었다. 즉 일제가 시해한 조선의 국모
를 지키려다 죽은 사람들을 위해 제향을 지내는 이곳 장충단에 조선 침
략의 선봉에 섰던 이등박문의 추모제를 개최하였다는 것은 조선의 백성
들에게 장충단의 본래 의미를 퇴색시키고, 일제에 대한 저항의식을 꺽
고자 했던 목적을 가지고 있었다. 이를 위해 조선의 고관 대작을 모두
강제로 불러 모아 이등박문의 추모제에 참석하도록 하였던 것이다.

일제의 조직적인 장충단 훼손 행위는 더욱 노골적이고 지속적으로 이
루어졌다. 먼저 1900년 장충단 설립 이후 봄과 가을에 두 번 제사를 지
내던 것을 1908년에 이르러 폐지하였고, 1918년 4월 26일에는 경찰과 소
방계원들이 장충단에 모여 운동회를 개최하기도 하였다.26) 더 나아가
1919년 6월부터는 이곳 일대를 장충단공원으로 이름을 바구고 경성부에

---

24) 신용하,「안중근의 사상과 의병운동」『한국민족독립운동사연구』, 을유문화사,
   1985.
25)『순종실록』권3 융희 3년 11월 4일(양력).
26)『순종실록』부록 권9 6월 4일(양력).

서 관리하도록 하였다. 경성부는 이곳에 벚꽃 수천그루를 식재하는 외에 광장·연못·어린이놀이터·산책로·공중변소·교량 등을 시설하고, 상해사변 때 결사대로 전사한 일본인 육탄3용사의 동상도 세웠다.[27] 이와 같이 고종이 성역화하였던 장소를 공원화함으로써 이후부터 광장에서 많은 단체들이 각종 체육행사를 하는 등 본래 장충단의 의미와 가치를 퇴색시켜 갔다. 그리하여 전조선소년군연합육상운동회가 장충단에서 개최되었고,[28] 전조선궁술대회,[29] 가정부인운동대회,[30] 경성상공연합대운동회[31] 등 각종 체육대회가 이곳에서 개최되었다. 뿐만 아니라 1941년에는 대동아전쟁 황군 필승국도대회를 이곳에서 개최하기도 하였다.[32]

이 외에 조직적인 건물 파괴 행위가 자행되었다. 1929년에는 장충단 공원 동쪽에 이등박문의 菩提寺인 博文祠가 들어서기 시작하여 일본식 사찰이 1931년에 완공되었다. 이 박문사의 본전과 書院은 경복궁 내 선원전과 그 부속 건물을 훼손하여 옮겨 지은 것이며, 입구의 문은 경희궁 홍화문을 옮겨 배치하였다.[33] 이것은 조선의 궁궐 건물, 그 중에서도 법궁인 경복궁에서 국왕의 조상을 모신 선원전의 건물을 뜯어다가 조선 침략의 선봉에 섰던 일본인 이등박문의 영혼을 위한 건물을 짓는데 사용한 것이다. 그것도 일제 침략에 항거하다가 목숨을 잃은 장병들을 위로하기 위해 세운 제단인 장충단에 일제 침략의 선봉장 역할을 한 이등박문의 원찰을 세운 것이다. 이러한 일제의 행동은 조선의 민족정신을

27) 경성부, 『경성부시가지계획풍치지구 지정자료조사서』, 1937.
28) 동아일보 1930년 10월 4일자, 1932년 10월 3일자, 1934년 10월 8일자 등.
29) 동아일보 1932년 5월 7일자.
30) 동아일보 1933년 5월 20일자.
31) 동아일보 1930년 5월 4일자.
32) 동아일보 1941년 12월 24일자.
33) 서울특별시사편찬위원회, 『서울육백년사』 제4권, 1981, 428쪽.

말살하고자 했던 조직적이고도 치밀하게 계산된 일이며, 문화재 파괴이
자 정신 말살 정책의 일환이었다.

또한 조선의 민중들로 하여금 소위 盡忠報國의 위엄을 배우고, 臣道를
실천하여 皇謨를 받드는데 빛이 되게 한다는 의도에서 장충단공원에 일
본정신박람회 가설 건물을 설치하였고,34) 경성부에서는 弓道場을 장충
단공원에 준공하여 일반에 공개하기도 하였다.35) 이와 같은 일제의 파
괴와 훼손을 안타까워 하면서 3·1독립운동 때 우리 애국 군중의 선두에
서 싸웠던 偶丁 林圭는 장충단에서 애끓는 시를 지어 나라 잃은 아픔을
달래었다.36)

이후 장충단은 한국전쟁 과정에서 모두 소실되었고 장충단비 만이 홀
로 남아 옛 역사를 대변해 주고 있는 실정이다. 해방 이후 일제가 설치
한 모든 건물들은 철거되어 없어졌으며,37) 현재는 장충단공원도 남산공
원에 흡수되어 전체가 자연공원으로 관리되고 있다.

---

34) 매일신보 1942년 4월 3, 9, 14, 22, 25, 26일자.
35) 매일신보 1942년 4월 1일자.
36) 임규가 지은 시는 다음과 같다.
　　壇 앞에 눈물을 떨구어 돌 위에 이끼 덮힌 것이,
　　두어번 어루만지다 臺 위로 올라간다.
　　밤마다 혼령 계시니 밝은 달과 함께 하올 것이,
　　해마다 한식 때 되면 子規가 와서 울고 간다.
　　지난 날 이곳의 일들 모두가 아득한 옛적인데,
　　지금 누가 찾아와 술 한 잔 부어 드리나.
　　시를 다 읊고 나서 숲 속에 앉으니,
　　단풍나무 푸르고 검은 사이로 석양이 기울어진다.
37) 박문사 자리에는 영빈관과 신라호텔이 들어섰으며, 사명당과 이준열사의 동상이
　　세워지는 등 많은 변화가 이루어졌다.

## 3. 장충단의 배향인물

장충단에 배향된 인물에 대해서는 두 가지 주장이 있다. 하나는 임오군란과 갑신정변, 그리고 갑오년 왕실을 위해 동학군을 토벌하다가 죽은 인물들과 을미사변으로 죽은 사람들 등 모두 20여 명을 배향하였다는 주장과 갑오년 이후 을미사변과 관련된 인물 9명 만을 배향하였다는 주장이 그것이다. 이들에 관하여 상세하게 검토해 보면 다음과 같다.

장충단 배향 인물은 당초 갑오년 이후 희생당한 다수의 군사들을 위한 제단이었기 때문에 처음에 主神으로 3명을 배향하고, 이어 隊官 3명을 그 다음에 배향하였다. 처음에 배향된 인물에 대하여는 『증보문헌비고』에 기록되어 있다.38) 이 기록에 의하면 장충단이 설립된 후 이곳에 처음 주신으로 배향된 인물로는 군부대신으로 증직된 忠毅公 副領 洪啓薰과 鎭南營의 領官 廉道希, 武南營의 領官 李璟鎬 세 사람이었다. 그리고 통위영의 隊官 金鴻濟, 장위영의 대관 李學承, 진남영의 대관 李鍾九가 배향되었다. 이들은 모두 갑오년에 동학군과의 전투에 참여했던 인물들이다. 그 가운데 홍계훈만이 을미사변 때 전사하고, 나머지는 1894년에 모두 전사한 인물들이다. 또한 이들은 모두가 무신으로 그 가운데는 주신으로 모셔진 홍계훈이 가장 높은 관직을 가지고 있었고, 나머지 대부분은 부대장과 같은 위치에 있던 사람들이었다. 나아가 주신으로 배향된 인물들이 홍계훈을 제외하고는 모두 갑오년 동학군과의 전투에서 전사한 사람들이므로 장충단 건립 초기에는 갑오년의 전사자가 중심에 있었음을 알 수 있다.

한편 장충단이 건립된 이듬해인 고종 38년 2월 육군 법원장 백성기가

---

38) 『증보문헌비고』 권63, 禮考 10, 832쪽.

상소문을 올려 나라를 위해 의리를 지키다가 희생당한 정승이나 재상들에 대해서도 제단을 만들어 제사를 지내야 한다고 주장하였다. 당시 그는 "여러 신하들이 한 목숨 바쳐 나라를 위해 죽은 지조는 실로 한 때의 싸움에서 죽은 장수나 군사들보다 더한 것이지만, 단지 군사가 아니기 때문에 유독 제단에 제사지내는 축에 끼어들지 못하였으니 앞뒤가 바뀌었다고 할만합니다. 따로 하나의 사당을 세우고 해마다 제사를 지내주면 저 세상에 있는 충성스럽고 의로운 넋을 위로할 수 있을 것입니다." 라고 주장하면서 따로 사당을 만들거나 아니면 장충단에 함께 제향하는 방안을 강구할 것을 요구하였다.[39] 즉 군사들만이 나라를 위해 목숨을 버린 것이 아니고 여러 신하들도 지조를 지키며 목숨을 버렸으니 이에 대한 응분의 조치를 취해야 한다는 주장이다.

백성기는 신하들에 대한 제향을 주장하는 상소문을 올리면서 동시에 제향되어야 할 만한 사람들을 일일이 거론하였다. 그가 제향에 추천한 인물들은 다음과 같다.

> … 신이 그러한 사람을 일일이 든다면 임오년에 절개를 지켜 죽은 영의정 충익공 이최응, 판서 문충공 김보현, 판서 충숙공 민겸호, 참판 충정공 민창식과 갑신년에 절개를 지켜 죽은 찬성 충문공 민태호, 판서 충문공 조영하, 판서 문충공 민영목, 판서 충숙공 한규직, 참판 충정공 윤태준, 참판 충정공 이조연, 중궁 내시 유재현과 을미년에 절개를 지켜 죽은 궁내부 대신 충숙공 이경직, 시종관 충민공 임최수, 참령 충민공 이도철과 같은 사람입니다.…[40]

---

39) 『고종실록』권41 광무 5년 2월 16일(양력).
40) 『고종실록』권41 광무 5년 2월 16일(양력).

위의 기록에서 보듯이 백성기는 임오군란 때 희생당한 문신들인 이최응, 김보현, 민겸호, 민창식 등 4명과 갑신정변 때 목숨을 잃은 민태호, 조영하, 민영목, 한규직, 윤태준, 이조연, 유재현 등 7명을 제향해야 한다고 주장하였다. 이어 을미사변으로 인해 희생당한 이경직, 임최수, 이도철 등 3명도 추가로 배향하자는 것이다. 이러한 주장은 고종의 당초 장충단 건립 취지와는 아주 상반되는 것이다. 하나는 장충단에 배향하는 신위를 1894년 갑오년 이후로 한다고 고종이 시기적 상한을 두었는데, 백성기는 이것을 뛰어 넘어 12년 전 임오군란 때 희생당한 문신들까지 배향할 것을 주장한 것이다. 또한 주로 군인들을 대상으로 제향하고자 했던 고종의 의도와는 달리 백성기는 문신들도 추가하자고 주장한 점이다.

백성기의 주장에 대해 고종은 "충성과 절개를 표창하고 장려하는데 어찌 문관과 무관을 구별하겠는가? 진술한 내용은 자못 이치에 타당하니 장례원에서 논의하여 처리하라."라고 지시하였다.[41] 즉 시기적으로 갑오년 이전에 발생한 임오군란과 갑신정변으로 희생당한 사람들도 배향하자는 문제에는 뚜렷한 찬성의 뜻을 표하지 않고 논의할 것을 지시한 것이다. 그러나 문신과 무신을 특별히 구분하는 것은 옳지 않다고 하여 군인 위주로 배향했던 당초의 취지와는 달리 문신도 배향할 수 있도록 하는 문제에는 동의하는 뜻을 표하고 있다.

문제는 장충단에 추가로 배향하는 인물에 대한 장례원의 처리 결과가 기록에 남아있지 않다는 점이다. 즉 백성기의 주장을 그대로 받아들여 모두 신위를 배향했는지, 아니면 일부의 신위만을 배향했는지에 대한 정확한 기록이 없다는 것이다. 이와 관련하여 『서울육백년사』에는 고종이 "장례원에서 稟處하라"는 기록을 근거로 백성기가 추천한 모든 인불

---

41) 『고종실록』 권41 광무 5년 2월 16일(양력).

들이 장충단에 배향 되었다고 논술하여 배향 인물을 모두 20여 명으로 기록하고 있다.[42] 또한 『서울육백년사』의 서술을 바탕으로 한국정신문화연구원에서 발간한 『한국민족문화대백과사전』에서도 장충단에 대해 임오군란·갑신정변·을미사변으로 희생당한 사람들을 제향하였다고 설명하였다.[43] 그러나 고종이 품처하라는 명령을 내린 이후 어디에도 장충단에 임오군란과 갑신정변 희생자들의 신위를 배향했다는 기록은 없다. 하지만 이도철, 임최수, 이경직과 같이 을미사변 때 희생당한 인물들은 다른 기록에서도 그 이름이 나타나고 있고, 장충단비에도 갑오년과 을미년에 희생당한 병사들을 추모하기 위해 단을 만들었다고 명시하고 있는 점을 볼 때 을미년 희생자들이 배향된 것은 틀림 없는 사실이다.

결국 고종이 '품처하라'는 기록을 근거로 임오군란과 갑신정변의 인물들이 장충단에 배향되었다고 단정하는 것은 타당하지 않다고 생각한다. 장충단 건립 초기부터 갑오년 이후 희생당한 사람들을 제향한다는 기본 취지가 있었기 때문에 12년 전의 과거로 거슬러 올라가 추가 인물을 배향했다고 보기에는 논리적으로 이해하기 어렵다. 더 나아가 민영환이 쓴 장충단비 비문에도 임오군란과 갑신정변에 관해 전혀 언급이 없는 점도 이러한 결론을 보완해 주는 자료이다. 이에 필자는 장충단에서 제향한 인물들은 갑오년과 을미사변 때 희생당한 다수의 군인들이 중심을 이루고 있고, 이들을 대표하여 신위를 배향한 것은 모두 9명이었을 것이라고 생각한다.

그런데 한 가지 기록상 약간의 차이를 발견할 수 있다. 즉 배향 인물 가운데 이도철과 임최수의 경우 사료상 기록이 다르게 나타나고 있다.

---

42) 백종기, 「장충단」 『서울육백년사』 문화사적편, 1987, 313~330쪽.
43) 한국정신문화연구원, 『한국민족문화대백과사전』19, 1990, 300~301쪽.

즉『고종실록』에는 장충단이 처음 완공되었을 때 배향하지 않아 이듬해
인 1901년 백성기의 추천에 의해 추가로 배향하자는 논의가 있었고,[44]
초기 배향 인물로서 主神에 관해 기록해 놓은『증보문헌비고』에도 이들
의 이름은 들어있지 않다.[45] 그러나『대한계년사』에는 장충단 낙성일인
음력 9월 19일에 "홍계훈, 이도철, 임최수 등과 전쟁에서 죽은 사졸들을
제사하였다."[46]고 기록하고 있어 이들이 처음부터 배향되었던 것으로
나타나고 있다.

　현재까지는 기록의 오차가 나는 원인을 구체적으로 알 수 없지만 장
충단 건립 초기에 배향된 인문들이 군사와 액속들과 같이 하급 군인들
이 주축을 이루었다는 점, 주신으로 모셔진 인물들이 시기적으로 을미
사변과 많은 격차가 없다는 점 등을 감안하면 춘생문의거사건으로 희생
된 이도철과 임최수는 처음부터 장충단 제향에 다수의 병사들과 함께
모셔졌다가 신위가 배향된 것은 이듬해 이경직 등과 함께 이루어진 것
이 아닌가 생각된다.

〈표 2〉 장충단 제향인물 현황

| 성명 | 생몰년 | 본관 | 관직 | 제향원인 | 시호 |
|---|---|---|---|---|---|
| 염도희 | ~1894 | | 領官 | 동학군 토벌 | |
| 이경호 | ~1894 | | 영관 | 동학군 토벌 | |
| 김홍제 | ~1894 | | 隊官 | 동학군 토벌 | |
| 이학승 | ~1894 | | 대관 | 동학군 토벌 | |
| 이종구 | ~1894 | | 대관 | 동학군 토벌 | |

---

44)『고종실록』권41 광무 5년 2월 16일(양력).
45)『증보문헌비고』권63, 禮考 10, 832쪽.
46) 鄭　喬,『大韓季年史』권6, 광무 4년 11월.「祭洪啓薰李道徹林最洙等及戰亡
　　士卒」.

| 성명 | 생몰년 | 본관 | 관직 | 제향원인 | 시호 |
|------|--------|------|------|----------|------|
| 홍계훈 | ~1895 | 남양 | 훈련대 연대장 | 을미사변 | 忠毅 |
| 이경직 | 1841~1895 | 한산 | 궁내부대신 | 을미사변 | 忠肅 |
| 임최수 | ~1895 | | 전시종 | 춘생문의거사건 | 忠愍 |
| 이도철 | ~1895 | | 참령 | 춘생문의거사건 | 忠愍 |

한편 장충단에 신위가 모셔졌던 인물들에 관하여 살펴보면 장충단 설립의 성격을 보다 명확하게 규명할 수 있다.

염도희가 1894년 10월 영관으로서 군사 80명을 거느리고 連山과 鎭岑을 순찰하고 돌아오던 중 공주의 대전 지방에 이르러 1만 여명의 동학군을 만나 귀순을 종용하다가 체포되자 자결하였던 인물이다.[47]

이경호는 1894년 봄 초토사 홍계훈과 함께 전라도의 동학군을 토벌하는 과정에서 전라감영의 右領官 신분으로 참여하였다가 전사하였다. 이에 병조참판에 추증되었다.[48]

이학승은 장위영의 대관으로 전라도 지역의 동학군을 토벌하는 토포사 일행에 참여하였다가 전사하였다.[49]

이종구는 염도희와 함께 連山과 鎭岑을 순찰하고 돌아오던 중 공주와 대전 지방에 이르러 1만 여명의 동학군을 만나 귀순을 종용하다가 체포되자 자결하였던 인물이다.[50]

홍계훈은 조선 고종 때 무관으로 초명은 在義, 자는 聖南, 본관은 남양이다. 임오군란 때 무예별감으로 민비를 구한 공으로 등용되어 1882년 8월 포천 현감을 지냈다. 이후 충청도 수군절도사, 충청도 병마절도사를

---

47) 『고종실록』 권32 고종 31년 10월 9일, 10월 24일.
48) 『고종실록』 권31 고종 31년 4월 13일.
49) 『고종실록』 권32 고종 31년 7월 18일.
50) 『고종실록』 권32 고종 31년 10월 24일.

역임했으나 軍布 수납이 부진하여 파직되기도 하였다. 그 후 고종 31년 장위영 正營官으로 재직 중 동학혁명이 일어났는데 특히 보은의 동학교도 기세가 험악해지자 청나라에 가서 이에 대비해 줄 것을 요청했다. 이어 兩湖招討使가 되어 장위영의 관군 800명을 인솔하고 전주, 태인, 정읍, 고창, 영광 등지에서 싸워 전주를 탈환함으로써 동학군의 예봉을 꺾었던 인물이다. 그 공으로 1895년 훈련대 연대장에 승진했고, 兪吉濬과 朴泳孝 타도에 앞장섰으나, 이듬해 을미사변 때 광화문을 수비하다 살해되었다. 군부대신에 추증되었으며, 시호는 忠毅이다.

이경직은 헌종 7년(1841)에 출생하여 고종 32년(1895)에 죽었다. 조선 고종 때 문신으로 자는 威穰, 본관은 한산이다. 고종 13년 동몽교관이 된 뒤 고종 22년 문과에 급제하여 부수찬과 시강원 문학, 우부승지, 참의내무부사를 거쳐 고종 30년 대사헌, 예방 승지를 거쳐 이듬해 전라도 관찰사가 되었으나 고종 32년에 과거 응시를 가장한 전라도 동학교도들이 대거 상경, 敎祖伸冤을 요구한 사건으로 파직되었다. 다음해 경기도 관찰사, 홍문과 부제학이 되고, 이어서 이조참판, 규장각 직제학, 궁내부대신 등을 역임하였다. 을미사변 때 일본공사 三浦梧樓가 지휘하는 일본 낭인들의 습격을 받아 민비와 함께 살해되었다. 뒤에 大臣輔國崇祿에 들고 議政에 추증되었으며 시호는 忠肅이다.


## 4. 장충단 설립의 역사적 의미

1900년 11월 10일에 건립된 장충단은 갑오년인 1894년 전국적으로 일어난 동학군과 관군과의 전투에서 희생된 장병들과 을미년 일제의 주동 아래 자행된 명성황후 시해사건을 저지하는 과정에서 살해당한 장병들을 추모하기 위해 고종의 명령에 의해 이루어 졌다. 제단을 만든 이후 봄과 가을 두 차례에 걸쳐 제향을 지내다가 1908년 국가의 대부분 제향이 폐지되면서 장충단에 대한 제향도 폐지된 것으로 보인다.

장충단에는 처음 을미사변 때 희생당한 홍계훈을 비롯하여 동학군과의 전투에서 희생당한 염도희, 이경호, 김홍제, 이학승, 이종구 등 6명이 주신으로 배향되었다. 그리고 이듬해인 1901년 을미사변 때 죽은 이경직과 춘생문의거사건으로 희생당한 이도철과 임최수가 추가로 배향되어 모두 9명의 신위를 모시고 제향을 지냈다. 비록 이들의 신위를 대표적으로 배향하였지만 장충단 설립의 기본 목적은 다수의 이름을 알 수 없는 무명 용사들을 위한 제단이었다.

건립 당시 장충단은 그 규모가 컸다. 본 건물인 단사는 3층의 기단 위에 지어졌는데, 모두 15칸 규모였다. 비교적 높은 기단을 쌓아 웅장하게 보이도록 했으며, 공간도 넓었던 것을 알 수 있다. 그리고 제향을 올릴 때 사용되는 건물인 전사청도 축대를 쌓고 그 위에 6칸 규모로 신축하였다. 또한 17칸 반 규모의 양위헌과 10칸 규모의 장무당 건물이 건립되어 모두 4개의 큰 건축물을 갖추고 있었다. 이 외에 고직처, 창고, 측간, 교량 등의 부속 건물을 갖추고 있었고, 보다 특이한 것은 이곳에 花階와 花苑을 갖춘 30칸 규모의 요리정이 있었다는 것이다. 정자 이름 그대로 제향을 지낸 후에 이곳에 모여 흠향을 하기 위한 용도로 건립했을 가능성이 있지만 이에 관해서는 추가로 사료가 발굴되어야 보다 정확한 용도를 파악할 수 있을 것이다.

조선 고종 때 건립된 장충단이 가지고 있는 역사적 의미는 무엇일까? 이 문제는 당시의 시대적 상황과 결부지어 파악해야 할 것이다.

첫째로 장충단은 무명 군사들의 영혼을 위로하기 위해 설립된 제단이

라는 점이다. 우리나라 역사에서 위정자와 장군들을 위한 사당이나 제
단이 설립된 사례는 간혹 찾아볼 수 있다. 그러나 전쟁과 같은 국가의
혼란 속에서 희생된 하급 군사들의 영혼을 위로하기 위해 설립된 것은
장충단이 최초라고 생각한다. 먼저 고종 스스로가 갑오년 이후 전사한
병사들의 영혼을 위로하고 군사들의 사기를 고무하기 위해 제사를 지내
야 한다고 천명했던 것으로도 무명 군사를 위한 제단 설립에 근본 목적
이 있었던 것을 분명하게 알 수 있다. 또한 처음에 제단에 모셔졌던 인
물들이 홍계훈을 제외하고는 그다지 높은 지위에 있던 사람들도 아니
고, 이들에 대한 구체적인 행적도 많이 나타나고 있지 않다는 점이다.
뿐만 아니라 추가로 배향된 인물 가운데서도 이경직만이 문신이었고,
임최수와 이도철은 모두 무신들이었다. 이것은 희생당한 불특정한 군사
들의 영혼을 위로하기 위해서 제단을 설립하였음을 입증하고 있는 것이
다. 그러한 의미에서 장충단은 우리나라 최초의 무명 용사에 대한 위령
제단이었던 셈이다.

둘째로 고종의 자주적인 주권의식 발현의 하나라는 점이다. 주지하듯
이 장충단을 설립하기 직전 약 10년 간의 시대적 상황은 급변하는 국제
정세속에서 조선의 국가 안위를 지키기에도 힘겨운 시기였다. 즉 동학
군의 진압을 명분으로 조선을 침략하여 청일전쟁에서 승리를 거둔 후
주도권을 장악했던 일제는 친일 내각을 형성하는데 최대의 걸림돌이었
던 명성황후를 시해하고 단발령을 강요하기에 이르렀다. 이에 전국적으
로 의병이 창궐하였음은 이미 알려진 사실이다. 이후 일제의 침략으로
부터 나라를 보호하고자 하는 일말의 희망을 가지고 고종은 아관파천을
단행하기에 이르렀으나 일국의 통치자가 외국 대사관에 오래 머물 수는
없는 상황이었다. 이에 고종은 러시아 공사관에서 경운궁(덕수궁)으로

환궁하여 대한제국을 선포함으로써 자주적인 주권 수호의 의지를 대내외에 천명하였다. 이러한 역사적 흐름 속에서 1900년 약 10년 간에 걸친 정국의 소용돌이에서 국왕과 왕실의 안위를 지키기 위해 목숨을 바친 무명 용사들을 위로하고자 장충단을 축조하고 제를 지내도록 명령한 것은 고종의 자주적 주권수호 의지의 한 표현이었다.

셋째로 동학군과의 전투에서 희생당한 수많은 장졸들과 명성황후 시해사건 당시 살해당한 군사들이 그 중심에 서 있다는 점이다. 희생당한 군사들의 성격이 하나는 정부군의 입장에서 전국적으로 반외세와 반봉건의 기치를 내걸고 봉기하는 동학군을 진압하는 과정에서 발생한 희생자들이고, 다른 하나는 외세의 주권 침탈에 맞서 저항하다가 희생당한 군사들이라는 것이다. 이것은 서로 역사적 의미에서 약간의 차이가 있기는 하지만 고종의 입장에서 보면 모두가 국왕과 왕실의 안녕, 그리고 항일의 과정에서 희생되었던 군사들이라는 공통점으로 갖고 있다. 이것 또한 장충단 고유의 의미가 가지고 잇는 역사성일 것이다.

장충단은 일제강점기를 거치면서 장충단 고유의 의미가 퇴색되고, 일제에 의해 훼손되어 갔다. 해방 이후에는 한국전쟁을 거치면서 전쟁의 상흔으로 자취를 잃어 버렸지만 뒤늦게나마 서울시 중구청의 주관으로 장충단제가 장충단비 앞에서 거행되는 덧은 불행 중 다행이라고 생각한다. 향후 고종의 장충단 건립 의지와 취지를 되살려 원형을 복원하고, 제향을 지내면서 선열들의 고귀한 희생을 되짚어 보는 것은 후대인들의 과업일 것이다.

# 제2부
## 16~17세기 한양 지식인의 처세

# 제1장 한강 정구의 삶과 관직생활

## 1. 머리말

寒岡 鄭逑(1543~1620)는 조선 중기 선조부터 광해군 때의 격변기에 활동했던 대표적인 학자이자 관료의 한 사람이다. 그는 관직생활 보다는 학문에 뜻을 두고 많은 제자를 양성하여 무려 342명에 달하는 학자를 양성하였고, 저술 활동에도 매진하여 한국유학사에 획을 그을만한 많은 명저를 남겼다.

그는 젊어서부터 벼슬에 뜻이 없어 과거시험에 연연하지 않았으며, 관직에 나가게 되는 계기도 추천에 의해 이루어졌다. 자신의 학문적 가치관을 현실에 적용하면서 실천하고자 하는 의미에서 주로 백성들과 직접 부딪치며 살필 수 있는 지방의 목민관을 두루 역임하였으며, 중앙 관직은 특별히 의미를 둘 만한 직책을 역임한 바가 없다.

한강 정구에 대한 학문적 연구는 다양한 분야에서 이루어졌다. 1985년 경북대 퇴계학연구소에서 『한국의 철학』 13집으로 한강 정구에 대한 특집 논문을 낸바 있으며,[1] 1994년에는 동방한문학회에서 『동방한문학』 10집에 「한강 정구의 사상과 문학」이란 주제로 논문집을 발간한 이후 활발하게 연구가 진행되었다.[2] 한강 정구에 대한 연구는 그의 문학적

---

1) 경북대 퇴계학연구소, 『한국의 철학』 13, 1985.
2) 동방한문학회, 『동방한문학』 10, 1994.

재능과 작품세계에 대한 연구가 활발하게 이루어져 왔다. 말년에 그가 머물던 노곡정사에 화재가 발생하여 그의 대다수 작품이 소실됨에 따라 상당수의 저서가 전해지지 않는 한계점이 있지만 남아있는 것만으로도 그의 작품성을 높이 평가할 수 있는 연구들이 진행되었다.3) 다른 한편으로는 그의 유학사상에 대한 연구도 활발하게 진행되었다. 그는 영남학파의 양대 산맥이었던 퇴계 이황과 남명 조식의 기대를 한 몸에 받았던 학자이며,4) 조선 초기 사림의 추앙을 받았던 김굉필의 외후손이라는 가문적 배경을 가지고 있었다. 나아가 기호 남인학자와 영남학자의 가교역할을 한 유학자로서의 평가도 주목된다.5) 뿐만 아니라 역사적으로 한강 정구의 위치를 다각적인 면에서 연구한 논문들도 이루어진 바가 있다.6)

본 논문에서는 위의 연구 결과를 바탕으로 하되 특별히 한강 정구가 목민관으로서 많은 시간을 보낸 강원도 지방에서 어떠한 자세로 직책을

---

3) 한강의 문학과 관련된 연구는 이상필, 「임란시 재조 남명 문인의 활동」, 『남명학연구』 2, 경북대 남명학연구소, 1992. 이원걸, 「한강 정구의 시세계」『한문학논문집』 3, 안동한문학회, 1993. 박영호, 「한강의 유가야산록 연구」『남명학연구논총』 5, 남명학연구소, 1997. 김학수, 「정구 문학의 창작현장과 유적에 대한 연구」, 『대동한문학』 29, 대동한문학회, 2008 등 다수가 있다.

4) 『광해군일기』 권148 광해군 12년 1월 갑신조.

5) 정순목, 「한강 정구의 교학사상」, 『한국의 철학』 13, 경북대 퇴계학연구소, 1985. 김항수, 「한강 정구의 학문과 『역대기년』」, 『한국학보』 45, 서울대 국사학과, 1986. 최완기, 「영남예학과 정구·정경세」, 『한국 성리학의 맥』, 느티나무, 1989. 금장태, 「한강 정구의 예학사상」, 『유학사상연구』 4·5합집, 1992. 정순목, 「한강 정구」, 『한국인물유학사』 2, 한갈사, 1996. 최영성, 「한강 정구의 학문방법과 유학사적 위치」, 『남명학연구논총』 5, 남명학연구소, 1997 등 다수의 논문이 있다.

6) 김학수, 「17세기 영남학파 연구」, 한국학중앙연구원 박사학위논문, 2001. 김문식, 「16~17세기 한강 정구의 지리지 편찬」, 『민족문화』 29, 민족문화추진회, 2006. 김학수, 「정구의 학자 관료적 삶과 안동부사 재임」, 『영남학』 17, 2010 등이 있다.

수행했으며, 그 과정에서 원주의 운곡 원천석과는 어떤 점에서 서로 마음이 통하고 있기에 많은 시간이 흐른 후에도 그의 제문을 지어 올렸는가를 살펴보고자 한다. 이러한 목적을 구체적으로 이해하기 위해 한강 정구가 어려서부터 추구한 학문적 경향이 어떤 것이었으며, 목민관으로 나가게 된 계기와 목민관 생활을 하면서 그가 추구한 이상적 생활은 어떠한 것이었는가를 먼저 서술하였다. 이러한 연구 목적을 달성하기 위해 기초적인 관찬사료 뿐만 아니라 한강 정구의 문집인『한강집』을 주로 활용하였다.

## 2. 학문적 맥7)

한강 정구는 중종 38년(1543)에 태어나 광해군 12년(1620)까지 살았던 조선 전기의 유학자였다. 그는 성주 沙月里 본가에서 아버지 鄭思中과 어머니 김씨 부인의 셋째 아들로 태어났다. 본관은 淸州이며 자는 道可, 호는 寒岡이다. 그의 할아버지 鄭應祥은 조선 초기 사림파로서 명성을 떨쳤던 寒暄堂 金宏弼의 사위이다. 따라서 그는 김굉필의 외증손이 되어 일찍이 유학자의 계보를 잇는 여건이 마련되어 있었다.

그의 아버지 정사중은 서울에 살다가 부친이 사망한 직후 어머니인 김굉필의 딸을 모시고 외할머니가 살던 현풍으로 거주지를 옮겼다. 그리고 이곳에서 성주 이씨에게 장가들어 살면서 성주에 근거지를 마련하게 되었다. 그는 아들 셋을 두었는데 첫째는 일찍 죽고, 둘째는 임진왜

---

7) 정구의 삶은『한강집』에 속록된 연보와 행장, 묘지명, 신도비명 등을 참고로 하여 서술하였으므로 이하 특별히 주를 달지 않고 생략하였다.

란 때 공을 세운 것이 인정되어 西川君에 봉해졌는데 그가 鄭崑壽이다.

한강 정구는 어려서부터 학문에 깊은 관심을 보여 7세 때『논어』·『대학』을 배워 뜻을 통할 정도였다. 명종 10년(1555) 그가 13세 때 그의 종이모부이며 南冥 曺植의 제자였던 德溪 吳健이 성주향교의 교수로 부임하자 그 밑에서『주역』을 배웠다. 그리고 명종 18년(1563) 그의 나이 21세 되던 해 봄에 스승인 덕계 오건의 소개장을 들고 형 정곤수와 함께 조선의 대 유학자 퇴계 李滉을 찾아가 성리학을 배웠다. 퇴계를 찾아간 한강은 의심나는 문제를 질문하고, 퇴계는 그에게 순서에 따라 학문을 하는 聖門의 학문 방향을 말해 주었다. 이에 비로소 전일에 지향했던 자신의 공부 방향이 분명히 정해지지 않은 상태에서 학문에 임했음을 반성하고 처음부터 다시 내면을 공고히 하는데 진력하였다.[8] 당시 퇴계 이황은 자신의 제자에게 그가 김굉필의 외손이니만큼 遺風이 있으며 학문에 뜻을 두고 善을 좋아하는 선비이므로 김굉필의 문집 가운데 外孫圖에 기입하는 것이 옳다고 할 정도로 관심을 보였다.[9] 나아가 자신에게 한강 정구를 보내 소개한 덕계 오건에게 편지를 보내 "이 사람은 후대에 견줄 사람이 없을 것이다. 다만 浮華하고 경솔한 하자가 있을까 우려될 뿐이다."고 인물평을 하면서 경계하였다.[10] 후일 한강 정구는 제자들에게 "老先生(퇴계 이황)이 病證에 대해 따끔하게 경계하신 한 말씀을 종신토록 갈고 닦았으나 제대로 고쳐지지 않았으니, 이로써 사람의 타고난 병통은 변화되기가 쉽지 않다는 것을 알겠다."고 하면서 퇴계 선생의 가르침을 오래도록 간직하면서 경계해 왔음을 보여주고 있다.[11]

---

8) 정구,『한강집』한강언행록 제1권, 학문.
9) 정구,『한강집』권1, 연보, 가정 42년 계해.
10)『광해군일기』권148 광해군 12년 1월 갑신조.
11)『광해군일기』권148 광해군 12년 1월 갑신조.

한강이 퇴계를 처음 만난 그해 가을 향시에 응시하여 진사시에 합격하고, 겨울에 光州 이씨와 결혼하였다. 이듬해인 1564년 봄 會試에 응시하러 갔다가 과거장에 들어가지 않고 그냥 돌아와 어머니에게 중국 북송 때의 학자 尹和靖의 故事를 비유하여 과거에 뜻이 없음을 밝혔다.[12] 그의 어머니는 아들의 의견을 존중해 주었고, 스승인 오건은 그의 재주와 기량을 높이 평가하여 일단 과거시험에 급제하고 난 후에 자신이 원하는 대로 하는 것이 어떻겠느냐는 의견을 제시하였다. 그러나 그는 時俗에 얽매이지 않고 도를 수행하고자 하는 열망으로 성리학 공부에만 매진하였다.

1566년 그의 나이 24세 때는 남명 조식을 찾아가 인사를 드리고 성리학을 배웠다. 당시 조식은 정구에게 "사군자의 큰 절개는 오직 出處를 어떻게 하느냐에 달려 있는데, 너는 출처에 대해 약간 아는 것이 있기에 나는 마음속으로 너를 인정한다."고[13] 하면서 정구의 학문적 자세를 높게 평가하였다.

이어 1568년 26세 때 성주에 川谷書院을 세우고 程子와 朱子를 主享으로 하고 김굉필을 배향하였다. 그 과정에서 조선 중기 전국적으로 서원의 붐을 일으키는데 큰 공헌을 한 퇴계 이황에게 상세한 자문을 구하여 서원 이름을 정하고 편액까지 받았다.[14]

그는 1570년 이황이 사망하자 곡을 하고 제문을 지었으며, 1572년 조

---

12) 윤화정의 고사란 북송 때의 학자 윤화정이 과거시험을 보러 갔다가 정도에 어긋난 시험문제를 보고 이런 조정에서는 벼슬을 하지 않겠다고 하면서 죽을 때 까지 과거에 응시하지 않았다는 이야기이다.

13) 정구,『한강집』연보 권1 "士君子大節 惟在出處 汝於出處 粗有見得 吾心許之也"

14) 정구,『한강집』제9권 雜著, 書川谷書院額板下. 이황이 써 준 편액은 임진왜란 때 불타 없어졌다.

식이 사망했을 때는 장지로 달려가 곡을 하고 輓詞와 祭文을 지어 올렸다. 또한 1574년에는 처음 학문을 배웠던 오건이 사망하여 그를 위해서도 만사와 제문을 지어 올렸다.[15] 모두가 직접적으로 학문을 배운 스승들이었다.

조선 중기 퇴계 이황과 남명 조식은 영남지역을 上道와 下道로 구분할 때 퇴계는 상도에서, 남명은 하도에서 각기 독창적인 성리학 연구에 한 영역을 차지하고 있었다. 후학인 星湖 李瀷은 이 두 사람의 학문과 지리적 특성을 다음과 같이 언급하고 있다.

"퇴계가 태백산과 소백산 밑에서 출생하여 우리나라 유학자의 우두머리가 되었다. 그 계통을 받은 인물들이 깊이가 있으며 빛을 발하여 예의가 있고 겸손하며 문학이 찬란하여 洙泗[16]의 유풍을 방불케 하였고, 남명은 지리산 밑에서 출생하여 우리나라에서 기개와 절조로서 가장 높은 위치를 차지하였다. 그 후계자들은 정신이 강하고 실천에 용감하며 정의를 사랑하고 생명을 가볍게 여기어 이익을 위해 뜻을 굽히지 아니하였으며 위험이 닥쳐온다 하여 지조를 변하지 아니하여 독립적 지조를 가졌다. 이것은 영남 북부와 남부의 다른 점이다."[17]

즉 영남 상도의 퇴계는 학문이 깊고 넓으며 문채가 뛰어나 동방 유학의 종사가 되었지만, 영남 하도의 남명은 의를 바탕으로 절조를 지켜 동

---

15) 정구, 『한강집』에 수록된 스승 오건에 대한 만사는 "하늘이 호걸 내어 이 나라에 보내 주니, 우주처럼 뜻이 크고 고금에 드문 용맹으로, 과거 시험 멀리하고 초연히 높이 날아, 부귀는 뜬 구름이요 도의 맛을 깊이 즐기셨네"라고 하여 스승 오건의 초연한 학문자세를 높이 평가하였다.

16) 洙와 泗는 모두 魯 나라의 물 이름이다. 수사는 곧 공자와 그 제자들이 출생한 곳이라는 의미이다.

17) 李瀷, 『星湖僿說』 권1, 天地門, 白頭正幹.

방 최고의 氣節이 되었다고 평가하였다. 나아가 "상도는 仁을 주로 하고, 하도는 義를 주로 하였다."18)라고 하여 퇴계와 남명의 학문적 자세를 仁과 義로 대별하여 설명하였다.

이와 같은 영남 유학의 거두를 직접 만나 학문을 배운 인물이 한강 정구이다. 후일 선조가 정구에게 퇴계 이황과 남명 조식의 학문과 기상의 차이를 물었을 때, 한강은 퇴계에 대하여 "덕이 온후하고 학문이 순수하여 배우는 자가 그 길을 찾아 들어가기가 쉽습니다."라고 하였고, 남명 조식에 대해서는 "우뚝 서고 혼자 앞서 나가 배우는 자가 그 요체를 알기가 어렵습니다." 라고 하여 두 스승의 장점과 특징을 분명하게 설명하였다.19) 이러한 영남 양대 학문의 거두로부터 학문의 장단점을 모두 받아들인 한강을 조선 후기 실학자였던 다산 丁若鏞은 "퇴계·한강의 학문이 홀로 영남에 전해졌다."20)고 할 정도로 높이 평가하였다. 한강은 남명에게서는 出處義理를 본받았으며, 퇴계로부터는 학문 태도와 수양 방법을 본받았다. 말하자면 선생은 남명적 체질 위에서 퇴계적 涵養을 가했던 것이다.21) 마침내 한강 정구는 柳成龍·金誠一과 함께 퇴계의 嫡傳으로 평가되면서22) 영남의 학문을 종합적으로 계승한 인물로 우뚝 서게 되었다. 당시 대부분의 영남에 살고 있던 선비들이 그의 문하에서 학문을 배웠다.

---

18) 李瀷, 『星湖僿說』 권1, 天地門, 東方人文.
19) 정구, 『한강집』 寒岡先生文集 序.
20) 丁若鏞, 『여유당전서』 권17, 玄坡尹進士行狀.
21) 이우성, 「한강집해제」 『국역 한강집』 1, 민족문화추진회, 2001.
22) 河謙鎭, 『東儒學案』 中篇. "寒岡受學退溪南冥之門 親炙南冥尤爲久熟 而論者擬以爲退溪之嫡 蓋以其氣象而言也"

## 3. 관직 진출과 저서 편찬

한강 정구가 본격적으로 관직생활을 시작한 것은 선조 13년(1580)이다. 물론 그가 처음 관직을 제수받은 것은 이보다 앞섰으나 실제로는 현직에 부임하지 않았다. 과거시험을 보지 않았던 한강 선생이 관직에 나가게 된 것은 천거에 의해서다. 선조 6년(1573) 임금이 전국적으로 학행이 뛰어난 선비를 발탁할 것을 명하였을 때 부수찬으로 있던 東岡 金宇顒이 "정구는 학문이 通明한데 이황에게서 수학하고, 또 일찍이 조식의 문하에 왕래하였습니다. 본디 재주와 식견을 지녔고, 또 학행이 있으니 마땅히 布衣로 불러 입대하게 하여 나라를 다스리는 방도를 물어보고 그 인품을 살펴 본 다음에 벼슬을 내리는 것이 좋겠습니다."[23) 라고 하면서 한강 정구를 추천하였다. 이때 관리들의 인사문제를 담당하는 吏曹에서는 그의 자질을 높게 평가하여 6품에 敍用할 것을 청하였다. 그리하여 선조가 대신들에게 의견을 수렴하도록 명하였는데, 대신들의 의논 결과 "일찍이 관직에 제수된 자만 6품에 서용하고 관직에 제수되지 못한 자는 參下職을 제수하여야 합니다."라는 의견을 제시하였다. 그리하여 그의 첫 관직으로 그해 12월 예빈시 참봉이 제수되었다. 그러나 한강은 관직에 나가지 않고 蒼坪山에 한강정사를 짓고 『주자서절요총목』등의 책자를 발간하는데 힘을 기울였다.

이어 선조 11년(1578) 이조에서 다시 6품에 서용할 것을 청하여 6월에 사포서 주부, 가을에 의흥현감, 12월에 종부시 주부와 삼가현감에 연이어 임명하였으나 모두 나가지 않았다. 이듬해 3월 지례현감에 임명되었을 때도 나가지 않았고, 선조 13년(1580) 2월 창녕현감에 제수되었을 때

---

23) 정구, 『한강집』 한강언행록 제1권 類編 學問.

도 상소문을 올려 관직을 사양하였다. 이때 선조가 그의 상소문을 보고
윤허하지 않는다는 비답을 내려 4월에 서울에 올라와 선조를 만났다. 이
자리에서 선조는 그의 학문적 자질에 대해 묻고 나서 "그대는 고을에 부
임해 어떻게 백성을 다스릴 것이며, 또 무엇을 먼저 시행할 것인가?"를
물었다. 이에 "신은 본디 재능이 모자라고 학문이 얕아 맡은 소임을 감
당하지 못할까 두려울 뿐입니다. 다만 옛사람의 말에 '어린아이를 보살
피듯 하라'는 말이 있습니다. 신이 비록 어리석지만 이 말을 실천하도록
노력하겠으며, 먼저 학교의 교육을 진흥시키겠습니다."라고 답하였다.

그가 창녕현감에 제수되어 임지로 부임한 후 많은 힘을 기울인 것은
역시 교육이었다. 그는 사방 각지에 書齋를 설치하고 선비를 양성하였
으며, 매달 초하루와 보름에는 문묘에 참배하고, 여러 생도들을 불러 義
理에 관해 설명하는 등 인재 양성에 힘을 기울였다. 이어 지역의 풍속을
교화하고 사회질서를 확립하기 위해 鄕射禮, 鄕飮酒禮, 養老禮 등을 행
하고, 효자와 열녀의 旌門을 세웠으며, 선행과 악행을 문서로 기록하여
선을 권장하고 악을 징계하는 뜻을 보이는 등 다양한 활동을 전개하였
다. 이로 인해 당시 창녕에 살고 있는 士類와 백성들이 生祠堂을 세워
그의 공덕을 찬양하였다.

약 1년 6개월간 창녕현감을 지내고 1581년 9월 사헌부 지평에 임명되
어 내직으로 올라왔다. 그러나 곧 체직되었다가 다음해 종친부 典簿, 의
빈부 都事, 사직서 令을 거쳐 1583년 강원도와 충청도 都事, 공조정랑,
형조정랑, 호조정랑을 제수하였으나 모두 관직에 나가지 않았다.[24] 이

24) 이들 일련의 관직들은 대부분 당시 조정의 요직을 차지하고 있던 율곡 이이가 적
   극적으로 추천하였다. 당시 한강은 율곡 이이와 우계 성혼 등과 교류하고 있었다.
   특히 성혼은 파주목사로 있던 형 정곤수를 만나러 갔을 때 왕래하며 서로 찾아다
   녔다.

기간 동안 한강은 檜淵草堂을 짓고 문하의 여러 생도들과 契를 결성하여 매달 초하룻날 강회를 열었다. 한강은 강회에 참석하는 사람들에게 기본적인 약조를 지킬 것을 주문하였다. 그 약조는 "반드시 義를 바르게 하고 이익을 도모하지 않으며, 道를 밝히고 功을 계산하지 않아야 하며, 부귀를 지나치게 추구하지 말고 빈천을 지나치게 걱정하지 말아야 한다."는 조항이었다. 이를 지키지 못한다면 한자리에 함께 할 수 없다는 뜻을 분명히 밝혔다.

선조 13년(1585) 1월 교정청에서 『소학』과 『四書諺解』를 편찬한다는 이유로 낭청을 임명하자 서울로 올라갔다가 7월에 책을 교정해서 올려 보내겠다고 하고 고향으로 돌아왔다. 이듬해 8월 함안군수에 임명되어 임지로 부임하였으며, 이후로는 대부분 지방 관직을 제수받아 백성들과 직접 만나면서 목민관으로서 관직생활을 수행하였다. 그는 동복현감, 통천군수, 강릉부사, 강원도관찰사, 성천부사, 충주목사, 안동부사 등을 주로 역임하였다. 지방 관직 이외에 중앙의 승정원 동부승지 등 선조의 측근으로 활약하기도 했으며, 형조 참의와 형조참판 등도 역임하였지만 그 기간이 짧았기 때문에 대부분 그의 관직생활의 중심은 목민관이었다. 지방관도 지역적으로는 강원도 지역권과 안동과 충주 지역으로 크게 대별된다. 특히 지역적으로 낙후된 강원도에서는 작은 고을에서부터 시작하여 강원도 전체를 관장하는 관찰사까지 지내면서 자신의 목민관으로서의 철학을 행동으로 옮긴 곳이기도 하다. 보다 구체적인 그의 행적은 다음 항목에서 상세히 다루기로 한다.

그의 마지막 목민관 생활은 선조 40년(1607) 안동대도호부사에 임명되어 약 9개월관 업무를 수행한 것이다. 그의 나이 65세 때이다. 안동 지역은 퇴계학파의 본거지로서 그에게는 남다른 열망과 애정이 있었다. 그의 안동부사 재임은 퇴계학파의 본거지인 안동·예안까지 자신의 학문적 영향력과 문인 기반을 확대하는 계기가 되었으며, 자신이 가지고 있었던 '영남맹주의식'을 표출하는 기회도 되었다. 이로 인해 자신이 퇴계이황의 고제, 곧 嫡傳으로 인식되는 계기가 되었다.25)

그는 1608년 광해군이 즉위하면서 대사헌 겸 세자보양관으로 임명되었다. 그러나 곧 이어 臨海君 옥사사건이 발생하면서 임해군을 비롯한 종실 인사들과 역모 가담자 상당수가 죽게 될 처지에 처하였다. 이에 한강 정구는 차자를 올려 옛 古事를 예로 들면서 "옥사를 끝까지 조사할 필요가 없고, 혐의자를 끝까지 물을 필요가 없으며, 죄상을 끝까지 밝힐 필요가 없고, 법을 완전히 시행할 필요가 없습니다."라고 하였다. 이어 임해군을 비롯한 모든 사람들을 용서하라고 상소한 뒤 자신의 정치철학과 다른 상황에 미련 없이 관직을 버리고 고향으로 돌아갔다.26)

이후 광해군 5년(1613) 역적 朴應犀가 공초 과정에서 은을 모아서 인목대비의 아버지인 國舅 金悌男을 영입하고 永昌大君을 추대하기로 모의했다고 진술하여 조정에서는 큰 옥사가 발생하였다. 이른바 癸丑獄이 그것이다.27) 이 소식을 들은 한강 정구는 사건이 단순하게 끝나지 않고 영창대군을 옥에 가두고, 그 여파가 인목대비에게까지 미칠 것을 우려하여 바로 상소하고자 서울로 올라가는 도중에 병이 나 封事로 대신하였다. 그는 『春秋』를 인용하여 "왕자 佞夫가 죽자 공자가 쓰기를 '天王이 그 아우 영부를 죽이다.'라고 하였는데, 그의 죽음이 애당초 景王이 한 것은 아니지만 다만 금지하지 못해서였습니다. 이에 대해 左氏는 '죄

---

25) 김학수, 「鄭逑의 학자·관료적 삶과 安東府使 재임」, 『영남학』 제17호, 2010, 106쪽.
26) 『광해군일기』 권148 광해군 12년 1월 갑신조. 정구, 『한강집』 한강연보 제1권, 연보.
27) 『광해군일기』 권65 광해군 5년 4월 계축조.

가 왕에게 있다.' 하였고, 穀梁子는 심하다고 하였으며, 杜預는 '골육을
殘傷하였다.'라고 하였습니다. 지금 영창대군이 어리고 몽매하여 아는
것이 없으니, 비단 영부가 알지 못했던 것 정도일 뿐만이 아닙니다. 그
런데 조정의 의논이 그치질 않아 반드시 처치하고자 하고 있으니, 또한
경왕이 금하지 못한 것보다 심합니다." 하였다.28) 중국의 고사를 인용하
면서 광해군에게 영창대군의 무고함을 역설한 내용이다. 한강은 이 글
을 아들 章으로 하여금 왕에게 올리도록 하였으나 그 내용이 매우 직설
적이었고, 時議가 날로 험해지는 것을 보고 헤아릴 수 없는 화를 당할까
두려워하여 마침내 그 상소를 숨기고 올리지 않았다. 그러자 한강이 다
시 상소하였는데 말이 더욱 절실하자 앞서 쓴 상소도 아울러 올렸다.29)

그는 인조반정 후 이조판서에 추증되었으며, 여러 서원에 배향되었
다.30) 한편 그의 학문적 사상 가운데 경세론 분야는 미수 許穆 등 近畿
學派에 속한 학자에게 계승되어, 성호 李瀷이나 순암 安鼎福, 다산 丁若
鏞 등에 의해서 더욱 심화·발전되었다. 그의 시호는 文穆이다.31)

한강 정구는 관직 생활을 하면서도 지속적으로 책을 편찬하였다. 그
의 작품은 31세 때 『주자서절요총목』과 『가례집람보주』를 편찬한 것을
시작으로 주로 50대와 60대에 집중적으로 이루어졌다. 그는 경학을 비롯
해 산수·兵陣·의약·풍수·역사·천문에 이르기까지 여러 방면에 정통했
으며, 특히 예학에 뛰어났다. 그의 작품을 분류별로 나누어 보면 다음의
표와 같다.

---

28) 『광해군일기』 권148 광해군 12년 1월 갑신조.

29) 정구, 『한강집』 한강연보 제1권, 연보.

30) 한강 정구를 배향한 서원으로는 동강서원, 회연서원, 천곡서원, 충주 운곡서원, 창
    녕 관산서원, 성천 학령서원, 통천 경덕사 등이 있다.

31) 『인조실록』 권9 인조 3년 6월 무인조.

한강 정구의 저서 목록

| 분 류 | 서 명 | 편찬 시기 | 비 고 |
|---|---|---|---|
| 性理書 | 朱子書節要總目 | 1573년(31세) | |
| | 中和集說 | 1598년(56세) | |
| | 聖賢風範 | 1601년(59세) | |
| | 心經發揮 | 1603년(61세) | 현존 |
| | 濂洛羹墻錄 | 1604년(62세) | |
| | 洙泗言仁附錄 | 〃 | 현존 |
| 邑誌 | 昌山志 | 1580년(38세) | 창녕현감 |
| | 同福志 | 1584년(42세) | 동복현감 |
| | 咸州志 | 1587년(45세) | 함안군수(현존) |
| | 通川志 | 1592년(50세) | 통천군수 |
| | 臨瀛志 | 1594년(52세) | 강릉부사 |
| | 關東志 | 1596년(54세) | 강원도관찰사 |
| | 忠原志 | 1603년(61세) | 충주목사 직후 |
| | 臥龍巖志 | 1604년(62세) | 무흘정사 거주 |
| | 谷山洞庵志 | 〃 | 〃 |
| | 武夷志 | 〃 | 〃 |
| | 福州志 | 1607년(65세) | 안동부사 |
| 文學書 | 古文會粹 | 1599년(57세) | |
| | 樂天閒適 | 〃 | |
| | 朱子詩分類 | 〃 | |
| 歷史 傳記書 | 古今忠謨 | 1598년(56세) | |
| | 治亂提要 | 1606년(64세) | |
| | 歷代紀年 | 60~73세 추정 | 현존 |
| | 古今人物志 | 1607년(65세) | |
| | 儒先續錄 | 〃 | |
| 醫書 | 醫眼集方 | 58세 | |
| | 廣嗣續集 | 72세 | |

| 분류 | 서 명 | 편찬 시기 | 비 고 |
|------|-------|-----------|-------|
| 禮書 | 家禮集覽補註 | 1573년(31세) | |
| | 婚儀 | 1579년(37세) | |
| | 冠儀 | 1582년(40세) | |
| | 五先生禮說 | 1603년(61세) | 현존 |
| | 五先生禮說 改版 | 1614년(72세) | |
| | 禮記喪禮分類 | 1615년(73세) | |
| | 五服沿革圖 | 1617년(75세) | 현존 |

* 이 표는 정구의 『한강집』을 근거로 작성하였다. 현존 이외의 저서는 모두 失傳되었거나 아직까지 존재 여부가 파악되지 않는 것들이다.

위의 표에서 보듯이 그가 가장 많이 편찬한 책은 모두 11종을 편찬한 지방의 읍지들이다. 그가 지방의 관직생활을 수행하던 40대 중반에서 60대 초반까지 근무지의 여건을 충분히 활용하여 그 지역의 역사와 인문지리 등을 수록한 지지 편찬에 주력을 기울였음을 확인할 수 있다. 특히 1603년 충주목사 직후 무흘정사에서 거주하면서 약간의 시간이 있을 때 보다 많은 저서를 편찬하였다. 지방의 읍지들 외에는 예학과 관련된 서적들이 많고, 그 다음이 성리서들이다. 이러한 한강의 저술들은 1614년 봄 노곡정사에 화재가 발생하면서 대부분 불탔다. 그가 일생동안 편찬한 서적은 물론 친지들과 주고 받은 서찰 등 모두 100여권에 달하는 서적들이 불타 없어져 그가 "하늘이 나를 죽이는구나, 하늘이 나를 죽이는구나"라고 한탄할 정도로 아쉬워하였다.[32]

현존하는 책자인 「심경발휘」는 이황의 「心經後論」을 수정하여 보완한 것으로 「심경」을 중요시한 퇴계 이황의 학문을 보다 심화 발전시킨 것이다. 또 한강의 예학을 고찰하는데 많은 도움을 주는 『심의제조법』

32) 정구, 『한강집』 한강언행록 제3권 저술. "…竝百餘卷 亦沒入灰燼 先生嘆曰 天喪余天喪余".

은 복제의 분석과 고증을 한 저서이고, 『오복연혁도』는 『儀禮』 오복도에 역대의 연혁된 제도를 참조하여 만든 오복도이다. 특히 『오선생예설분류』는 과거 책자 가운데 48종을 두루 섭렵하여 인용하면서 저술한 책으로 천자제후의 예와 사대부의 예가 서로 다르게 규정되어 있다. 이는 후대에 송시열과 허목 등에 의해 제기되는 예송논쟁의 단초가 되기도 한다.[33] 아울러 지리지에 대한 편찬은 목민관직을 수행하면서 모든 지역에서 읍지를 편찬하는 열정을 기울였다. 하지만 대부분 유실되었고, 현재는 『함주지』만이 남아 최초의 私撰地理志로서 그 위치를 차지하고 있다. 그가 지방을 효율적으로 다스리기 위해서는 지방 통치의 기초사료인 지리지가 필요했고, 지리지 발간을 통해 부수적으로 얻고자 하는 목적도 있었다. 그것은 지방 사회에 유교적 예제를 보급하고, 충효를 권장하여 지방사회의 안정을 꾀하며, 다른 지방관이 임지의 현황을 손쉽게 파악하여 선정을 펼 수 있는 기초 자료를 제공하고, 마지막으로 자신의 학통과 조선 유학의 정통론 계승을 강조하기 위한 하나의 방편이기도 했다.[34]

## 4. 강원도 관직생활과 운곡 제향

한강 정구가 강원도 지역과 인연을 맺은 것은 그의 나이 49세인 1591년 통천군수에 임명된 것을 시작으로 하여, 50세인 그 이듬해 강릉대도

---

33) 盧仁淑, 「寒岡 鄭逑의 禮學에 관한 硏究」 『儒敎思想硏究』 제12집, 한국유교학회, 1999, 176쪽.
34) 김문식, 「16~17세기 寒岡 鄭逑의 地理志 편찬」 『민족문화』 제29집, 민족문화추진회, 2006, 213쪽.

호부사가 되었고, 54세가 된 1596년에는 강원도관찰사에 임명되어 강원도 전 지역을 두루 순시하면서 도정을 보살폈다. 강원도관찰사에 임명되기 직전 내직으로 들어가 의정부의 우부승지 좌부승지를 거쳐 우승지에 임명되는 등 요직을 잠시 거치기도 하였다. 이와 같이 강원도 지역에서 요직을 수행하면서 그가 남긴 족적도 매우 많았다. 더욱이 이때가 임진왜란이 발발하여 조선 전국이 전쟁의 혼란 속에 폐허가 되는 등 극도의 혼란기를 겪던 시기였다. 이러한 때 그가 보여준 행동은 어떠한 의미가 있었는지를 가늠해 볼 필요가 있다.

한강이 강원도 通川郡守를 제수 받은 것은 선조 24년(1591) 11월이다. 그는 12월에 궁궐에 들어가 선조에게 하직인사를 드리고 임지로 가는 길목에 5대조의 무덤이 있는 양주와 6대조 할머니의 무덤이 있는 양근에 들러 선영을 참배하였다.[35] 이어 이듬해 1월이 되어 임지인 통천에 부임하였다. 통천까지의 길이 험하고 교통이 불편하여 약 2달의 기간이 소요되어서 통천에 도착하였다. 그는 통천에 머물면서 가까이 위치한 금강산을 둘러보기도 하고, 백성들의 풍속을 바로잡는데 심혈을 기울였다.

그가 통천군수로 있을 때인 1592년 여름 임진왜란이 발발하여 왜군이 파죽지세로 올라와 한양이 함락되고 선조는 의주로 몽진을 가게 되었다. 그는 통천에서 각 고을로 격문을 보내 의병을 일으켜 적을 토벌하는데 앞장섰다. 나아가 1593년에는 선조의 동복형 河陵君 李鏻이 전란을 피해 통천의 산골에 숨어 있었는데 土賊들이 왜적을 인도하여 갑자기 들이닥치자 스스로 목을 매 자결하는 사건이 발생하였다. 이때 한강선생이 혐의가 있는 자들을 문초한 끝에 비로소 그 사실을 밝혀내고 직접 그 장소로 가 시신을 찾아서 관곽을 갖춰 임시로 매장한 뒤 토적을 체포

---

35) 정구, 『한강집』, 한강연보 제1권.

하여 조정에 보고하였다. 이를 보고받은 선조는 "정구의 은혜를 내가 어떻게 갚는단 말인가? 우선 당상관으로 품계를 올려 나의 고마운 뜻을 보이도록 하라"라고 하였다. 이로 인해 1593년 8월 그의 품계가 특별히 통정대부로 올라갔다. 그가 통천군수로 있을 때 통천의 역사와 지리 인물 등을 기록한 『通川志』를 완성하였으나36) 현재는 전해지지 않는다.

1593년 11월 그는 통천군수에서 강릉대도호부사로 승진 발탁되었다. 그는 조정에 들어와 陛辭하는 것을 생략하고 바로 임지로 부임하라는 선조의 명을 받고 11월에 강릉으로 출발하여 윤12월 임지에 도착하였다. 강릉도 전란의 후유증으로 상황이 매우 심각하여 공사간의 재정이 고갈되어 있었다. 이에 선생은 모여드는 사람을 위로하여 안착시킴으로써 먼저 민심을 안정시키고, 나아가 많은 정사를 치밀하게 처리하여 나갔다. 아울러 부족한 재정을 채우기 위해 屯田을 통해 곡물을 비축하여 군량을 대주고, 자신의 녹봉 일부를 굶주린 백성을 구제하는데 사용함으로써 많은 생명을 건졌다. 다른 한편으로는 강릉의 자연지리를 포함한 지역 실정을 자세히 기록한 『臨瀛誌』 발간에 착수하여 이를 완성하였다.37) 그러나 아쉽게도 지금은 이 책이 전해지지 않으며, 현재 남아있는 『임영지』는 1728년(영조 4)에 편찬된 사찬읍지이다.

1596년(선조 29) 1월 그가 54세 되던 해에 좌부승지에서 강원도관찰사로 제수되었다. 그가 선조에게 하직인사를 드릴 당시 임금은 그에게 산성을 수축하는 일과 군량을 모아 유사시에 대처하도록 준비할 것을 특별히 당부하였다. 이에 그는 "신이 비록 우둔하지만 股肱之臣으로서 온 힘을 쏟겠습니다."라고 답하고 물러났다.

---

36) 정구, 위와 같음.
37) 정구, 위와 같음.

그가 강원도관찰사로 임명된 지 1달 후 첫 번째 임지로 도착한 곳은 원주였다. 제일 먼저 그가 취한 행동은 원주에서 직접 釋奠祭를 집행한 것이다. 평소 유교식 禮制 보급을 위해 노력한 예학자로서의 자세와 일치하는 행동이었다. 이어 각 고을의 순행에 들어가 지역별로 백성들의 애로사항을 어루만져 주었다. 영월에 도착해서는 제일 먼저 魯山君의 제단을 두루 살펴보고, 江陵에서는 임진왜란으로 인해 목숨을 잃은 순국열사에 대해 몸소 제를 지냈다. 나아가 여기저기 널려져 있는 시신을 수습하고, 부패된 시체를 매장하면서 각 고을에도 알려 이대로 시행하도록 하였다. 이러한 행동들은 하루빨리 전쟁으로 인해 흩어진 민심을 바로잡고 백성들의 생활 안정을 꾀하고자 한 조치로 해석된다.

이 해에 한강 정구가 원주에서 관찰사로서 직분을 가지고 취한 몇 가지 행동이 주목된다. 첫째로는 鴒原山城을 수축한 것이다. 그는 왜적이 해변에 주둔해 있고 명나라 원군이 남하하고 있던 상황이라 각 고을에 병력을 이동하고 군량을 운반하여 전쟁터로 보내는 일에 적극 진력하였다. 이와 함께 영원산이 험한 강 상류에 위치함으로 인해 보루가 될 수 있겠다고 생각하고 인근의 승려들을 모아서 산성을 쌓는 일에 착수하였다. 산성을 쌓은 후에는 인근 고을에서 장정들을 선발하여 산성으로 보내고 무기를 꼼꼼히 수리하고 기율을 확립하여 적의 침공에 대비하였다. 이러한 조치는 전쟁을 겪고 있던 당시의 시대상황과 함께 선조의 명령을 충실하게 수행한 결과이기도 하다.

두 번째는 영원성에 元沖甲의 사당을 건립한 것이다. 원충갑은 원주 사람으로 운곡 원천석선생의 직계 조상은 아니지만 같은 집안이다. 고려 충렬왕 때 원나라에서 반란을 일으켰다가 패배한 乃顔의 일파인 哈丹이 지휘하는 군대가 원나라에 밀려 1290년 고려로 침입하였다. 이들이

고려 곳곳을 약탈하고 원주에 이르러 치악성 일대를 포위하고 싸움이
벌어져 거의 함락 직전에 이르렀을 때 進士 신분으로 別抄軍에 소속되
어 있던 원충갑이 10여 차례에 걸쳐 그들과 밀고 당기는 전투를 지휘하
여 승리하였다. 이러한 원충갑의 공훈을 장려하고 영원성에 있는 군사
들의 사기를 높이기 위해 그의 사당을 건립한 것이다. 이러한 행위는 평
소 목민관으로서 지역의 충효정신을 드높이기 위해 선열을 현창하는 조
치를 취했던 그의 행동과 일치한다. 세 번째는 耘谷 元天錫 선생의 무덤
을 참배한 것이다. 고려시대 원주에 은둔했던 處士이자 원주 지역 사림
세력은 물론 지역민들의 정신적 기둥이었던 운곡선생의 무덤을 참배함
으로써 이 지역에 살고 있는 사람들의 민심을 안정시키고, 나아가 전쟁
을 승리로 이끌기 위한 발판을 마련하고자 하였다. 한강 정구는 고려 말
조선 초의 격변기 시대를 살았던 운곡 원천석의 굽히지 않은 절개와 곧
은 심성을 높게 평가하면서 운곡 선생의 무덤에 참배하여 제를 올린 것
이다. 그가 운곡 선생의 절개를 높이 평가한 것은 남명 조식의 학문 자
세에서 배운 처세에 기인한 것으로 보인다.

이와 관련하여 그는 고려 말 조선 초 나라가 바뀌는 최대의 격변기에
살았던 인물 가운데 圃隱 鄭夢周에 대하여 다소 비판적인 시각에서 퇴
계에게 다음과 같이 질문하였다.

　　"한강 정구가 퇴계 이황에게 묻기를, "남명 조식이 일찍이 鄭圃隱의 진
퇴에 관하여 의심을 하였습니다. 제 생각에도 포은의 죽음은 자못 가소롭
습니다. 공민왕 때 대신 노릇을 13년이나 하였으니 벌써 '불가하면 벼슬을
그만 둔다'는 옛 성현의 의리에 부끄러운 일입니다. 또 辛禑 부자를 섬겼
으니, 생각건대 그가 신우를 왕씨의 출생으로 알았더라면 곧 다른 날 신우
를 추방하는 데 자신도 참여한 것은 어째서입니까? 10년을 신하로서 섬기
다가 일조에 추방하고 살해하였으니 이것이 차마 할 수 있는 일입니까?

만일 왕씨의 출생이 아니라면 그것은 곧 呂政이 제위에 오름에 嬴씨는 이미 망한 것과 같은 것입니다. 그런데도 포은은 아무렇지도 않게 그 녹을 먹었습니다. 그런데 임금이 추방되고 살해될 때는 공신까지 되고 다시 후일 다른 임금을 위하여 죽었으니, 저로서는 깊이 알지 못할 바가 있습니다.”[38]

한강은 남명이 포은 정몽주의 행동에 의문을 가지면서 한 말을 빗대어 퇴계에게 질문한 것이다. 포은 정몽주가 고려 말 벼슬살이를 하면서 우왕을 섬기기까지 하다가 그를 추방하는데 참여한 것과 신돈이 정권을 휘두를 때 정치에 참여하였던 점 등은 의리와 절개에 맞지 않는 행동임에도 조선 왕조가 새롭게 들어설 때는 이에 저항하며 고려 왕을 위해 죽었으니 그의 의리가 과연 맞는 것인가라는 질문이다. 이는 한강이 운곡 선생을 높게 평가하는 것과 대비되는 일면이다. 이에 대하여 퇴계는 다음과 같이 답하였다.

“정자의 말씀에 ‘사람은 마땅히 허물이 있는 가운데서 허물없기를 구하여야 하고, 허물이 없는 가운데서 허물 있기를 구하는 것은 부당하다’고 하였다. 포은의 큰 절개는 천지에 經緯가 되고 우주에 棟樑이 된다고 이를 수 있다. 그런데 세상에서 말하기 좋아하고 남을 공박하기 좋아하는 자들은 남의 미덕을 이루어 주는 것을 좋아하지 않아서 이러니저러니 하기를 마지않으니, 그런 말은 매양 귀를 가리고 듣지 않으려 한다.”[39]

퇴계 선생은 포은 정몽주는 누가 뭐라고 해도 절개를 지킨 인물이며 모든 사람의 표본이 될 만한 사람이니 세상 사람들의 말에 현혹되지 않

---

38) 李肯翊, 『練藜室記述』 제1권 太祖朝故事本末條.
39) 이긍익, 위와 같음.

아야 한다고 하였다. 여기에서도 남명과 퇴계의 처세론에 약간의 차이
가 있음을 발견할 수 있다.

그는 운곡의 무덤에서 그의 절개와 기개를 기리며 제문을 지어 올렸
는데 『운곡시사』에 나오는 제문과 『한강집』에 나오는 제문이 서로 다
르다. 먼저 『운곡시사』에 나오는 제문은 운곡학회에서 번역 발간한 『국
역 운곡시사』에 다음과 같이 실려 있다.

> "산에는 고사리 있으니 굶주림을 달랠 만하고(山有蕨薇 可以療飢)
> 방에는 거문고와 책이 있어 스스로 즐길 만하네(室有琴書 可以自怡)
> 탕임금의 폐백이 은근하고 별들도 따뜻이 빛나는데(湯幣慇懃 星宿雍容)
> 하늘 끝까지 돌아보지 않았으니 기개가 홀로 가슴에 가득했네(窮天不
> 顧 獨槩于胸)
> 천고의 텅 빈 산에 한 오라기 맑은 바람(千古空山 一縷淸風)
> 얕은 정성을 바치오니 이 충정을 살펴 주소서"(聊薦鄙誠 尙監玆衷)[40]

다음으로 『한강집』에 나오는 제문을 민족문화추진위원회에서 번역하
여 발간한 『국역 한강집』에는 다음과 같이 실려 있다.

> "산속의 고사리나물 굶주린 배를 채울 만하고(山有蕨薇 可以療飢)
> 방안의 거문고 서책 스스로 마음 즐길만하네(室有琴書 可以自怡)
> 초빙 예물 답지해도 자연 속에 여유로워(聘幣慇懃 星宿雍容)
> 오랜 세월 공산에 한 가닥 청풍이로세"(千古空山 一縷淸風)[41]

위의 두 제문은 운곡 선생이 치악산에 은거하여 살면서 고고한 유학

---

40) 원천석, 『국역 운곡시사』, 운곡학회, 2008, 572쪽.
41) 정구, 『국역 한강집』 2, 민족문화추진회, 2001, 263쪽.

자로서의 절개와 기개를 흠모하는 내용이라는 큰 틀에서는 대동소이하다. 그러나 『한강집』에 수록된 제문은 다소 축약된 느낌을 줄 뿐만 아니라 4언 고시의 형태에서 형식적으로도 제문에 걸 맞는 문장은 아니다. 특히 축약된 내용이 의미적으로 볼 때 조선 3대 임금 태종이 운곡 선생을 찾아 왔을 때 이를 돌아보지 않고 끝까지 기개를 지켰다는 부분이다. 이 내용은 생각하기에 따라서는 매우 민감한 사안일 수 있다. 비록 많은 세월이 흘러 조선이 안정되었기는 하지만 임금과 직접적으로 관련된 내용을 문집에 수록하기는 어려웠을 수도 있다. 이에 반하여 『운곡시사』에서는 이 내용을 생략한다는 것이 오히려 운곡선생의 절개를 평가하는데 다소 못 미친다고 판단했을 수도 있다. 따라서 제문의 형식상으로나 내용상으로 볼 때 『한강집』에 수록된 제문보다는 『운곡시사』에 수록된 제문이 보다 정확하다고 생각한다. 어찌되었든 한강 정구가 지은 운곡 선생에 대한 제문은 그의 높은 기개와 은둔의 숭고한 의미를 높이 평가하고 있다는 점에서 의미가 있다.

네 번째는 관동지역의 역사와 문화를 정리하여 책자로 발간한 것이다. 그는 앞서 통천군수와 강릉대도호부사로 있을 때 『통천지』와 『임영지』를 발간했듯이 강원도관찰사로 재직하고 있을 때도 지리지인 『關東志』를 편찬하였다. 한강 정구가 임진왜란으로 전국이 뒤숭숭한데도 불구하고 계속해서 『관동지』를 편찬하자 崔季承[42]은 그 이유를 다음과 같이 물었다.

"선생께서 『관동지』를 편찬하고 계시는데, 지금은 왜적이 온 나라 안에

---

[42] 최계승의 이름은 晛, 호는 訒齋, 시호는 定簡, 본관은 전주로 金誠一의 문인이다. 한강 정구와는 20년 어리다.

가득하여 나라 형편이 어렵고 아군이 서로 호응하여 적을 물리치는 군사
적인 일도 제대로 수행할 경황이 없습니다. 그런데 이런 때 지리지를 편찬
한다는 것이 옳은지 모르겠습니다."[43]

이에 대해 한강 정구는 다음과 같이 화답하고 있다.

"나라의 사정이 다급한 것은 사실 여느 때와는 다르네. 하지만 마땅히
해야 할 일을 사정이 다급하여 경황이 없다는 이유로 지나쳐 버릴 수는
없는 것이네. 더구나 지금 서적들이 깡그리 없어진 판에 만일 보고 들은
것들을 수습해 두지 않으면 장차 후세에 보여 줄 것이 없을 것이네. 軍政
에 응대하는 여가에 문관과 선비들로 하여금 각자 각 고을의 풍토와 인물
에 관한 자료를 채집하게 하여 장래 문헌의 참고에 대비하도록 하는 것에
무슨 안 될 일이 있겠는가?"라고 답하였다.[44]

결국 전쟁으로 인해 국내 정세가 다급하긴 하지만 그렇다고 사라져가는
서적들을 수습해 두지 않는 것도 문제라고 인식하면서 전쟁에서 다소 동
떨어져 있는 문관과 선비들을 활용하여 지리지를 편찬하도록 하였다. 나
아가 자신의 이러한 저술 활동은 후대에 또 다른 지리지를 발간할 때 참고
자료로 활용될 수도 있는 가치 있는 작업이라는 사실을 언급하고 있다.

이상에서와 같이 한강 정구가 강원도 지역에서 지방관을 역임하면서
다양한 치적이 있음을 엿볼 수 있다. 무엇보다도 선조가 명령한 산성을
수축하고 군량을 조달하는 등 전쟁 수행 과정에서 지방관이 힘써야 할
일들에 우선적으로 매진하고 있음을 확인할 수 있다. 이에 더하여 강원
도 지역의 민심을 안정시키기 위해 지역의 귀감이 될 만한 학자와 선현

---

43) 정구, 『한강집』 제6권 문답 최계승문.
44) 정구, 위와 같음.

들을 발굴하여 현창하고 본보기로 삼음으로서 전쟁의 소용돌이 속에서 백성들의 민심을 정신적으로 안정시키고자 유도하고 있음도 주목된다. 그 대표적인 사례가 운곡 원천석 선생의 무덤을 찾아 제를 올린 것이나 원충갑의 사당을 건립하는 일 등에서 확인된다.


## 5. 맺음말

한강 정구는 조선 중기의 유학자이자 목민관으로서, 또는 역사학자이자 예학자로서 두각을 나타낸 인물이다. 학문적으로는 영남의 양분된 퇴계 이황과 남명 조식의 학통을 두루 이음으로써 영남학통의 맥을 하나로 이어 나갔고, 후대에 기호남인에게까지 영향을 주면서 조선 후기 성리학 발전에 초석을 다진 인물이기도 하다. 이러한 대학자 정구는 어려서부터 과거시험이라는 틀에는 관심이 없었고 오로지 性理의 기본 틀을 이해하려고 노력했던 인물이다.

그가 관리들의 추천을 받아 관직에 나갔지만 편안하게 중앙의 관리로 생활한 기간은 얼마 되지 않아 큰 의미가 없다. 다만 그는 지방의 목민관으로서 강원도 일대와 경상도 지역을 두루 돌아다니면서 선정을 베풀었다. 이것은 그가 평소 가지고 있었던 예학이나 성리학의 이론을 현실에 직접적으로 반영하기에는 목민관이 제일 적합하다는 생각을 실천에 옮긴 것이기도 하다.

그는 목민관을 지내는 동안 자신이 생각하고 있었던 예론을 지방 토착사회에 전파하기 위해 향사례나 향음주례 등을 행하였고, 지방 인재를 양성하기 위해 학교 교육을 진흥시켰으며, 지방 사회의 정신적 안정을 위해 토착 선열들을 추모하는 행사를 자주 개최하였다. 특히 강원도 지역에서 목민관을 지낼 때는 당시 상황이 임진왜란이라는 전쟁기간 이었기에 성을 수축하고, 전쟁으로 피해를 입은 백성들을 어루만지며, 국가에서 필요로 하는 군자미를 조달하기 위해 노력하였다. 그런 와중에서도 우국충절에 몸을 바친 선열의 제단과 사직단을 수축하고, 자신의 녹봉을 털어 굶주린 사람들을 구제하였으며, 지역의 정신적 선비들을 우대하여 무덤을 찾아 제를 지냄으로써 민심을 안돈하는 정책을 펴기도 하였다.

한강 정구는 운곡 원천석 선생과는 200년 이상 차이가 나는 후배이다. 뿐만 아니라 운곡선생은 여말 선초의 인물로 고려 왕실의 정통성 옹호와 신왕조를 부정하는 입장을 견지해 온데 비해, 한강 정구가 살아온 시대는 조선왕조의 기반이 굳어져 고려에 대한 인식 자체가 의미없는 시대였기에 두 사람의 단순한 비교는 의미가 없는 일이다. 다만 시대가 흘렀어도 조선 유학자들의 사유방식에는 의리에 입각한 지조있는 행동을 높이 평가하는 인식은 계속 이어지고 있었다. 바로 한강 정구가 오랜 세월이 지났음에도 강원도관찰사로 임명되어 원주에 처음 들어 왔을 때 운곡 선생의 무덤을 찾아 제문을 올린 것은 이러한 사유방식과 행동원칙이 있었기에 가능한 일이었다. 아는 자만이 그 가치를 평가할 수 있듯이 한강은 고려 말의 대학자이자 지조를 지킨 운곡선생을 높이 평가하였고, 자신과 비교할 때 과거시험을 통한 높은 벼슬아치를 선호하지 않고 오로지 학문에만 의미를 두었다는 공통점도 발견할 수 있었을 것이다. 조선의 대학자가 고려 말의 대학자를 찾는 것은 결코 우연이 아니라 당연한 행동의 가치규범이었던 것이며, 그러한 관점에서 한강 정구와 운곡 원천석의 관련성을 찾아야 할 것이다.

# 제2장 구암 한백겸의 삶과 역사 인식

## 1. 머리말

久庵 韓百謙은 조선시대 중기 실학자, 역사지리 연구자로 널리 알려져 있다. 그가 강원도의 인물이자 원주의 대표적인 인물로 선정된 원인은 원주 칠봉서원에 배향되어 있기 때문이다. 그리고 그의 묘지도 현재의 행정구역으로는 경기도 여주에 있지만 조선시대는 강원도 원주에 속해 있었다.

칠봉서원은 고려 말의 유신인 운곡 元天錫을 모신 서원으로 1612년 건립되었다. 한백겸과 원천석의 관계는 한백겸과 교우가 두터웠던 吳澐을 통해서 연결된다. 당시 오운은 『東史纂要』의 역사책을 서술하였는데 한백겸이 그에게 고려 말 유학자로 절의가 남다르며 뛰어난 학자인 원천석을 열전에 수록할 것을 청하였고, 이를 오운이 받아들여 그의 책 열전에 원천석을 추가 수록하였다. 이러한 인연과 함께 묘소가 선영이 있는 원주에 위치하고 있어 칠봉서원에 배향되었던 것으로 보인다.

지금까지 구암 한백겸에 대한 연구는 역사지리학적인 입장과 실학이라는 분야로 크게 둘로 나뉜다. 그가 편찬한 『동국지리지』는 조선시대 역사지리학 분야의 가장 대표적인 책으로 역사의 한 획을 긋는 작품이다. 따라서 연구자들은 이 책의 저술 동기와 서술체계, 구성내용, 성격과 영향, 그 역사적 위치 등에 관하여 심도있는 연구를 통해 조선시대 역사

지리학의 위치가 어느 정도였는가를 고찰하였다. 나아가 이를 통해 한 백겸의 의식세계의 일부를 가늠하기도 하였다. 다음으로는 조선 후기 실학연구 분야에서 그 기원을 거슬러 올라가면서 한백겸의 비판의식과 역사 비판적인 사상에 관심을 가지면서 그의 실학사상에 대한 연구도 진행되었다.[1]

구암 한백겸은 명분·의리·전통 등 윤리지향적인 가치를 중시하면서 도 실용적 가치도 추구하는 양면성을 가지고 있으며, 폭 넓은 학문을 섭 렵하면서 관료로 진출해서는 백성의 삶을 위한 통치를 지향하면서 추앙 받는 지방관으로 활약한 인물이다. 그의 학문 내지 사상적 특징으로는 문제를 선택하는 기준으로 실용성과 실제성을 중시하고, 문제를 비판적 이고 실용적으로 분석 고찰하며, 현실대응 방안을 모색함에 있어서 자 기중심적 주체성과 변화를 수용하는 진보성을 중시하였다.[2]

이 글에서는 구암 한백겸이 살아온 시대의 정치적 변화과정을 먼저 살펴보고, 이어서 그의 가계와 관직생활을 정리함으로써 어떤 시대에 어떠한 가정환경에서 살아왔는지를 먼저 정리하고자 한다. 이를 통해서 그가 말년에 심혈을 기울여 저술하고자 했던 『동국지리지』의 성격과 특 징은 무엇이었으며, 당시에 구암이 가지고 있었던 시대인식과 역사 인

---

1) 정구복, 「한백겸의 동국지리지에 대한 일고찰」 『전북사학』 2, 1978.
   윤희면, 「한백겸의 동국지리지」 『역사학보』 93, 1982.
   정구복, 「구암 한백겸의 실학사상」 『진단학보』 63, 1987.
   윤희면, 「한백겸의 학문과 동국지리지 저술동기」 『진단학보』 63, 1987.
   이애희, 「구암 한백겸의 실학사상」 『강원문화연구』 17, 1998.
   원유한, 「한백겸의 동국지리지 성립배경」 『실학사상연구』 13, 1999.
   원유한, 「한백겸의 동국지리지 성립배경과 성격」 『국사관논총』 93, 2000.
   방동인, 「구암 한백겸의 실학사상」 『운곡학연구논총』 1, 2005.
2) 원유한, 위의 글, 2000.

식은 어떠한 관점이었는지를 살펴보고자 한다. 그리하여 조선시대 전환기를 살아온 구암 한백겸의 삶의 가치를 조명해 보고자 하는데 본 글의 목적이 있다.


## 2. 선조대의 정치적 변화과정

구암 한백겸이 본격적으로 활동한 시대는 선조 때였다. 특히 1592년 임진왜란이 발발하기 직전 관직에 나아가 광해군 초기까지 중앙과 지방의 관직을 두루 수행하면서 활동하였다. 이 기간 동안에 정치적 변화를 중심으로 시대적 배경을 정리하는 것은 그가 활동했던 시점의 환경을 이해하기 위함이다. 특히 정치적 변화에 초점을 두는 이유는 전근대사회 제반 일들이 결국 정치적 문제로 귀결하기 때문이다. 경제적으로는 대동법을 시행하는 문제뿐만 아니라 대외적인 전쟁에 대처하는 문제, 국방에 관한 문제, 백성들이 삶의 질과 관련된 문제 등이 모두 정치적 결정의 향배에 따라 좌우되었기 때문이다.

선조대의 정치적 경향을 단적으로 표현한다면 조선 초기 오랜 기간 지속되어 오던 훈구파와 사림파의 대립이 사화를 거치면서 사림파의 우세로 정착되는 시점이다. 그러면서 사림파는 정책을 결정하는 주요 과정에서 서로 견해를 달리하면서 동인과 서인의 붕당이 나타나기 시작했다. 나아가 동인은 다시 북인과 남인으로 의견이 갈라지는 시기이기도 하다. 구암 한백겸의 가문도 조선 초기에는 훈구파를 대표하는 가문이었으나 이 시기에 이르러 사림파의 가문으로 전환하는 과도기를 살았던 집안이다. 즉, 성종 때 이후 변변한 벼슬길에 오르지 못하다가 구암 대에 와서 동생 한준겸과 숙부 한효순이 고위 관직에 오르면서 가문이 다시 일어서게 되었다.

선조 재위 초기에는 척신의 정치참여 배제와 훈척정치의 인적청산 문제를 둘러싸고 사림세력들이 갈등을 빚었다. 사림세력 내에서 비교적 장년들은 훈척세력 제거를 선별적으로 하자는 쪽이었고, 청년층들은 폭넓은 청산을 통해 새로운 도학정치를 추구하자는 쪽이었다. 이들의 견해차가 신·구 사림의 갈등을 야기했고, 그것이 뒤에 청년 사림이 주축이 된 동인과 장년 사림을 중심으로 한 서인으로 분열하는 계기가 되었다.3) 급기야 선조 8년(1585) 척신 심의겸의 정치개입 문제를 두고 대립하던 사림은 동인과 서인으로 분열하게 되었다. 이들의 분열은 성리학적 붕당론과 학파의 세계관이 작용한 결과이기도 했다. 동인은 남명학파와 퇴계학파가 중심이 되어 급진적인 개혁을 지향하였고, 서인은 율곡 이이를 앞세워 정치적인 사림의 보합을 추구하며 점진적인 개혁방향을 지향하고 있었다.4)

이후 동인이 서인에 대하여 정치적 우위를 점하게 되자 과거 서인과 갈등했던 구신들 중에서 상당수가 정치적으로 동인과 결합하면서 그 인적 구성에서 변화가 나타났다. 그러다가 선조 13년(1580)부터 선조 22년(1589) 기축옥사가 일어나기 전까지 점차 동인 내부에서 갈등의 조짐이 나타나다가 기축옥사 이후 남인과 북인으로 다시 분열하게 된다.

기축옥사의 발단은 1589년 10월 2일 황해도관찰사 韓準과 재령군수 朴忠侃, 안악군수 李軸, 신천군수 韓應寅 등이 전 홍문관수찬이었던 전주사람 정여립이 역모를 꾀하고 있다고 왕에게 비밀장계를 올리면서 시

---

3) 김항수, 「선조 초년의 신구갈등과 정국동향」 『국사관논총』 34, 국사편찬위원회, 1992 참조.
4) 설석규, 「선조대 정국과 이산해의 정치적 역할」 『퇴계학과 한국문화』 46, 2010, 326쪽.

작되었다. 정여립의 역모죄상은 벼슬에서 물러난 뒤 전주와 진안·금구 등지에서 大同契라는 단체를 만들어 매월 활쏘기를 익히고, 도참설을 이용해 민심을 현혹시킨 뒤, 기축년 말에 서울에 쳐들어갈 계획을 세우고, 그 책임 부서까지 정해 놓았다는 것이다. 정여립의 역모 사실 여부와 관련해서는 조작설이 제시되어 있기도 하고,5) 정여립이 역모를 꾸몄던 사실 자체는 인정되어야 한다는 주장으로 나뉘어져 있다.6)

정여립은 진안으로 갔다가 자결하였고, 아들 玉男 및 관련자들이 모두 체포되었다. 선조는 동인의 우의정 鄭彦信을 위관으로 임명하여 역모의 사실관계를 밝히도록 하였다가 한 달만에 다시 서인의 鄭澈을 우의정으로 임명하고7) 위관으로 삼아 재조사를 명하였다. 여기에는 동인과 서인 사이에서 군주의 위상을 보여주려는 정치적 의도도 개입되어 있었다.8) 정철은 이 사건을 계기로 동인의 축출과 서인의 정권 장악을 위해 사건을 의도적으로 확대하여 옥사를 더욱 엄하게 다스렸다. 그 결과 李潑·李洁·金宇顒·白惟讓·鄭彦信·洪宗祿·鄭彦智·鄭昌衍 등 당시 동인의 지도자급 인물들이 연루되어 처형 또는 유배당하였다. 특히 이발은 정여립의 집에서 자신이 보낸 편지가 발견되어 다시 불려가 고문을 받다가 죽었으며, 그의 형제·노모·자식까지도 모두 죽임을 당하는 등 집안이 풍지박산이 났다. 같은 해 12월에는 호남 유생 丁巖壽를 비롯한 50여인의 상소로 李山海·羅士忱·羅德明·羅德峻·鄭仁弘·韓孝純·鄭介淸·

---

5) 이희권, 「정여립 모반사건에 대한 고찰」『창작과비평』10-3, 1975. 김용덕, 「정여립연구」『한국학보』4, 1976, 이희환, 「정여립 옥사의 실상과 그 영향」『전주학연구』3, 2009 등이 있다.

6) 우인수, 「정여립 모역의 진상과 기축옥의 성격」『역사교육논집』12, 1988. 이상혁, 「조선조 기축옥사와 선조의 대응」『역사교육논집』43 역사교육학회, 2009 등이 있다.

7) 『선조실록』권23 선조 22년 11월 8일 임자조.

8) 이상혁, 「조선조 기축옥사와 선조의 대응」『역사교육논집』43 역사교육학회, 2009.

柳宗智·金宇宏·尹毅中·金應男·柳成龍·柳夢井·曹大中·禹性傳·南彦經 등 30여인이 연루되어, 처형되거나 혹은 유배되었다. 뿐만 아니라 남명 조식의 문인을 대표하는 최영경은 아무런 물적 증거도 없는 상황에서 황당하게 희생을 당한 인물이었다. 당시 정여립이 꾸며낸 가상의 인물인 길삼봉이 최영경과 용모가 비슷하다고 몰아 옥사에 얽어 넣고 국문을 받던 중에 옥사하도록 하였다.9) 최영경의 죽음은 후에 정철의 행위가 정당하지 못했음을 보여주는 하나의 사례로 꼽힌다.

서인은 이 사건이 정권을 장악하고자 하는 좋은 기회라고 생각하여 정치적 측면에서 사건을 처리하고자 했고, 이로 인해 희생당한 대부분의 사람들은 동인 가운데서도 북인계가 압도적이었다. 동인은 기축옥사를 처리하는 과정에서 서인에 대하여 분노의 감정을 가지게 되었고, 동인 내부에서도 자신들이 화를 당할 때 적극적으로 옹호해 주지 않은 유력 인사들에 대한 반감이 높아지게 되었다. 구암 한백겸은 동인계열에 속하였으나 남인과 북인으로 나뉠 때는 북인계열에 속하였다. 그리하여 기축옥사 때 정여립의 조카 이진길의 시신을 수습한 죄로 옥사의 소용돌이에서 벗어나지 못하고 유배되어 가문이 백척간두의 위기에 처하기도 하였다. 당시 동생 한준겸은 공공연하게 기축옥사가 지나치게 확대되어 형이 잘못 연루되었다는 의견을 제시하기도 하였다.10)

기축옥사가 정리되고 일시적으로 동인이 다시 집권하자 무모하게 옥사를 일으킨 장본인들의 처리 문제가 표면적으로 제기되었다. 기축옥사의 책임을 물어 정철을 위시한 서인의 처벌을 둘러싸고 강경하게 서인을 응징해야 한다는 북인과 사람에 따라서 분리하여 처리하자는 온건한

---

9) 김강식, 「선조 연간의 최영경옥사와 정치사적 의미」『역사와 경계』 46, 2003.
10) 『선조수정실록』 권31 선조 30년 4월 신유조.

남인으로 의견이 엇갈렸다.[11] 북인들은 남명학파와 화담계열이 중심이었고, 남인은 퇴계학파가 중심이었다. 이들은 각각 학맥과 인맥, 혈맥을 통해 결집되었으며, 기축옥사의 피바람을 겪으면서 정치적 길을 달리하게 되었다. 이로 인해 임진왜란 직전의 정치상황은 서인과 남인 및 북인이 대치한 정국이 유지되고 있었다.

1592년 발발한 왜의 침략은 장기간 지속되면서 조선사회에 엄청난 영향을 끼쳤다. 장기간 동북아의 전쟁터가 되었던 조선의 국토는 황폐화되었으며, 백성들의 인명 피해와 정신적, 물질적 피해도 상상 이상이었다.[12] 이 시기에 함경도 유배지에서 해배되어 전쟁을 체험한 구암 한백겸은 한성부 참군이 되어 굶주린 난민에게 죽을 끓여 주는 일을 담당하면서 굶어 죽는 자가 속출하고, 심지어 사람이 사람을 잡아먹는 전쟁의 참상을 경험하게 되었다. 그가 이후 지방 관리에 봉직하면서 백성들의 칭송을 받는 인물로 자리매김 할 수 있었던 것도 이러한 경험에서 우러나온 것이 아닌가 생각된다.

임진왜란을 거치면서 정치적으로는 의정부 중심에서 점차 비변사가 확대 강화되면서 정치 기구화 했으며, 동시에 삼사와 전랑의 정치적 비중이 높아졌다.[13] 이러한 변화 속에서 서인과 남인세력의 정치적 영향력이 약화되고 북인 세력이 정국 전면에 부상하는 형국이 전개되었다. 서인은 학문적 연원을 매개로 하여 강력한 응집력이 있었지만 정철과 성혼이 실각한 이후에는 구심점을 잃었고, 남인은 임진왜란의 정국을

---

11) 『연려실기술』 18, 동서남북론의 분열.

12) 이상배, 「임진왜란으로 입은 피해는 얼마인가」 『한일관계2천년-근세편』, 경인문화사, 2006 참조.

13) 선조대 후반의 정치변동에 대하여는 구덕회, 「선조대 후반 정치체제의 재편과 정국의 동향」 『한국사론』 20, 1988을 참고하였다.

주도하면서 비교적 잘 돌파해 나갔지만 전쟁의 책임으로부터 자유로울 수 없었기에 하나로 통합되기가 어려운 형국이었다. 반면에 북인은 기축옥사 때 많은 사람들이 억울하게 희생당하면서 명분상 전쟁의 책임으로부터 벗어날 수 있었고, 전쟁 기간 중에도 강력한 주전론을 주장하면서 젊은 선비들의 폭넓은 지지를 확보하면서 전쟁 이후 정국을 주도할 수 있었다.

전쟁 이후 혼란을 수습하는 과정에서 북인 세력은 현실 정치의 인식 차이에 따라 다시 대북세력과 소북세력으로 분리되었다. 남인 세력이 퇴진하면서 북인 가운데 유영경을 중심으로 한 소북세력이 정권을 장악했으나 왕위계승을 둘러싸고 대북세력이 광해군을 옹립하면서 광해군 때는 북인 중에서도 대북을 중심으로 한 정권이 유지되었다. 이러한 분리는 정국을 운영하는 데 있어서 독점적인 권리행사를 지향하는가, 혹은 상대 세력의 존재를 인정한 위에서 상호 공존 체계를 유지하고자 하는가에 따라 서로 대립되어 분기하게 되었다.[14]


## 3. 구암의 가계와 관직생활

구암 한백겸은 청주 한씨의 후손으로 조선 초기 명문가였다. 7대조인 韓尙敬은 이성계의 조선 개국에 공을 세워 개국공신에 책봉된 인물로 태종 때 영의정에 올랐으며,[15] 그의 아들 韓惠는 전라도와 함경도 관찰사를 지냈으나 29세의 나이에 요절하여 큰 빛을 보지 못했다. 그러나 한

---

14) 구덕회, 위의 글, 267~268쪽 참조.
15) 『세종실록』 권19 세종 5년 3월 무자조.

혜의 아들 韓繼禧가 익대공신 3등에 책록되어 西平君에 봉해겼고, 연이어 성종 때 좌리공신 2등에 책록되면서 성종 9년(1478) 좌찬성에 올랐다. 한계희는 세종 때 집현전에 상주하다시피 하면서 학식을 쌓은 것을 기반으로 국가의 각종 편찬사업에 종사하였을 뿐만 아니라 문한의 직을 두루 역임하면서 조선 초기 훈구파의 명문 거족으로 자리 잡았다.16) 그러나 한계희의 후손들이 중앙의 고급관료로 진출하지 못하고 음서를 통해 군수직에 머물면서 잠시나마 가문이 위축되었다.

이 가문은 한계희의 4대손인 韓孝胤과 그의 동생 韓孝純에 이르러 다시 중앙 정계에 진출하기 시작하였다. 이들은 집안의 선조들이 한동안 음서를 통해 관직에 진출한 한계를 극복하기 위해 과거 공부에 매달려 모두 대과에 급제하였다. 한효윤은 공조 좌랑, 성균관 전적, 경성 판관 등을 지냈으나 45세의 나이에 일찍 세상을 떠나 고위 관직으로 나가지는 못하였다. 그러나 한효순은 광해군 때 이조판서를 거쳐 벼슬이 좌의정에 이르렀으나 폐모론이 불거졌을 때 이이첨의 편에 서서 사관의 비판을 받기도 하였다.17)

한효윤은 예빈시정 申健의 딸과 결혼하여 세 아들을 두었는데 한백겸, 韓重謙, 韓浚謙이 그들이다. 이들은 모두 文才가 있어 학문에 힘쓰는 집안이라는 평을 듣기도 하였으나 선조 12년(1579) 둘째 한중겸이 갑자기 세상을 떠나자 크게 상심한 나머지 아버지 한효윤도 지병이 심해져 이듬해 45세로 생을 마쳤다.18)

한효윤의 맏아들로 태어난 한백겸의 자는 鳴吉, 호는 구암이라 하였

---

16) 『성종실록』 권145 성종 13년 윤8월 을유조.
17) 『광해군일기』 권171 광해군 13년 11월 임자조.
18) 한효윤신도비. 여주군 강천면에 위치해 있다.

다. 그는 명종 7년(1552)에 서울에서 태어나 광해군 7년(1616)에 64세로 서울에서 생을 마감하였다.『조선왕조실록』의 졸기에는 그를 "사람됨이 단아하고 마음가짐이 관대하였다. - 중략 - 집에 있으면서는 지극한 효행과 우애가 깊었고, 여러 차례 주군을 맡았는데 循吏로 불렸다."[19]고 기록하고 있어 평범하면서도 합리적인 성격의 소유자였던 것으로 보인다. 조선시대 최대의 격변기였던 임진왜란을 경험하였고, 정치적으로는 사림파가 정권을 장악한 이후 서서히 붕당이 형성되는 시기에 활동하였다. 그의 가문은 조선 초 훈구파로 시작되었지만 선조 때에 이르러서는 사림파로 바뀌면서 동인계열에 속하였다.

  그는 18세 때 서경덕의 문인인 閔純의 문하에서『소학』과『근사록』을 배우며 성리학에 깊은 관심을 가지게 되었다. 그는 실추된 가문을 일으켜 세우기 위해 과거를 준비하였고, 선조 12년 그의 나이 28세에 식년생원시에 합격하였다. 이때 동생인 한중겸, 한준겸도 함께 소과에 합격하면서 집안의 큰 경사를 맞이하였으나, 기쁨도 잠시 갑자기 둘째 동생인 중겸이 세상을 떠나면서 집안에 우환이 일어나기 시작하였다. 소과를 통과한 그는 대과 시험을 위해 성균관에 입학하여 수학하였으나 동생의 갑작스런 죽음으로 충격을 받은 아버지가 이듬해 세상을 떠나 3년상을 치루기 위해 성균관을 나왔다. 아버지의 3년 상이 끝나고 얼마 지나지 않아 다시 할머니 상을 당하여 상복을 입게 되면서 오랜 기간 칩거하고 있었다. 이 기간 동안 그는 두문불출하면서 책을 읽었는데 주로 주역과 예학, 경서 및 性理書 등의 책을 탐독하였다. 이러한 사실은 그와 교유했던 鄭經世가 남긴 묘갈명의 다음과 같은 글을 통해서 확인할 수 있다.

---

19)『광해군일기』권92 광해군 7년 7월 무신조.

경진년에 부친상을 당하고 복을 벗은 지 일년만에 또 조모 상을 당하였다. 여러 해의 상을 치르게 되자 세상일을 도모하는 일을 모두 끊고 窮理와 格物의 공부에 뜻을 쏟았다. … 이때부터 과거를 포기하고 두문불출하여 독서에 전념하였다. 의리지서를 크게 힘을 써 위로는 육경·논어·맹자의 뜻으로부터 정주학에 이르기까지 점차 받아들이지 않음이 없었다.[20]

특히 짧은 기간 동안에 자신과 가장 친밀한 관계에 있는 동생과 아버지, 그리고 할머니를 연속해서 여의면서 인간의 죽음에 대한 철학적 탐구에 깊은 관심을 가졌고, 주역 연구에 힘을 기울였다. 숙부인 한효순과 동생인 한준겸 역시 당시 역학에 조예가 깊은 인물로 인정받았던 것을 보면[21] 집안의 학문적 전통과도 밀접한 영향이 있었을 것이다. 이후 과거시험에 대한 관심은 줄어들었고, 경서와 철학에 대한 연구에 심혈을 기울였다.

그가 약 6년간의 상을 치르고 난 직후인 선조 18년(1585) 조정에 『經書訓解』를 교정하는 교정청이 설립되었고, 당시 경서에 밝은 인물을 뽑을 때 선발되어 교정랑에 임명되었다. 당시 함께 뽑힌 인물들은 寒岡 鄭逑, 守愚 崔永慶, 習靜 洪晩全, 困齋 鄭介淸 등으로 학문에 뛰어난 인재들이었다.[22] 이듬해 그는 중부참봉에 천거로 임명되어 관직생활을 시작하였고, 전주의 경기전 참봉으로 임명되면서 전주에 내려가 살기도 하였다.

선조 22년(1589) 경기전 참봉으로 있을 때 鄭汝立 모역사건이 발생하였다. 이 사건은 조선시대 정치사에서 선조 대 동인과 서인의 붕당이 형성된 이래 가장 많은 인명이 피해를 입은 최초의 대옥사였다. 단순하게

---

20) 정경세 찬 「묘갈명」.
21) 『선조실록』 권57 선조 27년 11월 병술조.
22) 『연려실기술』 별집 14권 문예전고 언해.

역모를 모의한 사건에서 출발하였으나 옥사를 처리하는 과정에서 무고한 연루자가 너무 많이 피해를 당하였고, 이로 인해 정여립이 실제로 역모를 꾀한 것이 아니고 誣獄이라는 주장까지 나왔다.[23] 이 사건 당시 정여립의 조카 李震吉의 시체를 수습하였다는 죄로 혹심한 형벌을 받고 함경도에 유배되었다. 관직생활을 시작한 지 불과 4년만에 일어난 일이었다.

　1592년 임진왜란이 일어났을 때 유배지에서 풀려났다. 그는 일본군이 함경도 지역까지 침략해 들어왔을 때 왜군에 내응하는 주모자를 잡아 처단하였다. 그 공이 인정되어 내자시 직장으로 임명되었다가 이듬해 한성부 참군으로 근무하였다. 1595년 상의원 별좌로 있을 때 사간원에서 유성룡과 함께 논의하여 지방의 수령으로 내보낼 만한 사람을 30명 추천하였는데 그중 첫 번째로 이름을 올렸다. 이를 계기로 6품으로 승진되어 호조좌랑에 임명되었다.[24] 이듬해에는 안악현감으로 있으면서 정여립 옥사 때 잡지 못한 변희복과 변종금을 잡아 가두기도 하였다. 선조 34년(1601) 2월에는 형조정랑에 임명되었고, 이듬해 사도시정을 거쳐 청주목사로 부임하여 선정을 베풀었다. 청주 목사로 있을 때 "한백겸은 정사를 공정하게 다스렸으므로 아전들은 두렵게 여기고 백성들은 기뻐하였다. 그가 부임했던 곳에서는 모두 체직된 뒤에도 사모하여 마지않았다."라고 기록하였고,[25] 충청도에 암행어사로 파견되었던 成晉善도 임무를 마치고 돌아와 선조에게 "청주목사 한백겸은 자상하여 백성을 사랑하고 강명하게 다스려 속리의 부화스런 작태를 물리쳐버리고 돈실한 정

---

23) 정여립 역모사건의 진상에 대하여는 우인수, 「정여립 역모사건의 진상과 기축옥의 성격」『역사교육논집』12, 1988, 69~99쪽 참조.

24) 『선조실록』권64 선조 28년 6월 임자조·병인조.

25) 『선조실록』권174 선조 37년 6월 임자조.

사를 행하고 있습니다."라고 보고하였다.26) 이로써 지방 관직을 역임하
면서 백성들을 위해 정사를 펴고, 아전들에 대한 단속을 엄히하는 등 수
령의 자질이 뛰어난 인물로 추천될 만하였음을 입증하였다.

선조 40년(1607) 4월에는 장례원 판결사로 임명되어 다시 중앙으로 들
어왔으며, 8월에 호조참의에 올랐다. 호조참의로 있을 때는 평양에 직접
내려가 箕田遺制를 조사하여 箕田圖를 작성하고, 공물의 폐단을 고치기
위한 하나의 방법으로 유성룡이 제시한 대동미를 바치도록 하는 제도가
긍정적이라고 주장하면서 방법론의 수정을 상소하기도 하였다.

> 신이 지난 역사를 두루 살펴보건대 법이 오래되었는데도 폐단이 생기
> 지 않는 경우는 없습니다. 때에 맞춰 변통하고 일에 임해 잘 결단하여 일
> 반적인 규정에 얽매이지 않아서, 법 밖의 뜻을 얻을 수가 있어야 비로소
> 다스려진다고 말할 수 있을 것입니다. 혹여 융통성이 없어 하나에만 얽매
> 여 '선왕이 만든 법은 마땅히 준수하여 잃지 말아야 한다.'고 하는 것은
> 신이 감히 알 바가 아니옵니다. 엎드려 바라건대 전하께서 결단을 내려 시
> 행하면 백성에게 반드시 다스려짐이 있을 것입니다.27)

위의 내용은 호조 참의로 있을 때 올린 상소문으로 과거의 제도에 얽
매여 새로운 방법을 강구하기를 꺼려서는 않된다는 주장을 역설한 것이
다. 이미 공물의 징수 방법이 그 효력을 다했으므로 새로운 방법으로 변
통하여 혁신하는 것을 두려워해서는 안 된다는 것이다. 이러한 내용에
서 구암의 진취적이고 변화를 두려워하지 않는 긍정적 사고를 살펴볼
수 있다. 그는 더 나아가 호조 참의로서의 역할이 백성들에게 균등한 혜

---

26) 『선조실록』 권186 선조 38년 4월 경신조.
27) 한백겸, 『구암유고』 공물변통소.

택이 돌아가도록 세금체계를 공평하게 바로 잡는 것이라고 하면서 다음
과 같이 자신의 의견을 피력하고 있다.

> 진실로 모든 관직은 직분이 나뉘어 각각 맡은 바의 일이 있으니 신은
> 벌을 기다립니다. 호조는 세금을 공평히 하고 백성들에게 고루 나누어 주
> 는 곳이니 실로 신이 담당할 바의 일이오며, 지금 비록 물러나 끝맺을 수
> 는 없으니 처음 직책을 맡은 날부터 구구한 일념은 일찍이 이것을 잊어
> 본 적이 없습니다.[28]

이러한 주장에서 보듯이 균등한 세금의 징수를 위해서는 과거 유지해
오던 공물징수법을 바꿔야 하며, 그동안 거두는 쌀의 양이 적어 필요한
물품의 구입이 곤란하였고, 이에 따라 수시로 공물을 거두는 폐해가 나
타나니 이제 징수의 양을 늘려야 한다는 의견을 제시하였다.[29] 이러한
주장에 이원익이 동조하였고, 그 결과가 1608년 경기도 지역에서 처음으
로 대동법을 시행하게 된 것이다.

1608년 77세의 노모가 병세가 심해져 호조참의 사직 상소를 올리고,
모친상을 당해서는 3년상을 치렀다.[30] 1610년에는 호패청에서 8도의 안
무사를 정하였는데, 한백겸을 강원도 지역의 안무사로 명하였다.[31] 그러
나 사직 상소를 올려 관직을 사임하였고,[32] 이듬해 파주목사에 제수되
었으나 역시 나가지 않고 서울 근교인 서호 아래 水伊村에 집을 짓고 은
거하였다. 『동국여지비고』에는 "구암 한백겸이 수생리에 살았는데 서재

---

28) 한백겸, 『구암유고』 공물변통소.
29) 『연려실기술』 별집 제14권 문예전고 언해. 『구암유고』 하, 공물변통소.
30) 『구암유고』 하, 호조참의사직소.
31) 『광해군일기』 권36 광해군 2년 12월 무인조.
32) 『구암유고』 하, 안무사사직소.

를 넓히고 학문을 강의하며 드디어 마을 이름을 고쳐서 물이촌이라 하
고 기문을 지어서 생각하는 바를 표시하였다."33)라는 기록이 있다. 결국
수이촌이라는 마을 이름도 勿移村으로 바꾸고 독서와 학문으로 소일하
면서 여생을 보냈다. 물이촌은 현재 서울시 마포구 수색동 지역으로 생
각된다. 서울특별시 시사편찬위원회에서 발간한『동명연혁고』Ⅲ 서대
문구 편의 기록에 의하면 구암이 살았던 곳의 지명은 水生里였고, 이것
이 후대에 水色里로 변화된 것으로 파악하고 있다.34)

그는 광해군 7년(1615) 7월에 생을 마감하였는데, 그 전해인 1614년 63
세의 나이로『동국지리지』를 저술하기 시작하였고, 몸이 급격히 좋지
않았을 때는 아들에게 붓을 들어 쓰도록 하여 책을 완성하였다. 역대 지
리지 가운데 그 역사적 의미가 대단히 높은 이 책은 그가 죽기 직전에
혼신의 힘을 다하여 제작한 저작이다.

구암이 한평생 살아가면서 만나 교유한 사람들은 대부분 당대의 巨儒
들이었다. 조선 중기 예학에 밝았던 愚伏 鄭經世를 비롯하여 동생 한준
겸이 배우고 당대 탁월한 학자로서 다양한 분야에 많은 저서를 남긴 寒
岡 鄭逑, 민순의 문하에서 함께 수학한 晩全堂 洪可臣, 조선의 실학을 태
동시킨 芝峯 李睟光, 지리지와 역사서를 두루 편찬한 竹牖 吳澐, 문장과
시에 능한 西坰 柳根, 선조대 이름난 문장가로 선조가 죽을 때 고명을
받은 7명의 신하 가운데 한 사람인 岳麓 許筬 등 당대의 대표적인 유학
자들과 교유하였다.35) 특히『지봉유설』을 지은 이수광에게는 11세 연하
임에도 불구하고 '나의 친구'라고 할 정도로 가까이 지냈으며, 이수광이

---

33) 동국여지비고 권2 부방조.「久庵韓百謙 家居水生里 闢書齋講學 遂改村名 爲
勿移村 作記以見志」.
34) 서울특별시 시사편찬위원회『동명연혁고-서대문구편』Ⅲ, 1977. 92쪽.
35) 정구복, 앞의 논문, 1978. 윤희면, 앞의 논문, 1982 참조.

명나라 북경에 갈 때 送書를 써 주면서 그 나라의 학문이 어떻게 변화하고 있는지를 살펴보고 오라고 당부하기도 하였다.36) 이 외에도 道家風의 인물들과도 폭넓게 교류하면서37) 학문적 교유의 폭이 넓어 문장, 시문, 지리, 예학, 실학, 단학 등 다양한 분야에 관심을 가지고 있었음을 알수 있다.

한편 그의 동생 한준겸은 과거를 통해 관직에 나가 선조 때 대사헌, 한성부판윤, 호조판서 등의 고위 관료를 역임하였다. 그러나 정여립의 난이 발생했을 때는 鄭經世 朴承宗 등과 함께 정여립의 생질인 李震吉을 사관에 천거한 죄로 한 때 처벌을 받기도 하였다.38) 인조 1년(1623) 인조반정 이후 그의 딸이 仁烈王后로 책봉되자 영돈녕부사로 西平府院君에 봉해졌다. 이로 인해 구암 가문이 다시 세상의 주목을 받게 되었다.

## 4. 역사 인식과 지리서 편찬

구암 한백겸의 역사 인식에 대하여 일제강점기 독립운동가이자 사학자인 단재 신채호는 그의 책에서 "한백겸선생으로부터 비로소 간결하게 해석하여 과거 역사 기록만 있고 역사 연구가 없었다고 할 만한 조선의 사학계에서 선생이 처음 단서를 열었다고 할 것이다."39) 라고 평가할 정

---

36) 한영우, 「이수광의 학문과 사상」 『한국문화』13, 서울대 한국문화연구소, 1992. 또한 이수광의 『지봉유설』과 『지봉집』에는 구암 한백겸의 경전해석과 기전설을 소개하기도 하였다.

37) 이애희, 앞의 논문, 1998, 75쪽.

38) 『선조실록』 권23 선조 22년 12월 병자조. 『稗林』「掛日錄」26쪽.

39) 신채호, 『조선상고사』, 『단재신채호선생문집』 상, 1972, 31~32쪽.

도로 구암의 역사 인식을 높게 평하였다. 특히 구암이 삼한의 위치비정 문제를 매우 비판적으로 고증한 점을 부각하면서 진정한 역사 연구를 진행한 조선의 사학자라고 평하고 있다. 단재의 이러한 평가는 구암이 밝힌 여러 가지 이론을 통해서도 밝혀지고 있다.

구암은 주자가 주석을 한 「啓蒙箋疑」라는 주역 한 편의 의문 사항에 대한 논증을 벌이면서 마지막 부분에 "의문을 생각하고 따져 보지 않는 것은 스스로를 속이는 것이니 실로 독서하는 법이 아니며 또한 주자가 깊이 경계한 바이기도 하다."[40] 라고 언급하고 있다. 이러한 기록은 구암이 옛 성현의 기록이나 주장이라고 해서 무조건적으로 받아들여 익히는 것이 아니라 늘 문제를 제기하고 그 근원이 무엇인가를 탐구하면서 고증하는 학문 자세를 견지하고 있었음을 보여주는 것이다. 구암 보다는 후대의 인물로 광해군 때와 인조 대 활동한 택당 이식은 그의 문집을 읽고 다음과 같이 평하고 있다.

이 문집을 보니 理氣 성정의 말은 宗旨를 천명하면서도 여러 사람의 말을 절충하였으니 학자들이 깨우치는데 도움을 받을 것이다. 그리고 상수의 변화와 제도의 마땅함에 대해서는 연구가 지극히 깊고 과거의 학설에 구애되지 않았다. 이와 같은 견해는 비록 정자와 주자의 嫡傳이라 할지라도 서로 차이가 있는 것이니 후대의 사람이 다시 한마디 말을 붙이는 것도 용서해야 할 것이다.[41]

조선 중기 한문 4대 문장가로 손꼽히는 택당 이식은 어느 붕당에도 속하지 않으려고 노력했던 학자로 뛰어난 학문적 업적을 남긴 인물이

---

40) 『구암유고』 啓蒙箋疑辨.
41) 『구암유고』 구암유고서(이식).

다.42) 그가 구암을 평한 것이 일찍이 정경세가 묘갈명에서 "구암의 글이 모두 선현이 설명한 것과 서로 다르며, 비록 정밀함과 조악함, 얕고 깊음을 쉽게 말할 수는 없지만 깊이 생각하고 힘들여 모색한 공은 인정해야 한다."고 평한 것과 크게 다르지 않다.

그는 주자의 견해에 대해서도 자주 의문을 제기하고 비판하였다. 가장 대표적인 사례가「箕田遺制說」이다. 이 논리는 평양성 남쪽 지역의 토지가 과거 주나라의 井田制를 본 따서 만들어졌다는 논리를 비판한 것이다. 당시 호조참의였던 구암은 관찰사인 아우 한준겸을 따라가 있던 어머니를 뵙기 위해 평양에 갔다가 현장을 직접 답사하였다. 그가 현장에서 고증한 결과 이 지역은 주나라의 정전제를 본 딴 것이 아니고 은나라의 토지제도를 받아들여 시행한 것이고, 그 주관자는 바로 은나라에서 조선으로 온 기자였을 것이라는 견해를 제시하였다. 당시 그가 제시한 기준점은『맹자』였다. "맹자가 말하기를 '은나라 사람들은 70으로 조세를 거둔다.' 라고 했으니 70畝는 본래 은나라의 토지를 분배하는 제도이다."라고 기록한 것이 그것이다.43) 이와 같이 직접 현장을 답사하고 문헌적 고증을 거쳐 주장한 그의 견해는 당시 학자들로부터 상당한 지지를 얻어내기도 하였다. 다른 한편으로는 자신의 학문적 자세에 대해 "내가 바라는 바는 주자를 배우는 것이다."라고 스스로를 표현함으로써 자칫 일반 성리학자들의 불필요한 오해를 불식시키기도 하였다.

성리학적인 면에서 구암 한백겸이 가지고 있는 특징은 기존의 학설을 그대로 따르는 것이 아니라 당시의 학설을 종합하여 자신의 독자적인

---

42) 이상배,「인조대 택당 이식의 관직생활과 현실인식」『백산학보』83호, 2009, 521~548쪽 참조.
43)『구암유고』기자유제설, 기전도, 기전도설발, 기전도설후서.

학설을 정립한다는 점이다. 사단칠정론에 대하여는 퇴계나 율곡의 학설
에서 더 나아가 사단과 칠정이 따로 구분되는 것이 아니라 서로 연관을
가지고 복합적으로 작용한다고 하였다. 나아가 人心道心說에 대해서도
그 근원은 하나의 마음에 자리 잡고 있으며, 하나의 지각을 통해서 발휘
된다고 주장하여 퇴계나 율곡의 학설에서 한걸음 더 나아갔다.44) 그의
인심도심설에 대하여 당대의 실학자인 반계 유형원은 "가장 명백하고
성현의 본 뜻을 얻은 것"45)이라는 평가를 내릴 정도로 주목을 받았다.

　이와 같이 구암의 학문적 경향이나 그 자세는 비판적인 역사의식을
바탕으로 하고 있으며, 기존의 학설을 무비판적으로 받아들이기 보다는
의심 가는 부분에 대해서는 적극적으로 옛 자료를 바탕으로 고증하여
새로운 이론을 제시하는 것을 주저하지 않았다. 이를 통해 구암의 역사
인식의 한 단면을 파악할 수 있다.

　한편 구암이 저술한 『동국지리지』에 대하여 단재 신채호는 "한백겸
의 동국지리설이 수십 줄에 불과한 간단한 글이지만 일반 사학계에 큰
광명을 열어 후대 정약용의 『강역고』나 한진원의 지리나 안정복의 『동
사강목』에 부록으로 실은 강역론이나 그 이외에 조선의 역사 지리를 논
하는 사람들 모두가 한선생의 그 간단한 지리설을 부연하였을 뿐이다."
라고 언급할 정도로 조선시대 지리지의 편찬분야에서 으뜸으로 평가하
고 있다.

　그가 『동국지리지』를 저술한 동기는 吳澐의 『東史纂要』를 검토해 보
고 난 이후 문제의식을 가지면서 시작되었다.

---

44) 이애희, 앞의 논문, 1998, 75~80쪽 참조.
45) 안정복, 『반계선생연보』 효종 8년 무술.

　이 책은 三朝鮮으로부터 아래로는 고려시대까지 그 대강의 개요를 갖추어 실지 않은 것이 없고 매우 분석적이며 간략한 것이 통감과 사략의 장점들을 다 갖추고 있다. … 다만 열전이 자세하고 본기는 소략하다. 또한 表와 志가 없어 각 나라의 법제와 연혁 및 그 나라 임금의 정치의 잘잘못이 기술되지 않아 그 전말을 참고할 수가 없으니 이것이 결점이다. 또한 삼한과 사군의 설도 여러 학자의 고루한 견해를 그대로 따라서 정확한 판단을 내리고 있는 것을 보지 못하겠다. 이는 실로 우리 나라의 한 가지 큰 흠이다. 특히 오운의 이 책에 이 점이 아쉬울 뿐이다.46)

　위의 기록을 통해서 알 수 있듯이 구암은 오운의 글이 전체적인 역사적 흐름을 분석적이면서도 개요를 중심으로 중국측 사서의 장점을 살려 잘 정리하였음을 밝히고 있다. 다만 일부분이 기술되지 않아 그 실상을 정확하게 알 수 없는 단점이 있고, 특히 삼한과 사군의 학설에 대해서는 객관적인 고증이 없이 기존의 학설을 그대로 따르고 있는 점을 아쉬워하고 있다. 이어 그의 아들 한흥일이 쓴『동국지리지』발문에는 다음과 같은 글이 기록되어 있다.

　돌아가신 아버님은 문자상으로 사리의 옳고 그름을 가리지 않고 눈과 귀가 미치는 바이면 더욱 힘을 기울이셨다. 무진년(계축년의 오기)에 사문 오운의『동사찬요』를 얻어 보셨는데 그 가운데 지리지가 보고 들은 지식과 사뭇 다름이 있어 탄식하면서 말씀하시길 "선비가 수 천년 뒤에 태어나도 一字一句를 얻으면 오히려 옛사람의 심정을 이야기할 수 있다. 하물며 우리나라 같이 동서로 600여 리가 안되고 남북으로 겨우 수 천리여서 팔도를 널리 돌아다닌 사람도 한두 명이 아닌데 땅의 경계를 모르고 지명을 분별하지 못함에 이르고 있으니 애석하다"하셨다. 이에 여러 책을 내어 들이고 견물을 참고하시어 출초자(아들)로 하여금 붓을 들고 쓰게 하셨다.47)

---

46)『동사찬요』후서.

위의 내용은 아들이 아버지가 불러 주는 내용을 받아 적은 사실과 구암이 책을 쓰게 된 이유를 밝혀놓고 있다. 즉 오운이 저술한 책의 지리지 부분과 옛 나라들의 경계와 지명이 정확하지 못함을 한탄하면서 이러한 문제점을 밝혀 놓기 위해『동국지리지』를 저술하게 되었음을 밝히고 있다. 이러한 저술 동기는 구암이 평소 가지고 있었던 투철한 사료 비판의식과 객관적이고 합리적인 역사해석을 바탕으로 가지고 있었기 때문에 가능하다.

그가『동국지리지』를 저술할 때 참고한 자료는 우리나라의 문헌 외에도 중국 자료를 다양하게 섭렵하고 있다. 중국측 기록으로는『한서』『후한서』『당서』『통전』『문헌통고』『통감』등을 참고하였고, 국내 문헌으로는『동국통감』『여지승람』『동사』『동국병감』『고려사』임언의「영주벽상기」등의 자료를 참고로 고증하였다. 특히 고려시대 부분에 대해서는 국내 도서만을 참고로 인용하였고, 삼국시대와 그 이전의 역사기록들은 중국측 자료와 국내 자료를 참고 인용하였다. 그의 생각은 당시의 사실을 알려면 그 시대를 직접 서술하고 있는 사서를 참고하는 것이 좋다는 자신의 기준에 근거한 것이다. 이 또한 실증적인 역사관에 기초한 역사 인식의 한 단면을 보여주고 있는 것이다.

『동국지리지』의 구성 내용은 삼국 이전시대와 삼국시대, 그리고 고려시대로 크게 구분하였다. 그 안에 기록한 주요 내용들은 각 나라의 위치와 도읍, 강역, 형세, 관방 등을 중심으로 서술하고 있다. 삼국 이전시대는『전한서』의 조선전 내용과 후한서의 고구려·동옥저·예맥·부여·읍루·삼한의 관련 기록들을 그대로 옮겨 수록하였고, 이 외에 四郡과 二府二郡의 설치연혁을 간략하게 기술하였다. 여기서 주목할 것은 삼한은

47) 한백겸,『동국지리지』발문.

한강 이남에서 마한·진한·변한이 각각 백제·신라·가락국으로 변화되었으며, 한강 이북에는 한사군이 중심 세력으로 자리 잡았다고 인식하였다. 이로써 한강 이남은 중국으로부터의 영향을 받지 않고 독자적이면서 주체적으로 성장했다는 관점을 강조하여 종래의 학문 경향을 비판하였다.

이어 삼국시대는 고구려·백제·신라 순으로 내용을 기록하고, 발해와 금관국·가야국·태봉국·후백제국에 대한 내용도 일부 수록하였다. 특히 과거 『삼국사기』 이후 『동국통감』까지 대부분의 역사책이 신라 중심적 사관에서 출발하여 신라·고구려·백제 순으로 책의 내용을 배열하여 집필하던 것과는 체제를 달리한 것이다. 다만 삼국의 건국연대는 신라·고구려·백제 순으로 종래의 기록을 그대로 따르고 있다. 삼국의 건국연대를 새롭게 기술하기 위해서는 이를 뒷받침할 만한 근거 자료가 있어야 하는데 여의치 않았기 때문에 기존의 통설을 따른 것으로 보이며, 고구려와 백제를 신라보다 앞에 배치한 것은 국가 사회 발전의 순서가 두 나라 모두 신라보다 앞섰다고 보았기 때문이다. 이러한 역사 서술의 방법론적 인식은 신라 중심의 종래 사관을 탈피하는 것이며, 객관적인 역사 서술이라는 자신의 역사 철학에서 비롯된 것이라고 생각된다.

고려시대는 도읍지인 개성부와 그에 상응하는 평양·남경·경주 등 三京, 그리고 강화도의 설치연혁이 기술되어 있고, 태조 왕건의 설화도 기록하였다. 이어 고려의 강역과 형승·관방에서는 5도 양계에서 군사적 성격이 강한 양계 부분을 상세하게 기술하였다. 이러한 기술 경향은 본인이 임진왜란을 겪으면서 변방의 견고함이 중요하다는 인식을 했을 것이고, 그러한 상태에서 고려시대 수차례 치러진 거란과의 전쟁을 바라보는 시각이 남달랐을 것으로 보인다. 그러한 인식이 고려시대 행정구역의 변화와 영역에 관한 내용보다는 군사적 거점에 대한 상세한 기술로 나타나지 않았을까 생각한다.

이상에서와 같이 구암 한백겸의 역사 인식은 기존의 학설을 그대로 답습하거나 무비판적으로 수용하기 보다는 냉철하게 다양한 사료를 두루 섭렵하여 근거를 제시하고, 객관적이고도 실증적으로 연구하여 자신의 견해를 논리적으로 이끌어내는 사고를 가지고 있었다. 이러한 인식을 바탕으로 과거 조선에 남아있던 지리지와 역사책을 두루 참고하여 자신만의 독특한 사고를 담아 선구적인 역사지리 분야의『동국지리지』를 편찬함으로써 조선 후기 실학자와 역사지리를 연구하는 사람들에게 전형적인 모범을 보여 주었다.


## 5. 맺음말

원주의 인물로 자리매김한 구암 한백겸은 조선시대 가장 혼란기였던 임진왜란을 전후한 시기에 살면서 뛰어난 지방관으로 이름을 날렸고, 대표적인 역사 지리학 분야의 책을 편찬한 인물이기도 하다. 앞에서 논한 내용을 중심으로 정리하여 결론에 대신하고자 한다.

선조대 초반의 정치적 주도권을 잡은 사림파는 정책을 결정하는 주요 과정에서 서로 견해를 달리하면서 동인과 서인의 붕당이 나타나기 시작했다. 특히 척신의 정치참여 배제와 훈척정치의 인적청산 문제를 둘러싸고 대립된 이들은 선조 8년(1585) 척신 심의겸의 정치개입 문제를 계기로 동인과 서인으로 분열하게 되었다.

이후 동인은 정여립 역모사건을 계기로 기축옥사를 처리하는 과정에서 서인이 과도하게 사건을 확대하여 처리한 것에 대해 분노의 감정을 가지게 되었고, 동인 내부에서도 자신들이 화를 당할 때 적극적으로 옹호해 주지 않은 유력 인사들에 대한 반감이 높아지게 되었다. 그 여파는 결국 기축옥사의 책임을 물어 정철을 위시한 서인의 처벌을 둘러싸고 강경하게 서인을 응징해야 한다는 북인과 사람에 따라서 분리하여 처리하자는 온건한 남인으로 의견이 엇갈렸다. 이로 인해 임진왜란 직전의 정치상황은 서인과 남인 및 북인이 대치한 정국이 유지되고 있었다. 임진왜란을 거치면서 서인과 남인세력의 정치적 영향력이 약화되고 북인세력이 정국 전면에 부상하는 형국이 전개되었다. 전쟁 이후 혼란을 수습하는 과정에서 북인 세력은 현실 정치의 인식 차이에 따라 다시 대북세력과 소북세력으로 분리되었다. 이와 같이 선조 때는 과거 훈구세력이 사라지고 정권을 장악한 사림파 세력들이 정책의 결정과정에서 서로 대립하면서 동인과 서인, 남인과 북인으로 분립되는 시대였다. 이 시대에 구암 한백겸은 동인 계열에 포함되어 있었고, 기축옥사 때 유배되면서 북인에 가까운 계열로 분리되었다. 이러한 시대를 살았던 구암은 관직생활에서 유배를 당하는 등의 불이익을 받기도 했으나, 붕당의 분파에 직접적으로 가담하여 정치활동을 전개하지는 않았으며, 자신의 학문 발전과 지방관으로서 실천적 의지를 위해 노력하는 삶을 살았다.

구암의 가문은 조선 초 훈구파로 시작되었지만 선조 때에 이르러서는 사림파로 바뀌면서 동인계열에 속하였다. 지방 관직을 역임하면서 백성들을 위해 정사를 펴고, 아전들에 대한 단속을 엄하게 하는 등 수령의 자질이 뛰어난 인물로 추앙을 받기도 하였다. 호조 참의로 있을 때는 과거의 제도에 얽매어 새로운 방법을 강구하기를 꺼려서는 안 된다고 역설하면서 대표적으로 공물의 징수 방법을 새로운 방법으로 변통하여 혁신할 것을 주장하였다. 이러한 방법으로 백성들에게 균등한 혜택이 돌아가도록 세금체계를 공평하게 바로 잡는 것이 필요하다고 하였다. 이러한 주장은 구암의 진취적이고 변화를 두려워하지 않는 긍정적 사고의 일단을 보여주는 것이다.

구암은 「계몽설시」에 대한 주석에서 냉철한 논증을 통해 비판하는 등 옛 성현의 기록이나 주장이라고 해서 무조건적으로 받아들여 익히는 것이 아니라 늘 문제를 제기하고 그 근원이 무엇인가를 탐구하면서 고증하는 학문 자세를 견지하고 있었다. 나아가 「기전유제설」을 통해서는 의문나는 사항을 직접 현장 조사를 통해 확인하고, 이를 바탕으로 당시의 기록들을 참고하여 잘못된 사실을 바로잡기도 하였다. 또한 성리학적으로도 기존 학자들의 사단칠정론이나 인심도심설에 대하여 비판적인 자세를 견지하면서 자신만의 독자적인 이론을 정립하여 논하기도 하였다. 이러한 역사 인식은 철저한 고증과 비판을 통해 이루어지고 있으며, 단순한 비판만이 아닌 자신의 견해를 독자적으로 만들어 대안을 제시함으로써 실증적 역사 인식을 가지고 있었던 인물로 주목된다.

나아가 그가 만년에 아들에게 구술하여 받아 적게 함으로써 저술한 『동국지리지』는 조선시대 역사지리학의 모범을 보여주는 저작으로 평가받고 있다. 이 책도 오운의 『동사찬요』를 읽고 문제점을 바로 잡고자 하는 일념에서 옛 문헌을 두루 참고하여 고대부터 고려시대까지의 역사를 지리적 입장을 반영하여 편찬한 것이다. 이 책 또한 그의 비판적 사고와 실증적 역사관이 만들어낸 결과이다. 그는 기존의 학설을 그대로 답습하거나 무비판적으로 수용하기 보다는 냉철하게 다양한 사료를 두루 섭렵하여 근거를 제시하고, 객관적이고도 실증적으로 연구하여 자신의 견해를 논리적으로 이끌어내는 사고를 가지고 있었다. 이러한 인식을 바탕으로 과거 조선에 남아있던 지리지와 역사책을 두루 참고하여 자신만의 독특한 사고를 담아 선구적인 역사지리 분야의『동국지리지』
를 편찬함으로써 이후 실학자들에게 많은 영향을 끼치게 되었다.

　이와 같이 구암 한백겸은 조선 중기 비판적이고 실증적인 관점에서
객관적으로 역사적 사실에 대한 사료를 정확하게 해석하여 당대의 잘못
된 견해들을 바로잡고 대안을 제시했던 실학자이자 역사학자였음을 살
펴보았다. 그가 운곡 원천석을 오운에게 역사책에 열전항목으로 서술할
것을 요청한 것도 이와 같은 역사의식을 가지고 있었기 때문에 가능한
일이었다.

# 제3장 택당 이식의 처세와 정치활동

## 1. 머리말

택당은 월사 李廷龜, 상촌 申欽, 계곡 張維 등과 함께 조선 중기 漢文
四大家 중 한 사람으로 1584년(선조 17)부터 1647년(인조 25)까지 생존했
던 인물이다. 이 시기는 임진왜란·정묘호란·병자호란 등 대외적으로 외
국과의 전쟁이 있었고, 대내적으로는 인조반정과 이괄의 난 등 큰 정치
적 사건이 일어났던 시기이다. 한마디로 조선시대 가장 혼란기였다고
할 수 있다. 그래서인지 택당이 자식들에게 남긴 5가지 교훈은 자신의
인생경험을 통해 체득한 생활철학을 바탕으로 제시한 것들임을 알 수
있다.[1]

지금까지 택당에 대한 연구는 한문학계에서 활발하게 이루어져 왔
다.[2] 조선 중기 한문 4대가라는 칭호가 따라 다니듯이 그의 한시 작품에

---

1) 택당이 자식들에게 남긴 5가지 조항은 '經史를 연구하여 지식을 개발하라, 義命
  에 마음을 두고 利慾을 버려야 한다, 志氣를 가다듬어 환란에 대처해야 한다, 衣
  食을 박하게 하여 빈천에 처해야 한다, 저축에 힘써 위급에 대비해야 한다' 등으
  로 난세에 처신하는 행동양식의 일면을 살펴볼 수 있다. 이 기록은 宋時烈, 「澤
  堂李公諡狀」『송자대전』권203에 수록되어 있다.
2) 한문학 분야에서 연구된 논문으로는 朴永浩, 「澤堂의 學問的 態度와 文論의
  性格」,『韓國學論叢』제15집, 한양대학교 한국학연구소, 1989. 禹應順, 「李植
  의 文學論 硏究」,『한국한문학연구』제12집, 1989, 張源哲, 「澤堂 李植의 文學
  論 再考」,『語文論集』, 1990. 崔泰林, 「澤堂 李植의 詩世界」,『한문학논총』

대한 연구와 비평이 주로 이루어졌기 때문으로 생각된다. 그동안 택당
에 관한 연구가 그의 문학적 재능과 역할에 집중된 나머지 역사적 평가
는 소홀히 하였다. 그가 살았던 시대는 16세기 말 17세기 초로서 조선시
대 역사에서는 가장 혼란기이자 시대 전환기였다. 이러한 점에서 이 시
대를 살았던 최고 문장가인 택당의 삶과 시대인식에 대한 역사적 고찰
은 선조·광해군·인조대의 역사상을 짚어볼 수 있는 연구 주제가 되기에
충분하다고 생각한다.

따라서 본 논문에서는 택당을 역사적 관점에서 검토해 보고자 한다.
그가 살았던 시대와 결부지어 어떠한 삶을 살았으며, 당시 정치 현실에
대한 그의 처세관이 어떠했는가를 살펴보고자 한다. 나아가 임진왜란
이후 광해군대 북인정권 아래서 폐모론의 등장과 인조반정이라는 정치
적 변혁을 맞이하면서 그의 현실인식과 행동양식이 어떻게 변화되었는
가를 살피는 일은 그의 문학적 바탕에 깔려 있는 역사의식이나 학문적
바탕의 근원을 고찰하는데 일조가 될 것이다.

이러한 연구 목적을 달성하기 위해 기초적 관찬사료 뿐 아니라 이식
의 문집인『택당집』을 주로 활용하고자 한다.『택당집』에 실려있는 시
문의 내용과 그가 올린 각종 상소문을 통해서 그의 현실인식의 단면을
고찰하고자 한다. 그리고 그의 생애에 대해서는『택당집』에 실려있는

---

제11집, 단국대학교한문학회, 1993. 이한우,「澤堂 李植 文學 硏究」, 대구대 박
사학위논문, 1996. 崔泰林,「澤堂 李植의 生涯를 통해서 본 漢詩硏究」,『한국
사상과 문화』, 한국사상문화학회, 1999. 강명관,「澤堂 李植 散文批評의 재검토」,
『한문학보』제8집, 우리한문학회, 2003. 金德秀,「澤堂 李植의 詩世界」,『한국
한시연구』11집, 2003. 이한우,「澤堂 李植 古文 硏究」,『한국사상과 문화』, 한
국사상문화학회, 2004. 오세현,「澤堂 李植의 文學論과 道統意識」,『한국문화
사』하, 일지사, 2007 등이 있다.

自敍文을 주로 참고하고, 그의 아들 李端夏가 지은 年譜를 바탕으로 손자인 李箕鎭이 엮은『澤堂李先生年譜』를 보완자료로 활용하였다.3) 나아가 宋時烈의『宋子大典』에 그가 지은 諡狀이 남아있어 이들을 기초 자료로 활용하고자 한다.


## 2. 택당의 가계와 생애

택당의 본관은 德水, 자는 汝固, 호는 택당 외에 南宮外史·澤癯居士 등이 있으며, 시호는 文靖이다. 덕수이씨 15대손이다. 그의 직계 4대조인 李荇은 문장과 글씨에 뛰어나 대제학을 거쳐 좌의정을 지낸 인물이다. 같은 시대에 살았던 東岳 李安訥은 홍문관과 예문관의 제학을 지내면서 4,379수의 시를 남긴 문장가로서 그와는 從叔간이다. 뿐만 아니라 덕수이씨 12세손이 충무공 이순신(1545~1598)이며, 13대손이 율곡 이이(1536~1584)이다. 이렇듯이 조선 중기의 덕수이씨 가문은 명문가였다.

그러나 택당의 직계는 증조할아버지 이원상이 도총부도사를 지낸 것

---

3) 李箕鎭이 엮은『澤堂李先生年譜』는 서울대학교 규장각과 단국대학교 도서관에 남아 있다. 택당 이식의 셋째아들인 이단하가 아버지의 문집을 간행할 때 미처 연보를 간행하지 못했던 것을 이기진이 엮어 발간하였다. 목판본으로 1책이며 60장으로 구성되어 있는 이 책은 1734년(영조 10)에 간행되었다. 책의 내용은 1584년에 이식이 京城의 남쪽 小門洞에서 출생한 것으로 시작하여 1718년(숙종 44) '文靖'이라는 시호를 받는 것으로 끝을 맺고 있다. 이 외에 18세에 沈義謙의 손녀와 혼인한 것, 30세에 侍講院 說書를 제수받았으나 정계에 나오지 않고 주로 여러 지방을 다닌 내용, 인조반정 이후로 이조정랑, 부수찬, 사간 등 각종 관직을 제수받은 내용, 1631년 대사간으로서 인조의 元宗追崇에 반대 의견을 개진한 내용, 1643년 왕명으로 史草를 考覽한 일 등이 있으며, 자신이 지은 詩文과 63세에 벖庵記를 저술한 내용 등이 수록되어 있다.

을 빼고는 할아버지 李涉과 아버지 李安性은 과거에 합격하지 못했다. 그러다가 택당 때에 이르러 과거시험으로 벼슬길에 들어섰다. 택당은 슬하에 3형제를 두었다. 장남은 修撰을 지낸 李冕夏, 차남은 禮賓寺正을 지낸 李紳夏, 3남은 좌의정을 지낸 李端夏이다. 특히 셋째 아들은 송시열의 문하에서 학문을 익혔으며, 아버지를 이어 홍문관 예문관 대제학을 역임하는 등 뛰어난 문장가로서의 실력도 겸비하고 있었다.

택당은 조선 후기 붕당정치사에서 어느 당에도 속하지 않았다. 아버지 이안성은 아들에게 "우리나라는 붕당 때문에 망할 것이라는 말이 증명되고 있다. 네가 비록 요행이 조정에 나가더라도 함부로 名士와 교유함으로써 세상 사람들의 지목을 받게되는 것을 피하도록 하라"고 훈계하였다.[4] 이에 택당은 종신토록 색목을 자처하지 않았으며, 동인과 서인 어디에도 들지 않았기 때문에 그를 보호해 줄 인물이 주변에 없었다. 나아가 남의 과실을 즐겨 비판하거나 사회의 모순이나 병폐를 직접적으로 말하기 보다는 시문을 통한 풍자의 방법으로 드러내곤 하였다.[5] 그러나 그의 아들들이 송시열의 문하에 들어가 학문을 배우면서 서인의 학맥을 잇게 되었고, 셋째 아들 이단하는 서인의 핵심세력으로 성장하였다.

택당은 가문을 일으키기 위해 뒤늦게 과거에 응시하여 그의 나이 27세 때인 1610년(광해군 2) 별시문과에 급제하여 성균관 학유로 관직생활을 시작하였다. 그러나 처음부터 관직에 뜻을 두고 있지 않았기 때문에 곧바로 벼슬을 버리고 백아곡에 이주하여 생활하였다.

---

4) 任相元·任天常,『瑣編』권4 "我國必以朋黨亡 今果驗矣 爾雖僥倖登朝 愼勿 交結名士爲世所指目".
5) 金德秀, 앞의 논문, 255쪽.

택당의 생애는 크게 세부분으로 구분할 수 있다. 그가 어렸을 때 임진 왜란이 발발하여 혼란한 전쟁기를 거치면서 학문을 배우기 시작한 학문 입문기, 학문적 소양을 극대화하고 세상을 떠돌면서 친구들과 시문을 주고받으며 생활한 학문성숙기, 그리고 본격적인 관직생활로 자신의 학 문과 문장을 나라를 위해 사용한 정치활동기로 나눌 수 있다.6) 이러한 구분은 왕대별로도 구분이 가능하다. 즉 학문입문기는 선조대, 학문성숙 기는 광해군대, 정치활동기는 인조대로 구분된다. 각 시기별로 간단하게 생애를 정리하면 다음과 같다.

학문입문기는 그가 태어난 1584년(선조 17)부터 과거에 합격하기 전인 1609년(광해군 1)까지이다. 그의 어린 시절은 순탄하지 않았다. 서울의 남소문동에서 태어난 그는 어려서 임진왜란을 만나 다른 아이들과 마찬 가지로 장기간 북쪽과 남쪽으로 피난을 다녔기 때문에 미처 학문에 정 진할 여유가 없었다.7) 이후 12살 되던 해에 진사 李文偃에게서 史略과 句語 古風絶句 등을 배우면서8) 시문에 입문하기 시작하였는데, 뛰어난 감각으로 시문을 잘 지어 쇠약해진 가문을 일으킬 수 있는 인물로 주목 을 받았다.9) 그러나 연이어 학질에 걸려 5~6년간 사경을 헤매면서 몸이 여위고 발이 뒤틀리는 병에 걸릴 정도로 건강이 나빴다.10) 그가 18세 되

---

6) 崔泰林은「澤堂 李植의 生涯를 통해선 본 漢詩研究」라는 논문에서 그의 생애 를 4기로 나누었다. 학문을 배우기 시작한 수학기(1584~1609), 시문을 수창하며 전국을 종유한 종유기(1610~1622), 관직생활을 시작한 입사기(1623~1645), 벼슬에 서 물러나 고향에서 생활했던 퇴사기(1646~1647)로 구분하였다.

7) 李箕鎭, 『澤堂李先生年報』, 서울대규장각, 고4655-39. 이하 『年報』로 약칭함. "一朝遭倭亂 奔竄飢困 先生以此幼少時羸弱多疾 仍失童學".

8) 『택당집』 별집 권17 叙後雜錄.

9) 『年報』. "從祖巡察公 洸亟稱之 嘗贈紙束題其面曰 吾門之衰 興起者汝也".

10) 『택당집』 별집 권16 澤癯居士自敍.

던 해에 사서를 읽고 唐詩와 『杜詩』 등을 익혀 監試에 응시하였으나 낙
방하였다. 어찌보면 학문할 수 있는 기간이 짧았기 때문에 당연한 결과
이기도 했다. 이해 부인 청송 심씨와 결혼을 하였고, 학문에 정진하여
20세 때 다시 한 차례 감시에 응시하였다가 떨어진 후에는 驪江으로 옮
겨 가 『性理大全』·『退溪文集』·『綱目』 등을 읽으면서 학문에 정진하였
다. 이 시기 그가 교유한 사람은 己丑獄死로 정계에서 물러나 있었던 草
塘 具宬과 泗溟堂 惟政 등이었다. 특히 임진왜란이 끝난 후 일본의 정세
를 탐지하기 위해 일본으로 떠나는 사명당에게 높은 禪定의 경륜으로
몇마디 말로써 적의 마음을 복종시킬 것이라는 내용의 시를 보낼 정도
로[11] 유대관계가 있었다.

학문성숙기는 그가 과거에 합격하여 처음으로 벼슬을 부여받은 1610
년(광해군 2)부터 1622년(광해군 14)까지이다. 그는 1609년 감시에 합격
하여 진사가 되었고, 이듬해 별시에 합격하여 성균관 학유에 임명되었
으나 과거부정에 휩싸이는 불운을 겪으면서 스스로 관직에 나가지 않았
다. 이후 1613년 시강원 설서에 임명되었으나 곧 이어 사직하였고,[12] 다
시 1616년 北評事가 되어[13] 약 6개월간 鏡城 일대를 다녀와 사퇴하였다.
이듬해에는 선전관에 임명되어 황해도 일대를 3개월간 다녀온 후 1618
년(광해군 10) 10월 이후에는 경기도 砥平(지금의 양평군 양동면)으로 낙
향하여 남한강변 백아곡에 澤風堂을 짓고 오직 학문에만 전념하였다.
호를 택당이라 한 것도 여기에 연유하였다. 이때 벼슬을 그만 둔 것은
조정에서 廢妃 논의가 본격적으로 제기되는 것이 부당하다고 생각하고

---

11) 『택당집』 본집 권1 送松雲僧將使日本.
12) 『광해군일기』 권65 광해군 5년 4월 경술조.
13) 『광해군일기』 권102 광해군 8년 4월 기미조.

관직을 떠난 것이다. 그리하여 이후에도 1619년 병조좌랑, 영변부판관, 1621년의 원접사 제술관, 진위사 등에 임명되었으나 모두 거절하고 나가지 않았다. 1621년의 경우 劉鴻訓과 楊道寅 두 詔使가 왔을 때 원접사 李爾瞻이 택당을 종사관으로 천거하였으나 광해군은 보다 명망있는 인물을 종사관으로 하고 택당을 제술관으로 임명하였다. 그러나 몸이 아프다는 핑계로 사직하고 응하지 않다가 광해군이 강하게 명하여 중도에서 합류하였으나 경성까지 갔다가 다시 돌아왔다.[14] 결국 광해군이 재위하고 있던 시기에는 누차 관직을 제수했으나 대부분 거절하고 은둔하면서 학문에 열중하고, 시문을 좋아하는 동류들과 어울려 시문 화답을 즐겨하였다.

이 시기에 주로 어울린 인사들은 石洲 權韠, 鶴谷 洪瑞鳳, 五山 車天輅·車雲輅 형제, 疎庵 任叔英, 李廷龜, 柳根 등이었다.[15] 권필은 택당의 종숙인 이안눌과 함께 鄭澈에게서 학문을 배웠고, 광해군 즉위 후 북인들의 정권 농단과 사회상을 맹렬하게 비판하다가 44세의 젊은 나이에 죽은 인물이다. 홍서봉은 1610년(광해군 2) 金直哉獄事에 장인이 연루되어 파직당한 후 은거하다가 인조반정에 적극 가담하였고, 병자호란 때는 최명길과 함께 화의를 주장하였으며 후에 영의정을 지냈다. 차천로는 송도 삼절로 불릴 정도로 시문과 문장에 뛰어난 인물로『五山說林』과「江村別曲」등의 작품을 남겼다. 임숙영은 시문에 능했으며 광해군 초기 북인들의 전횡을 비판하고 영창대군의 무옥에 참여하지 않아 쫓겨나 廣州에 은거해 있다가 인조반정 후에 관직에 나간 인물이다. 이정구

---

14)『택당집』별집 권16 澤癯居士自敍.
15) 宋時烈,「澤堂李公諡狀」『송자대전』권203. 학곡 홍서봉과 계곡 장유 등과는 偏親契를 만들어 왕래할 정도로 친밀하게 지냈다.

는 택당과 함께 한문4대가로 불리는 인물로 좌의정까지 지냈다. 유근은 광해군 때 대북세력이 국정을 농단하고 폐모론에 대한 의견이 제기되자 곧바로 물러나 괴산에 은거한 인물이다.

이와 같이 택당이 주로 어울린 인물들은 대부분 시문과 문장이 뛰어나고, 광해군 때 북인세력의 정치적 전횡에 비판적인 인물들로서 현실정치로부터 물러나 은둔해 있던 志士들이었다. 택당은 정치적 성향을 같이하는 이들과 교류하면서 학문적 성숙도를 높일 수 있었다. 결국 이 시기의 택당은 현실정치에 비판적인 입장을 견지하면서 정계에서 멀리 떨어져 나와 남한강변 백아곡에 택풍당을 짓고 학문에 전념한 때였다. 그의 나이 27세에서 39세까지 13년간이다.

정치활동기는 1623년(인조 1) 사헌부 지평을 시작으로 본격적인 관직생활에 몸을 담아 홍문관과 예문관 대제학 겸 지돈녕부사를 끝으로 벼슬에서 물러나 생을 마감한 1647년(인조 25)까지이다. 이 시기는 인조반정과 이괄의 난을 비롯하여 정묘호란과 병자호란에 이르기까지 국정이 매우 혼란한 시기였다. 광해군대는 정계에서 물러나 학문에 전념하면서 정치적 변화를 관조하는 시기였다면 이 때는 대부분 관직생활에 몸담고 있으면서 자신의 철학을 국정에 반영하려고 노력했던 시기이다. 그러나 벼슬에 연연하여 보다 적극적인 관직생활을 하지는 않았던 것으로 보인다. 그것은 인조가 관직을 임명해도 건강이 나쁘다는 핑계와 자신의 능력이 직분에 미치지 못한다는 이유로 자주 사직소를 올리고 있는 것을 통해 알 수 있다.[16]

1623년 인조반정이 일어났을 때 그는 定州에 있었다. 종부인 이안눌이 접반사로 갈 때 그를 종사관으로 천거하였기 때문에 뒤늦게 정주에서

---

16) 『택당집』 별집 권16 澤癯居士自敍.

합류하였던 것이다. 이곳에서 인조반정의 소식을 접하고 곧바로 돌아왔
다. 이어 택당과 교분이 두터운 친구들이 집권하게 되면서 요직에 발탁
되어 정6품인 이조좌랑에 등용되었다. 이듬해 이괄의 난이 일어났을 때
어영사 李貴의 종사관으로 참전하였다가 참패한 후 인조를 호종하여 남
쪽으로 내려갔다.17) 이괄의 난이 평정된 후 환도하여 응교·사간·집의
등을 거쳐 1625년(인조 3)에는 예조참의·동부승지·우참찬 등을 지냈다.
이듬해 형조참의에 제수되면서 춘추관 수찬관을 겸직하여 『광해군일기』
를 편찬하였고, 정묘호란 때는 체찰사 이원익의 贊劃使로 세자를 모시
고 分朝를 배행하여 남쪽으로 내려갔다가 돌아오는 길에 대사간에 임명
된 후 대사성·좌부승지 등을 역임한 것을 시작으로 1632년까지 대사간
을 세 차례나 역임하였다. 1633년에 부제학을 거쳐 1638년 대제학과 예
조참판·이조참판을 역임하였다. 1636년 병자호란 때는 현실적인 국가
상황을 인식하고 화의론에 가까운 의견을 제시하였으며, 인조를 호종하
고 남한산성에 들어갔을 때는 청나라와 주고 받은 외교문서를 작성하였
으나 내용이 걸맞지 않는다고 하여 채택되지는 않았다.18) 그는 1642년
에 金尙憲과 함께 척화를 주장하여 계획적으로 화의론을 방해했다는 모
함을 받고 요동의 봉황성에 잡혀갔다가 돌아오기도 하였다. 1643년 대사
헌과 형조·이조·예조의 판서를 역임한 후 1646년 홍문관과 예문관의 대
제학 겸 지돈녕부사에 임명되었다. 그가 본의 아니게 전란 이후 판서의
직을 연이어 담당한 것은 당시 六卿에 임명되면 자식을 심양에 인질로
보내야 했기 때문에 다른 사람들이 모두 그 자리를 사양한 까닭이라고
적고 있다.19) 그리고 같은 해 9월 과거시험의 別試官으로 문제를 출제하

---

17) 위와 같음.
18) 위와 같음.

였다가 시제에 逆意가 있다고 하여 관직이 삭탈된 후 백아곡으로 돌아와 별세하였다. 1686년 영의정에 추증되었다. 이와 같이 정치활동기는 택당이 관직생활에 나아가 현실정치에 적극적으로 가담하면서 자신의 철학과 경륜을 국정에 반영하였던 시기이다.

문집으로는 『택당집』이 전한다. 이 외에『初學字訓增輯』,『杜詩批解』등을 저술하였고,『水城志』,『野史初本』등을 편찬하였다. 또한『선조수정실록』과『광해군일기』를 편찬하기도 하였다.

## 3. 광해군대의 정치상황과 택당의 처세

### 1) 북인정권 등장과 택당

임진왜란을 겪은 선조를 이어 즉위한 광해군은 북인세력의 도움을 받아 왕위에 올랐다. 따라서 그는 북인세력으로부터 자유롭지 못하였다. 그리하여 북인의 주장에 따라 동생을 죽이고 인목대비를 유폐하는 등 서인세력과 동떨어진 정책을 펴면서 왕위에서 쫓겨 나는 빌미를 제공하게 되었다.

광해군이 즉위한 후 가장 큰 문제는 전쟁의 상흔을 하루빨리 치유하는 길을 찾는 것이었다. 그 중에서도 자신의 정통성을 확보하는 문제와 전쟁으로 파괴된 각종 궁궐과 종묘사직의 재건, 도성의 중건 등 도시건설이 무엇보다도 시급한 일이었다. 이에 따라 국가 공역을 대폭 늘리게 되었고, 이것은 자연스럽게 백성들의 원망을 사기에 충분하였다. 특히

---

19)『택당집』별집 권16 自誌.

궁궐의 중건은 광해군 초에 국한된 것이 아니었고, 광해군이 왕위에서 쫓겨날 때까지 계속되었다. 나아가 가뭄으로 인한 백성들의 곤궁한 생활은 군역과 노역에 지친 그들의 생활고를 더욱 힘들게 만들었다.

이러한 당시 백성들의 곤궁한 생활상을 택당은 시로 표현하였다. 그의 문집인 『택당집』속집에 「가을 가뭄」이란 제목으로 실려 있는[20] 시문에는 계속된 가뭄으로 백성의 생활이 곤궁한 때 정부에서는 세금을 독촉할 뿐 아니라 전쟁으로 인해 손실이 큰 군적 충당을 위해 마을 단위로 책임을 지우고 이에 저항하는 자는 매질로 다스리며, 궁궐 건축을 위한 토목공사로 전국의 백성들이 동원되어 신음하는 상황이 잘 묘사되어 있다. 한편으로는 북방의 금나라가 강성해져 변방 침입의 우려가 있음을 인정하고, 토목공사도 당장 필요한 일이기는 하지만 너무나 백성들의 고통이 크다는 안타까움을 피력하고 있다.

이러한 시대적 상황에서 택당은 1610년 별시를 통해 과거에 급제하였지만 관직을 그만두었다. 당시 시험 감독관이었던 관료들이 자신들의 아들, 동생, 조카, 사위, 사돈 등을 합격시킴에 따라 사사로운 감정이 개입되었다는 주장이 제기되었다.[21] 그런데 처음에는 이들의 명단 가운데 택당의 이름이 없었으나 외간에 전파된 말이라는 명분으로 정언 丁好恕와 金聲發이 올린 상소에 그의 이름이 등장한다.

> 이번에 殿試를 거행했을 때 허균이 일개 對讀官의 신분으로서 제멋대로 私情을 행한 자취가 여러모로 드러났습니다. (중략) 합격자 명단이 발표된 뒤로 외간에 전파되고 있는 말을 듣건대, '아들 사위 동생 조카의 합격자 명단[子壻弟姪之榜]'이라고 하는가 하면 또 '사돈·문정의 합격자 명

---

20) 『택당집』속집 권1 秋旱 181쪽.
21) 『광해군일기』권35 광해군 2년 11월 갑진조.

단[査頓門庭之榜]'이라는 이야기까지 나오고 있는 실정입니다. 아들 사위 동생 조카는 이미 5인 속에 포함되어 있습니다만, 사돈이란 바로 과거 응시자 李昌後가 시관 李爾瞻과 혼인 관계를 맺은 것을 가리키고, 문정이란 李植이 바로 허균에게서 수업을 받은 사람이라는 것을 지칭하는 것입니다.[22)]

위의 상소가 빌미가 되어 택당 본인의 의사와는 다르게 구설수에 오르게 되었다. 그러나 택당은 허균과 안면이 있었을 뿐 그의 문하에서 학문을 배우지는 않았다. 당시 사관이 쓴 글에서도 "이식을 허균의 문하라고 한 말은 진정 잘못된 것이다."라고 하였고,[23)] 후에는 그가 허균과 안면이 있을 뿐 학문을 배우지는 않았다는 사실이 밝혀지게 되었다.[24)] 또한 위의 사료에서 말하는 문정이란 허균의 문하생을 지칭하는 것이 아니라 실제로는 이이첨과 鄭遵을 가리키는 것이었는데 당시 이이첨이 권력을 장악하고 있던 실세였기에 엉뚱한 사람을 문정으로 표현했다는 사실이 밝혀지기도 했다.[25)]

과거에 합격하자마자 이러한 곤욕을 치르게 되자 그는 스스로 벼슬을 그만두고 여강으로 돌아갔다. 당시의 심정에 대해 그는 "본래부터 과거에 나가지 않으려고 하였다. 벼슬에 처음 나가서 사람들로부터 지적을 당하였으니 나의 道가 이미 부족한 것이다. 마땅이 벼슬을 하지 않음으로써 처음의 뜻을 밝힐 뿐이다."[26)]라고 하면서 의연하게 서울을 떠나고

---

22) 『광해군일기』 권35 광해군 2년 11월 계해조.
23) 『광해군일기』 권35 광해군 2년 11월 계해조.
24) 『광해군일기』 권35 광해군 2년 12월 임신조.
25) 『광해군일기』 권35 광해군 2년 11월 계해조.
26) 『년보』 "本不欲赴擧 仕進之初 被人指斥 吾道已隘矣 但當不仕以明初志而已 有自叙五言古詩".

있다. 이후 그가 1611년 지은 「自叙」라는 오언고시에도 아버지의 권유로
인해 할 수 없이 과거를 보게 되었지만 벼슬길은 자신이 갈 길이 아니라
고 하면서 시골에 묻혀 농사나 지으며 자연과 벗하고 修己治人하며 세
상을 살 것이라는 심경을 밝히고 있다.27) 그가 이러한 마음을 갖게 된
것은 당시의 정치적 상황을 통해서 이해할 수 있다.

한편 북인의 지원을 받아 즉위한 광해군이 정치적으로 우선 해결해야
할 가장 큰 일은 선조 말 정권을 장악하고 있던 柳永慶 일파를 제거하는
문제와 북인 정권의 안정을 위협하고 있었던 臨海君을 제거하는 일이었
다. 결국 북인들은 왕위계승에서 협조하지 않았다는 이유를 들어 유영
경 일파를 제거하였고, 임해군에게는 무사들을 모아 역모를 꾀한다는
누명을 씌워 서인으로 폐하고 강화도에 유배하였다가 살해하였다.28) 나
아가 성리학의 정통을 확립한다는 취지 아래 젊은 관료들에 의해 五賢,
이른바 金宏弼·鄭汝昌·趙光祖·李彦迪·李滉을 문묘에 배향하자는 의논
이 일어 최종적으로 배향을 결정하게 되었다.29) 그러나 이후 5현의 문묘
제향에 대하여 당시 정권을 장악하고 있던 북인들은 남인의 宗師라고
할 수 있는 이언적과 이황의 문묘제향에 대해 문제를 제기하면서 이를
무효화하고자 시도하였다. 鄭仁弘을 필두로 한 북인세력은 이황이나 이
언적 보다는 南冥 曹植의 배향이 옳다고 주장하였다. 이와 같은 주장은
당시 정계의 큰 소용돌이를 몰고 오게 되었고, 서인과 북인간에 계속된
설전을 불러일으켰다. 이러한 상황에서 택당은 벼슬길에 나가는 것이
큰 도움이 되지 않는다고 생각했던 것이다.

---

27) 『택당집』 속집 권1 自叙.
28) 『광해군일기』 권1 광해군 즉위년 2월 신미조.
29) 『광해군일기』 권33 광해군 2년 9월 정미조.

1613년 4월 여강에서 고기를 낚으며 독서로 세월을 보내고 있는 그에게 광해군은 시강원 설서를 제수하였다.[30] 그런데 같은 달에 七庶之獄이라 불리는 朴應犀 등의 銀商殺害事件이 발생하였다. 공초과정에서 박응서가 은을 모아서 인목대비의 아버지인 金悌男을 영입하고 영창대군을 추대하려 했다고 진술하여 조정에는 큰 파문이 야기되었다.[31] 당시이 사건에 연루된 徐羊甲, 沈友英, 李耕俊, 朴致毅 등은 모두 명문가의 庶子들로서 여강 근처에 모여 살고 있었다. 이 사건은 단순한 살해사건으로 끝나지 않고 逆獄으로 발전하면서 김제남에 대한 처벌은 물론 폐모론으로까지 확대되었다. 물론 이것은 이이첨 등의 대북세력이 정국을 자기들에게 유리한 방향으로 이끌어 가기 위한 전략이기도 했다. 더욱이 이 사건에 연루된 鄭浹의 공초에서 택당과 친밀한 李廷龜의 이름뿐아니라 많은 서인들의 이름이 제기되어 서인은 더욱 곤경에 처하게 되었다.

그런데 당시 여강에 머물러 있던 택당은 이 사건의 여파가 자신에게 미칠 것을 우려하여 스스로 입경하여 면직을 청하였다.[32] 그리고 돌아오는 길에 자신의 소회를 장문의 오언고시로 남겼는데 그 속에 '세상에 도가 없을 때도 나는 숨지 않을 것이고(無道吾不隱), 세상에 도가 있어도 나는 나가지 않겠다(有道吾不出)'는 문장이 있다.[33] 이것은 광해군의 난정이 있어도 몸을 숨기려하지 않을 것이고, 태평세월이 온다고 해도 억지로 관직에 나가지 않을 것이란 의지를 보여주는 대목이다.

이와 같이 택당은 광해군 정권 초기에 과거시험에 합격하여 관직에

---

30)『광해군일기』권65 광해군 5년 4월 경술조.
31)『광해군일기』권65 광해군 5년 4월 계축조.
32) 宋時烈,「澤堂李公諡狀」『송자대전』권203.
33)『택당집』본집 권1 孟夏自京還驪江詠懷用老杜韻.

나갈 수 있는 기회를 얻었으나 과거부정에 휩싸이면서 첫출발이 순조롭지 못했다. 이후에도 북인정권이 자신들의 정치적 안정을 도모하기 위한 다양한 사건에 휘말리지 않고 조용히 여강에 머물면서 자신의 내면을 다스리기 위한 학문에 전념하였다.

## 2) 폐모론과 택당의 처세

이후 광해군대의 정치상황은 폐모론의 지속적인 논의로 이어졌다. 폐모론을 직접적으로 제기한 것은 1613년(광해군 5) 5월 장령 鄭造가 상소를 통해 대비와 국왕이 같은 궁에 거처할 수 없다고 한 것이 시발점이 되었다.34) 이후 대북세력들의 찬성과 유생들의 반발이 지속적으로 논의되다가 1615년 은거해 있던 完平府院君 李元翼이 폐모를 반대하는 상소를 올린 이후로는 반대론자들이 대부분 제거되었다.35)

폐모론은 그 후로도 지루한 논의가 계속되다가 1617년(광해군 9) 11월부터 이듬해 1월까지 왕이 정식으로 조정과 재야의 사람들에게 의견을 구하는 형식으로 폐모론에 대한 상소를 올리도록 하였다. 이른바 '收議'라는 형식을 빌리게 된 것이다. 이때 올라온 상소가 전현직 관리 930여 명과 종실인사 170여 명이었으며, 庭請에 참여한 인원이 780여 명이었다고 한다.36) 대북의 핵심세력인 이이첨은 한성부의 坊民 뿐 아니라 역관·시민·군졸·의관 등 모든 가능한 인력을 총동원하여 폐모를 찬성하는 상소를 올리도록 하여 공론을 조성하였다.37) 당시에 택당은 선전관에 임

---

34) 『광해군일기』 권66 광해군 5년 5월 임오조.
35) 韓明基, 앞의 논문, 320쪽.
36) 『燃藜室記述』 권20 廢母妃處西宮.
37) 『광해군일기』 권122 광해군 9년 12월.

명되어 황해도 일대를 둘러보고 돌아와 복명할 때였으므로 폐모론에 대한 의견을 제시해야만 하는 상황이었다. 그러나 그는 돌아오는 즉시 병조에 휴가를 신청하고 여주로 돌아와 폐모론에 대한 의견을 일체 개진하지 않았다.[38] 폐모론이 잘못된 것이라고 생각했기 때문이다.

결국 폐모론은 우의정 韓孝純이 중심이 되어 이이첨 등 백관을 인솔하고 그 정당성을 주장하여 관철시켰다.[39] 그리하여 1618년 1월 30일 서궁을 폄손하는 절목을 발표하기에 이른다.[40] 폐모론이 관철된 이후 대북세력들은 '수의' 과정에서 의견을 제출하지 않은 사람들에 대한 처벌을 강하게 주장하였다.[41] 이 과정에서 택당도 자유롭지 못하였다. 대북세력들은 폐모론에 대한 찬성의견을 개진하지 않은 택당을 비롯하여 한강변에 유배되었거나 은거해 살고있는 사람들을 '水上七人'으로 지목하였고, 이들이 고의로 폐모론에 대한 의견을 내지 않았으니 국왕의 명을 어긴 죄인이라고 주장하며 탄핵하였다. 이와 관련해서는 택당이 스스로 지은 글에 잘 나타나 있다.

이때에 조정에서 쫓겨난 신하들이 상류에 많이 거처하였다. 그리하여 德餘 鄭百昌이 楊根에서 맨 먼저 나를 찾아왔는가 하면, 茂淑 任叔英이 또 龍津에 우거하다가 지나가는 길에 들러서 모임을 갖곤 하였다. 또 얼마 지나지 않아서는 完平府院君 李元翼이 여주로 옮겨 왔으며, 直夫 李敬輿와 汝秀 趙誠立, 而栗 韓境, 子久 呂爾徵 등이 모두 물가에 살면서

---

38) 『택당집』 별집 권17 敍後雜錄.
39) 『광해군일기』 권123 광해군 10년 1월 갑자조.
40) 『광해군일기』 권123 광해군 10년 1월 경인조.
41) 『광해군일기』 권124 광해군 10년 2월 갑오·정유조. 권125 광해군 10년 3월 신미조. 권126 광해군 10년 4월 정유조 등 여러 차례 폐모론 주창자들이 반대론자에 대한 처벌을 주장하였다.

서로들 왕래하였다. 그래서 당시에 사람들이 죄를 덮어씌울 목적으로 우
리들을 水上七人이라고 불렀는가 하면, 또 삼학사(三學士 : 택당, 정백창,
임숙영을 가리킨 말)라고 지목하기도 하였다. 나는 본래 출입하려고 하지
않았으나, 정백창이 워낙 손님을 좋아하고 노니는 것을 즐긴 탓에, 그에게
이끌려 함께 술을 마시면서 諧謔을 일삼곤 하였는데, 이는 뜻을 해치고
공부에 방해가 되는 일이었을 뿐만이 아니라 화를 당할 위험도 다분히 내
포된 일이었다.[42]

위에서 보듯이 택당은 폐모론에 강하게 반대하다가 유배된 완평부원
군 이원익을 비롯하여 양평에 살고 있던 정백창과 한강변에 살고 있던
임숙영·이경여·조성립·한신·여이징 등 7명이 자주 모여 당시의 시대적
상황을 비판하면서 시문을 주고 받으며 생활하였다. 택당이 "화를 당할
위험을 내포하고 있었다."고 지적했듯이 대북세력이 자신들을 폐모론
반대자로 엮어 해를 끼칠 수도 있다고 생각하고 있었다. 나아가 스스로
"요즈음 세도가 보아하니 그릇되어 마땅히 벼슬에 나아가지 않겠다."[43]
는 그의 말에서 광해군 때 택당의 현실인식은 매우 비판적이었음을 알
수 있다.

택당은 대북세력들이 정권장악의 일환으로 진행한 영창대군 살해와
폐모론으로 이어지는 정치적 행위들에 대해 비판적 입장을 견지하고 있
었다. 그러나 이에 대해 강한 어조로 상소를 올려 정책을 비판한다든지
하는 적극성은 보이지 않고 있다. 다만 자신의 처세를 현실정치에 대한
반발의 한 형태로 정계에 나가지 않고 은둔하는 쪽으로 택하였다. 이러
한 처세는 조선시대 선비들 가운데 흔히 볼 수 있었던 방법론의 하나였

---

42) 『택당집』 별집 권17 敍後雜錄.
43) 宋時烈, 「澤堂李公諡狀」 『송자대전』 권203.

다. 임금이 불러도 자신의 정치철학과 맞지 않는다면 관직에 나가지 않는 것 자체가 당시 지식인이 행동으로 보여줄 수 있는 시대비판의 한 형태이자 처세술의 하나였던 것이다. 결국 광해군대의 택당은 조용히 은둔하면서 자신의 학문적 기반을 공고히 한 시기였다.

## 4. 인조대의 시대상황과 택당의 현실인식

택당이 관직생활을 했던 인조대의 정치활동 가운데 세가지 측면에서 그의 현실인식이 어떠했는가를 살펴보고자 한다. 첫째는 이른바 붕당정치가 가장 꽃피운 시기라고 하는 인조대의 정치상에서 택당이 보여준 정치적 처세는 어떠했는가하는 문제이고, 둘째는 조선시대 가장 치욕적인 전쟁을 거치면서 그가 취한 행동은 어떠했는가 하는 점과 마지막으로 자신이 살아 온 시대를 정리하는 역사인식은 무엇에 바탕을 두고 진행되었는가를 살펴보고자 한다. 이러한 분석은 인조대의 큰 획을 긋는 정치적 사건들을 어떻게 인식하고 해결해 갔는가를 살필 수 있는 좋은 주제들이기 때문이다.

### 1) 붕당정치에 대한 인식

1623년 인조반정은 두 가지 명분을 가지고 이루어졌다. 하나는 광해군 5년에서 10년 사이에 이루어진 영창대군의 폐서인과 살해, 김제남의 사사 및 인목대비의 폐비와 유폐 등 성리학적 윤리관에 비추어 볼 때 패륜행위로 규정할 수 있는 요소가 많았다는 점이다. 다른 하나는 임진왜란 당시 원병을 파견하여 도움을 준 명나라에 대한 은혜를 잊고 오랑캐

와 통교하였다는 점이 명분과 의리를 중요시 여기던 사람들의 마음을 움직였던 것이다.44)

인조반정에 성공한 반정공신들은 전횡을 일삼던 대북세력을 제거하고 새로운 정권에 참여할 인물을 선별하였다. 대부분이 광해군 때 폐모론에 반대하다가 축출당했거나 혹은 스스로 물러나 은거하였던 인사들이었고, 당색으로는 서인이 가장 많았다.45) 남인으로는 李元翼을 중심으로 서인 다음에 많은 인원이 정계에 들어왔고, 산림세력 가운데 金長生·張顯光·朴知誡 등을 조정으로 불러들였다.

택당이 관직생활을 하게 된 것도 자신과 함께 남한강변에서 만나 詩會를 열고 광해군의 전횡을 비판한 이른바 '水上七人'들이 정계에 진출하면서 이루어졌다. 당시 수상칠인에 대한 감회를 읊은 시에 택당이 註를 붙인 내용에 "인조반정 이후로 제군들이 도리어 이 이름을 얻은 인연으로 해서 뿌리가 서로 얽혀 뽑혀 나오듯이 정계에 잇달아 진출하게 되었고, 나 역시 어리석고 보잘 것 없는데도 실력도 없이 자리를 차지하게 되는 일을 면하지 못하였다."46)고 한 기록에 잘 나타나 있다.

택당이 관직생활을 하는 동안 가장 많은 논란을 일으킨 정치적 쟁점은 인조 즉위 전에 죽은 아버지 定遠君을 왕으로 추존하는 문제와 후금·청에 대한 외교관계였다. 정원대원군에게 인조가 올려야 할 칭호문제와 어머니의 상에 인조가 입어야 할 상복에 관한 문제, 아버지를 원종으로 추숭하고 종묘에 모시는 문제 등은 인조의 왕위 적통성과도 관련이 밀접한 사안이었다. 따라서 인조는 양보할 수 있는 사안이 아니었기

---

44) 『인조실록』 권1 인조 원년 3월 갑진조.
45) 오수창, 「인조대 정치세력의 동향」『한국사론』13, 1985, 64~65쪽.
46) 『택당집』 본집 권5 水上有感.

때문에 이를 관철하기 위해 노력했고, 신하들은 찬성과 반대로 양분되었다. 이 논의는 무려 13년간에 걸쳐 지루하게 논의된 끝에 인조의 의도대로 원종에 추숭되었다. 당시 이 논의에서 반정공신이었던 최명길과 이귀 등은 인조를 도와 찬성을 주장하였고, 산림세력이었던 김장생과 남인의 정경세·장현광 등 대다수 관료들은 반대를 주장하였다.

이에 대하여 택당은 정원대원군을 백숙이라 부르고 선조를 아버지로 삼는 것이 합당하다는 김장생의 의견에 대해 "임금이 선조의 친손자인데 어떻게 아버지라고 부를 수 있으며, 선조를 아버지라 한다면 정원대원군은 형이라고 불러야 되는데 어떻게 백숙이라고 부를 수 있겠는가?"라며 김장생의 논리를 비판하였지만[47] 인조의 원종 추숭 자체에 대해서는 반대의견을 제시하였다.[48]

인조대의 붕당은 서인과 남인이 서로 대결하고 있는 구도였다. 그렇다고 조선 후기의 당쟁과 같은 구도는 아니었으며, 서로의 권력을 확대하기 위해 노력하였지만 함께 공존하면서 정책적 대결을 이어 나갔다. 그러면 이러한 여건 속에서 택당은 어떠한 입장을 고수하고 있었을까?

택당의 할아버지와 아버지는 金孝元 등 동인과 가까운 사이였지만 택당 자신은 서인의 영수인 심의겸의 손녀와 결혼하였다. 따라서 동인과 서인 사이에서 뚜렷하게 어느 한쪽으로 기울어지기 보다는 중간자적 입장에 있었던 것으로 보인다. 이러한 상황에서 택당이 붕당과 관련한 자신의 입장을 정리한 것은 40세가 넘어서였다. 당시 초야에서 성리학을 깊이 연구하면서 머물던 牛山 安邦俊에게 보내는 편지에서 붕당에 대한 자신의 심경을 다음과 같이 밝히고 있다.

---

47) 『인조실록』 권3 인조 1년 9월 무술조.
48) 宋時烈, 「澤堂李公諡狀」 『송자대전』 권203.

과거에 급제하여 조정에 몸담게 되자, 사람들이 어느 당파에 소속되지 않으면 세상에서 행세하지 못한다고 저에게 일러 주었습니다. 그래서 그 때 처음으로 朝野의 기록 한두 개와 이름 있는 公卿의 행적에 대한 시말을 구해서 살펴보았더니, 邪正이 서로 엇갈리고 흑백이 뒤바뀌어서 어느 것이 옳고 어느 것이 그른지를 알 수 없게 만들고 있었습니다. 그러나 이 것은 어디까지나 窮理와 格物이 지극하지 못해서 그런 것이었을 뿐, 사적인 마음과 결부되어서 그렇게 한 것은 아니었습니다. 그리고 나이 마흔이 지난 뒤에야 비로소 淸班에 들어서게 되었는데, 親與와 黨人이 좌우하며 調停하는 것을 보니, 언론이 한쪽으로 치우친 가운데 交遊 역시 양쪽으로 확연히 나뉘어지고 있었습니다. 그리하여 과거에 이미 보여 주었던 형태와는 또 완전히 딴판으로 된 채, 대체로 漸入佳境의 모습을 보여 주고 있었으므로, 소싯적에 제가 고을에서 얻어들은 이야기와 비교해 보면 楚나라와 越나라처럼 동떨어져 있을 뿐만이 아니었습니다. 이를 통해서 제가 慨然히 스스로 깨닫게 되었으니, 그것은 곧 黨論을 힘쓰거나 당인을 가까이하는 사람은 모두가 점잖은 덕을 갖춘 군자가 아니라는 사실이었습니다. 그리하여 이로부터는 비록 그 뒤를 따라다니면서 일에 빠져 들기도 하고 혹은 억울하게 지목당하는 일이 있기는 하였지만, 사실 제 마음속으로는 당파의 요소가 전혀 없었다고 할 수 있습니다.[49]

위에서 보듯이 택당은 인조반정 이후 나이 40에 중앙정계에 본격적으로 진출하면서 주위 사람들이 어느 한 붕당에 소속되지 않으면 정치를 하기 어렵다는 말을 듣고 자신의 붕당 인식에 대해 생각하게 된다. 이 결과 당시의 정치현실을 직시하면서 내린 결론은 붕당에 치우친다는 것은 군자로서 할 일이 아니라고 생각하고 정치적 사안에 따라 당론을 같이 할 수도 있지만 실질적인 자신의 자세는 당파의 요소가 전혀 없음을 분명하게 밝히고 있다.

---

49) 『택당집』 별집 권18 書 與安牛山.

송시열도 『송자대전』에서 "동서로 당이 갈린 이후부터 이것이 나라
의 고질적인 병폐가 되어 朝官들이 당에 들어가지 않은 사람이 없었으
나, 공은 계해년(1623) 벼슬길에 나간 이후로 特立獨行할 것을 신명에 서
약, 그 뒤에 당론이 교란하는 와중에 있으면서도 의연히 부동하여 좌우
를 조정하였다."고 평가하고 있다.[50] 택당의 아들 이단하가 송시열의 문
하에서 학문하면서 붕당에 가담하여 서인의 중추세력으로 성장하였지
만, 택당 자신은 철저하게 중립을 지켰음을 보여주는 대목이다.

붕당에 대한 그의 견해는 주강에서 붕당의 폐단을 논할 때도 구체화
되었다. 당시 시강관이었던 택당은 국왕에게 중용의 중요함을 역설하면
서 선조가 김효원을 慶源으로 出補하려 할 때 李珥가 지나치다는 상소
를 올려 막은 것을 예로 들면서 붕당간의 保合이 중요함을 간하였다.[51]
이것은 서인과 남인을 고르게 등용하면서 붕당간의 보합을 통해 이상적
인 정치를 실현할 것을 주장한 것이다.

뿐만 아니라 율곡 이이를 문묘에 종사함으로써 학통을 바로잡으려는
서인들의 행동에 대하여 남인들이 반대하고 나섰을 때 택당은 "이는 나
라의 대사이니 마땅히 온 나라의 定論을 기다려야 한다. 율곡의 도학이
부족한 바가 있어서가 아니라 지금 나라 사람의 반수가 따르지 않는데
도 억눌러서 시행하려 한다면 이는 공평한 것이 못 된다."[52]고 하여 신
중하게 처리할 것을 주장하기도 하였다. 율곡은 덕수이씨로서 택당의
할아버지 이섭과 형제간이었으며, 택당 스스로 이이를 泰山北斗처럼 우
러러 존경하고 흠모하였다고 할 정도였는데도 서인들의 행동을 잘못된

---

50) 宋時烈, 「澤堂李公諡狀」 『송자대전』 권203.
51) 『인조실록』 권6 인조 2년 8월 신묘조.
52) 이익, 『성호사설』 권17 인사문 이택당.

것이라고 비판하였던 것이다. 그가 당론에 휩쓸리지 않고 공평무사하게 일처리를 하였음을 단적으로 보여주는 대목이기도 하다.

그가 대사간으로 있을 때도 붕당에 관해 차자를 올린 바 있다. 이 자리에서 그는 붕당의 폐단이 이조 전랑의 권한이 막중한 것에서 출발한 것임을 상기시키고 있다. 그리고 '임금은 묘당의 보좌하는 중신들과 함께 賢才들의 잘잘못과 장단점을 강론하여 파악한 다음 그들을 배양시키고 취사 선택하여 직임을 맡기되 의심하지 말아야 한다.'[53]고 하여 붕당이 생기는 것을 근심하고 두려워할 것이 아니라 임금이 신하들의 장단점을 정확하게 파악하여 정계에 등용하고 그들을 중심으로 정치를 이끌어야 한다고 역설하고 있다. 이것은 앞선 붕당의 보합논리와 맥을 같이 하는 것으로서 보다 진일보된 의견이라 할 것이다. 나아가 임금이 붕당했다는 이유로 사람을 제거하는 데 힘써서 올해 한 당 내년에 한 당을 내 보내면 조정에는 재능은 없으면서 아부하는 무리들로 꽉 차게 될 것이라고 경고하면서 인재 등용에 최선을 다하여 붕당이 스스로 없어지게 만드는 것이 중요하다고 역설하였다.[54]

이와 같이 택당 스스로가 偏黨하지 않고 중용의 도를 지키는 행동을 했기 때문에 붕당에 가담했던 사람들로부터 끊임없는 견제를 받아 文翰에 관계되는 일만 주로 담당했을 뿐 정치적으로 중요한 정책을 결정할 위치에는 있지 않았다.[55] 그는 벼슬에 연연해 하지 않았기 때문에 탄핵을 받기 전에 먼저 사직소를 올리곤 하여 그를 비판하는 세력에게 빌미를 제공하지 않았다.

---

53) 『인조실록』 권21 인조 7년 10월 경신조.
54) 王性淳 편, 『麗韓十家文鈔』 권4 韓李澤堂文 權生尙遠을 보내는 序.
55) 宋時烈, 「澤堂李公諡狀」 『송자대전』 권203.

## 2) 병자호란과 택당

택당은 어려서 임진왜란을 겪었을 뿐 아니라 인조반정 이후 관직에 나갔을 때도 정묘호란을 겪었다. 정묘호란으로 조선이 금나라와 형제의 맹약을 맺으면서 위기를 모면했을 때 택당은 강화도에 머물고 있었다. 적이 물러가고 인조가 도성으로 돌아왔을 때 택당은 강화도에서 장문의 상소문을 올려 향후 조정의 대책방안에 대한 의견을 개진하였다. 이 상소문에서 택당은 정묘호란으로 맺은 형제맹약은 조선의 치욕이며 임금이 와신상담하여 국정을 개혁하고 또 다른 침략에 대비할 것을 강조하였다. 그리고 북방의 금나라는 맹약을 무시하고 반드시 다시 침략할 것이니 그에 대한 대비책을 강구해야만 한다고 주장하였다.[56] 대비책의 일환으로 전국에서 군대를 뽑아 체계적으로 훈련을 시키자는 취지에서 국민개병제에 바탕을 둔 養兵說을 적극 주장하였다. 그러나 인조는 백성들을 소요하게 할 뿐이라는 이유로 그의 의견을 경청하지 않았다. 그로부터 불과 10년이 안된 1636년 병자호란이 발발하여 조선은 돌이킬 수 없는 길을 걷게 되었다.[57]

전쟁이 발발하기 8개월 전인 1636년 4월 청나라에 사신으로 갔던 羅德憲과 李廓은 돌아오는 길에 금나라 국서를 받았는데 현장에서 확인하지 못하고 通遠堡에 도착하여 글을 열어 보았다. 그 속에는 청나라를 '대청황제'라 칭하고 조선을 '너희 나라(爾國)'로 칭하여 폄하하였다. 이것은 종래 양국이 약속한 형제관계에 맞는 외교 서식이 아니었다. 따라서 사신들은 원본을 그대로 통원보에 두고 사본을 가지고 귀국하여 인

---

56) 『택당집』 별집 권3 疏下 丁卯在江都陳時務疏.
57) 병자호란의 발발 원인과 전개과정 및 양국의 전략 전술의 비교에 관하여는 이상배, 「병자호란과 삼전도비 찬술」 『강원사학』 19·20합집, 2004 참조.

조에게 보고하였다. 조선 조정에서는 그 글을 보고 자결하지 못한 나덕
헌과 이확이 비굴했다고 비난하면서 처벌할 것을 주장하였다. 나아가
청의 국서를 받아 가지고 돌아오다가 통원보에 그대로 두고 오게 된 사
정과 그 부당함을 적어 청나라에 통보하기로 결정하였는데 그 글을 당
시 대사성이었던 택당이 지었다. 그는 이 글에서 국서를 龍骨大와 馬夫
大로부터 받았을 때 개봉하지 못하도록 한 점과 글의 칭호와 마지막 부
분의 印文이 전과 달라 체제가 같지 않은 점, 이로 인해 통원보에 두고
올 수밖에 없었던 사정을 적어 통원보로 하여금 청나라 汗에게 전달해
줄 것을 요청하였다.58)

　이후에도 청나라 침략이 지속적으로 가시화되었음에도 불구하고 조
선은 그 대책을 수립하지 못한 채 척화를 기본으로 전면전을 주장하는
쪽과 외교적 노력을 기반으로 화의를 해야 한다는 쪽으로 나뉘어져 논
쟁이 지속되고 있었다. 당시 척화론자인 鄭蘊과 金尙憲은 중국이 오랑캐
를 물리친 고사를 인용하면서 임금이 직접 오랑캐를 親征前進해야 한다
고 주장하였다. 그러나 택당은 "옛날과 지금은 사정이 다른 만큼 일의
형세에 따라서 변통해야 한다(古今異體 事勢隨變)"59)고 주장하였다. 즉
조선은 군대와 식량을 넉넉하게 갖추지 못하였는데 위기는 눈앞에 닥쳐
있는 실정임을 강조하면서 "밀가루도 없는데 어떻게 국수를 만들어 먹
으며, 미리 비축해 두지도 않았는데 도대체 어디에서 묵은 약쑥을 구할
수가 있겠는가?"60) 라고 주장하였다. 이는 명분상 청나라와의 전쟁도 중
요하지만 현실적으로 볼 때 조선이 전쟁 능력을 갖추고 있지 못하다는

---

58) 『인조실록』 권32 인조 14년 4월 경자조.
59) 『택당집』 권8 丙子備局堂上辭免疏.
60) 위와 같음.

사실을 직시해야 하며, 그런 측면에서 조선이 선택할 수 있는 것은 한정되어 있음을 말하고 있다. 결국 외교적인 타협이 현실적인 방법임을 우회적으로 표현한 것이라고 해석할 수 있다.

한편 병자호란이 발발하기 3개월 전 대사간 이식은 국정 전반에 걸쳐 자신의 견해를 상소하였다. 이 속에서 특히 軍政에 관한 사항이 주목된다. 당시 조선은 오랑캐의 침략이 있을 경우 서쪽 변방에 위치한 12개 산성으로 방어선을 구축하여 적의 공격을 차단한다는 계획을 수립하고 있었다. 택당은 먼저 이 계획의 문제점을 지적하였다. 즉 제대로 양성된 병사가 많지 않은 상황에서 산성의 장수들에게 모든 책임을 떠넘기고 무조건 산성을 지키라고 한다면 어떤 장수가 목숨을 바쳐 산성을 지킬 수 있겠느냐는 것이 주요 핵심이다. 그리고 이에 대한 대책으로서 양반이나 양인 및 노비에 이르기까지 모든 백성이 혼연일치되어 전쟁에 임해야 한다는 점을 강조하였다. 특히 公卿 이하 모든 사람이 從軍하도록 大律令을 반포한 이후에 양반으로 1군을 만들고, 양인으로 1군을 만들며, 천인으로 1군을 만들어 적의 침략에 대비해야 한다고 주장하였다. 나아가 정3품 이상은 장수로 호칭하고 종6품 이상은 장관으로 호칭하며 7품 이하는 朝士軍으로, 유생은 유생군으로, 武學은 무학군으로 하는 등 각 종류별로 군사를 만들어 대오를 편성하는 것이 시급하다고 역설하였다. 그렇게 한 후에 서쪽 변방으로 진군할 수도 있고 강화도를 포기할 수도 있다고 하여 先强兵 後西進을 주장하였다.[61] 이것은 앞서 정묘호란 이후 군정을 개혁하여 대대적인 양병을 해야 적의 침략을 막을 수 있다는 그의 양병설과 일맥상통하고 있다.

그는 강경론을 주장하는 척화론자들이 '和議가 단절되고 大義를 이미

---

61) 『인조실록』 권33 인조 14년 9월 갑인조.

밝혔다. 군사는 명분이 곧은 것이 건장함이 되고 인심은 화합하는 것이 최상이 된다. 이미 城池를 쌓았으니 적의 침입을 차단할 수 있고 이미 군사를 뽑았으니 횡행할 만하다. 오랑캐의 후미를 제어할 수 있고 遼東을 회복할 수 있다. 다시 兵制를 의논할 필요도 없이 이것으로 충분하다.' 하는 것에 대해 "이러한 의견은 묘당에서 논의할 수 없을 뿐만아니라 시골 어린아이와 들판의 농부들이 들어도 비웃지 않을 사람이 없다." 고 하면서 확고한 계책도 없이 허무맹랑한 주장을 하는 척화론자들을 비판하였다.[62] 택당의 이러한 주장에 대해 같은 날 비변사에서 논의한 바에 따르면 "이해가 반반이라 거행하기 어려울 듯 합니다. 이식이 돌아오면 마주앉아 의논하여 처리하겠다."[63]고 하였으나 끝내 시행되지 않았다.

병자호란 당시 청나라의 속전속결 작전에 조선은 맥없이 무너지면서 수도를 빼앗기고 인조는 남한산성으로 들어갔다. 택당이 앞서 지적했듯이 산성을 통한 방어 전략은 실전에서 그 효력을 발휘하지 못했던 것이다. 남한산성에서 45일간 항거하면서 청나라와 여러 차례 교섭을 벌이는 과정에서 택당은 청에 보내는 문서를 작성하였는데 참여하였다. 그 과정에서 서로의 칭호를 무엇으로 할 것인지에 대해 많은 논란이 있었지만 이미 국운이 기울어져 가고 있는 상황에서는 별다른 선택의 여지가 없었다.

결국 병자호란을 극복하지 못하고 인조는 삼전도에서 청 태종에게 무릎을 꿇고 만다. 척화론이나 화의론 모두 방법론은 달랐지만 기본적으로는 국가를 위한다는 관점에서 출발한 논의들이었다. 화의론의 정점에 있었던 최명길이 가장 강경한 척화론자였던 김상헌을 높게 평가한 것

---

62) 위와 같음.
63) 위와 같음.

또한 그러한 맥락이다. 전쟁이 끝난 후 택당이 "청음 김상헌이 남한산성에서 나와 바로 고향으로 돌아간 것은 비록 지조는 높으나 또한 완성군 최명길이 열어 놓은 남한산성의 문으로 나왔다."[64]고 한 것도 같은 맥락에서 이해할 수 있을 것이다.

1642년(인조 20) 택당은 인조가 청에 항복할 때 함께하지 않았다는 것과 김상헌이 청나라에 볼모로 잡혀갈 때 가로 막은 일, 懷恩君을 보내어 석방운동을 벌이자고 주청한 일 등이 문제가 되어 청나라 봉황성에 구금되었다가 돌아오기도 하였다.[65] 그는 병자호란 이후로 항상 죄인을 자처하며, 명예와 지위가 현달하였어도 亡國大夫로서 국가의 전복을 막지 못하였음을 지극히 통분하게 여겼다.

### 3) 실록의 편찬과 역사인식

택당의 여러 업적 가운데 가장 주목받는 것이 실록의 편찬이다. 반정을 통해 왕위에 오른 인조는 『광해군일기』를 편찬하여 광해군대의 역사를 기록으로 남겼다. 그러나 여러 차례 외적인 우환을 겪은 인조는 미처 선조 대의 역사를 바로잡는 일에는 소홀하였다. 이것을 바로 잡아 『선조실록』을 개수한 장본인이 택당이다. 그는 다음과 같이 상소를 올려 역사의 올바른 서술이 얼마나 중요한 것인가를 일깨웠다.

"史記란 한 시대의 典章이며 만세의 귀감입니다. 이는 하늘이 내린 질서가 깃든 바요, 인심과 士論이 매인 바이니, 나라에 사기가 없다면 나라가 아니요, 사기가 공정하지 못하면 사기가 아닌 것입니다. - 中略 -

---

64) 『연려실기술』 권26 인조조고사본말조.
65) 宋時烈, 「澤堂李公諡狀」 『송자대전』 권203.

그러나 불행하게도 광해군 때 간신이 정권을 마음대로 하여 奇自獻이 擅裁가 되고 李爾瞻과 朴楗 등이 撰修의 일을 전담하여 옛 기록들은 몰래 삭제하고 스스로 誣筆을 가하였기 때문에 시비와 명실이 일제히 전도되었습니다. - 中略 -

대체로 국가는 멸망해도 역사만은 보존되어야 하는 것이 고금의 至論인데, 지금은 국가는 망하지 않았는데도 역사가 먼저 망한 실정입니다.[66]

위의 기록에서 택당이 얼마나 역사의 기록을 중요하게 생각하는지를 알 수 있다. 그는 역사 기록은 공정함을 기본으로 이루어져야 하며, 국가는 멸망해도 역사는 보존되어야 한다는 역사의 절대적 가치를 주장하였다. 그런데 광해군 때 정권을 차지한 북인의 기자헌과 이이첨이 자신들의 의도대로 선조 때의 기록을 삭제하고 첨가하는 잘못을 저질렀으니 하루빨리 잘못을 바로잡아야 한다는 것이다.

그는 『선조실록』 수정을 위한 방법론도 제시하고 있다. 먼저 문학에 밝은 3~4명의 당상관과 당하관이 춘추관을 겸하여 전체를 지휘하도록 하고, 각 사에 남아도는 서리와 사령을 배치하여 잡일을 돕도록 하고, 글 잘 쓰는 吏背들을 뽑아 書寫를 담당하도록 하여 인적구성을 갖추도록 하였다. 새롭게 전체를 집필하여 보관하는 것과 다르기 때문에 따로이 실록청을 만들어 전반적인 개조를 원했던 것은 아니었다. 이어 사대부 집안에 소장된 기록을 찾아 들이고, 지방의 민간에서 보관하고 있는 사료들도 광범위하게 수집하고, 명사들의 비문과 狀傳을 골라 참조하고, 남아있는 野言이나 家錄도 모두 수집한 후에 대신들이 모여 시비와 명실에 잘못이 없는 것을 골라 편집해야 한다고 하였다.

조정에서는 사기를 개수하는 것이 막중하고 급한 일이기 때문에 춘추

---

66) 『인조실록』 권42 인조 19년 2월 정사조.

관에서 절목을 만들어 개수하자는 쪽으로 의견이 모아졌다. 최명길은 이 일을 전적으로 책임지고 전담할 만한 인물로 이식을 천거하였다.[67] 이로 인해 택당이 모든 책임을 지고 실록 기록을 보수하게 되었다. 다음의 기록은 택당이 어떠한 관점에 역사를 기록하였는가를 잘 보여주고 있다.

> 계미년 9월부터 비로소 서책을 모아들이며 사국을 개설하게 되었습니다. … 저는 역사를 修撰하는 규정에 따르면서 그야말로 野史와 小說 등을 채집하여 국가에서 중흥을 이룬 일과 征討한 大事를 기록해 나갔습니다. 그리고 이 모두에 대해서 몇 종류의 판본을 비교하고 고증하는 과정을 거친 뒤에 사실의 기록을 토대로 하여 先王이 개혁하고 부흥시킨 업적을 드러내려고 노력하였습니다. 또 이와 함께 碑誌와 狀傳 등의 자료를 모아 名臣과 先賢의 행적을 기록하였는데, 가령 退溪의 경우에는 本集에 기록된 내용을 따랐고, 東皐 李浚慶의 경우에는 蘇齋 盧守愼이 지은 碑文을 채택하였으며, 栗谷과 牛溪의 경우에는 月沙 李廷龜가 지은 行狀에서 채집하였고, 思菴 朴淳의 경우에는 玄翁 申欽이 지은 행장에서 뽑았습니다.
> 저술한 이 신하들로 말하면 모두가 聖代에서 표창을 받아 贈職되고 아름다운 諡號를 받았던 명신들이요, 또 퇴계와 율곡으로 말하면 당대에 높이 숭상되고 褒崇을 받은 先儒들인데, 실록에서는 그 행적을 기재하지 않기도 하고 혹은 있는 힘을 다해서 추악하게 헐뜯고 있기도 하였습니다. 그렇지만 저는 이 사이에서 私見을 개입시켜 독자적으로 기록하지 않았으며, 한결같이 타인의 기록에 따르기만 하였을 뿐입니다.[68]

위의 기록에서 보듯이 택당은 자신이 평가하고 의미를 부여하는 방법을 쓰면 공정성이 떨어진다고 판단하고 당대의 성현이 기록한 사료를

---

67) 『인조실록』 권42 인조 19년 4월 신해조.
68) 『택당집』 권18 示兩相公別紙.

바탕으로 있는 그대로의 사실을 적고자 노력했음을 밝히고 있다. 택당의 역사의식의 한 단면을 볼 수 있는 기록이다. 이에 대하여 송시열은 택당의 축문에서 "역사를 편수하실 때에는 사실에 의거 直筆하여 시비가 저절로 드러나게 하였으니 이 또한 史家의 정법이었다."[69]고 극찬하였다.


## 5. 맺음말

택당의 가계는 충무공 이순신, 율곡 이이와 같은 덕수이씨로 4대조 할아버지 이행이 대제학을 지냈고, 그도 대제학을 지냈으며, 아들인 이단하 역시 대제학을 지낸 문장의 명문가 집안이다. 9살의 나이에 임진왜란을 만나 오랜 기간 동안 피난을 다니면서 전쟁을 겪었고, 30대 청년기에는 북인세력의 정권 농단과 폐모론 추진에 항거하면서 은둔하여 현실정치와 거리를 두었다. 이어 40세가 되어 인조반정을 계기로 본격적인 관직생활을 시작하였다. 그러나 그의 정치활동기는 인조반정과 이괄의 난, 정묘호란과 병자호란 등 대내외적으로 매우 혼란스러웠던 시대였다.

이러한 시대적 상황속에서 택당이 행동으로 보여준 처세술과 국정을 운영하는 과정에서 그가 보여준 현실정치의 접근 방법은 어떠했을까? 앞서 논의한 내용을 중심으로 정리하고자 한다.

먼저 택당은 광해군 즉위 이후 과거를 통해 관직생활을 시작할 수 있었지만 스스로 사퇴하고 현실정치에 참여하지 않았다. 직접적인 이유는 광해군 초기 대북 세력들이 정권장악을 위해 유영경 일파를 몰아냈고,

---

69) 송시열, 『송자대전』 권151 축문 告李澤堂墓文.

이어 정권을 위협하는 임해군을 폐서인한 후 강화도에 유배하였다가 살해하였으며, 5현의 문묘제향을 통해 북인과 서인 사이에 갈등이 고조되고, 궁극적으로는 인목대비의 폐비와 유폐, 김제남의 사사 등으로 이어지는 패륜적인 행위에 대해 자신이 몸담을 수 없는 정치현실이라 인식하였기 때문이다. 따라서 남한강변에 택풍당을 짓고 은거하며 학문에 열중하였을 뿐만 아니라 전국 방방곡곡을 다니면서 많은 시문을 지으면서 여러 학자들과 교유하였다. 광해군대의 정치현실이 자신의 정치철학과 맞지 않았기 때문에 출사하지 않음으로써 행동으로 현실정치를 비판하였던 것이다.

인조반정 이후에는 택당이 현실정치에 적극적으로 참여하였다. 이 과정속에서 택당이 시대상황에 따라 보여준 대응이나 정치철학 등을 세가지 부분에서 정리해 보았다. 먼저 선조대 이후 하나의 정치형태로 나타나기 시작한 붕당에 대해 택당은 기본적으로 不偏不黨의 원칙을 지키고 있다. 선조대 동인과 서인으로 나뉘어진 붕당은 동인이 북인과 남인으로 나뉘어 지면서 서로가 정치철학을 달리하였다. 그리하여 광해군대는 북인이 정권을 장악하였고, 인조대는 전체적으로 볼 때 서인이 정권을 움직여 나갔다. 이러한 정치상황 속에서 택당은 동인과 서인 어느 쪽으로도 치우치지 않았고 정치적 사안에 대해 자신의 소신에 맞게 행동하였다. 그는 붕당을 갖는 것이 군자가 할 행동이 아니라고 단언하고 있었다. 이러한 정치철학은 당시의 시대적 흐름으로 볼 때 다소 진보적이지 못했다고 할 수도 있지만 그 스스로가 변화를 싫어하는 인물은 아니었다.

이어 대외적으로 명·청 교체에 따른 외교문제는 인조가 해결해야 할 큰 문제였다. 결국 인조는 이 문제를 처리하는 과정에서 일관된 의견과 방안을 도출하지 못해 병자호란의 치욕을 당하였다. 이에 대하여 택당

은 정묘호란을 겪은 직후 인조에게 軍政에 대한 대대적인 개혁을 주장
하였다. 그는 청나라가 반드시 다시 침략할 것이라는 것을 예견하고 효
과적으로 대응 할 수 있는 방안으로 養兵說을 주장하였고, 보다 구체적
으로 國民皆兵制적 방법을 사용할 것을 주창하였다. 나아가 병자호란이
닥쳤을 때는 아무런 대안이 없이 명분만 주장하는 척화론자들의 비현실
적인 논리를 반박하면서 화의론에 동조하는 입장을 견지하였다. 분명한
것은 적의 침략을 막을 수 있는 현실적인 방안이 없다는 점을 인식하고
최선의 방법이 화의에 있음을 인식하고 있었다. 그러나 최명길과 같이
앞에 나서서 적극적으로 화의론을 주창하지는 않았다. 그것은 기본적으
로 주자학적 사유체계에서 학문한 성리학자로서 명과의 의리를 존중하
는 입장이었기 때문이라고 할 것이다. 그러나 자신의 명분보다는 현실
적인 대처방안을 더 중요시 여기고 그에 따라 행동했음을 보여주는 것
이다.

　다음으로 당대에 주목받는 문장가로서 역사를 편찬하는 데도 큰 몫을
담당하였다. 그는 『광해군일기』의 편수에도 참여하였고, 『선조실록』이
북인들에 의해 공정하게 기록되지 않은 점을 비판하면서 이에 대한 수
정을 강력하게 요청하였다. 그가 서인의 입장에서 실록의 기록 수정을
요구한 것이 아니라 不偏不黨의 입장에서 공정한 역사서술의 중요성을
피력하였던 것이다. 이어 최명길의 천거로 인해 자신이 직접 선조대의
실록기록에 대한 수정작업을 진행하였는데, 자신의 견해를 바탕으로 수
정한 것이 아니고 公正直筆을 원칙으로 다양한 사료를 모아 이에 근거
하여 편찬하였다. 공정직필이라는 역사가의 가장 기본적 자세를 실천한
인물이기도 하다.

　조선시대 가장 혼란기를 살아온 택당이 보여 준 처세술과 그의 실용

적이고 합리적인 현실인식, 앞을 내다보고 대비할 줄 아는 자세, 공정한 직필을 주장하는 역사관 등은 문학적 자질 이외에 그가 역사적으로도 평가받기에 충분한 이유이다.

# 제4장 삼연 김창흡의 삶과 정치 역정

## 1. 머리말

삼연 김창흡(1653~1722)은 17세기 말에서 18세기 초반 붕당이 격화하던 시기에 살았던 인물이다. 서인의 집안에서 태어나 숙종대 정치적 격변기를 거치면서 노론과 소론으로 갈라질 때 노론의 주류 가문에서 성장하였다. 그는 정치적 활동보다는 조선 후기 학문계와 문학 예술에 큰 영향을 미쳤다. 조선의 성리학이 퇴계 이황과 율곡 이이 이후에 주리론과 주기론으로 논쟁을 벌이던 시기에 새로운 학문적 경향을 불어넣었던 인물이기도 하다. 뿐만 아니라 시문에도 능하여 50여 년간 3,000여 편의 주옥같은 시를 남겼다. 따라서 자연스럽게 삼연에 대한 그동안 학계의 연구는 그의 시세계와 문학에 집중되어 있었다.[1] 이와 나란히 그의 학풍과 현실인식 및 문학인들과의 교유관계[2] 및 문화사 분야에서의 연구

---

1) 삼연에 대한 심층적인 연구는 이승수,『삼연 김창흡연구』, 안동김씨삼연공파종주, 1998이 참고된다. 이 외에 김남기,「삼연 김창흡의 삶과 시세계」『한국한시작가연구』13호,2009. 윤경희,「김창흡의 단구일기 연구」『민족문화연구』41호, 2004. 이종호,「삼연 김창흡의 시론에 관한 연구」성균관대 박사학위논문, 1991 등 시문과 관련된 다수의 논문이 있다.
2) 최완수,「겸재진경산수화고」『간송문집』21·29·35집, 한국민족미술연구소, 1981·1984·1988 참조. 고연희,「김창흡·이병연의 산수시와 정선의 산수화 비교 고찰」『한국한문학연구』20집, 1997. 조성산,「17세기 후반~18세기 초 김창협 김창흡의 학풍과 현실관」『역사와 현실』51, 2004.

도 이루어졌다.3) 또한 역사학계에서는 18세기 전반 노론 사상계를 서
울·경기지역과 호서지역으로 분화하는 계기를 마련한 湖洛論爭과 그 역
사적 의미에 대한 연구가 진행된 바 있다.4)

삼연은 노론의 명문 가문에서 태어났지만 아버지와 형이 모두 賜死되
는 비운을 맛본 인물이기도 하다. 청년기에는 붕당을 떠나 다양한 인물
들과 어울리면서 시문을 짓고 풍류를 즐기기도 했지만 아버지의 죽음
이후에는 은거하여 학문에 전념하면서 산림세력으로 생활하였다. 그가
전국을 다니는 와중에 우연히 원주를 지나다가 운곡 원천석의 자취를
접하면서 운곡선생의 지조와 절개를 높이 평가하고, 제문을 지어 올린
바 있다. 고려 말 운곡선생의 문집인『운곡시사』에는 두 편의 제문이 실
려 있는데 하나는 寒岡 鄭逑가 지은 것이고, 나머지 하나는 삼연 김창흡
의 것이다. 당시 삼연이 지은 제문을 보면 아래와 같다.

> 백이 숙제 굶어 죽은 지 천년이 지났건만(夷齊餓死歷千春)
> 그 임금 아니면 섬기지 않은 이 몇 사람이었던가(不事非君有幾人)
> 오늘 우연히 운곡의 자취 찾으니(今日偶尋耘谷蹟)
> 이 산 응당 수양산과 이웃한 듯 하네(玆山應與首陽隣)5)

---

3) 이홍식,「삼연 김창흡의 백이전 이해와 그 의미」『한국실학연구』25, 2012.

4) 김준석,「한원진의 주자학인식과 호락논쟁」『이재령박사환력기념학국사학회논총』
1990. 조성산,「18세기 호락논쟁과 노론사상계의 분화」『한국사상사학』8, 1997.
이경구,「영조~순조연간 호락논쟁의 전개」『한국학보』93, 1998. 조성산,「18세기
후반 낙론계 경세사상의 심성론적 기반」『조선시대사학보』12, 2000. 권오영,「호
락논변의 쟁점과 그 성격」『조선 후기 유림의 사상과 활동』돌베개, 2003 등이
있다.

5) 원천석,『국역운곡시사』, 사단법인 운곡학회, 2008, 573쪽.『운곡시사』에는 제문
으로 실려 있으나 형식은 7언 절구에 가깝다.『삼연집』에는 제문이나 시 항목 어
디에도 실려 있지 않으며, 한국고전번역원의『운곡행록』에는 같은 내용이 실려

위의 제문에서 삼연은 운곡선생이 조선 건국에 반대하며 원주에 은거한 후 일체 세상 밖으로 나오지 않고 不事二君의 정신으로 생을 마감한 것을 높이 평가하면서 중국의 백이 숙제에 비유하였다. 또한 치악산에 남아있는 운곡선생의 자취를 느끼면서 치악산을 백이 숙제가 머물던 수양산에 빗대어 묘사하고 있다. 그의 제문은 운곡의 높은 지조와 절개를 흠모한 과정에서 나온 글임을 알 수 있다.

이 글은 『운곡시사』에 제문을 남긴 삼연 김창흡의 삶과 그의 가문이 겪은 정치적 역정을 고찰하고자 하는데 그 목적이 있다. 특히 조선 후기 숙종대와 경종대의 격동기를 거치면서 삼연과 그의 가문이 소용돌이 치는 정치적 변화 속에서 어떻게 대처했으며, 영조대에 이르러 그의 가문이 노론의 명문가로 자리 잡게 되는 과정을 살펴보고자 한다. 나아가 그의 성리학적 인식과 학문적 교유관계를 통해서 그의 삶의 한 단면을 조명해 보고자 한다. 이러한 논의는 17·18세기를 살았던 한 지식인의 삶을 통해서 당시의 정치 사회상과 문학적 변화과정을 이해하는데 도움을 주리라고 생각한다.

## 2. 삼연 가문과 생애

삼연 김창흡은 효종 4년(1653) 아버지 김수항과 어머니 안정 나씨의 사이에서 셋째 아들로 태어났다. 서울 출신이며, 본관은 안동이고 자는 子益이다. 호는 三淵이다. 6형제 맏이가 숙종 말년에 영의정에 오른 金

---

있으나 첫 번째 기구가 夷齊餓死歷十春으로 수록되어 있다. 十春은 千春의 오기로 보인다.

昌集으로 노론 4대신으로 꼽히며, 둘째형인 金昌協은 예조판서·지돈녕 부사 등을 지냈다.

그의 가문은 인조대까지 거슬러 올라간다. 병자호란 때 청나라에 끝까지 저항을 주장한 淸陰 金尙憲이 그의 증조부이다. 당시 김상헌은 대사헌으로 재직하고 있으면서 현실론에 근거한 崔鳴吉의 주화론에 반대하였고, 숭명배청을 주장하며 끝까지 항전할 것을 주장한 척화론의 대표적인 인물이다.6) 그는 1639년 청나라가 명나라를 공격하기 위해 출병을 요구했을 때 이를 반대하는 상소를 올렸다가 청나라에 압송되어 6년 후에야 풀려나 귀국했고, 1645년에 특별히 좌의정에 제수되었다. 효종이 즉위한 후에는 북벌론을 추진하면서 그를 '大老'로 추앙하기도 하였다. 김상헌의 형 金尙容은 병자호란 때 청나라의 공격에 굴하지 않고 저항하다가 강화도에서 폭사한 인물이다. 따라서 김상용과 김상헌으로 대표되는 안동김씨 집안은 유학자들에게 인조대 이후 대명의리론과 충의·절의의 상징적인 존재가 되었다.

김상헌의 손자가 삼연 김창흡의 아버지인 김수항이다. 그는 인조 23년(1645) 泮試에서 수석하고, 효종 1년(1651) 알성 문과에 장원으로 급제하면서 정계에 입문하였다. 현종 때 6조의 판서를 두루 역임하면서 주목을 받았고, 1672년 송시열이 좌의정에 임용될 때 같이 우의정에 발탁되었는데7) 그때 나이가 44세였다. 김장생의 문인으로 송시열·송준길 등과 교유하였다. 현종이 죽을 때는 좌의정으로 임종을 지키고 院相이 되어 숙종을 보필하였다. 숙종 즉위 후 남인 정권이 들어서면서 송시열이 탄

---

6) 이상배, 「병자호란과 삼전도비 찬술」 『강원사학』 19·20합집, 강원사학회, 2004. 85~122. 이 논문에서 병자호란의 전말과 전략적인 관계 및 이경석의 삼전도비 찬술과 관련된 내용을 확인할 수 있다.

7) 『현종실록』 권20 현종 13년 5월 신유조.

핵을 받고 파직되어 물러난 후, 남인의 허적과 윤휴 등을 배척하고 福昌君 형제의 처벌을 주장하다가 영암에 유배되었고,[8] 숙종 4년(1678)에는 철원으로 移配되었다. 1680년 경신대출척이 일어나면서 남인이 정계에서 물러나고 서인이 집권할 때 영중추부사로 복귀, 영의정이 되어 남인의 죄를 다스리는 등 이후 8년 동안 영의정으로 있다가 1687년 영돈녕부사로 체임되었다. 그러나 정권이 다시 남인에 돌아가는 기사환국이 발생하여 숙종 15년(1689) 남인들의 집중적인 공격을 받아 賜死의 명이 내려졌으나 이 소식을 듣고 스스로 자진하였다.[9] 우암 송시열이 그를 사림의 종주로 추대할 정도로 친밀하였으나 우암보다 빨리 세상을 떠나 우암이 그의 誌文을 지었다. 이 지문은 우암이 생전에 지은 마지막 글이 되었다.

김수항은 6명의 아들을 두었다. 이 가운데 김창집과 김창협만이 정계에 몸을 담았고, 나머지는 정치에 뜻을 두지 않았다. 맏아들인 김창집은 병조참의로 있을 때 아버지가 화를 입고 진도에서 생을 마감하자 벼슬을 버리고 바로 귀향해 장례를 치르고 산중에 은거하였다. 이후 1694년 甲戌換局으로 정국이 바뀌었으나 한동안 관직을 고사하다가 1705년 지돈녕부사를 거쳐 1717년 영의정에 올랐다.[10] 아버지 김수항에 이어 부자가 영의정에 오르면서 노론의 명문가로 자리잡았다. 그는 노론으로서 숙종 말년 세자의 대리청정을 주장하다가 소론의 탄핵을 받았다. 숙종이 죽은 뒤 영의정으로 院相이 되어 온갖 정사를 도맡았다. 경종이 즉위해 34세가 되도록 병약하고 후사가 없자, 후계자 선정 문제로 노론·소론

---

8) 『숙종실록』 권4 숙종 1년 7월 갑진조.
9) 『숙종실록』 권20 숙종 15년 윤3월 을축조.
10) 『숙종실록』 권59 숙종 43년 5월 을축조.

이 대립하였다. 이 때 영중추부사 李頤命, 판중추부사 趙泰采, 좌의정 李健命 등과 함께 延礽君(뒤에 영조)을 왕세제로 세우기로 상의하고, 金大妃( 숙종의 계비)의 후원을 얻었다. 이에 경종의 비 어씨와 아버지 魚有龜, 사직 柳鳳輝 등의 격렬한 반대가 있었으나 세제책봉을 결국 실행하였다. 경종 1년(1721)에는 다시 왕세제의 대리청정을 상소하였다가 소론의 반대로 실패하고, 이를 계기로 거제도에 위리안치되었다가 이듬해 성주에서 사사되었다.[11]

이와 같이 삼연의 가문은 청음 김상헌 이후 서울 장동 부근에 거주하면서 서인의 중추세력으로 절의의 상징적 가문이 되었고, 아버지 김수항과 형 김창집 부자로 이어지면서 18세기 노론과 소론의 분기점에 노론의 영수로서 노론 정권을 창출하는데 가장 중심에 섰던 가문이다. 그러나 아버지 김수항의 죽음 이후 형제들은 각기 다른 길을 갔다. 김창집은 관직에 나가 정치활동에 가담하였고, 둘째 김창협은 아버지가 화를 당한 후 스스로 벼슬을 포기하고 나오지 않았으며, 김창흡·김창업·김창즙은 아예 과거를 보지 않고 선비로 세상을 마쳤다. 아버지 김수항이 스스로 자진하기 전 자식들에게 남긴 글이 있는데 다음과 같다.

내가 본래 재주와 덕이 없는 몸으로 다만 조상이 남겨준 덕을 빙자해 나라의 은덕을 후하게 입었고, 지위를 탐내 분수에 넘쳤다가 스스로 재앙을 불렀다. 오늘의 일은 모두가 융성한 시세를 타고 그칠 줄 모르고 물러나기를 요구하다 되지 않아서 이 지경에 이른 것이니, 후회해본들 무슨 소용이 있겠느냐? 나의 모든 자손들은 마땅히 나를 경계를 삼아 항상 겸손히 사양하고 물러나는 뜻을 간직하여 가정에 있을 때는 힘써 공손함과 검소함을 실천하고 벼슬을 할 때는 顯官과 要職을 멀리 피하여 몸을 복되게

---

11) 『경종실록』 권7 경종 2년 4월 병자조.

하고 가정을 보존해 준다면 매우 다행이겠다.[12]

위의 글에서 보듯이 김수항이 아들들에게 남긴 유언은 정치에 뜻을 두기 보다는 평범하게 살아가라는 뜻이었고, 이를 맏아들을 제외한 나머지 자식들이 뜻을 받아 실행에 옮겼던 것이다. 김창흡도 36세 되던 1689년 기사환국으로 아버지가 사사되는 것을 보고 永平(지금의 경기도 포천)에 은거하였는데 그 때 그의 나이 36세였다. 그는 관리가 되기 위한 학업을 포기하고 아름다운 산수를 벗 삼아 짚신에 지팡이를 짚고 걸어 다니며 경치가 좋은 곳에 이르면 시를 지으면서 오랫동안 머물곤 하였다. 처음에는 仙家와 佛家의 서적 보기를 좋아하여 당시 사람들은 속세를 떠나 숨어사는 선비로 인식하였다. 그러다가 갑술환국 이후에『주자대전』및『주자어류』등에 본격적인 관심을 가지기 시작하면서 뒤늦게 둘째형인 김창협과 함께 학문에 종사하며 선비들과 교유하였다.[13]

김창흡에 대한 당시의 평가는 왕조실록 그의 졸기에 잘 나타나 있다. 다만『경종실록』과『경종수정실록』에 두 차례 기록되어 있어 서로 비교되는 대목을 엿볼 수 있다. 먼저『경종실록』에는 다음과 같이 기록되어 있다.

세제시강원 進善 김창흡이 졸하였다. 김창흡의 字는 子益이고, 號는 三淵인데, 영의정 김수항의 아들이다. 타고난 자질이 뛰어났고, 젊은 날 俠氣를 드날렸으며 弱冠에 진사가 되었다. 일찍이 莊子의 글을 읽다가 마음속에 恍然하게 깨달은 바가 있어 이때부터 세상일을 버리고는 山水 사이에 방랑하며 古樂府의 詩道를 唱導하여 中興祖가 되었다. 또 仙家·佛

---

12)『숙종실록』권26 숙종 20년 윤5월 을미조.
13)『숙종실록』권42 숙종 31년 8월 갑인조. 김창흡,『삼연연보』갑술조.

家에 탐닉하여 오랫동안 스스로 돌아오지 아니하였는데, 집안의 화를 당하자 비로소 그 형 김창협과 함께 학문에 종사하니, 그 견해가 때로 크게 뛰어났다. 만년에는 설악산에 들어가 거처를 정하고 『주역』을 읽었는데, 스스로 '程子·朱子가 이르른 곳이라면 또한 이를 수 있다.'고 하였다. 그러나 성품이 乖激한 데 가까워 무릇 時論에 대하여 혹은 팔을 걷어붙이고 長書를 지어 흠을 들추어내어 배척하되, 말이 걸핏하면 다른 사람들의 先祖를 범하여 자못 處士로서 의논을 함부로 한다는 이름을 얻었으므로, 사람들이 이를 많이 애석하게 여겼다. 조정에서 遺逸로 여러 차례 憲職을 제수하였으나 나가지 않았는데, 이때에 이르러 졸하니, 나이 70세였다.[14]

다음으로 『경종수정실록』에는 그에 대한 평을 다음과 같이 정리하고 있다.

處士 김창흡이 졸하였다. 김창흡의 字는 子益인데, 김수항의 아들이다. 젊어서부터 志氣가 탁월하여 옛 歌詩를 즐겨 지었는데, 『시경』 300편에서부터 아래로 당나라의 李白·杜甫와 송나라·명나라의 諸家에 이르기까지 折中하지 않은 것이 없어 우뚝하게 가시의 宗匠이 되었다. 음직으로 主簿에 제수되었으나 나아가지 않았으며, 집안의 화를 당하고서부터 상복을 벗었어도 거적자리에서 자면서 酒肉을 먹지 않았는데, 갑술년(1694)에 伸復되자 비로소 常食을 회복하였으나, 그래도 오히려 外寢에서 거처하다가 일생을 마쳤다. 성리학을 즐겨 읽어서 만년에 다시 깊고도 높은 조예를 이룩했다. 설악산 아래에 집을 짓고 살았는데, 筵臣의 말에, '그의 높은 풍도와 절조는 넉넉히 나약한 사람에게 뜻을 확립시키고, 재물과 이익을 탐내는 자의 마음을 청렴하게 할 수 있다.'고 한 말이 있었다. 숙종이 臨朝하여 오랫동안 嗟歎하던 끝에 여러 차례 집의·진선으로 陞遷시켰으나, 모두 나아가지 않았다. 이때에 이르러 東郊에서 졸하니, 나이 70세였다. 品秩을 正卿으로 추증하고 시호를 文康이라고 내렸다.[15]

---

14) 『경종실록』 권6 경종 2년 2월 병자조.

　『경종실록』은 영조 2년(1726) 8월에 시작하여 영조 8년(1732)년 2월에 완성되었으며,『경종수정실록』은 정조 2년(1778)에 편찬이 시작되어 정조 5년(1781) 7월에 완성되었다. 위의 두 내용을 비교하면『경종실록』에서는 김창흡에 대해 시문 이외에도 仙家와 佛家에 탐닉하였다는 내용이 있고, 성품이 괴곽하고 최석정을 비판할 때 그의 할아버지 최명길을 들먹인 것16)과 박세당이 이경석의 비문에서 송시열을 낮게 평가한 것이 문제되었을 때 이경석의 잘못된 것을 논한 것17)을 두고 다소 비판적인 내용으로 기록하였다. 그러나『경종수정실록』에서는 이러한 내용이 모두 빠지고 시문의 종가를 이루었다는 내용과 효심이 두드러졌으며 성리학에 깊은 조예를 이루었음은 물론 왕이 여러 차례 벼슬을 내렸음에도 불구하고 절의를 지켰다는 사실을 강조하고 있다. 이는 노론 정권이 확립된 영조대를 지나면서 그의 가문이 최고 명문 가문으로 자리매김 한 것18)과 무관하지 않다고 생각한다. 따라서 실질적으로는『경종실록』의 기록이 보다 더 객관성이 있는 것이고, 후대에 새로 편찬된 것은 그의 약점을 빼고 좋은 점만을 부각하여 기록한 것이다. 그는 영조대 이후 좌의정 李天輔의 소청에 의해 이조판서에 추증되었으며,19) 영조 말년에 시호를 받았다.20) 이후 김상헌과 김상용이 배향된 석실서원에 추가로 배향된 것은 철종 때의 일이다.21)

　삼연이 관직생활을 하지 않았기 때문에 그의 구체적인 정치적 역할은

---

15)『경종실록』권3 경종 2년 2월 병자조.
16)『숙종실록』권29 숙종 21년 7월 신미조.
17)『숙종실록』권38 숙종 29년 5월 을축조.
18) 유봉학,『조선 후기 학계와 지식인』신구문화사, 1999, 143~144쪽.
19)『영조실록』권79 영조 29년 4월 무신조.
20)『영조실록』권127 영조 52년 2월 정묘조.
21)『철종실록』권9 철종 8년 5월 경신조.

많지 않다. 그러나 그의 삶을 이해하기 위해서는 숙종 때 이후 영조 때까지 이어지는 노론과 소론의 갈등 관계를 먼저 살펴볼 필요가 있다. 이 기간 동안에 그와 그의 가문이 취한 정치적 자세와 표현 및 평가 등을 당시의 정치적 역정과 함께 살펴봄으로써 그의 삶의 한 단면을 보고자 한다.

## 3. 삼연 가문의 정치 역정

현종 15년(1674) 8월 현종이 죽고 그의 외아들 숙종이 14세의 나이로 즉위하였다. 즉위 당시 숙종의 나이가 어려 영의정 許積과 좌의정 金壽恒, 그리고 우의정 鄭知和가 당분간 어린 임금을 보좌하여 정무를 처리하는 院相으로 임명되었다. 숙종 초기 정치적 해결 과제 가운데 하나는 현종대 이후 지속적으로 문제가 되었던 예론에 대한 시비를 끝내는 일이었다.[22]

당시의 예론은 현종 즉위 후 효종과 효종 비의 죽음에 대한 조대비의 상복을 어떻게 처리하느냐의 문제였다. 효종이 죽었을 때 현종은 서인들의 주장에 따라 조대비가 1년간 복을 입는 朞年服이 옳다고 하였고, 효종비가 죽었을 때도 기년복이 맞다고 주장하였다. 즉, 효종이 죽었을 때는 왕의 禮가 아닌 士庶禮를 적용하여 그가 차남이었기 때문에 삼년복이 아닌 기년복이 맞다고 한 것이고, 후자는 반대로 효종을 왕의 예로 적용하여 왕후가 죽었으니 조대비가 상복을 9개월간 입는 大功服이 아니고 기년복을 입어야 한다고 한 것이다. 결국 효종에 대해서는 왕의 적

---

22) 이상배, 『조선 후기 정치와 괘서』 국학자료원, 1999, 35쪽.

통성 보다는 일반 사대부가의 예를 적용한 것이고, 효종 비는 왕의 적통성을 인정한 것으로서 일관성이 없었다. 이러한 결과는 효종은 물론 현종 자신의 왕위 계승 정통성 문제까지 제기될 수 있는 사안이었다. 현종의 입장에서 처음에는 중신들의 이야기를 따랐지만 후에는 자신의 왕위 계승 정통성과도 관련되는 일이었기에 효종 비에 대해서 왕족의 예에 따라 결정함으로써 최종적으로 현종은 효종을 적자로 인정하면서 정통성을 확보하였다. 효종이 죽은 것은 1659년이고, 효종 비가 죽은 것은 15년 뒤인 1674년이다. 또한 1674년에 현종이 죽고 숙종이 즉위하였다. 현종은 자신이 죽기 전에 왕위 계승의 정통성을 확보하고자 한 것이다.

그러나 당시 예론을 매우 중시하였던 사대부들은 같은 사안에 대해서 서로 다른 예를 적용한 것을 문제삼고 서인과 남인이 대립하였다. 현종은 결국 효종을 서자로 인정하여 예론을 펼쳤던 서인들을 정계에서 몰아내고 남인을 중심으로 정국의 조성하였다. 그리하여 예조판서 조형을 하옥하고,23) 영의정 金壽興을 춘천에 중도부처 하는 것으로24) 서인 세력을 축출하였다. 동시에 남인을 등용하여 허적을 영의정에, 오시수를 동지의금부사에 임명하면서 새롭게 조정의 분위기를 일신하였다.25) 이러한 정국의 변화는 숙종이 즉위한 이후에도 일정기간 유지되었다.

숙종이 즉위한 직후 남인들은 서인에 대한 공격을 시작하였다. 먼저 진주 유생 郭世楗이 서인의 영수였던 송시열을 겨냥하여 예론에 맞지 않는 사특한 논리를 주장하였으니 죄를 주어야 한다고 상소하면서 포문을 열었다.26) 이에 대해 서인들이 반발하자 숙종은 오히려 남인의 허적

---

23) 『현종실록』 권22 현종 15년 7월 정축조.
24) 『현종실록』 권22 현종 15년 7월 무인조. 김수홍은 삼연 김창흡의 아버지인 김수
    항의 형이다.
25) 『현종실록』 권22 현종 15년 8월 무자조.

과 서인으로 김상헌의 종손인 金壽弘을 각각 대사헌과 장령으로 임명하면서 서인들의 반발에 정면대응하였다.27) 당시 서인으로서 우의정이었던 삼연 김창흡의 아버지 김수항은 숙종의 조치에 대해 사직상소를 올리고 정계에서 물러나 있었다.28) 김수항은 숙종이 즉위할 때 원상으로서 자신의 정치활동을 보좌한 인물이기도 했다. 이에 숙종이 여러 차례 조정에 돌아올 것을 요청하였으나 거절하였고, 좌의정으로 올려 임명하였으나 이 역시 거절하고 등청하지 않았다.29) 김수홍은 김상헌의 종손으로 본래 서인이었으나 복제논쟁 때 서인의 입장이 아닌 남인의 입장을 옹호한 인물이다. 나아가 송시열을 옹호하였던 이조참판 李端夏 등을 파직시켰다. 이러한 조치는 숙종이 서인에 대한 배척을 의미하는 것이다. 결국에는 숙종 즉위년에 서인의 영수 송시열이 대간들의 탄핵을 받아 파직되고, 德源으로 유배되었다.30) 송시열과 절친했던 김수항은 남인의 허적과 윤휴 등을 배척하면서 송시열을 보호하고자 하였으나 뜻을 이루지 못하고 복창군 형제의 처벌을 주장하다가 오히려 영암에 유배되었다.31) 이후 숙종은 김수항을 해배하려고 하였으나 좌의정 權大運이 끝까지 반대하였으며,32) 교리 崔錫鼎은 송시열과 김수항의 해배를 주장하다가 兩司의 혹독한 비판을 들어야만 했다.33) 이후에도 송시열에 대한 탄핵은 계속 이어져 숙종 5년(1679) 3월 거제도에 위리안치되었다.34)

---

26)『숙종실록』권1 숙종 즉위년 9월 병진조.
27)『숙종실록』권1 숙종 즉위년 11월 신유·을축조.
28)『숙종실록』권1 숙종 즉위년 10월 계묘조.
29)『숙종실록』권3 숙종 1년 4월 정미조.
30)『숙종실록』권1 숙종 즉위년 12월 임신조.
31)『숙종실록』권4 숙종 1년 7월 갑진조.
32)『숙종실록』권6 숙종 3년 5월 갑오조.
33)『숙종실록』권7 숙종 4년 윤3월 무신조.

서인들에 대한 남인의 공격이 계속 이어지면서 숙종 초에는 남인 중심
의 정국이 유지되었다.

정국을 장악한 남인세력들은 영의정 허적을 중심으로 권력이 집중되
면서 오래 유지되지 못하였다. 숙종 5년(1679) 남인의 이환이 한성부에
괘서를 걸어 서인세력을 제거하려다가 실패하였고,35) 이듬해 허적의 帳
幕御用事件이 발생하면서 영의정에서 파직되었다. 나아가 서인의 金錫
冑와 金益勳 등이 허적의 서자 견과 복창군 정 삼형제가 역모를 꾀한다
는 내용의 고발사건이 발생하여 남인이 대거 정계에서 실각하는 사건이
발생하였다.36) 이것이 이른바 庚申大黜陟으로 남인이 정계에서 실각하
고 서인이 정권을 장악하게 되었다. 이로 인해 영암에서 철원으로 옮겨
져 유배생활을 하던 김수항은 숙종 6년에 해배되었고,37) 다음날 과거 김
수항이 윤휴를 논박한 상소는 문제가 없다는 것을 내외에 알리는 등 숙
종은 서인의 등용에 적극적인 모습을 보였다. 이어 곧바로 대간들을 새
로 임명함과 동시에 김수항을 영의정으로 임명하고, 정지화를 좌의정으
로 임명하는 인사쇄신을 단행하였다.38) 아울러 철원에 있는 김수항에게
사관을 보내 빨리 서울로 올라올 것을 종용했으나 몸이 아프다는 핑계
로 올라오지 않자 재차 사관을 보내고 이어서 호위대장을 겸하게 하면
서 권한을 대폭 강화하는 한편 왕이 신임하고 있음을 적극적으로 표현
하였다. 정계로 복귀한 김수항은 먼저 허적과 그의 서자 허견을 국문하
고, 아울러 복창군 형제들의 국문을 통해 죄를 논하여 처벌하고, 윤휴를

---

34) 『숙종실록』 권8 숙종 5년 3월 경신조.
35) 이상배, 「파자교동괘서사건과 익명서정죄사목」 『향토서울』 57호, 1997, 69~93쪽.
36) 이건창, 『당의통략』, 31쪽.
37) 『숙종실록』 권9 숙종 6년 3월 무오조.
38) 『숙종실록』 권9 숙종 6년 4월 임술조.

논박하여 賜死하도록 하였다.[39] 나아가 우의정 閔鼎重과 김수항의 청을 받아들여 우암 송시열을 방면하였다.[40]

한편 정권을 장악한 서인은 경신대출척 처리과정에서 남인에 대한 처벌 문제를 놓고 내부적으로 강경론을 주장하는 노론과 온건한 해결을 주장하는 소론으로 분열되는 기미를 보였다. 이들의 분열은 숙종 8년 이른바 임술고변에서 연유된 5년간의 의견대립으로 더욱 촉진되었다.[41] 여기에 더하여 서인의 영수들 가운데 노론의 입장을 지지하는 우암 송시열과 소론의 입장을 지지하는 尹拯 사이에 이른바 懷尼是非 문제가 가세하자 노론과 소론의 대립은 더욱 표면화되어 가고 있었다. 회니시비는 송시열과 그의 제자 윤증 사이에 생긴 문제로서 송시열이 윤증의 아버지 尹宣擧를 비난하자 윤증이 스승과 절교하였는데 그의 이러한 행동에 대해 是非가 발생한 사건이다. 懷는 송시열을 가리키며, 尼는 윤증을 가리킨다. 이때 김수항은 민정중·李翻 등과 함께 송시열의 입장을 지지하면서 정치적 연대를 이루었다.[42] 영의정 김수항은 시비 논란을 일으킨 윤증의 서한을 경연에서 진달하며 노론측의 주장을 옹호하였고, 이에 대해 윤증의 문인 최석정은 김수항의 처신을 비난하는 등[43] 노론과 소론의 갈등이 일어나기 시작하였다.

이 시기에 김수항의 둘째 아들 김창협도 과거 시험을 통해 정계에 발을 들여놓고 본격적인 활동을 펼쳐 나갔다. 그는 문학과 경술로 존중을 받으면서 경연에서 명성을 떨쳤으며,[44] 아버지에게는 분열된 선비들의

---

39) 『숙종실록』 권9 숙종 6년 5월 계묘조.
40) 『숙종실록』 권9 숙종 6년 5월 임자조.
41) 이희환, 『조선 후기 당쟁연구』, 국학자료원, 1995, 53~67쪽.
42) 『숙종실록』 권15 숙종 10년 4월 갑자조.
43) 『숙종실록』 권16 숙종 11년 2월 기해조.

당론을 하나로 모으고 통합하는 길을 마련해 줄 것을 요청하는 한편45) 송시열에게는 출사를 청하기도 하였다. 그는 아버지의 후광과 함께 순탄한 관력을 거치며 숙종 12년 대사간에 임명되었다. 그러나 김수항의 가문에 정치적 변화가 발생하였다. 김수항의 조카인 金昌國(김수증의 아들)의 딸이 숙종의 후궁으로 들어가46) 후에 寧嬪이 되었고, 김창협은 後宮 張氏가 궁중 안에 별당을 은밀히 짓는 것을 문제 삼고 나서면서47) 예민한 궁중 문제로 비화할 빌미를 제공하였다. 숙종 13년(1687) 김수항이 영의정에서 체직되었을 때 당시 史臣은 아들 김창협이 후궁 장씨를 지척한 일에서 연유되었다고 기록하고 있는 것을 통해서 확인할 수 있다.48) 또한 후에 안동 김씨 가문에서 후궁 김씨와 결탁하여 숙종의 동태를 염탐하였다는 의혹을 받게 되었고, 남인들이 김수항의 죄를 논죄할 때도 이러한 이유를 추가하였다.49)

그후 숙종 15년(1689)에는 송시열이 후궁 장씨 소생의 원자 책봉을 반대하는 상소를 올린 것을 계기로 己巳換局이 발생하면서 송시열 김익훈 등 노론의 거두들이 물러나고 정계에서 실각했던 남인들이 다시 등장하였다. 노론과 소론의 대립은 잠시 소강상태에 빠지게 되었다. 송시열과 김수항 등은 사사되고 서인이 물러난 자리에는 權大運·睦來善·金德遠이 각각 삼정승에 임명된 것을 비롯하여50) 육조와 삼사도 남인들로 채워졌다. 이어 경신대출척 때 피화한 남인의 신원이 시작되어 이원정·오시

---

44) 『숙종실록 권14 숙종 9년 6월 경자조, 8월 갑진조.

45) 김창협, 『농암집』 권11 上親庭 임술.

46) 『숙종실록』 권17 숙종 12년 3월 임오조.

47) 『숙종실록』 권17 숙종 12년 9월 갑오조, 12월 경신조.

48) 『숙종실록』 권18 숙종 13년 9월 병술조.

49) 『숙종실록』 권20 숙종 15년 2월 무신조.

50) 『숙종실록』 권20 숙종 15년 2월 경자·무신조.

수·홍우원·윤휴 등의 관작이 차례로 회복되었다.[51] 더욱이 이때 노론의
정신적 지주였던 송시열이 제주도에서 압송되어 오다가 정읍에 이르러
賜死됨으로써[52] 남인들의 정계진출은 더욱 활발하게 이루어졌고, 상대
적으로 노론의 몰락을 초래하였다. 김수항 가문도 앞서 살펴보았듯이
아들들은 은거와 학자로서 처신하겠다는 뜻을 굳히는 계기가 되었다.
그후 남인들은 희빈 장씨를 왕비로 책봉[53]하는데 주도적인 역할을 수행
하면서 정권의 군건한 확보를 시도하였다.

그러나 5년 후 소론의 김춘택·남구만·박세채·윤지완 등이 숙종의 폐
비 민씨 복위운동을 일으키다가 함이완의 고변으로 뜻을 이루지 못하고
발각되었다. 이때 남인들은 소론을 제거하기에 좋은 기회로 삼고 이들
을 국문하였으나 숙종이 소론의 뜻에 따라 민씨를 복위시키고, 중전으
로 삼았던 장씨도 희빈으로 복귀하도록 조치를 내렸다.[54] 이에 희빈 장
씨와 밀접하게 연결되어 있던 남인은 오히려 정치일선에서 물러나게 되
었고, 소론이 정권을 차지하게 되었다. 이것이 이른바 甲戌換局이다.

환국으로 정권을 차지한 소론은 노론의 김창협 형제들의 등용을 추진
했으나 아버지 김수항의 유언도 있어 자숙하면서 은거를 택한 이들을
등용하기는 어려웠다. 그러나 소론이 남인을 처리하는 과정에서 김창흡
가문과는 다른 방향으로 흘러갔다. 남구만은 남인 처벌에 미온적인 입
장을 유지하였고, 최석정은 調劑를 명목으로 갑술환국에서 축출된 吳時
復 등의 서용을 추진하였다. 이에 김창흡 형제들은 아버지를 죽음으로
몰고 간 남인들에게 너무나 온건한 처사라고 판단하고 남구만과 최석정

51) 『숙종실록』 권20 숙종 15년 2월 무신, 3월 임신조.
52) 『숙종실록』 권21 숙종 15년 6월 무진조.
53) 『숙종실록』 권22 숙종 16년 10월 기묘조.
54) 『숙종실록』 권26 숙종 20년 4월 기묘조.

에게 항의하는 서신을 보내었다. 김창협은 남구만에게 서신을 보내 기
사환국의 옥사는 과거 기묘사화나 을사사화에 버금가는 일이라고 주장
하면서 남인에 대한 처벌을 강력하게 해 줄 것을 요구하였다.[55] 뿐만 아
니라 최석정에게는 단교를 선언하기도 하였다. 최석정의 조부는 최명길
이고, 자신의 조부는 김상헌으로 둘 다 병자호란 당시 환란을 극복하면
서 양가가 교류를 이어오던 상황이었다. 김창협은 최석정에게 편지를
보내 아버지 김수항의 죽음을 청한 오시복을 다시 등용하는 것이 부당
할 뿐만 아니라 이러한 일을 추진하는 최석정의 태도를 비난하였다. 뿐
만 아니라 삼연 김창흡도 최석정에게 장문의 편지를 보내 선조 때부터
이어져 오던 의리를 저버리고 조제라는 미명하에 자신의 師門을 세우고
자 하는 태도와 인간적 행위를 조목조목 비판하였다. 나아가 최석정과
아버지 김수항의 관계를 다음과 같이 논하면서 엄중히 논박하였다.

　　합하(최석정)는 평소에 겉과 속이 다른 태도와 안색을 잘 지어서 사람
　　을 부리곤 하였는데, 평범한 이야기 가운데서도 말이 先人에게로 미치면
　　온화한 태도로 예의와 용모를 갖추어, '門生'·'座主'로 일컬었고, 不侫(김
　　창흡 자신)에 대해서도 본래 젊은 벗으로 대하면서 친밀하게 기리는 말씀
　　이 있었습니다. 그러나 지금은 사세가 다시는 이와 같이 할 수 없게 되었
　　으므로, 감히 먼저 짧은 서간으로 朱穆의 古義에 붙일 뿐이며, 감히 (합하
　　가: 최석정) 회답을 번거롭게 보내시어 체면을 손상케 하는 것은 바라지
　　않습니다.[56]

　위의 내용은 평소 최석정이 김수항을 만날 때 스스로를 낮추어 문생
이라 하고 김수항을 좌주라 하여 높여 온 사실과 김창흡 자신과의 만남

55)『숙종실록』권27 숙종 20년 10월 정유조.
56)『숙종실록』권32 숙종 24년 4월 임술조.

에도 벗으로 대하는 자세를 취하다가 세상이 변하니 사람도 변한다고 논박하면서 절교를 선언하고 있다. 김창흡의 서신에 대하여 당시 사람들은 '그 골수를 깊이 찔러 소인의 심간을 깎아 낸 것은 명백하고도 정직하여 더욱 사람의 마음을 경계할 만하다'고 평하였다.[57]

이와 같이 소론에 대한 김창협, 김창흡 형제의 반박은 다른 노론 내 사류들에게 영향을 끼치면서 노론과 소론의 간극이 점점 멀어져갔다. 이후 노론과 소론의 정치적 대립은 소론이 정권적 우위를 장악하고 있는 상황에서 다시 고개를 들게 되었다. 숙종 27년 민비가 죽으면서 장희빈의 저주사건이 표면화되었고, 이 사건으로 숙종은 張希載를 처형하고 희빈 장씨에게 자진을 명하는 사건이 발생하였다.[58] 이로 인해 그동안 남인을 옹호했던 소론의 입장은 정치적 타격을 받았으며, 소론에 대한 노론의 대대적인 공격 빌미를 제공하였다. 이러한 와중에 지방관으로 있던 김창집이 호조판서로 임명되어 중앙관직에 본격적으로 진출하면서[59] 가문에 힘을 보탰다. 김창협과 김창흡이 재야에서 소론 공격의 이론적 틀을 마련하고 산림세력을 움직였다고 한다면, 김창집은 중앙 정계에서 소론에 대한 정치적 공격을 담당하게 된 것이다.

숙종 29년(1703)에는 박세당이 찬한 『思辨錄』의 내용을 문제로 노론과 소론의 갈등이 첨예하게 대립하였다. 『사변록』에는 박세당이 지은 李景奭의 墓文이 있다. 이경석은 병자호란 때 청태종공덕비의 비문을 지은 사람으로 산림세력의 공분을 샀던 인물이기도 하다. 다만 자신이 쓰고 싶어서 쓴 것이 아니라 당시에 어쩔 수 없는 정치적 상황에서 나온

---

57) 위와 같음.
58) 『숙종실록』 권35 숙종 27년 9월 기유조.
59) 『숙종실록』 권35 숙종 27년 7월 임자조.

결과라는 점도 인지하고 있었다.[60] 이 묘문에서 박세당은 송시열을 비판하였는데[61] 이를 기화로 노론측의 집중적인 공격이 시작되었다. 김창흡은 묘문 내용에 대해 박세당의 문인인 李德壽에게 편지를 보내 박세당과 이경석을 신랄하게 비판하였다.[62] 나아가 성균관 유생 洪啓迪 등에게 송시열을 변론하라고 하여 180명이 함께 상소를 올렸다.[63] 이에 대해 이경석의 손자인 李厦成은 상소를 올려 조부를 변명하면서 반대로 송시열을 신랄하게 배척하였다.[64] 하지만 숙종은 노론의 주장을 받아들여 박세당의 『사변록』을 변파하라고 명하였다.[65] 이 과정에서 김창협은 이론적 설파를 통해 『사변록』의 잘못된 점을 조목 조목 논하면서 주자의 立論에 위배되는 異端이므로 엄격하게 배척해야 한다는 논리를 만들어냈다.[66] 이러한 노론과 소론의 대립과정에서 자연스럽게 안동김씨의 김수항 가문은 노론 내의 공론을 만들어가는 구심점 역할을 하였으며, 그 중심에 김창집·김창협·김창흡 형제가 있었다.

이후 숙종 36년(1710) 최석정사건과 숙종 41년 가례원류의 시비로 인해서 노·소론의 갈등은 더욱 가열되었다. 결국에는 숙종 42년(1716) 왕이 가례원류의 시비에 대하여 윤선거의 문집판목을 파훼하게 하고 윤선거 부자의 관작을 삭탈하여 실질적으로 노론의 입장을 지지하는 명이

---

60) 이상배, 「병자호란과 삼전도비문 찬술」 『강원사학』 19·20합집, 2004, 115~118쪽 참조.
61) 남구만, 『약천집』 권29, 論白軒晦谷西溪.
62) 김창흡, 『삼연집』 권22, 與李德壽.
63) 『숙종실록』 권38 숙종 29년 4월 임진조.
64) 『숙종실록』 권38 숙종 29년 5월 을축조.
65) 『숙종실록』 권38 숙종 29년 6월 을미조.
66) 이천승, 「농암김창협의 사상과 洛學으로의 경향」 『조선시대사학보』 29, 2004, 140~148쪽 참조.

내려졌다.67) 이것이 이른바 병신처분이며, 정권이 노론 중심으로 재창출되는 결과를 가져왔다. 이 과정에서 좌의정 김창집은 노론 세력들을 모아 윤증과 그 당여를 공격하였고, 마침내 소론의 입장에 섰던 숙종의 마음을 바꾸어 놓는데 성공하였다.68)

이와 같이 숙종대의 정치적 상황은 경신대출적 이후 기사환국, 갑술환국, 병신처분 등에 이르기까지 노론 소론 남인 등 붕당에 의한 정쟁이 계속되어 오다가 결국에는 노론중심으로 정권을 창출하였다. 그리고 숙종은 이러한 정쟁을 적당히 이용하면서 환국의 조치를 취함으로써 왕권 강화와 안정을 추구하고자 하였다. 그 과정에서 김수항 가문은 송시열을 정점으로 한 노론의 정치적 논리를 만들어내는데 앞장섰으며, 향후 영조대까지 노론 내 중심 가문으로 자리를 잡게 되는 기반을 마련하였다.

한편 환국의 정치를 편 숙종이 죽자 경종이 어린 나이에 즉위하였다. 당시 영의정 김창집이 院相이 되어69) 우의정 이건명과 함께 모든 국정을 담당하였다. 앞서 아버지 김수항은 숙종의 원상을 지냈고, 아들 김창집은 숙종의 아들 경종의 원상이 되어 정사를 돌보게 된 것이다. 김창협은 숙종 43년(1717) 영의정으로 있을 때 왕과 노론의 좌의정 李頤命 사이에 이루어진 소위 정유독대를 거치며 왕실의 후계 문제까지 깊이 관여하게 되었다. 명실상부하게 김창집의 위상은 노론의 공론을 대표하며 정국을 주도하고 있었다.

경종이 즉위한지 1년이 지나 김창집은 이이명·이건명·조태채 등과 함께 延礽君을 世第로 책봉하고70) 곧이어 세제의 대리청정을 추진하였

---

67) 『숙종실록』 권58 숙종 42년 8월 신해조. 『승정원일기』 강희 55년 8월 24일조.
68) 이건창, 『당의통략』, 숙종조.
69) 『숙종실록』 권65 숙종 46년 6월 계묘조.
70) 『경종실록』 권4 경종 1년 8월 무인조.

다. 이들을 노론의 4대신이라고 불렀으며, 김창집을 중심으로 중첩된 혼인관계를 형성하고 있었다.[71] 그러나 대리청정이 소론의 강력한 반발을 불러일으키며 실패로 돌아갔고, 결국에는 왕위계승 문제와 결부되면서 노론의 4대신이 역적으로 몰려 정계에서 대거 실각하는 사건이 발생하였다. 이것이 이른바 신축·임인옥(辛壬獄事)이다. 향후부터는 과거 노론과 소론 사이의 주자학적 이론이나 예론 및 학맥과 관련된 논쟁에서 벗어나 왕위계승을 둘러싼 충역의 논쟁으로 비화하면서 격렬한 대립이 시작되었다.

신축옥은 경종 1년(1721) 12월 金一鏡의 상소로부터 시작되었다. 소론 중에서도 급진적 성향을 가진 金一鏡·李眞儒·尹聖時·朴弼夢·徐宗廈·鄭楷·李明誼 등 7인이 연명으로 상소를 올려 노론이 주장한 세제의 대리청정을 역적으로 간주하고 처벌할 것을 주장하였다.[72] 이에 노론의 4대신을 먼 변방에 위리안치시키고, 세제의 대리청정을 처음 상소한 趙聖復,[73] 경종의 생모인 장희빈의 민비시역죄를 肅宗誌文에 명기하지 않았다고 탄핵의 상소를 올린 尹志述[74]을 처형하였다. 그리하여 趙泰耉·崔錫恒 등을 중심으로 소론 정국이 형성되었다.

다음해 3월에 남인인 睦虎龍의 고변으로 임인옥이 발생하였다. 그의 고변은 세가지 방법을 동원하여 노론의 金龍澤·李天紀·沈相吉·金省行·李器之·李喜之 등이 경종을 제거하고 왕위를 찬탈하려 한다는 내용이다.[75] 김성행은 김창집의 손자이고, 이희지는 이이명의 아들이며 김용택

---

71) 조준호, 「김창흡의 정치기반과 활동」『한국인물사연구』2호, 2004, 142쪽.
72) 『경종실록』권5 경종 1년 12월 임술조.
73) 『경종실록』권5 경종 1년 10월 정묘조.
74) 『경종실록』권2 경종 즉위년 9월 신미조.
75) 『경종실록』권6 경종 2년 3월 임자조.

은 이이명의 사위이고, 이천기는 이이명의 천거에 의해 정계에 들어간 인물이다. 이러한 고변이 있자 소론의 대사간 李師尙, 지평 朴弼夢 등은 이 사건의 근본적인 원인이 노론 4대신에게 있다고 주장하며 엄히 치죄할 것을 요청하였다.[76] 결국 노론의 4대신을 비롯하여 60여 명의 문초를 당한 자 대부분이 物故를 당하거나 賜死 또는 正刑에 처해져 정국은 완전히 소론을 중심으로 전개되었다. 이로 인해 김창집도 사사당하고, 그 과정을 지켜 본 김창흡도 경종 2년 2월에 70의 나이로 생을 마감하였다.

이같은 과정을 거쳐 정권을 장악한 소론 중심의 정국도 경종이 재위 4년이라는 짧은 기간으로 끝나고 왕위가 세제인 연잉군에게 넘어가자 정국의 분위기는 급반전되었다. 그동안 세제책봉과 대리청정을 반대하면서 영조를 지지했던 노론세력을 역적으로 몰아 처형했던 소론들은 영조가 왕위에 오르면서 심각한 위기의식을 느끼게 되었다. 경종이 살아 있을 때는 소론들이 경종의 충신이었지만, 영조의 입장에서는 노론이 자신의 충신이고, 소론은 역신으로 간주될 수 있기 때문이다. 그러나 영조는 정국 초기에 탕평책을 제시하면서 급진적인 정국 변화를 꾀하지는 않았지만 궁극적으로는 노론 중심의 정국을 만들어갔다.[77] 이후 김창흡 가문이 노론의 명문가로 등장한 것도 숙종대의 김수항과 경종대의 김창집으로 이어지는 정치적 희생과 김창협 김창흡 등이 은거하면서 학문적, 문학적 교유를 넓히며 산림세력과 함께 한 성과이기도 하다.

---

76) 『경종실록』 권6 경종 2년 4월 신미조.
77) 이상배, 『조선 후기 정치와 괘서』 국학자료원, 1999, 99~184쪽.

## 4. 삼연의 학문 편력과 교유 관계

삼연 김창흡은 서울지역을 중심으로 학맥이 형성되어 있었다. 일찍이 그의 선조인 김상헌·김상용은 서울 북촌 자하동에 자리 잡고 침류대에서 劉希慶 등과 함께 시문을 논하면서 교류하였다. 그의 형 김창협은 유희경의 문집인『촌은집』의 서문을 썼고, 삼연은 유희경의 묘표를 쓰는 등 서울·경기 지역 학풍의 영향을 받고 자랐다.78) 삼연은 15살 되던 해인 1667년 형인 김창협과 함께 李端相에게 직접 수업을 받았고, 16세에는 백사 이항복의 현손인 李世璋의 사위가 되었다. 젊어서는 성리학을 공부하기 보다 시문에 더 큰 관심을 보였으며, 노장사상에 몰두하기도 하였고, 신임옥사 이후에는 불교에 관심을 갖고 산사에 들어가 생활하기도 했다. 그는 숙종 때 불교 교학의 융성을 꾀한 性聰의 제자 無用 秀演과 활발하게 교유하였다. 그가 지은 불교 관련 시가 323수에 달하고, 이 가운데 53수가 승려와 관련된 것이다.79) 특히 그는 참선과 면벽을 직접 수행하기도 했고,80) 심지어 그가 지은 염불가는 민간에 널리 유포되기도 했다.81) 다만 그가 불교에 관심을 갖기는 하였지만 유교보다 높이 평가한 것은 아니고 다른 유학자들에 비해 포용적인 입장을 견지하였던 것은 것으로 보인다.

이러한 그의 학문적 편력도 아버지가 정치적으로 물러나 賜死 당한

---

78) 고영진,「16세기 후반~17세기 전반 서울 침류대학사의 활동과 그 의의」『서울학연구』 3, 1994.

79) 정병삼,「진경시대 불교의 진흥과 불교문화의 발전」『진경시대』돌베게, 1998, 179~184쪽.

80) 黃胤錫,『頤齋亂藁』 5 권28 기해 4월 병진조.

81) 이상보,『한국불교가사전집』, 집문당, 1980, 115·399쪽.

이후에는 주자성리학에 관심을 갖고 공부하기 시작했다. 김창흡 자신도 스스로 "기사년 이후 사서에 전념하였고, 어려서는 參同契에 많은 공을 기울였다."고 하였고,82) 그의 행장에는 기사년 이후에 중용을 읽고 난 후 옛날 노장과 불교에 대한 경도를 버리고 유학에 전념했다고 기록하고 있다.83) 그는 1702년 충청남도 회덕을 방문하여 그 지역의 선비들과 교유하였는데, 당시 선비들이 "주자절요를 읽는 것은 어떠합니까?"라고 묻자 "『주자서절요』와 『강목』만 숙독하고 정밀하게 연구한다면 천하를 횡행하는데 어려운 바가 없게 될 것이다."84) 라고 할 정도로 유학 공부에 대한 믿음과 자신감을 가지고 있었다.

한편 17~8세기 조선은 앞선 시기의 오랜 전쟁기를 거치고 난 후로 새로운 사상적 학풍을 필요로 하는 시대였다. 16세기의 四端七情論이 주리론과 주기론의 대립 과정에서 인간의 도덕성을 찾고자 했다면, 전쟁을 거친 이후에는 보다 진전되고 새로운 가치체계를 세울 수 있는 철학이 필요했던 것이다. 이러한 시대인식 속에서 나타난 것이 人物性同異論이다. 이 논쟁은 權尙夏의 문인인 韓元震이 人物性異論을 주장하고, 李柬은 人物性同論을 주장하면서 논쟁이 시작되었다. 인물성 동론을 주장하는 사람들은 대개 서울·경기에 살고 있어 洛論이라 하였고, 인물성 이론에 동조 사람들은 모두 湖西에 살고 있어 湖論이라 칭하였다. 삼연 김창흡은 김창협과 함께 낙론의 중추적 인물로 등장하면서 인물성 동론을 주장하였고, 이후 陶庵 李縡를 거쳐 渼湖 金元行, 梅山 洪直弼 등으로 학통이 계승되었다.

---

82) 심창흡, 『삼연집』拾遺 권31 語錄.
83) 심창흡, 『삼연집』拾遺 권32 附錄 行狀.
84) 심창흡, 『삼연집』拾遺 권27 湖行日記 19日.

이러한 호락논쟁으로 조선 성리학의 과제는 인간 내면세계의 규명에서 인간 외부세계의 규명으로까지 확대되었다. 낙론은 누구에게나 동등한 인간 주체의 내면적 가치를 인정해 주고 성인과 범인의 차별을 부인하면서 누구나 성인이 될 수 있다는 가능성을 확인하였다. 또한 인간과 사물의 본성이 동등한 것이라고 주장하게 되면서 物性에 대한 연구로 관심 영역을 넓혀 경제학과 名物度數를 주요 학문대상으로 삼기에 이르렀다. 이들은 성인과 범인, 사람과 사물의 차별성을 희석시키고, 기존의 명분론에 수정을 가하였으며, 인간 문제를 해결하기 위해서라도 인간 외부, 자연의 세계에까지 학문 연구범위를 확대시켜야 한다고 생각했다.85) 김창흡의 이러한 학문적 경향은 후대 낙론계 학자들에게 영향을 끼치며 농암학파라 불리는 학맥을 형성하였으며, 영조시대의 새로운 학문경향과 문화운동에도 지대한 영향을 주었다. 나아가 그의 학문 경향과 문학은 家學을 이루어 손자인 김원행, 김창업의 손자인 김완행 등으로 이어지며 18세기 한국 문화의 발전에 기여하면서 '文道一貫'의 개성과 사실을 중시하는 문풍을 이어갔다.86)

당시 김창흡은 서울 북악산 아래에 살면서 문예그룹을 형성하여 많은 사람들을 만나 시회활동을 적극적으로 전개하였다. 그의 형인 농암 김창협을 비롯해서 趙裕壽 李宜顯 李秉淵 李夏坤 申靖夏 金時保 金時敏 등의 문인들이 모여 활발한 문학 활동을 하였으며, 문인화가인 겸재 정선이나 趙榮祏과도 밀접한 교류를 맺었다.87) 이 가운데 삼연과 그의 시 제

---

85) 김문준, 「김창흡의 학문경향과 후대의 영향」, 『한국인물사연구』 제2호, 2004, 9~10쪽.
86) 유봉학, 『조선 후기 학계와 지식인』, 신구문화사, 1998, 119쪽. 김문준, 위의 논문, 15~18쪽.
87) 최완수, 앞의 논문 참조.

자였던 이병연, 그리고 삼연의 문하에서 문학을 배웠던 화가 정선이 함께 전국의 산수를 유람하고 남긴 紀行山水詩와 實景山水畵는 문학과 예술이 만나 최고의 작품을 만들어 낸 대표적인 사례이기도 하다. 김창흡은 이병연을 으뜸가는 시인으로 꼽았고, 정선의 산수화를 보면서 산수에 다시 갈 필요가 없겠다고 칭송하였으며 많은 제화시문을 지어주었다. 시인 이병연과 화가 정선은 한 스승의 문하에서 배우며 한 동네에서 자란 同學으로 그림과 시를 바꾸어 보면서 공통된 예술 체계를 꾸려나간 평생지기였다.[88]

김창흡은 그의 詩論에서 '天機'를 중시하였다. 천기란 자연현상 그 자체의 운행법칙, 자연 개개물에 역동적으로 드러나는 구체적이고 생생한 본질을 의미하는 것으로 책을 통해 배우는 것이 아니라 마음으로 느끼어 알 수 있는 것이다. 시인은 이러한 자연운행 안에서 천기를 느끼어 시로 써야 한다는 것이 그의 시론이다.[89] 山水를 바라보는 눈이 19세기 시세계에서는 도시 소시민으로서 유흥적 산수시가 성행하였다면,[90] 18세기 전반기의 산수관은 경치에 대한 흥겨움을 중시하면서도 유흥적 차원보다는 천기의 발로라는 진지한 의지의 차원에서 임하였다는 차이를 보이고 있다.[91]

---

88) 고연희, 「김창흡 이병연의 산수시와 정선의 산수화 비교고찰」 『한국한문학연구』 20, 1997, 295쪽.

89) 고연희, 위의 논문, 299쪽.

90) 강명관, 「조선 후기 여항문학 연구」, 성균관대학교 박사학위논문, 1991.

91) 고연희, 위의 논문, 315쪽.

## 5. 맺음말

이상으로 17세기 말에서 18세기 초반에 살았던 삼연 김창흡의 삶과 그의 가문을 중심으로 살펴보았다. 삼연은 서인의 유복한 집안에서 태어나 아버지의 후광을 입고 자랐다. 증조할아버지인 김상헌 이후 충절과 절의가 높은 집안으로 명망을 드러내면서 서울 북촌의 자하동을 중심으로 생활하였다. 그는 일찍부터 시문에 관심을 두고 많은 詩作 활동을 벌였으며, 주자학 일변도의 학문이 아니라 폭넓고 현실적인 학문 활동을 추구하였다. 당시 성리학자들이 꺼리던 불교에 대한 탐구도 진행하였고, 도가사상에 대해 흠취하기도 하면서 다양한 학자들과 폭넓은 교유관계를 맺으면서 성장하였다.

그러던 그가 기사환국 때 아버지 김수항의 죽음을 경험하면서 확고하게 정치적 활동을 접고 은둔하면서 시간을 보냈다. 그 전에도 아버지의 강요에 의해 진사시를 거치기는 했지만 처음부터 벼슬에 큰 뜻을 두지는 않고 자유로운 학문 활동과 명산대천을 돌면서 시문을 즐겼던 인물이다. 조선 후기 진경산수화로 이름 높은 겸재 정선과 자유로운 학문 활동과 시문으로 이름 높았던 이병연이 그의 제자이면서 함께 그림과 시를 짓는 활동을 벌인 것이 대표적인 예이기도 하다.

반면에 아버지의 죽음 이후 정치적 변화에 발맞추어 자신의 의견을 적극적으로 개진하기도 하였다. 최석정이 자신의 아버지를 죽음으로 몰고 간 오시복을 등용하려고 할 때 그와 절교를 선언하고 그의 정치적 행동을 준열하게 비판하면서 다른 노론의 선비들에게 영향을 끼친 것이 대표적이다. 나아가 山林으로 선비들의 신망을 받고 있던 박세당이 송시열을 비난했을 때는 앞장서서 박세당의 잘못된 점을 비판한 것도 한 사례이다. 그럼으로써 형 김창협과 함께 노론의 구심점 역할을 담당하였다.

그는 명문가에서 태어난 당대의 지식인으로서 과거에 얽매인 학문이 아닌 새로운 가치 추구를 꾀했던 인물이기도 하다. 성리학에서는 주리론과 주기론의 틀에서 벗어나 인물성동론을 주장하면서 인간 이외에 보다 폭넓은 만물에 대한 법칙과 이론에 관심을 가졌다. 또한 그가 많이 쓴 시문도 옛 고전을 읽어 그 지식으로 시문을 짓는 것이 아니라 자연의 이치를 마음으로 깨달아 담아 내는 시문을 쓰고자 했다. 그리하여 그는 眞景山水詩 문학운동의 선두주자로 평가되고 있다.92) 당시의 국제정세를 보는 시각도 중국이 명에서 청으로 바뀐 국제정세의 현실을 인정하고자 하는 자세를 취하면서 유학자들 사이에 퍼져있던 소중화론을 비판하는 자세를 취하기도 했다. 이와 같은 그의 현실 사회 인식과 다양한 학문 활동은 후학들에게도 영향을 끼치며 북학파와 같은 실학자들이 나타나게 되는 동력이 되기도 했다. 이러한 그가 원주를 여행하면서 운곡의 자취를 만나 제문을 지은 것은 당대 지식인들이 바라보는 운곡에 대한 의식의 한 단면을 보여주고 있다. 즉 시대가 흘러 세상이 여러 번 바뀌었어도 선비의 고결한 절의와 실천적 행동양식은 높게 평가하고 있다는 점을 확인시켜 주고 있다.

---

92) 정옥자, 「조선 후기 문풍과 진경시문학」『진경시대』, 돌베게, 1998 62쪽.

# 찾아보기

ㅇ

**이상배(李相培)**

1963년 경기 양평 출신
강원대학교 사학과, 동 대학원 졸업(문학박사)
강원대, 이화여대, 세종대, 건국대 강사 역임
서울특별시사편찬위원회 전임연구원
현재 노원구 문화재위원, 중랑구 지명위원
현재 서울시인재개발원 강사
현재 서울역사편찬원 원장

◆ 저서

『조선후기 정치와 괘서』(국학자료원, 1999)
『서울의 하천』(서울시사편찬위원회, 2000)
『한국 중·근세 정치사회사』(경인문화사, 2003)
『서울의 누정』(서울시사편찬위원회, 2012)

◆ 공저

『시민을 위한 서울역사 2000년』
『서울육백년사』6, 『서울행정사』
『한국문화사』, 『서울2천년사』20
『서울에서 세계문화유산의 가치를 만나다』
『서울역사답사기』1 북한산편
『대학생을 위한 한국사』
『조선시대 한국과 일본』
『한국사와 동아시아』
『청계천의 역사와 문화』
『한일관계 2천년-보이는 역사 보이지 않는 역사』근세편, 근현대편
『서울의 문화재 나들이』등 다수

## 조선시대 한양과 지식인

2018년  07월 31일 초판 1쇄 발행
2019년  12월 02일 초판 2쇄 발행

지 은 이    이상배

발 행 인    한정희
발 행 처    경인문화사
편 집 부    한명진 김지선 박지현 유지혜 한주연
마 케 팅    전병관 하재일 유인순
출 판 신 고    제406-1973-000003호
주    소    경기도 파주시 회동길 445-1 경인빌딩 B동 4층
대 표 전 화    031-955-9300    팩 스    031-955-9310
홈 페 이 지    http://www.kyunginp.co.kr
이 메 일    kyungin@kyunginp.co.kr

ISBN 978-89-499-4762-4    93910
값  28,000원